D1687204

ISSN 0344-7820

Osnabrücker Studien zur Geographie

herausgegeben von

Jürgen Deiters, Gerhard Hard, Walter Lükenga, Hans-Claus Poeschel, Diether Stonjek und Hans-Joachim Wenzel

Schriftleitung: Diether Stonjek

Band 11

DIE GEOGRAPHIEDIDAKTIK NEU DENKEN

Perspektiven eines Paradigmenwechsels

Herausgegeben von Jürgen Hasse und Wolfgang Isenberg

Mit Beiträgen von
Egbert Daum
Eugen Ernst
Gerhard Hard
Jürgen Hasse
Wolfgang Isenberg
Frank Käthler
Eberhard Kroß
Frauke Kruckemeyer
Ulrich Mai
Oskar Meder
Ingo Mose
Michael P. Müller
Gunter Otto
Ernst Schaack
Christian Vielhaber

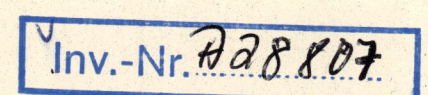

Osnabrück 1991

Selbstverlag des Fachgebietes Geographie
im Fachbereich Kultur- und Geowissenschaften der Universität Osnabrück

Band 11 der Osnabrücker Studien zur Geographie erscheint gleichzeitig als Band 73 der Bensberger Protokolle, eine Schriftenreihe der Thomas-Morus-Akademie Bensberg, die von Wolfgang Isenberg herausgegeben wird.

Titelfoto: Frauke Kruckemeyer

ISBN 3-89198-043-4
©   Thomas-Morus-Akademie Bensberg
      Overather Str. 51-53, 5069 Bergisch Gladbach 1

ISBN 3-922043-11-9
©   Selbstverlag des Fachgebietes Geographie im Fachbereich
      Kultur- und Geowissenschaften der Universität Osnabrück,
      Postfach 44 69, 4500 Osnabrück

Satz und Gestaltung: Text-Design Gaby Werner, Lindlar-Schönenborn

Gestaltung Umschlag Bensberger Protokolle 73: Thomas-Morus-Akademie
Gestaltung Umschlag Osnabrücker Studien zur Geographie: Manfred Dloczik
Druck: Thomas-Morus-Akademie Bensberg
Umschlag- und Bindearbeiten: Heider-Druck, Bergisch Gladbach

Inhalt

Vorwort 7

Entwicklungen. Die Fachdidaktik Geographie seit der Curriculumreform

Eberhard Kroß 11
Geographiedidaktik heute. Probleme und Perspektiven 20 Jahre nach dem Umbruch

Eugen Ernst 25
Geographie und Gesellschaft. Ein altes und ein neues Integrationsproblem

Neue fachdidaktische Denkhorizonte

Jürgen Hasse 35
Jüngere Denkansätze in Philosophie und Sozialwissenschaft.
Impulse für die Geographiedidaktik

Christian Vielhaber 55
Die kritische Gesellschaftstheorie.
Tragfähige Anregungen für die Geographiedidaktik?

Ulrich Mai 65
Die Wahrnehmung des Fremden:
Über Möglichkeiten und Grenzen des Verstehens

Oskar Meder 77
Didaktik des langen Augenblickes - oder:
Versuch der Wiederentdeckung der Welt

Die ästhetische Perspektive

Gunter Otto 91
Geographieunterricht aus der Sicht der Ästhetischen Erziehung - oder:
Theoreme des Ästhetischen angewendet auf den Geographieunterricht

Frauke Kruckemeyer 97
Ästhetische Blicke auf geographische Gegenstände

Gerhard Hard/Frauke Kruckemeyer 113
Zobeide oder: Städte als ästhetische Zeichen

Inhalt

Welterfahrung und Weltaneignung: Akzentuierungen der Geographie und ihrer Didaktik

Gerhard Hard 127
Zeichenlesen und Spurensichern.
Überlegungen zum Lesen der Welt in Geographie und Geographieunterricht

Egbert Daum 161
Aneignung und Verarbeitung von Realität.
Anmerkungen zu einem didaktischen Leitmotiv

Wolfgang Isenberg 169
Die Entsicherung des "naiven" Blicks.
Zu einer "kritischen Alltagsgeographie"

Frank Käthler/ Ingo Mose 177
Die Diversifizierung der Rationalität: Schonung, Ästhetik und Verzicht als
Leitbild für eine neue Didaktik der Fremdenverkehrsgeographie

Michael P. Müller/Ernst Schaack 189
Die Brandung der Nordsee vor Paris
Medienpädagogische Anmerkungen zur Geographiedidaktik

Autorenverzeichnis 207

Vorwort

Vor zwanzig Jahren ist die Geographiedidaktik auf eine neue paradigmatische Grundlage gestellt worden. An ihr orientierte sich in den darauffolgenden Jahren der fachdidaktische Diskurs. Die Lernzielorientierung schärfte den Blick für die gesellschaftliche Verwertbarkeit und Lebensbedeutsamkeit geographischen Wissens. Das erziehungswissenschaftliche Paradigma der *allgemeinen Bildung* setzte das Fach einer permanenten Aporie aus: Geographieunterricht ist in all seinen Ziel-, Inhalts- und Methodenentscheidungen an eine bildungspolitische Legitimationspflicht gebunden. Aufklärung, Emanzipation, aber auch offene gesellschaftliche Integration sind die Eckpfeiler eines überfachlichen Normensystems, auf das die fachlichen Lernprozesse abgestimmt werden müssen. Diese bildungs- und gesellschaftspolitische Vernetzung des Geographieunterrichts ist seitdem eine *explizite*, (und das heißt auch) eine aktiv gestaltend und konzeptionell wahrzunehmende Aufgabe der Fachdidaktik.

Seit Mitte der 80er Jahre mehren sich in natur- und sozialwissenschaftlichen Disziplinen die autoreferentiellen Diskurse des konstruktiven "Selbstzweifels". Die Diskussion um die "Postmoderne" bildet darin zweifellos einen Höhepunkt, wenngleich bedauerlicherweise feuilletonistische Trivialisierungen des *philosophischen* Postmodernismus zu schweren Mißverständnissen und Simplifizierungen geführt haben.

Aus dem Kontext einer allgemeinen Bewegung des aporetischen Denkens stellen sich auch für die Geographiedidaktik Fragen, die die Perspektiven eines Paradigmenwechsels umreißen können. Der selbstverständliche und allein schon durch Szientismus legitimierte Diskurs zählt unter den Bedingungen einer kritischen Autoreferentialität nicht mehr viel. Vor allen Ziel-, Inhalts- und Methodenentscheidungen stellen sich (meta-)normative Fragen, die selbst den Typus der Bezugsrationalität des Denkens und Handelns nicht unhinterfragt lassen.

Ob wir unseren Gewohnheiten des Immer-So-Weiter-Denkens aus dem Blickwinkel der "Krise des Wohlfahrtsstaates" (Habermas), dem der "Risikogesellschaft" (Beck), dem der "Agonie des Realen" (Baudrillard), dem des "Widerstreits" (Lyotard), dem der "ästhetischen Rationalität" (Adorno), dem des "Chaos" (Prigogine) oder dem der "Simulation" (Kamper) auf intellektuell und konzeptionell fruchtbare Weise in die Quere kommen - immer stoßen wir auf Antworten, nach denen wir nicht gefragt haben.

Wir verfremden die eigenen Bilder und finden an den Rissen und Fugen, in den Überdehnungen unserer Denk- und Handlungsgewohnheiten Neues, Denkbares, Sagbares, das noch nicht im unmittelbaren Denkhorizont der Fachdidaktik ist, aber dort eine vitalisierende Rolle spielen *könnte*. Oft müssen wir im Sinne Waldvogels fragen: "Worüber sprechen wir, wenn wir über etwas reden?" - Anlaß genug, die Geographiedidaktik neu zu denken und damit nach Perspektiven eines Paradigmenwechsels zu suchen.

In diesem Kontext steht das Hochschulforum der Thomas-Morus-Akademie "Die Geographiedidaktik neu denken - Perspektiven eines Paradigmenwechsels", das am 27. und 28. November 1990 in Bensberg stattgefunden hat. Der vorliegende Band dokumentiert die gehaltenen Referate und ergänzt diese durch eine Reihe weiterer, das Denkfeld ergänzende Beiträge. Diese stammen von Gerhard Hard, Frauke Kruckemeyer/Gerhard Hard, Oskar Meder, Ingo Mose/Frank Käthler, Gunter Otto sowie Ernst Schaak und Michael Müller. Mag der Sammelband eine kontroverse Diskussion über den Sinn, die Grenzen, und nicht zuletzt auch über mögliche Grenzüberschreitungen der Geographiedidaktik anregen.

Jürgen Hasse
Wolfgang Isenberg

Hamburg und Bensberg im April 1991

Entwicklungen.
Die Fachdidaktik Geographie
seit der Curriculumreform

Eberhard Kroß

Geographiedidaktik heute.
Probleme und Perspektiven 20 Jahre nach dem Umbruch

1. Einleitung

1969 erlebten wir in Kiel den Beginn einer geographischen und vor allem geographiedidaktischen Revolution. Die Länderkunde wurde als "Krönung geographischer Arbeit" in Frage gestellt, die Allgemeine Geographie in ihrem Eigenwert anerkannt und wissenschaftlich aufgewertet. In Anlehnung an KUHN (1962) wurde gern von einem Paradigmenwechsel gesprochen. Auch wenn das jüngst von BIRKENHAUER (1985, S. 124) bestritten wird, weil sich nur Akzente bei der Analyse der Mensch-Raum-Beziehungen geändert haben sollen, bin ich persönlich noch heute bewegt, wenn ich an die engagierten, aufwühlenden Diskussionen von damals denke. Es herrschte Aufbruchstimmung. 1979 - 10 Jahre nach Kiel - wurde in Münster eine erste Bilanz gezogen. Sie war schon mit vielen Fragezeichen versehen. 1989 wurde auf dem Geographentag in Saarbrücken erneut eine Bilanz versucht. Sie löste nur noch Frustrationen aus. Dennoch, eine theoretische Auseinandersetzung scheint wieder gesucht zu werden, oder sind die zahlreichen Stellungnahmen zur Lage der Geographiedidaktik anders zu deuten (u.a. BÖHN 1988; KROSS 1989; SCHRAND 1989)?

Gleich zu Beginn der curricularen Revolution erschienen Abbildungen, die die inhaltliche Fortentwicklung der Geographiedidaktik mit einem markanten Pfeil darstellten. Die erste stammte von RICHTER/HAUSMANN (1974, S. 4), die nächste von SCHULTZE (1979). Diese war wegen ihrer elaborierten Form Vorbild für weitere Darstellungen wie die von BIRKENHAUER (1988, S. 8) oder KIRCHBERG (1990 a und b). Wenn man jedoch die Diskussion Mitte der 80er Jahre über den Vorschlag von NEWIG/REINHARD/FISCHER (1983) verfolgt, die Allgemeine Geographie am regionalen Faden zu führen, dann kann man den Eindruck haben, daß die Entwicklung nicht linear verläuft, sondern eher zirkulär. Das Wort von der Wende machte auch unter Geographiedidaktikern die Runde (u.a. SCHRAMKE 1986; KROSS 1986; DAUM 1988 a; SCHRAND 1989, S. 3). Und die Richtlinien einiger Bundesländer orientieren sich in ihrem Aufbau wie in der Zeit vor 1970 wieder am Prinzip vom Nahen zum Fernen und sehen von Klasse 5 bis Klasse 10 eine Stoffanordnung in konzentrischen Ringen vor - mit dem eigenen Bundesland als "Heimat" im Zentrum.

Die Diskussion über die lehrplanstrukturierende Kraft der Regionalen Geographie kann inzwischen als abgeschlossen betrachtet werden. Die Orientierung an Kulturerdteilen hat sich nicht als ein tragfähiges Konzept für eine Lehrplangliederung erwiesen (s. H. DÜRR 1987; TRÖGER 1987; ENGELHARD 1987 a; SCHRAND 1990). Damit sind Kulturerdteile als Thema des Geographieunterrichts keineswegs in Frage gestellt. Im übrigen scheint sich die Einsicht durchgesetzt zu haben, daß Allgemeine Geographie und Regionale Geographie nicht gegeneinander ausgespielt werden sollten. Beide Zweige der Geographie haben mit ihrer nomothetischen bzw. ideographischen Betrachtungsweise spezifische didaktische Potenzen. Man kann sie nur dann optimal nutzen, wenn man allgemeingeographische und regionalgeographische Fragestellungen nicht starr aneinander koppelt, sondern, wie es bereits HOFFMANN 1970 gefordert hatte, curricularen Zielsetzungen des Faches unterordnet. "Themen und Regionen", das sollte künftig das Motto sein (so u.a. ENGELHARD 1987 a, S. 359 und 1987 b, S. 52; BÖHN 1988; KROSS 1989).

Während wir jedoch für die Behandlung allgemeingeographischer Themen eine solide theoretische Basis und im exemplarischen Prinzip ein überzeugendes methodisches Arrangement haben, kann man Ähnliches für regionalgeographische Themen nicht feststellen. In der didaktischen Literatur wird Regionale Geographie häufig noch mit Länderkunde synonym gesetzt (so STORKEBAUM 1990; s. SCHRAND 1990, S. 30). Inzwischen sollte jedoch deutlich geworden sein, daß Regionen - systemtheoretisch gesprochen - durch hochkomplexe Vernetzungen von Geofaktoren gekennzeichnet sind. Ihre methodische Darstellung auf schulischem Niveau ist bislang nicht überzeugend gelungen. Die Gestaltung von Raumanalysen zeigt die Spannbreite vom alten länderkundlichen Schema (HASCH 1977) bis hin zur Fallstudie eines regionalen Problems

(ENGELHARDT/POPP 1979). In den meisten Schulbüchern und Unterrichtseinheiten der Sekundarstufe I fungiert die Region lediglich als ein lockeres Band, das allgemeingeographische Themenstellungen, die für wesentlich oder interessant gehalten werden, zusammenfügt.

Ich möchte mich im Verlauf meines Vortrages weiter an dem Pfeilschema orientieren. Zum einen werde ich es dazu benutzen, um die Bestimmungsfaktoren geographiedidaktischer Arbeit, die von außen auf die Entwicklung unseres Unterrichts einwirken, anzusprechen. Sie finden sich gewöhnlich ober- und unterhalb des Pfeiles abgebildet. Dabei sind in Anlehnung an das didaktische Dreieck Einflüsse aus der Bezugsdisziplin Geographie, aus der Pädagogik und aus der Gesellschaft ganz allgemein zu identifizieren und zu thematisieren. Das Innere des Pfeiles werde ich jedoch anders zu füllen versuchen. Dort soll an Stelle stofflicher, methodischer und medialer Innovationen die Veränderung geographiedidaktischer Paradigma dokumentiert werden (Abb. 1).

Abb.1 **Veränderung geographiedidaktischer Leitvorstellungen**

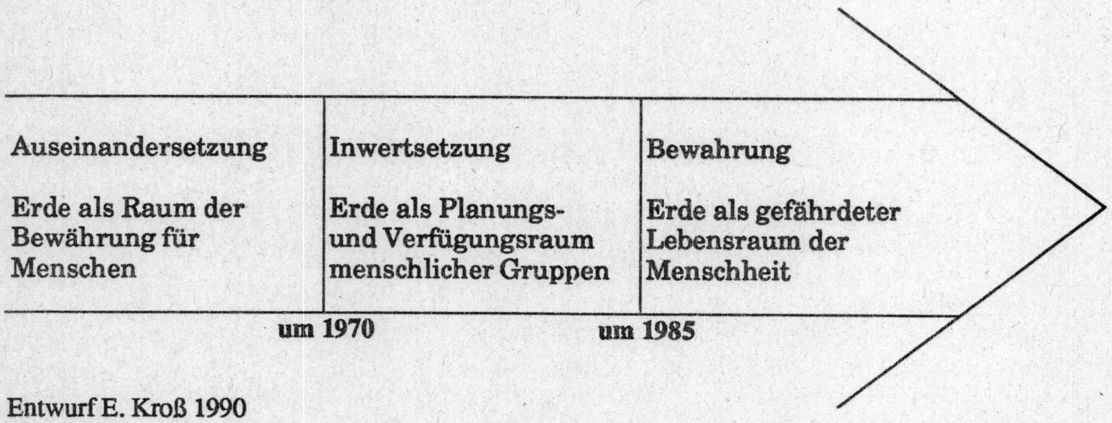

Auseinandersetzung	Inwertsetzung	Bewahrung
Erde als Raum der Bewährung für Menschen	Erde als Planungs- und Verfügungsraum menschlicher Gruppen	Erde als gefährdeter Lebensraum der Menschheit
	um 1970	um 1985

Entwurf E. Kroß 1990

2. Entwicklungseinflüsse aus der Geographie

Da es nicht meine Absicht sein kann, die verschlungenen Wege der Diskussion und die vielfältigen Positionen in größerer Breite nachzuzeichnen, werde ich punktuell vorgehen und ein wissenschaftstheoretisches und ein wissenschaftssoziologisches Problem beleuchten.

2.1 Die wissenschaftstheoretische Diskussion im Fach

Um 1970 wurde der länderkundliche Ansatz als dominantes Forschungsparadigma durch den allgemeingeographischen Ansatz abgelöst. Ziel der "neuen Geographie" war der Versuch, die Wissenschaftstheorie des kritischen Rationalismus zu rezipieren, die die Sozialwissenschaften bereits von den Naturwissenschaften übernommen hatten. Methodologisch wurden Modellbildung und Quantifizierung im Rahmen einer empirisch-analytischen Forschung verbunden. Das hatte eine enorme Leistungssteigerung im Fach zur Folge. Das Streben nach theoretisch fundierten nomologischen Aussagen kam der Prognosefähigkeit zugute. Sie eröffnete der Geographie neue Anwendungsfelder. Der rasante Ausbau des Diplomstudienganges zeugt davon.

Die Veränderungen wurden von der Geographiedidaktik relativ schnell übernommen. Drei verschiedene Entwicklungen wirkten dabei zusammen: Die didaktische Diskussion um das Exemplarische führte direkt zur Allgemeinen Geographie (SCHULTZE 1970). Aus der curricularen Forderung nach Orientierung an Lebenssituationen ergab sich die enge Anlehnung an die Sozialgeographie, weil eine Korrespondenz zwischen Daseinsgrundfunktionen und Lebenssituationen unterstellt wurde (GEIPEL 1971). Die vom Strukturplan des DEUTSCHEN BILDUNGSRATES (1970) empfohlene Wissenschaftsorientierung brachte die Ausrichtung an fachlichen Strukturen im Sinne einer Kategorienbildung mit sich.

Diese Veränderungen waren am Wandel unserer geographiedidaktischen Leitvorstellungen abzulesen - insbesondere dort, wo es um den Mensch-Raum-Bezug als "vertikalem Paradigma" ging. Im länderkundlichen Unterricht, in dem von einer physisch-geographischen Basis aus argumentiert wurde, stand die Auseinandersetzung des Menschen mit seiner Umwelt im Mittelpunkt. Die Erde wurde im Sinne von HERDER als Wohnhaus bzw. im Sinne von RITTER als Erziehungshaus der Menschen angesehen. WOCKE (1968, S. 8 und 27) hat dieser bis Ende der 60er Jahre dominierenden Auffassung am klarsten Ausdruck verliehen, indem er die Abhängigkeit des Menschen bzw. seine Auseinandersetzung mit der Natur als wichtigste Grundeinsicht des Erdkundeunterrichts bezeichnete.

Mit der Dominanz der Sozialgeographie und dem Gewinn an Planungskompetenz gewannen Fortschrittsoptimismus und Machbarkeitsvorstellungen die Oberhand. Die Menschen wurden nun weitgehend isoliert von ihrer Umwelt betrachtet und der Raum zunehmend passiver gesehen. Die Erde wurde zu einem Planungs- und Verfügungsraum menschlicher Gruppen (z.B. RICHTER 1976, S. 241; FRIESE 1979, S. 5). Dementsprechend hat BIRKENHAUER (1973 und 1979) die Inwertsetzung als zentrale Idee geographischer Bildung angesprochen.

Heute ist sowohl die wissenschaftstheoretische wie die fachspezifische Basis dafür brüchig geworden. Fachlich hat es sich als überaus problematisch erwiesen, ein theoretisch befriedigendes Konzept für das raumwirksame Handeln von Gruppen zu formulieren. Weder die Weiterentwicklung der Sozialgeographie zu einer verhaltensorientierten Geographie noch ihre Umformulierung zu einer sozialwissenschaftlichen Handlungsdisziplin (u.a. SEDLACEK 1982; WERLEN 1987) haben breite Anerkennung gefunden.

Inzwischen ist die empirisch-analytisch orientierte Forschung selbst in eine Krise geraten. Die ungeahnten Folgen gerade großer wissenschaftlicher Entdeckungen wie der Atomspaltung oder der Genmanipulation haben die Gefahren eines positivistischen Wissenschaftsverständnisses aufgezeigt. Zwischen naturwissenschaftlicher Erkenntnis und philosophischem Welterfahren sind die vorhandenen Widersprüche aufgebrochen. Eine Parabel des berühmten englischen Physikers EDDINGTON (zit. n. H.-P. DÜRR 1989, S. 29 f.) beleuchtet die Unterschiede zwischen 'wissenschaftlicher' Wirklichkeit und 'eigentlicher' Wirklichkeit":

"Eddington vergleicht in dieser Parabel den Naturwissenschaftler mit einem Ichthyologen, einem Fischkundigen, der das Leben im Meer erforschen will. Er wirft dazu ein Netz aus, zieht es gefüllt an Land und prüft seinen Fang nach der gewohnten Art eines Wissenschaftlers. Nach vielen Fischzügen und gewissenhaften Überprüfungen formuliert er zwei Grundgesetze der Ichthyologie: 1. Alle Fische sind größer als fünf Zentimeter. 2. Alle Fische haben Kiemen.

Er nennt diese Aussagen Grundgesetze, da beide Punkte sich ohne Ausnahme bei jedem Fang bestätigt hatten. Hypothetisch nimmt er deshalb an, daß diese Aussagen auch bei jedem künftigen Fang sich bestätigen, also wahr bleiben werden.

Ein kritischer Betrachter - wir wollen ihn einmal den Metaphysiker nennen - ist jedoch mit der Schlußfolgerung des Ichthyologen höchst unzufrieden und wendet energisch ein:

'Dein zweites Grundgesetz, daß alle Fische Kiemen haben, lasse ich als Gesetz gelten, aber dein erstes Grundgesetz, das über die Mindestgröße der Fische, ist gar kein Gesetz. Es gibt im Meer sehr wohl Fische, die kleiner als fünf Zentimeter sind, aber diese kannst du mit deinem Netz einfach nicht fangen, da es eine Maschenweite von fünf Zentimetern hat!' Unser Ichthyologe ist von diesem Einwand jedoch nicht beeindruckt und entgegnet: 'Was ich mit meinem Netz nicht fangen kann, liegt prinzipiell außerhalb fischkundlichen Wissens, es bezieht sich auf kein Objekt der Art, wie es in der Ichthyologie als Objekt definiert ist. Für mich als Ichthyologen gilt: Was ich nicht fangen kann, ist kein Fisch.'"

In bildhafter Sprache ist damit empirisch-analytisches Erklären historisch-hermeneutischem Verstehen gegenübergestellt worden. Mit der Krise des kritischen Rationalismus gewinnen hermeneutische Verfahren an Gewicht (u.a. POHL 1986; JANDER 1989). Die Pädagogik und die Fachdidaktiken sind besonders offen dafür. Immerhin haben wir es mit jungen Menschen zu tun, die Subjekte ihrer selbst werden wollen. Durch objektivierende, entsinnlichte Segmentierung der Realität ist das allein nicht zu schaffen. Wir müssen darüber hinaus vom Wissenschaftler Verantwortungsbewußtsein erwarten und einen wertbezogenen Standpunkt einfordern.

Die traditionelle Auffächerung der Geographie nach Sachgebieten und Problemstellungen wird durch die wissenschaftstheoretische Differenzierung und die selten offen bekannten gesellschaftspolitischen Positionen potenziert. Im Endergebnis ist es zu einer Pluralisierung der Forschungsrichtungen gekommen. Sie ist von vornherein keineswegs negativ zu beurteilen, fördert sie doch das Konkurrenzverhalten und den flexiblen Zugriff auf Probleme - vorausgesetzt die Forschungspositionen werden klar markiert und die Forschungsmethoden sauber gehandhabt. Deshalb ist mit Sorge zu registrieren, wenn Geographie als "diffuse Disziplin" angesprochen wird (POHL 1986, S. 57).

Didaktisch wird diese Entwicklung von einigen Kollegen wie HAUBRICH (1984) und HASSE (1990, S. 19 f.) durchaus begrüßt. Ich bin dagegen skeptischer. Denn was für die Forschung gut ist, kann die Lehre überfordern - zumindest in der Sekundarstufe I. Geographie und Geographiedidaktik werden sich dadurch noch weiter auseinanderleben. Im Zuge der Curriculumreform war es erfolgreich gelungen, den "time lag" zwischen der Forschungsfront und der didaktischen Rezeption so zu verkürzen, daß unsere schulpraktischen Zeitschriften oder Schulbücher heute neueste Informationen enthalten, nicht zuletzt deshalb, weil sie von Didaktikern selber recherchiert wurden. Droht der Fachwissenschaft Geographie nach dem Verlust ihrer Monopolstellung als Informationslieferant nun auch noch der Verlust ihrer wissenschaftlichen Orientierungsfähigkeit und Integrationskraft? Diese Fähigkeit wird nämlich durch die wissenschaftssoziologische Entwicklung zusätzlich gefährdet.

2. 2 Die wissenschaftssoziologischen Veränderungen im Fach

Die Entwicklung der Geographie in Bochum, die in einem großen Institut mit über 30 Wissenschaftlern - darunter 15 Professoren - organisiert ist, mag als Ausgangspunkt für diese Betrachtung dienen. Ursprünglich war der Forschungs- und Lehrbetrieb auf den Lehrerberuf abgestellt, obwohl es den Diplomstudiengang seit 1967 gab. Zu Anfang der 80er Jahre bahnte sich mit der Krise des Lehrerberufs eine tiefgreifende Umstrukturierung an. Sie wirkt sich personell erst langfristig aus, wird aber dazu führen, daß sich Arbeitsbereiche noch stärker spezialisieren, so daß sie ihre Diskussionspartner eher außerhalb des Institutes zu suchen haben. Von Nachbarwissenschaften beeinflußte Partialtheorien gewinnen Raum. Eine weitere Atomisierung und Isolierung der Forschungsrichtungen ist zu befürchten. Die Integrationsfähigkeit der Geographie sieht sich auf eine harte Bewährungsprobe gestellt.

Der steigende Druck auf die Universität, Drittmittel einzuwerben, hat ohnehin bereits zu einer Verschiebung der Forschungsaktivitäten geführt - weg von der Grundlagenforschung hin zu anwendungsbezogenen, sehr speziellen Problemstellungen. Der unmittelbare Praxisbezug ist zu einem Relevanzkriterium geworden. Die Praxis liefert die Problemstellungen, sie stellt und bezahlt die Forschungsapparatur, sie honoriert die Lösungsvorschläge und wird insgesamt zum wissenschaftlichen Innovationsfeld (BOESCH 1989, S. 156).

Die Veränderungen im Lehrangebot sind noch markanter. In dem Bemühen, die Ausbildung berufsbezogener zu gestalten, sind die ehemals verbreiteten regionalen Überblicke fast verschwunden, dafür haben Überblicke über Teilgebiete der Allgemeinen Geographie zugenommen. Die Seminare widmen sich zunehmend anwendungsorientierten Themenstellungen und setzen mikroregionale Schwerpunkte. Auffallend ist die Zunahme methodenkundlicher Veranstaltungen, die sozialwissenschaftlich relevante Kulturtechniken vermitteln. Konnte in der Anfangsphase der Curriculumreform noch behauptet werden, daß die Behandlung planerischer Fragestellungen im Geographieunterricht die Forderung nach Qualifizierung für Lebenssituationen einlöst, so müssen wir heute feststellen, daß Fragestellungen der Sektoralplanung die der Regionalplanung verdrängt haben.

Die Geographiedidaktik wird sich dadurch vor große Probleme gestellt sehen. Zwei Beispiele: Die Klimazonenlehre ist praktisch kein Ausbildungsgegenstand mehr. Sie wurde durch mikroklimatische oder synoptische Untersuchungen abgelöst. Die Karteninterpretation, die ursprünglich als Synthese allgemeingeographischer Inhalte gedacht war, wird durch die Ausrichtung auf sektorale Planungsentscheidungen fachlich verengt. Die Bindung an die Bezugsdisziplin Geographie lockert sich damit weiter.

3. Einflüsse aus der Entwicklung pädagogischer Fragestellungen

Blicken wir zur Pädagogik und fragen, welche Einflüsse von dort aus wirksam sind. Die Analyse hat hier von der desillusionierenden Feststellung führender Pädagogen auszugehen, daß die Bildungsreform der 70er Jahre gescheitert ist - nicht die äußere, wohl aber die innere (von HENTIG 1990; EDELSTEIN 1990). Als besondere Kritikpunkte werden genannt: die mit dem behavioristischen Lernzielmodell verbundenen technokratischen Tendenzen, die starke Gängelung des Lehrers durch curriculare Totalplanung, die "Verkopfung" des Unterrichts durch die Art der Wissenschaftsorientierung, die starke Politisierung durch die Überbetonung der Konfliktkategorie. Ähnliche Kritikpunkte wurden in der Geographiedidaktik u.a. von SCHULTZE (1979), DAUM/SCHMIDT-WULFFEN (1980, S. 11 ff.) und KÖCK (1988, S. 144 f.) vorgebracht.

Eine Neuorientierung fällt allerdings schwer. B. FUCHS (1989, S. 415 und 423 ff.) spricht in einem Diskussionsbericht über ein Symposium zur Postmoderne von einer "Zeit radikaler Pluralität", in der ein festes Leitbild nur noch mit Skepsis betrachtet werden könne. "Erziehung", so schreibt sie, "wird in Zukunft nicht mehr umstandslos als die Einführung in eine bestehende Ordnung und als die Vermittlung zuverlässiger Orientierung verstanden werden können, sondern nur noch als die Ermutigung der Person zu eigener Weltgestaltung und Ordnungsstiftung". Wie könnte das pädagogisch eingelöst werden? Diese Frage möchte ich exemplarisch an der Diskussion um die Moralerziehung, um die Handlungsorientierung und um die Allgemeinbildung verfolgen.

3.1 Die Diskussion um die Moral- und Werterziehung

Von grundlegender Bedeutung scheint mir die Diskussion um die moralische Erziehung zu sein, obwohl sie inzwischen wieder etwas abgeflaut ist. Sie wird von sehr verschiedenen Positionen aus geführt. Das Spektrum reicht von religiös fundierten Programmen bis hin zu säkularen Programmen konservativer, liberaler oder kritisch-materialistischer Provenienz. Auch wenn vielfach die Kritik am szientistischen Lernbegriff den gemeinsamen Ausgangspunkt bildet, ist sie doch durch heftige Kontroversen gekennzeichnet.

Relativ großen Einfluß haben die Ideen KOHLBERGs gewonnen (DOBBELSTEIN-OSTHOFF/SCHIRP 1987; vgl. dazu LÖWISCH 1987, S. 485). KOHLBERG unterscheidet sechs Stufen der Moralerziehung, wobei die unteren Stufen Regel-geleitet sind und das Herausfinden des jeweils richtigen oder verantwortbaren Handelns im zwischenmenschlichen Zusammenleben zum Ziel haben. Die beiden abschließenden Stufen sind dagegen Prinzipien-geleitet. Dabei wird eine Orientierung an Verfassungsnormen und anderen kodifizierten gesellschaftlichen Werten gesucht.

Die Attraktivität dieses Programms wird deutlich, wenn man sich etwa Art. 7 der Verfassung für das Land Nordrhein-Westfalen vor Augen hält. Dort heißt es:

"(1) Ehrfurcht vor Gott, Achtung vor der Würde des Menschen und Bereitschaft zum sozialen Handeln zu wecken, ist vornehmstes Ziel der Erziehung.

(2) Die Jugend soll erzogen werden im Geiste der Menschlichkeit, der Demokratie und der Freiheit, zur Duldsamkeit und zur Achtung vor der Überzeugung des anderen, zur Verantwortung für die Erhaltung der natürlichen Lebensgrundlagen, in Liebe zu Volk und Heimat, zur Völkergemeinschaft und Friedensgesinnung."

Im Grunde liegt hier ein konsensstiftendes Potential vor, das didaktisch genutzt werden könnte.

Problematisch bleibt allerdings, daß die Moralerziehung bei KOHLBERG vorwiegend formal und weniger inhaltlich orientiert ist, daß sie sich eher auf Rechte und Pflichten bezieht als auf das sogenannte "Gute" und daß sie die kognitiven Strukturen des moralischen Urteilens gegenüber dem moralischen Handeln überbetont (dazu REGENBRECHT 1988, S. 100).

Die Notwendigkeit einer Moral- und Werterziehung wird innerhalb der Geographiedidaktik ebenfalls gesehen (ALBRECHT 1987). Doch auch hier sind die Positionen kontrovers. So verweist HAUBRICH (1984) auf sie im Zusammenhang mit der internationalen Verständigung, HASSE (1987 und 1988) im Zusammenhang mit der Diskussion um räumliche Identität und Heimat. Die wohl gründlichste, aber im Fazit doch sehr skeptische Analyse stammt von HAVELBERG (1990). Er unterscheidet moralische und außermoralische Werturteile, wobei er die moralischen Werturteile als handlungsorientiert und die anderen als erkenntnisorientiert versteht. Soviel scheint sicher, daß im Geographieunterricht vielfältige Wertkonflikte eine Rolle spielen. Durch ihre Umformulierung zu Planungskonflikten können sie kognitiv leichter vermittelt und durch demokratische Abstimmungsprozeduren systemkonform bewältigt werden. Doch es ist kein "linkes" Bekenntnis mehr, wenn darauf hingewiesen wird, daß eine Entscheidung für etwas immer auch eine Entscheidung gegen etwas anderes ist - nicht zuletzt gegen andere Menschen. Deshalb muß die Verantwortung im Unterricht thematisiert werden.

3. 2 Die Diskussion um Schülerorientierung

Eine alte, durch postmoderne Skepsis gegenüber der bisherigen Wissenschaftsorientierung neu belebte Forderung ist die Schülerorientierung. Zentraler Bezugspunkt dieser pädagogischen Konzeption ist die Lebenswirklichkeit, Alltagswirklichkeit oder Lebenswelt. Damit sollen vorwissenschaftliche und außerwissenschaftliche Deutungs- und Verstehensmuster angesprochen werden, die den Schülerinnen und Schülern Handlungs- und Sinnfindungsprozesse ermöglichen, um Identität aufzubauen und zu sozialer Kommunikation fähig zu werden. Schülerorientierung soll der wissenschaftlichen Segmentierung von Realität entgegenwirken und ein ganzheitliches Begreifen auch mit Herz und Hand ermöglichen.

In seiner schulpraktisch orientierten Variante tritt uns Schülerorientierung deshalb als Handlungsorientierung entgegen. Der bekannteste Vertreter ist wohl MEYER (1987). Unterricht soll von der Befindlichkeit des Schülers ausgehen, nicht nur in der einleitenden Motivationsphase. Vielmehr soll konkret erfahrbares Handeln die Basis des Unterrichts bilden. Ein so konzipiertes Lernen wendet sich gegen die Entfremdung von sinnlichen Erfahrungen und gegen die Zerstückkelung der Welt.

In der Geographiedidaktik liegen dazu bereits Stellungnahmen und Unterrichtsmodelle vor. DAUM (1988 b) kann als der bisher wichtigste Fürsprecher bezeichnet werden (vgl. WIMMERS 1990). Zwei beispielhafte Unterrichtsanregungen stammen von GRÜNEWÄLDER (1985), der die Stadt als Wahrnehmungs- und Aktionsraum erkunden will, und von TROMMER (1986), der mit einer "blinden Barfußraupe" zur sinnlichen Wahrnehmung von Natur anregen möchte. Beide Beispiele scheinen leicht konsensfähig zu sein, weil sie primär methodisch ausgerichtet sind. Problematischer sind die von HASSE (u.a. 1987, S. 155 ff. und 1988, S. 29) unterrichtlich arrangierten Aporien, die Schülerinnen und Schüler zum Fragen und Nachdenken anregen sollen - durchaus mit dem Ziel, verändernd in reale gesellschaftliche Entwicklungen einzugreifen. Auf jeden Fall wird davor gewarnt, Schülerorientierung und Wissenschaftsorientierung gegeneinander auszuspielen (vgl. JANDER 1989; ENGELHARD/HEMMER 1989).

3. 3 Die Diskussion um die Allgemeinbildung

Besonders bedeutsam ist der Strang der Diskussion, der sich um die Wiederbelebung einer Allgemeinbildung bemüht. Der neue Bildungsbegriff ist ebenso wie der alte nicht ideologiefrei. Die Spannweite reicht von disziplinierenden Vorstellungen bis hin zu empanzipierenden. Anders als früher aber wird der Begriff weniger von den Inhalten als von den Anforderungen her definiert. Er soll zwischen dem Individuum und der Gesellschaft vermitteln, Wissenschaft und Lebenswelt umfassen, Intellekt und Sinnlichkeit gleichermaßen ansprechen. Mit anderen Worten, in der neuen Diskussion um den Bildungsbegriff ist auch die Diskussion um Werterziehung und

Schülerorientierung aufgehoben (s. KLEMM/ROLFF/TILLMANN 1986; HAUSMANN/MAROTZKI 1988).

Es zeugt von Mut, daß KLAFKI (1985, S. 21 f.) den Versuch gewagt hat, 18 Schlüsselqualifikationen zu fomulieren. An ihnen sollen Jugendliche problemsichtig werden und ein differenziertes Problembewußtsein gewinnen, ohne auf eine bestimmte Problemlösung fixiert zu werden. Dank dieser unterrichtspraktischen Konkretisierung des Bildungsbegriffs wurden die Schlüsselprobleme rasch rezipiert. Sie werden bei der laufenden Lehrplanarbeit in Nordrhein-Westfalen zentral berücksichtigt (GÖLLER/LEUSMANN 1989; KULTUSMINISTER 1989, S. 39).

Für Fachdidaktiken ist es wichtig, daß der Bildungsbegriff bei KLAFKI kein gebrochenes Verhältnis zur Wissenschaft erkennen läßt. KLAFKI (in KLAFKI u.a. 1989, S. 99 und 103) verlangt allerdings eine Wissenschaft, die zu wissenschaftstheoretischer Reflexion in der Lage ist und damit fachwissenschaftliche Spezialisierungen überwinden kann. In einer Auseinandersetzung mit dem Bildungsbegriff von BLANKERTZ hat er den "kritischen Demokraten" als Leitfigur skizziert. In ihm verbindet sich Spezialistentum in produktiver Weise mit der Fähigkeit zu gesellschaftlicher Kommunikation.

4. Einflüsse aus gesellschaftlichen Entwicklungen

Die Schlüsselprobleme dokumentieren eine Hinwendung zur gesellschaftlichen Wirklichkeit. Ihr hat sich auch die Geographiedidaktik zu stellen. Aus den vielen möglichen Fragestellungen greife ich wiederum einige akzentuierend heraus: die Situation der Umwelt, der Dritten Welt als Teil unserer Mitwelt und schließlich der neuen Medienwelt.

4.1 Die veränderte Wahrnehmung der Umwelt

Eine herausragende Stellung nehmen die Umweltprobleme ein. Da unsere Schulbücher ein guter Spiegel gesellschaftlicher Entwicklungen sind, kann man an ihnen die veränderte Sensibilität für dieses Problem gut verfolgen. Erinnern wir uns: Als die gefährdete Umwelt kurz nach 1970 in unseren Schulbüchern auftauchte, handelte es sich vorwiegend um ein punktuelles Problem. Es war für die Abschlußklassen als separater Themenblock vorgesehen, behandelte die Umweltmedien weitgehend additiv und stellte zumeist regional begrenzte Schadensfälle vor: den verschmutzten Rhein, einen eutrophierten See, DDT als Umweltgift, die Bodenversalzung usw. Die Schäden waren gewöhnlich durch einfache Reparatur und den Einsatz von Technik in den Griff zu bekommen. Dementsprechend intensiv wurden Kläranlagen oder Mülldeponien im Unterricht behandelt.

Inzwischen hat sich die Perspektive gewandelt. Die Umweltprobleme haben den lokalen oder regionalen Maßstab gesprengt, sie sind in ihrer Brisanz international und sogar global geworden. Die radioaktive Wolke von Tschernobyl hat vor keiner Grenze Halt gemacht, das Ozonloch ist nicht auf die Antarktis beschränkt, der Temperaturanstieg in der Atmosphäre vollzieht sich weltweit. Zugleich werden die engen Wechselwirkungen zwischen den Umweltmedien erkennbar. Die Luftverschmutzung beeinträchtigt die Böden, die Bodenerosion belastet den Wasserhaushalt und führt zu Klimaveränderungen usw.

Die Lehrpläne und Schulbücher haben erste Konsequenzen aus der zunehmenden Bedeutung und Verzahnung der Problemstellung gezogen. Das Umweltthema beginnt, den gesamten Lehrstoff zu "infizieren". Es taucht bereits in den Anfangsklassen auf; es sprengt die isolierende Betrachtungsweise ehemals thematisch enger Unterrichtseinheiten. Die Landwirtschaft ist ohne den Ökobauern nicht mehr angemessen zu behandeln, ebenso wenig wie der Bergbau ohne Rekultivierung.

Das ist nur der Anfang. Wir wissen, eine umfassende Umwelterziehung tut Not. Wir sind gezwungen, von der Reparatur zur Vermeidung von Umweltschäden überzugehen und damit eine neue Qualität des Denkens anzustreben. Da kognitive Kompetenz, emotionale Bereitschaft und praktisches Handeln in keinem eindeutigen Zusammenhang stehen, müssen wir lernen, unterrichtlich auf mehreren Ebenen zu arbeiten (vgl. FIETKAU 1984).

4. 2 Die veränderte Wahrnehmung der Dritten Welt

Greifen wir ein anderes Schlüsselproblem heraus, das ebenfalls scheinbar isoliert dasteht: das Nord-Süd-Gefälle. Dieses Gefälle stellt nach dem Ende des politischen und militärischen Ost-West-Gegensatzes der Frieden auf der Erde wohl am stärksten in Frage. Wenn es nicht gelingt - so viel ist jetzt schon sicher - die Wachstumshoffnungen in der Dritten Welt zu befriedigen, dann wird es zu großen Verwerfungen kommen. Der Strom der echten und unechten Asylanten nach Westeuropa und Nordamerika ist nur ein erster Vorbote.

Wohlstand ist bei aller kulturellen Vielfalt in der Dritten Welt Gegenstand der Entwicklungswünsche und Ziel unserer Entwicklungsbemühungen. Kaum ein Bundesbürger ist bei Befragungen noch der Meinung, daß die Armen an ihrem Elend selbst schuld seien. Und die meisten sind sogar bereit zu helfen. Aber vermutlich ist das nur ein Lippenbekenntnis. Uns dämmert langsam, daß die Erde es nicht verkraften wird, wenn unser jetziger Lebensstandard und vor allem unsere Konsummentalität zur Norm für alle Menschen würde. Bislang gibt es etwa 500 Mio Kraftfahrzeuge auf der Welt. Rechnen wir nur unsere Kfz-Dichte auf die Weltbevölkerung um, dann würden es rund 3 000 Mio sein.

Manche versuchen sich damit zu trösten, daß es mit der Dritten Welt - gottlob - noch lange nicht so schnell bergauf geht. Das ist nicht nur zynisch, weil dadurch soziale Gerechtigkeit verweigert wird, sondern töricht. Zunehmend begreifen wir, daß die größten Umweltprobleme keine Wohlstandsphänome sind, sondern Armutsphänome. Die Kleinbauern in den Anden, die aus existentieller Not heraus immer marginalere Grundstücke roden, verschlimmern die Bodenerosion; die Hausfrauen im Sahel, die kilometerweit laufen, um Brennholz zu schlagen, tragen zur Ausbreitung der Wüsten bei; die Länder, die zur Finanzierung ihrer Schuldenlast Raubbau an ihren Ressourcen treiben, verschlimmern die Umweltkatastrophen. Der brennende tropische Regenwald ist dafür nur ein Symbol.

Die scheinbar so verschiedenen Problembereiche von Umweltpolitik und Entwicklungspolitik hängen also letztlich zusammen. Sektoral isolierte Hilfsaktionen bleiben möglich, nur sind sie immer weniger angemessen. Wir brauchen zur Bewältigung der Probleme eine neue integrierte Politik - eine Erdpolitik, wie sie von WEIZSÄCKER (1990) in einem faszinierenden Buch fordert. Noch scheint diese Einsicht schwierig zu sein, zumal bereits die Rückkoppelungen zwischen den Entwicklungsfaktoren kompliziert sind: Durch eine technokratische Geburtenkontrolle beispielsweise ist das Bevölkerungswachstum nicht in den Griff zu bekommen, dazu ist ein angemessenes Wohlstandswachstum notwendig, das wiederum ein geringeres Bevölkerungswachstum erfordert. Das Verständnis für solche Einsichten wird täglich dringender.

4. 3 Die Veränderung unserer Wahrnehmung durch die Medienwelt

Von der Sozialisationstheorie wird auf die veränderte Lebenswirklichkeit unserer Jugendlichen verwiesen: "Die elektronische Welt vom Fernsehen bis zum Computer zeigt besonders eindrücklich, daß heute die 'Erfahrungen aus zweiter Hand' die Primärerfahrungen zu überlagern beginnen" (GUDJONS, 1989, S. 48). Dem Fernsehen wird dabei in seiner Allgegenwärtigkeit eine besondere Medienmacht zugemessen. Es ist praktisch in jedem Haushalt verfügbar und überall auf dem Globus live dabei. Dem Konsumenten fällt es schwer, den Schein der Objektivität zu durchstoßen und Selektivität wie Interessengebundenheit der Informationsvermittlung zu erkennen.

Unabhängig von der notwendigen Medienkritik ist ein anderer Aspekt dieser Entwicklung für die Geographiedidaktik relevant: die gobale Orientierung. G. FUCHS (1985, S. 135 ff.) hat ihn ausführlich kommentiert. Ich möchte ihm eine zusätzliche neue Perspektive abgewinnen. Dafür kann man bei unseren konkreten Wahrnehmungen anknüpfen. Die Verbesserung der Verkehrstechniken hat zu einem Schrumpfen der Distanzen geführt. Unsere weltweiten Reisemöglichkeiten zeugen davon, am meisten aber wohl die globale Präsenz unseres Außenministers Genscher.

Dieses Thema hat in einem modernen wahrnehmungsgeographisch ausgerichteten Erdkundeunterricht bereits seinen Platz gefunden. Inzwischen werden durch die rasante technische Entwicklung sogar die Grundfesten unserer geographischen Disziplin in Frage gestellt: Die modernen Verkehrsmittel haben die Distanzen schrumpfen lassen, die moderne Telekommunikation hat sie gänzlich aufgehoben. Dank Satelliten und digitaler Übermittlungstechnik scheint der Raum überwunden zu sein. Für Entscheidungsträger in Politik und Wirtschaft ist die weite Welt längst zu einem Punkt geworden. So gibt es für die weltweit operierenden Banker praktisch nur noch eine Börse, die kontinuierlich um den Globus wandert. Neben den großen multinationalen Unternehmen sind inzwischen selbst kleinere mittelständische Unternehmen auf dem Weg zur globalen Fabrik (von WEIZSÄCKER 1990, S. 118). Fast jeden Tag illustrieren das Anzeigen in unseren Tageszeitungen.

Selbst für Normalbürger hat sich die Weltperspektive verändert. ROLFF/ZIMMERMANN (1990, S. 141) fassen ihre Betrachtungen zum Zeit- und Raumerleben der Jugendlichen heute in dem Satz zusammen: "Unterschiede im Raum verlieren, Unterschiede in der Zeit gewinnen an Bedeutung". Wir sollten die Konsequenzen daraus ziehen und die Diskussion über Nähe und Ferne auf dieses Faktum beziehen. Nähe wäre dort, wo Dichte der Informationen und emotionale Betroffenheit gegeben sind. In diesem Sinne können uns durch eine Reportage im Fernsehen Menschen auf dem Altiplano näher sein als im Nachbardorf. Lediglich die Art der Einbindung in die eigene Sozialgruppe läßt ein Gefühl von Fremdheit entstehen, das aufzuarbeiten wäre.

5. Schlußfolgerungen

Ich komme zum Schluß und versuche ein Fazit. Obwohl manche der Probleme, die SCHULTZE (1979, S. 7 f.) identifizierte, von der Geographiedidaktik keineswegs bewältigt sind, treten neue hinzu. Ich möchte insgesamt auf folgende hinweisen:

1. die wissenschaftstheoretische und disziplinäre Pluralisierung der Geographie und ihre schwindende Orientierungskraft,
2. die methodische Form und didaktische Einbindung der Regionalen Geographie,
3. die Funktion von Nahthemen und Fernthemen und ihr Verhältnis zueinander,
4. die Integration der Topographie als grundlegender Fähigkeit zur Orientierung im Raum,
5. die stärkere Berücksichtigung emotionaler Dimensionen durch Handlungsorientierung und Werteerziehung.

Der letzte Punkt ist mir der wichtigste. Vielfach wird auf Vorschlag von KÖCK (1980, S. 25 ff.) die Vermittlung einer Raumverhaltenskompetenz als oberste Aufgabe des Geographieunterrichts gesehen. Dadurch lassen sich sicher die "räumlichen" Anliegen unseres Faches gegenüber anderen Fächern klar abgrenzen, aber inhaltlich bleibt die Aufgabe unbestimmt. "Raumverhaltenskompetenz" ist als Lernziel ähnlich offen wie seinerzeit die "Qualifikation für Lebenssituationen" (vgl. SCHRAND 1989, S. 4). Es ist Ausdruck einer positivistischen Wissenschaftsauffassung und erhebt dementsprechend den Anspruch, wertfrei zu sein. Erziehung aber ist wertorientiert.

Betrachten wir zu diesem Zweck noch einmal den Pfeil, der die Entwicklung der geographiedidaktischen Leitvorstellungen erfaßt (Abb. 1). Bis in die 60er Jahre hinein wurde die Erde als Raum gesehen, in dem sich die Menschen zu bewähren haben. In den 70er und frühen 80er Jahren wurde die Erde als Planungs- und Verfügungsraum menschlicher Gruppen verstanden. Die 90er Jahre können m.E. nur von dem Willen bestimmt sein, das gestörte Verhältnis zu unserer Umwelt, zu unserer Mitwelt und zu unserer Nachwelt wiedergutzumachen. Die Erde als unser aller Lebensraum ist in extremem Maße gefährdet. Wir müssen deshalb die Bewahrung der Erde zur zentralen Aufgabe des Geographieunterrichts machen. Diese Aufgabe besteht aus zwei Teilaufgaben, zu denen wir unseren Beitrag zu leisten haben: der Sicherung der Ressourcen und der Herstellung von sozialer Gerechtigkeit. Dabei ist weniger die Verknüpfung allgemeingeographischer und regionalgeographischer Fragestellungen ein Problem, als vielmehr die Zusammenführung physischgeographischer und kulturgeographischer Aspekte. Ob dieses Ziel die gleiche Dringlichkeit für die Geographie als Fachwissenschaft hat, wage ich nicht zu sagen. Ich behaupte aber, daß es die genuine Aufgabe des Geographieunterrichts ist, Vorreiter im Kampf um die Bewahrung der Erde zu sein.

Literatur

ALBRECHT, V.: Die Entwicklung von Denkfähigkeit, moralischer Urteilsfähigkeit und Handlungskompetenz als Grundlage einer Theorie von Geographieunterricht. Geographie und ihre Didaktik 15 (1987), S. 80-86.

BIRKENHAUER, J.: Der Begriff der Inwertsetzung und die Frage einer regionalen Geographie. Freiburger Geographische Mitteilungen (1973) 1, S. 1-22.

BIRKENHAUER, J.:Geographiedidaktische Voraussetzungen einer didaktischen Matrix. In: E. Kross (Hrsg.): Geographiedidaktische Strukturgitter - eine Bestandsaufnahme. Braunschweig 1979, S. 29-52 (= Geographiedidaktische Forschungen 4).

BIRKENHAUER, J.: Über die mögliche Wurzel der geographischen Hauptparadigmen bei Herder (1744 - 1803). Mitteilungen der Geographischen Gesellschaft in München 70 (1985), S. 123-138.

BIRKENHAUER, J.: Aufgaben der Geographiedidaktik. Praxis Geographie 18 (1988) 7/8, S. 6-9.

BIRKENHAUER, J. und H. KÖCK: Bilanz einer Diskussion. Geographie und ihre Didaktik 18 (1990), S. 88-94.

BÖHN, D.: Allgemeine und/oder regionale Geographie. Praxis Geographie 18 (1988) 7/8, S. 10-13.

BOESCH, M.: Engagierte Geographie. Zur Rekonstruktion der Raumwissenschaft als politik-orientierte Geographie. Stuttgart 1989 (= Erdkundliches Wissen 98).

DAUM, E.: Wozu noch Geographie? In: OTTO, G., M. SAUER und E. FRIEDRICH (Hrsg.): Bildung - Die Menschen stärken, die Sachen klären. Friedrich Jahresheft 6 (1988 a), S. 88-91.

DAUM, E.: Lernen mit allen Sinnen. Zur Konkretisierung eines handlungsorientierten Unterrichts. Praxis Geographie 18 (1988 b) 7/8, S. 18-21.

DAUM, E. und W. SCHMIDT-WULFFEN: Erdkunde ohne Zukunft? Konkrete Alternativen zu einer Didaktik der Belanglosigkeiten. Paderborn 1980.

DEUTSCHER BILDUNGSRAT (Hrsg.): Strukturplan für das Bildungswesen. Stuttgart 1970.

DOBBELSTEIN-OSTHOFF, P. und H. SCHIRP: Werteerziehung in der Schule - aber wie? Ansätze zur Entwicklung der moralisch-demokratischen Urteilsfähigkeit. Soest 1987 (= Landesinstitut für Schule und Weiterbildung - Arbeitsberichte zur Curriculumentwicklung, Schul- und Unterrichtsforschung 10).

DÜRR, H.-P.: Wissenschaft und Wirklichkeit. Über die Beziehung zwischen dem Weltbild der Physik und der eigentlichen Wirklichkeit. In: DÜRR, H.-P. und W. Ch. ZIMMERLI (Hrsg.): Geist und Natur. Über den Widerspruch zwischen naturwissenschaftlicher Erkenntnis und philosophischer Welterfahrung. Bern usw. 1989, S. 28-46.

DÜRR, H.: Kulturerdteile: Eine "neue" Zehnweltenlehre als Grundlage des Geographieunterrichts? Geographische Rundschau 39 (1987), S. 228-232.

EDELSTEIN, W.: Lernen ohne Zwang? Einige Thesen über das Verhältnis von Entwicklungspsychologie und Erziehung. Neue Sammlung 30 (1990) 2, S. 310-319.

ENGELHARD, K.: Allgemeine Geographie und Regionale Geographie. Geographische Rundschau 39 (1987 a), S. 358-361.

ENGELHARD, K.: Allgemeine Geographie und regionale Geographie - eine wissenschafts-, handlungs- und systemorientierte Konsequenz. In: Köck, H. (Hrsg.): Mensch und Raum. Paul Schäfer zum 65. Geburtstag gewidmet. Hildesheim 1987 b, S. 49-63.

ENGELHARD, K. und I. HEMMER: Der unterrichtliche Lernprozeß zwischen Lebenspraxis und Wissenschaftsorientierung. Geographie und Schule 11 (1989) 57, S. 26-33.

ENGELHARDT, W. und H. POPP: Strukturanalyse eines Raumes als Thema des Erdkundeunterrichtes in der Jahrgangsstufe 11. Forderungen des Lehrplans - theoretische Konzeptionen einer "Strukturanalyse" - didaktische Probleme. In: POPP, H. (Hrsg.): Strukturanalyse eines Raumes im Erdkundeunterricht. Donauwörth 1979, S. 9-34.

FIETKAU, H.-J.: Bedingungen ökologischen Handelns. Weinheim und Basel 1984.

FRIESE, H. W. (Hrsg.): Schriftliche Abiturprüfung in Geographie. Aufgabenstellung und Leistungsbewertung. München 1979 (= Arbeitsmaterialien für die Kollegstufe, Sonderheft).

FUCHS, B.: Postmoderne - und danach? Diskussionsbericht des XXV. Salzburger Symposiums. Vierteljahresschrift für wissenschaftliche Pädagogik 65 (1989), S. 415-425.

FUCHS, G.: Wirklichkeitskonfrontation durch Zeitungsinformation und die curricular "gesetzte" Wirklichkeit - Möglichkeiten der Zeitung als "fachdidaktisches Korrektiv"? In: STONJEK, D. (Hrsg.): Massenmedien im Erdkundeunterricht. Vorträge des Osnabrücker Symposiums 1983. Lüneburg 1985, S. 131-148 (= Geographiedidaktische Forschungen 14).

GEIPEL, R.: Erdkundeunterricht in neuer Sicht. Pädagogische Welt 25 (1971), S. 367-376 und S. 493-498.

GÖLLER, H. und Ch. LEUSMANN: Eine Matrix zentraler Inhaltsbereiche als Kern eines Lehrplans für das Fach Erdkunde in der Sekundarstufe I. Geographie und Schule 11 (1989) 57, S. 39-43.

GRÜNEWÄLDER, K.-W.: Handlungsraum: City. Bausteine für einen alltagsorientierten Unterricht. Praxis Geographie 15 (1985) 3, S. 39-43.

GUDJONS, H.: Begründen. Lernpsychologische Argumente. Pädagogik 41 (1989) 7/8, S. 47-52.

HANSMANN, O. und W. MAROTZKI: Zur Aktualität des Bildungsbegriffs unter veränderten Bedingungen der gegenwärtigen Gesellschaft. Pädagogik 40 (1988) 7/8, S. 25-29.

HASCH, R.: Sizilien - als Beispiel der Raumanalyse eines außerdeutschen Gebietes. In: HASCH, R. (Hrsg.): Strukturanalyse eines Raumes. München 1977, S. 112-144 (= Akademiebeiträge zur Lehrerbildung 5).

HASSE, J.: Heimat. Anmerkungen über nie erreichte Ziele - Schule vor neuen Aufgaben? Oldenburg 1987.

HASSE, J.: Heimat - der Lernende in seiner Umwelt. Zwischen Emotion und Kognition - ein fachdidaktisches Dilemma? Praxis Geographie 18 (1988) 7/8, S. 26-29.

HASSE, J.: Region als "Biographie", Biographie als "Region". Praxis Geographie 20 (1990) 4, S. 18-21.

HAUBRICH, H.: Geographische Erziehung für die Welt von morgen. Geographische Rundschau 36 (1984), S. 520-526.

HAVELBERG, G.: Ethik als Erziehungsziel des Geographieunterrichts. Geographie und Schule 12 (1990) 65, S. 5-15.

HENTIG, H. von: Bilanz der Bildungsreform in der Bundesrepublik Deutschland. Neue Sammlung 30 (1990) 3, S. 366-384.

HOFFMANN, G.: Allgemeine Geographie oder Länderkunde? Es geht um Lernziele! Geographische Rundschau 22 (1970), S. 329-331.

JANDER, L.: Prolegomena zu einem ganzheitlichen Geographieunterricht. Zum Problem des Reduktionismus. Bremen 1989 (= Bremer Beiträge zur Geographie und Raumplanung 16).

KIRCHBERG, G.: Die Entwicklung des Unterrichtsfaches Geographie in den letzten zwei Jahrzehnten in der Bundesrepublik Deutschland. In: POPP, E. und H. WOHLSCHLÄGL (Hrsg): Schulgeographie in Mitteleuropa. Wien 1990 a, S. 50-65 (= Beiträge zur Lehrerfortbildung 33).

KIRCHBERG, G.: Die Lehrplanentwicklung im Erdkundeunterricht der Bundesrepublik Deutschland seit 1970. Zeitschrift für den Erdkundeunterricht 42 (1990 b) 5, S.166-177.

KLAFKI, W.: Neue Studien zur Bildungstheorie und Didaktik. Beiträge zur kritisch-konstruktiven Didaktik. Weinheim und Basel 1985.

KLAFKI, W. u.a.: "Allgemeine Bildung oder produktive Einseitigkeit?". Überarbeitete Fassung eines Gesprächs über die bildungstheoretisch-didaktische Position Herwig Blankertz'. In: KUTSCHKA, G. (Hrsg.): Bildung unter dem Anspruch der Aufklärung. Zur Pädagogik von Herwig Blankertz. Weinheim und Basel 1989, S. 87-109 (= Studien zur Schulpädagogik und Didaktik 1)

KLEMM, K., H.-G. ROLFF und K.-J. TILLMANN: Den Bildungsbegriff erneuern. Westermanns Pädagogische Beiträge 38 (1986) 3, S. 24-29.

KÖCK, H.: Theorie des zielorientierten Geographieunterrichts. Köln 1980.

KÖCK, H.: Zu einigen Grundfragen von Geographieunterricht und Geographiedidaktik. Geographie und ihre Didaktik 16 (1988), S. 86-95 und 135-147.

KROSS, E.: Eine Wende in der Geographiedidaktik? Anmerkungen zum Deutschen Schulgeographentag in Braunschweig. Schulgeographie, Mitteilungen des Landesverbandes Nordrhein-Westfalen im Verband Deutscher Schulgeographen (1986) 63, S. 5-10.

KROSS, E.: Länderkunde - Allgemeine Geographie - Topographie. Die aktuelle Diskussion in der Geographiedidaktik. In: Richtlinien und Lehrpläne für die Realschule im Blick auf das Jahr 2000. Tagungsbericht vom 21. Mülheimer Kongreß 1989. Bildung real 33 (1989) Sonderdruck, S. 80-88.

KUHN, T. S.: Die Struktur wissenschaftlicher Revolutionen. Frankfurt a.M. 1962 (= Suhrkamp Taschenbuch Wissenschaft 25).

Der KULTUSMINISTER des Landes Nordrhein-Westfalen (Hrsg.): Richtlinien und Lehrpläne für die Hauptschule in Nordrhein-Westfalen - Erdkunde. Frechen 1989.

LÖWISCH, D.-J.: Moralerziehung auf Abwegen. Oder: Die Schwierigkeit der Moralerziehung, ihren eigenen Weg zu finden. Vierteljahresschrift für wissenschaftliche Pädagogik 63 (1987), S. 474-491.

MEYER. H. Unterrichtsmethoden. 2 Bde., Frankfurt a.M. 1987.

NEWIG, J., K.H. REINHARD, und P. FISCHER: Allgemeine Geographie am regionalen Faden. Geographische Rundschau 35 (1983) S. 38-39.

POHL, J.: Geographie als hermeneutische Wissenschaft. Kallmünz/ Regensburg 1986 (= Münchener Geographische Hefte 52).

REGENBRECHT, A.: Der Beitrag Kohlbergs zu einer Theorie der moralischen Erziehung. Vierteljahresschrift für wissenschaftliche Pädagogik 64 (1988), S. 80-102.

RICHTER, D.: Lernzielorientierter Erdkundeunterricht und Säulenmodell. Geographische Rundschau 28 (1976), S. 235-241.

RICHTER, D. und W. HAUSMANN: Der neue Diercke Weltatlas im lernzielorientierten Geographieunterricht. Braunschweig 1974.

ROLFF, H.-G. und P. ZIMMERMANN: Kindheit im Wandel. Weinheim und Basel 1985.

SCHRAMKE, W.: Heimwärts und schnell vergessen? Reform, "Wende" und neue heile Welt der Geographiedidaktik in der Bundesrepublik Deutschland. In: HUSA, K., C. VIELHABER und H. WOHLSCHLÄGL (Hrsg.): Beiträge zur Diadaktik der Geographie. Festschrift Ernest Troger, Bd. 2. Wien 1986, S. 113-128.

SCHRAND, H.: Zur Lage der Geographiedidaktik Ende der 80er Jahre. Geographie und Schule 11 (1989) 57, S. 2-11.

SCHRAND, H.: Zur möglichen Stellung der Länderkunde in zukünftigen Lehrplänen. Praxis Geographie 20 (1990) 4, S. 30-34.

SEDLACEK, P.: Kulturgeographie als normative Handlungswissenschaft. In: SEDLACEK, P. (Hrsg.): Kultur-/Sozialgeographie. Beiträge zu ihrer wissenschaftstheoretischen Grundlegung. Paderborn usw. 1982, S. 187-216 (= UTB 1053).

SCHULTZE, A.: Allgemeine Geographie statt Länderkunde! Geographische Rundschau 22 (1970), S. 1-10.

SCHULTZE, A.: Kritische Zeitgeschichte der Schulgeographie. Geographische Rundschau 31 (1979), S. 2-9.

STORKEBAUM, W.: Länderkunde als curricularer Baustein. Praxis Geographie 20 (1990) 4, S. 8-12.

TROEGER, S.: "Die Erde ist ein Mosaik unterschiedlichster Kulturen" oder: die "Kulturerdteile" in der Schule. Geographische Rundschau 39 (1987), S. 278-282

TROMMER, G.: Die blinde Barfußraupe. Sinnliche Fuß-Boden-Erfahrung. Geographie heute 7 (1986) 42, S. 14-15.

WERLEN, B.: Gesellschaft, Handlung und Raum. Grundlagen handlungstheoretischer Sozialgeographie. Wiesbaden 1987 (= Erdkundliches Wissen 89).

WEIZSÄCKER, E. U. von: Erdpolitik. Ökologische Realpolitik an der Schwelle zum Jahrhundert der Umwelt. Darmstadt 2. Aufl. 1990.

WIMMERS, R.: Handlungsorientierter Geographieunterricht. Vom Wesen und der Verwendbarkeit einer "neuentdeckten" Unterrichtskonzeption in der Geographie. Geographie und Schule 12 (1990) 67, S. 40-44.

WOCKE, M.F.: Heimatkunde und Erdkunde. Grundzüge einer Didaktik und Methodik. Hannover usw. 7.Aufl. 1968.

Anmerkung

Für kritische Anregungen bin ich den Diskussionsteilnehmern der Tagung, vor allem aber Herrn F. THÖNEBÖHN zu Dank verpflichtet.

Eugen Ernst

Geographie und Gesellschaft.
Ein altes und ein neues Integrationsproblem

"Geographie neu denken" heißt zukunftsweisende Ansätze suchen und aufschlußreiche Paradigmen finden, um einen der Gegenwart und Zukunft gerecht werdenden Geographieunterricht zu entwickeln. Der Start zu neuen Ufern kann keinen prinzipiell anderen Erdkundeunterricht meinen als jenen, den die gesellschaftsbezogenen geographischen Lernziele, wie sie aus den Curriculumansätzen von Robinson, Klaffki, dem Neu-Isenburger Kreis und anderen erwachsen waren, begründet hatten. Die Geographie in der Schule muß nach den letzten Jahren der fachdidaktischen Stagnation bzw. des Rückfalls, auf dieser Grundlage fortgeschrieben werden; sie darf sich auf keine angeblich wertfreien Bereiche, wie Naturfaktoren oder Länder harmonisierend zurückziehen, ohne deren substituierende Bedeutung schmälern zu wollen.

Aspekte der Geographiedidaktik im Rückspiegel

Bevor man neue Ableitungsergebnisse anstrebt und über zeitgerechtere Paradigmen nachdenkt, ist es richtig, wenn man sich der Entwicklung der 70er Jahre noch einmal vergewissert und wenn man einen - trotz aller Rückschläge - nicht entmutigten -, nach wie vor emanzipatorisch ausgerichteten Fachvertreter von damals fragt. Unser Fachanliegen von damals - gemeint ist die Phase um 1968/72 - ist noch lange nicht bewältigt. Die Spuren der Curriculumreform drohen im Sande zu verlaufen, weil die Aspekte der Interdisziplinarität und der Integration gesellschaftlicher Fragestellungen fachdidaktisch entweder verkürzt bzw. ideologisiert oder überhaupt nicht aufgenommen worden sind. Wenn wir heute bilanzieren, d.h. Soll und Haben vergleichen, dann erkennen wir auf der Seite der kleinen Gruppe fortschrittlicher Schulgeographen durchaus Erfolge im Sinne der damals formulierten Lernziele und postulierten Methoden. Die große Masse der Erdkundelehrer verläßt sich jedoch auf das, was das zufällig vorhandene Lehrbuch vorgibt, weshalb es viel offensiver in den Innovationsprozeß erneuerter Geographie einbezogen werden sollte. Ein Teil der Geographiedidaktiker propagiert sogar den Rückfall in die angeblich gesellschaftlich wertfreie Regionalgeographie. Hier ist nach der erforderlichen Innovationsleistung der Verbände und nach Innovationsstrategien für den Lehrer- und Schüleralltag zu fragen.

Wir stehen heute erneut vor Revisionen. Wie weit hierbei neue Antworten gegeben werden müssen oder die nicht aufgearbeiteten, aber bereits schon gegebenen grundsätzlichen Antworten erneut in die Diskussion gebracht werden, ist abhängig davon, wie die hinter unserem Fachanliegen stehenden gesellschaftlichen Fragen grundsätzlich bewertet werden. Ich habe den Eindruck, daß sie wiederum - wie vor zwanzig Jahren - durch die oft parteipolitisch getrübten Brillen der in den einzelnen Verbänden tätigen Fachvertreter gesehen werden.

Was vor zwanzig Jahren der überparteilich agierende "Neu-Isenburger Kreis" hervorbrachte, wurde entweder mit "Hosianna" oder mit "Kreuzige ihn" bedacht. Die Frage ist, ob ein modifizierter und fortzuschreibender Ertrag aus der Curriculumdiskussion von damals über den Tag hinaus aktiviert und vertieft werden kann. In Abwandlung eines Lutherwortes kann gesagt werden: geographia reformata est semper reformanda.

Vor zwanzig Jahren ging es im wesentlichen darum, den exemplarischen Ansatz Wagenscheins im curricularen Neubeginn anders als bei Knübel u. a. zu entfalten und in der Breite wirksam werden zu lassen. Dies war kein "bloßes" Methodenproblem; wir wollten die Pädagogik bemühen, "Hebammendienst zu leisten, um Verstandesurteile ans Licht zu bringen" (H.v. Hentig). Lernzielfindung wurde konkretisiert und ihre Anwendung durch entsprechende Operationalisierung schul- bzw. schülerfähig gemacht. Was viele damals übelgenommen haben, war die Tatsache, daß Lernziele aus der gesellschaftlichen Verpflichtung aufgegriffen wurden. Ihnen war dieser Ansatz deshalb suspekt, weil hier eine Kooperation mit der Sozialkunde und mit der Geschichte im Sinne weitgefaßter politischer Bildung intendiert war.

Heute wissen wir, daß im Übereifer von einigen Fachvertretern die Lernzielformulierungen technokratisch kunstvoll bis zum unterrichtlichen Unsinn hin verfeinert wurden, so daß die gewünschte Spontaneität gerade zerstört wurde. Alle guten Ideen werden zum Fehlschlag, wenn sie ideologisiert werden. Bei manchen wurden die Lernziele zum Streckbrett, wie seinerzeit die Herbartschen Formalstufen. Die allgemeinen Lernziele, wie ich sie in der Geographischen Rundschau (GR 5/1970) formulierte, müssen nicht zurückgenommen werden. Allerdings bedürfen die affektiven Lernziele einer stärkeren Konkretisierung im Unterricht, wenn Schule nicht nur Ort der Belehrung, sondern der Einübung sozialen Verhaltens und Erfahrungsstätte von Eigeninitiative und Solidarität sein soll.

Die fachbetonten Richtlernziele stimmen weithin noch. Auch der Geographieunterricht der nächsten zwanzig Jahre hat Schüler zu einer sachgerechten Orientierung in der Welt zu befähigen und bei entsprechender Toleranz zu konditionieren, zuzuhören und sich mit abweichenden Auffassungen auseinanderzusetzen, um sich im Sinne der Übernahme von gesellschaftlicher Verantwortung bei angemessener politischer Sensibilität auch wieder zusammensetzen zu können. Das war und ist für manche Fachvertreter jedoch zuviel, weil hier eine politische Dimension im Spiele ist - allerdings erstaunlich, weil seit Aristoteles eigentlich kein Zweifel mehr besteht am Menschen als "Zoon politikon". Man wollte vielfach die Herausforderung von Raum- und Zeitproblemen neuer Art nicht als Aufgabe annehmen, weil liebgewonnene Stoffe hätten aufgegeben werden und man sich auf Neues hätte einlassen müssen. Auf der anderen Seite gab es jene Eiferer, die alles neue begrüßen, ohne es zu verstehen. Es gab auf beiden Seiten extreme Kräfte, die entweder die rechte oder die linke politische Ecke besetzen wollten.

Vor zwanzig Jahren zogen eine gewisse Unzufriedenheit und erstmals eine Zukunftsangst durch die Gesellschaft. Dabei wurde auch nach dem diesbezüglichen Auftrag der Schule gefragt (Picht, v. Hentig). Heute gibt es wieder Jugendproteste, Straßenkrawalle, Bandenbildung, Hausbesetzung. Es stellt sich erneut die Frage nach der Identität der Jugend mit ihrer Gesellschaft. Die Jugend ist anders geworden, weil viele gesellschaftlichen Prozesse anders als früher ablaufen und andere Werte Oberhand gewinnen. Müßte sich nicht auch Schule in Organisationsform und Lerninhalt darauf einstellen, daß Schüler in einer noch instabilen Entwicklungsphase einem technischen und medienwirtschaftlichen Imperialismus gegenüberstehen? Schule darf nicht resignierend den Finger auf den Staat und die Gesellschaft richten, da sie selbst mitbestimmender Teil davon ist. Sie hat im Erziehungsbereich die vornehmste und darüberhinaus noch beamtenrechtlich gesicherte Dienstleistung zu erfüllen, nämlich künftige Bürger zu befähigen, die unheilvollen ökonomischen, technischen, sozialen und ökologischen Determinierungen zu erkennen und möglichst zu beherrschen.

Anfang der 70er Jahre standen wir im weiteren Umfeld des Neu-Isenburger' Kreises zwischen der Scylla der prinzipiell Ablehnenden, die eine Wende nach hinten dringend herbeisehnten und der Charybdis der Utopisten, die in einem für die damalige Zeit ganz charakteristischen soziologistischen Sprachgebrauch viel zu verdreht Lehrpläne veröffentlichten. Die einen warfen den anderen Indoktrination vor, dabei war sie in beiden extremen Lagern vorhanden. Die aus der 68er Ära gaben dies auch unverblümt zu. Auf der anderen Seite war Indoktrination eine unreflektierte Selbstverständlichkeit, weil man seine Alltagswahrheiten für normal hielt.

Gerade in Hessen, von wo durchaus zukunftsweisende Überlegungen ausgingen, hat man über die Köpfe der Lehrer Rahmenrichtlinien erlassen und die Mentalitätsstruktur der Lehrenden völlig falsch eingeschätzt, so daß zum Schluß eine Verweigerungshaltung bei Eltern und bei Lehrern im Regelfalle das Ergebnis war. Glücklicherweise gab es bald ein paar neue Lehrwerke, wie z. B. "Welt und Umwelt", die neue didaktische Wege pragmatisch für den Unterricht begehbar machten und dem Lehrer durch geeignete Materialzusammenstellung eine Vorbereitungsentlastung bescherten. Stellenweise hatte sich sogar die dümmliche antiautoritäre Masche in das Gedankengeflecht des emanzipatorischen Ansatzes hineingestrickt, was sich als sehr belastend erweisen mußte, weil hier eine falsche Anthropologie leugnete, daß Jugendliche auch Grenzen brauchen und wir eh und je nur an Widerständen zu wachsen vermögen.

Geographie und Gesellschaft

Verbirgt sich hinter den beiden Bezugsgruppen "Geographie" und "Gesellschaft" wie das Thema verlauten läßt, nur ein altes oder ein neues Integrationsproblem? Worauf wollen wir unser Fach in Wahrheit gründen? Was ist sein proprium im Sinne der Fachdidaktik? Integrative Verflechtungen zwischen Geographie und Gesellschaft heute und in Zukunft müssen als Auftrag begründet werden, bevor man über integrative Fächerverbindungen spricht.

Niemand zweifelt daran, daß wir Schüler für die Lebenswirklichkeit zu erziehen haben. Aber das "non schola sed vitae discimus" wurde systematisch schlau zum bloßen Funktionieren des Bestehenden eingesetzt, oder es ist weithin eine Leerformel geblieben, wenn man unter Lebenswirklichkeit das evolutionäre gesamtgesellschaftliche Verhalten versteht.

Gefragt ist eine Schule, die Lernen selbst zum Lerngegenstand macht und die etwas zu dem Erziehungsprozeß eines demokratisch mündigen Bürgers von morgen beizutragen gedenkt. Gefragt ist also eine Schule, die von allen Fächern her gesellschaftliche Bildung zu betreiben hat. Wenn dies bejaht wird, dann kann das nicht wertneutral geschehen, sondern muß sehr spezifisch zu einer demokratischen Bildung führen, die nicht eine anpasserische unkritische Scheinidentität, etwa mit der Nation oder mit Europa will. Sie müßte unter ebenfalls kritischer Beachtung des Wertewandels in einer multikulturellen und postkonventionellen Gesellschaft auf Verfassungsbindung, aber nicht auf Verfassungsstarrheit, sondern auf einen lebendigen "Verfassungspatriotismus" hinauslaufen, dem letzte Wahrheiten verdächtig sind. Die Notwendigkeit, daß die Verfassung nur unter schwerwiegenden Gründen einer behutsamen Fortschreibung bedarf, wurde in jüngster Zeit in mehreren Fällen deutlich.

Die Geographie hatte sich vor zwanzig Jahren schon sehr intensiv in diesen Denkprozeß eingeschaltet und Lernziele formuliert, die geeignet waren, im Sinne von Selbstbestimmung und Mitverantwortung auf Mitgestaltung in der freien demokratischen Gesellschaft hinzuwirken. Geographie hatte damals partiell ihren facheigenen Beitrag beschrieben. Sie hatte in Ansätzen gezeigt, was sie im weitesten Sinne zur politischen (auf keinen Fall zur ideologisierten parteipolitischen Bildung) und Handlungskompetenz beizutragen vermag, um das Ziel der politischen und gesellschaftlichen Urteils- und Argumentationsfähigkeit bei Schülern zu erreichen, gerade im Blick auf die träge machende Wirkung der Medien, bei deren Vermittlung man angeblich in der 1. Reihe sitzt, scheinbar überall dabei ist und gar nicht aktiv sein muß. Geographie wollte aktiv beitragen zur Humanisierung, d. h. zur Parteinahme für Menschen und zur Menschenbildung in individueller wie in sozialer Hinsicht, d.h. zur Regelung des menschlichen Zusammenlebens in einem Gemeinwesen. Hier stellt sich die Frage der "dienenden Freiheit" durch Schule.

Die damit verbundenen affektiven Lernziele wurden mittlerweile durch Arbeiten wie die von Hagen und von Hasse erweitert, Ansätze, an denen weiter gearbeitet werden muß. Es kann nicht so bleiben, daß nur ca. 76 % der affektiven Lernziele in den Bereichen Raumplanung, Umwelt, Stadtgeographie und Ökologie angesiedelt sind, also überall da, wo Partizipation schon gesetzlich geboten ist und wo es um Inwertsetzung von Raum, d.h. um Interessen geht, die oft sehr handfest sein können. Es ist zu fragen, wo hier Defizite sind, wo affektive Lernziele, wie "sich mühen", "reagieren", "suchen" etc. im Psychomotorischen zu finden und zu operationalisieren wären. Bildung ist nicht möglich ohne Wertorientierung. Wertorientierung ist durch Normen, wie Recht, Verfassung, christliche Gebote etc. möglich und für ein Zusammenleben erforderlich. Affektive Ziele, wie Selbsttätigkeit, Integrationsfähigkeit, Mobilität, Friedensfähigkeit, Innovationsoffenheit etc. sind einzubeziehen.

Ich bin auch heute noch davon überzeugt, daß Geographie täglich wichtiger werdende - weil unkontrolliert mißbrauchbare - Kulturtechniken vermitteln kann. Geographie trachtet instrumentale Lernziele zu erreichen, besser gesagt: den richtigen Umgang mit den fachimmanenten Arbeitsmitteln und Methoden einzuüben, über die andere Fächer so nicht verfügen. Allerdings hat sie diese in den entsprechenden sozialen Kontext zu stellen, denn für sich allein genommen können Kulturtechniken, z.B. von menschenfeindlichen Systemen, auch mißbraucht werden. Man kann nicht lapidar dahin sagen "der Atlas oder das Buch hätten das bessere Gedächtnis", mithin brauche man Schüler nicht zu konditionieren, damit umzugehen. Gerade bei dem gewünschten mündigen Staatsbürger von morgen sollten Manipulationen bei der Anwendung von Plänen, Karten, Bildunterlagen, Statistiken etc. ausgeschlossen sein. Wenn Schüler in die Lage versetzt werden sollen, sich besser zu orientieren in der Welt, dann gehören auch Topographie und Statistik dazu.

Auch die zu Unrecht gescholtenen affirmativen Lernziele sind aus einem guten Geographieunterricht nicht wegzudenken. Der Mensch verfügt nach Kant von Geburt an über bestimmte erkenntnistheoretische Kategorien. Er verfügt aber nicht über Wissen. Wissen muß vermittelt werden. Hingegen kann Bildung nur gesteigert werden. Für die Vermittlung von Wissen ist die Existenz von Bildung ebenso eine Voraussetzung wie die systematische Steigerung von Bildung ohne Wissen unmöglich ist. Beide bilden ein Komplementärverhältnis, für das man in Abwandlung des bekannten Kantschen Diktums sagen kann, Bildung ohne Wissen ist leer, Wissen ohne Bildung ist blind. Die Steigerung der kognitiven und der kommunikativen Kompetenzen bedürfen der Erweiterung des Kenntnisstandes. Es kann der Geographie jedoch nicht so sehr um die "Erd-Kunde" von Ländern und Sachverhalten gehen, als vielmehr um eine rationale geographische Bildung, wobei sich Einsichten in Prozesse, Erkenntnis von Strukturen und verfügbares Sachwissen sehr wohl ergänzen.

Dabei tauchen immer wieder neue Problemkreise auf, die den Stoffwechsel zwischen Natur und Mensch, zwischen Raum und gesellschaftlichen Gruppen aufdecken. Geographieunterricht hat das Wahrnehmungsvermögen von Schülern zu verstärken, damit die Raumgenese, die Raumverflechtungen, die Raumbelastungen, die Raumbegrenzungen, die Raumnutzung und die Raumsicherung und damit auch die Raumordnung und die Raumplanung mit all ihren funktionalen und sozialen Verflechtungen ins Bewußtsein gehoben werden. Der gesellschaftliche Bezug der Geographie ist evident, wenn sie nach Orientierungskompetenz und nach Handlungsrelevanz fragt und indem sie Raumdeterminanten und Raumentscheidungen bei bestimmten Raumansprüchen zum Gegenstand der Untersuchung macht.

Die Schulgeographie befindet sich infolgedessen mitnichten in einer Legitimationskrise, jedoch in einer neuen Startsituation im Blick auf Erdpolitik und globale Orientierung. Raum ist infolgedessen Verfügungsraum, über den nicht alle verfügen, aber im Interesse aller vernünftig verfügt werden müßte, ohne ihn allen zur Verfügung stellen zu können. Der Mensch ist heute mehr als die Natur selbst Verursacher der Raumausgestaltung und der Raumwidersprüche. Er ist der potentielle Nutznießer, der sich nahezu alle Erdräume untertan machen kann und sie weithin ausbeutet so als hätte er keine Nachkommen. Auch Meeresböden, ja die Anökumene in der Antarktis ist vor dem Menschen nicht mehr sicher und es ist zu bedauern, daß in den entsprechenden Konferenzen der Rohstoffausbeutung unter dem Südpol nicht ein deutliches Nein entgegengesetzt wird.

Im Blick auf eine verantwortliche Sicherung des Landschaftshaushaltes wäre es gefährlich, wenn dem Schüler die Naturfaktoren als Wirkkräfte im Raum entweder unbekannt blieben oder auf eine mechanistische Weise unreflektiert in seine Vorstellungswelt einfließen würden. Das Thema Geographie und Umwelt ist gerade unter dem verpflichtenden Aspekt der Ressourcen- und der Raum-Schonung ein zutiefst gesellschaftspolitisches Thema. Ich brauche es nicht näher zu beleuchten, weil in den letzten Jahren jedermann klar geworden ist, was das Ozonloch und was die Abholzung der tropischen Wälder an Klimaveränderungen und an Existenzbedrohung bedeuten. Geographieunterricht hat sehr viel zu den aktuellen Themenkreisen "Bewahrung der Schöpfung", "Gerechtigkeit zwischen Nord und Süd" und "globaler Friedenssicherung" beizutragen.

Weil also der Fachgegenstand der Geographie, der Raum, das zerstörbare Prozeß- und Interaktionsfeld der Gesellschaften ist, kann auf Geographie in der Schule nicht verzichtet werden. Der Schüler als künftiger Bürger muß den Raum als einer der großen Lebenskategorien, ja als Lebenspotential schlechthin verstehen, das nicht unbegrenzt zur Verfügung steht. Schon in der Tutzinger Tagung 1971 waren von der Schulgeographie die diesbezüglichen Planungsinstrumente benannt und Anwendungsfelder für den Unterricht artikuliert worden (Raumordnung, Stadt- und Landschaftsplanung, Länderneuregelung, Stadtumlandbeziehungen, agrarstrukturelle Maßnahmen wie Flurbereinigung, Aussiedlungshöfe etc.).

Das alte und das neue Integrationsproblem der Fächer

Bei alledem geht es auf keinen Fall darum, geographische Argumente und Kulturtechniken seitens der Geographie für ein Politikfach auf Abruf bereitzustellen und damit Geographie zum Steinbruch des Politikunterrichts zu degradieren, wo man sich frei bedienen und je nach Intention und Bedarf passende Versatzstücke zur Gegenwartsdeutung herausholen kann. Das gesellschaftliche Sein ist konstituierend für das menschliche Sein und das menschliche Sein ist gebunden an die Grunddimensionen Zeit und Raum und kann ohne diese nicht gedacht werden und existent sein. Die Dimension Zeit gewinnt in dem Schulfach Geschichte Gestalt, die Dimension Raum wird durch die Geographie vertreten, sie darf nicht ausgeblendet werden. Raumwissenschaft kann gerade dann nicht vernachlässigt werden, wenn man im umfassenden Sinn ein vernünftiges Verhalten in der Polis will. Wer Geographie nicht von innen heraus begriffen hat, darf sich an ihr nicht vergreifen. Sie hat eigene erkenntnistheoretische Strukturen und fachdidaktische Ergebnisse. Unsere Fachtheorie als Disziplin der geographischen Wissenschaft fragt nach Grundlagen, Voraussetzungen und Möglichkeiten geographischen Erkennens. Die Fachdidaktik fragt nach den Voraussetzungen und Möglichkeiten von Bildungs- und Selbstbildungsprozessen durch Geographie und zielt auf ein rationales Raumbewußtsein und ein mitverantwortliches Handeln oder Nichthandeln in der Gesellschaft. Geographie in der Schule ist nicht Bezugswissenschaft für Politikunterricht.

Daß Kooperationsmodelle zwischen den Fächern bereits vorhanden sind, z. B. in Projekten, in Projektwochen, in Colloquien usw. ist eine Binsenweisheit. Es stimmt, daß die Grenzen der Fächer nicht die Grenzen der Wirklichkeit sind. Kurt Reumann hatte in der FAZ noch 1987 (29.8.) als Kritiker der hessischen Gesellschaftslehre geschrieben: "Zu bedenken ist ferner, daß es für den fächerzusammenziehenden Unterricht ... auch allgemein anerkannte didaktische und methodische Gründe gibt. Die Fächerzersplitterung erschwert die Konzentration und damit das Lernen. Sie verhindert es nicht selten, daß Zusammenhänge erkannt werden." Das läßt sehr stark den Integrationswunsch spüren. Aber fächerübergreifender Unterricht ist noch lange nicht mit Integration von drei Schulfächern gleichzusetzen. Ich halte ein disparates Nebeneinander von Sozialkunde, Geschichte und Erdkunde aus Gründen der Lerneffektivität und der didaktischen Ziele für wenig hilfreich, aber die Geographie hat wie die Geschichte und die Sozialkunde ihren eigenen Auftrag.

Eine Integration der Fächer kann weder vom Studiengang der Lehrer, noch vom Bildungsanspruch der Schüler her gerechtfertigt werden. Die Bezugswissenschaften müssen sichtbar bleiben, damit keine verwischende und geschwätzige Zufallsdidaktik entsteht, sondern eine disziplin- und lernzielorientierte Didaktik, die den fachlich gesicherten Gesellschaftszusammenhang herstellen und sichern kann. Eine fachgerechte Grundausbildung, vor allem für Lehrer, die nicht in der Hauptschule tätig sind, ist deshalb Voraussetzung für das Gelingen der Gesellschaftslehre und ist eines ihrer konstitutiven Elemente. Wir haben die Identität der Fächer zu wahren und zugleich ihr Selbstverständnis im Blick auf die Identität zwischen Fach und gesellschaftlichem Anspruch zu bedenken. An der Wissenschaftsorientierung dürfen wir nicht zweifeln lassen, allerdings im Sinne eines Wissenschaftsbegriffs, der nicht l'art pour l'art im luftleeren Raum arbeitet, sondern im Kantschen Sinn die Bedingungen und die Folgen seines Tuns mitbedenkt und rechenschaftspflichtig ist vor dem, was Pädagogen als das Humanum bezeichnen. Dabei werden Bildung und Wissenschaft zusammengeführt.

Ich spreche deshalb lieber von einem Höchstmaß an Kooperation zwischen den Schulfächern, die ich allerdings auch für dringend geboten halte. Koordination kann bestenfalls eine äußerliche Gewährleistung für einen vernünftigen Ablauf von Unterricht sein. Gefragt ist jedoch Kooperationsfähigkeit. Fachvertreter, Schulverwaltungen, Ministerien, Landeselternbeiräte hätten einen solchen curricularen Ansatz des fächerübergreifenden Unterrichts verbindlich abzufassen. Selbstverständlich muß man dann Richt- und Groblernziele vorgeben und zeigen, in welchen Lernfeldern man Kooperation erreichen kann.

Vor über einem Jahr hatte ich in der Evangelischen Akademie Arnoldshain im Rahmen einer Tagung zur "Politischen Bildung als Leistung der Schule" ausführlich Stellung genommen zu der Frage, wie Gesellschaftslehre im weitesten Sinne möglich und wie die Vereinbarkeit der

Selbständigkeit der Fächer mit der Forderung nach fächerübergreifendem Unterricht aus der Sicht des Faches Erkunde deutlich zu machen sei. Ich habe damals Lernfelder vorgeschlagen, in denen alle drei Fächer eine Kooperation durchaus erreichen können und wo die Vernetzung der Themenbereiche gelingen kann. Dieses konzentrische Angehen von Problemfeldern von verschiedenen Fächern ist zwar nicht immer synchron, führt aber zu differenzierteren und verständnisvolleren Beurteilungsmaßstäben bei den Schülern und erschließt größere Zusammenhänge. Außerdem wird in dieser Kooperation ein Spiralcurriculum aufgebaut, ohne daß sich die einzelnen Fächer etwas wegnehmen und in den jeweils anderen Bereichen "wildern". Unter dem Dach der Gesellschaftslehre könnten sie miteinander verschränkt durchaus zusammenarbeiten. Aber jedes Fach muß für sich seine ihm eigenen Sachverhalte, Problemkreise und Entscheidungsfelder mit den eigenen Fachmethoden behandeln. Die Nachbarfächer Geschichte und Sozialkunde haben zu den gleichen Problemfeldern der Geographie das Ihre zu sagen - und umgekehrt. Damit wäre vermieden, daß jedes Fach das gleiche mit möglicherweise sogar den gleichen Inhalten behandelt. Jedes Fach hat unter dem Dach der Gesellschaftslehre nachzuweisen wie und wodurch es zur Kooperation im Blick auf die allgemeinen Lernziele, die für alle verbindlich gleich sein müssen, beiträgt.

Es kann also nicht um eine objektive Integration der Fächer, sondern nur um eine subjektive Integration in der Vorstellungswelt der Schüler gehen. Die Fächer gehen stets der Kooperation in der Schule voraus und sind Kontrollorgane der Kooperationsergebnisse.

Der Schüler muß allerdings die spezifischen Strukturen der beteiligten Fächer erfahren. Jedes Fach hat Anspruch sowohl auf sein eigenes Stundendeputat, das flexibel gehandhabt werden kann, als auch auf eine separate Benotung. Den an der Gesellschaftslehre beteiligten Fächern muß angesichts der steten Bedrohung unserer pluralistisch freiheitlichen Demokratie ein großes Maß an Unterrichtszeit zugebilligt werden. Für die drei Fächer muß quantitativ ein Zeitdeputat von sechs Wochenstunden zur Verfügung stehen. Qualitativ dürfen sich die Fächer nicht auf Stoffe und Techniken beschränken, sie dürfen es nicht nur nicht beim notwendigen Informieren belassen, und gesellschaftlich-räumlichen Problemfeldern nicht ausweichen, die durchaus politische Konfliktfelder sind. Politische Handlungskompetenz können die Fachlehrer für Schüler nur vorbereiten, wenn sie Entscheidungsbedarf bewußtmachen, Bedingungen und Folgen, Ursachen und Auswirkungen räumlicher und sozialer Disparitäten offenlegen, die sowohl in der Natur wie in der Gesellschaft stets Ergebnis politischer Entscheidungen oder nicht getroffener Entscheidungen sind.

Bei der praktischen Durchführung sind folgende Grundbedingungen als essentials zu berücksichtigen:

1. Die gleichen allgemeinen Lernziele im Sinne eines vernünftigen Miteinanders von Menschen und im Sinne der Bewahrung der gesamten Erde sind für die kooperierenden Fächer verbindlich.

2. Der direkte oder indirekte Gesellschaftsbezug ist ohne jegliche Indoktrination in den fachbetonten Lernzielen wiederzuerkennen.

3. Die Unterrichtsgegenstände, die Problemkreise und Themen bedürfen in jeder Schulstufe einer genauen Abstimmung durch die Lehrer, wobei vorgegebene Lernfelder gleichsam als Suchinstrumente fungieren könnten.

Folgende Lernfelder wären zu berücksichtigen:

1. Sozialisation: Schüler stehen in ihrer erzieherischen Entwicklung unter der ständigen Beeinflussung von gesellschaftlichen Gruppen, in der Familie, im Wohnhaus, im Wohn- und Schulbezirk, im Dorf, in der Stadt, im Staat.

2. **Wirtschaft:** Schüler erfahren die Welt in bestimmten wirtschaftlichen Beziehungen, insbesondere als Konsumenten und kommen als künftige Bürger auch mit den Vorgängen von Produktion und Distribution, mithin auch mit Verkehrsproblemen in Berührung. Sie sollten daher die Probleme der Arbeitswelt und der Wirtschaft kennenlernen. Dabei sind die räumlichen und sozialen Ungleichgewichte zu begreifen, die Ambivalenz des Fremdenverkehrs und der Freizeit ebenso wie die der Industrieansiedlung und des Wirtschaftswachstums.

3. **Öffentlichkeit:** Schüler und Bürger sind stets Betroffene behördlicher Maßnahmen und institutionalisierter Machtausübung. Sie sollten im demokratischen Kräftespiel öffentliche Entscheidung mittragen und mitverantworten lernen.

4. **Intergesellschaftliche und zwischenstaatliche Konflikte:** Schüler erleben als Angehörige ihrer Familie, ihres Vereins oder ihres Staates die Verflechtungen mit anderen Gruppen und Räumen. Sie sind mithin Betroffene von Konflikten, die sich in politischen Auseinandersetzungen äußern. Sie sind mithin betroffen von Entwicklungen an den entferntesten Orten, die über die Bündnissysteme und die Wirtschaftssanktionen auf sie selbst ausstrahlen können.

5. **Natürliche Umwelt:** Schüler begegnen den Zwängen zur Umweltsicherung und der Begrenzung des Naturpotentials im Sinne eines Schlüsselproblems. Sie sind unter Umständen von Naturkatastrophen selbst betroffen oder werden zur Linderung von Not aufgefordert. Sie sollten deshalb über die Naturfaktoren in ihrem räumlichen Wirkgefüge Bescheid wissen und zu ihrem eigenen Schutz beitragen und die damit verbundenen gesellschaftlichen Bedingungen und Folgen verstehen.

6. **Regionaleinheiten:** Schüler erfahren Gesellschaft und Welt in bestimmten abgegrenzten Räumen, in Gemarkungen, Städten, Ländern, Staaten und Regionen. Deshalb sollte die Einsicht in die Ganzheit ausgewählter Raumeinheiten in synoptischer Sicht vermittelt werden, weil Räume stets im Faktorenkonnex und in wirtschaftlichen, technischen, sozialen, politischen und kulturellen Prozessen in Erscheinung treten.

Je mehr sich Geographie im Schulalltag und im Blick auf den Lehrplan zu anderen Fächern kooperativ zeigt und je mehr sie die übergreifende Bedeutung der Fächer akzeptiert, je mehr profiliert sie sich als Einzelfach. Sie verhilft dann zu einem konzentrischen Unterricht, der sich der Mitte des Lerngegenstandes von verschiedenen Fächern her nähert und in dem durchaus auch Lehrgangsphasen, z.B. zur Erdgeschichte, zu den Eiszeitaltern etc. eingebaut sein können.

Mithin haben Geographen mit der nötigen pragmatisch-didaktischen Erfahrung und mit der wissenschaftstheoretisch ausgewiesenen Kompetenz sowie als vorbildhafte Pädagogen über ein neues Curriculum der Geographie im fächerübergreifenden gesellschaftsbezogenen Sinne nachzudenken. Von den jeweiligen Verbänden legitimierte Personen sollten einen Entwurf erarbeiten, diesen den Verbandstagen vorlegen, um zu endgültigen, abgestimmten Ergebnissen zu gelangen. Die Lerninhalte, die Lernziele und die Lernmethoden in den einzelnen Bundesländern dürfen trotz hoher Achtung vor dem Föderalismus nicht noch mehr auseinanderfallen. Gerade im Blick auf die neuen Bundesländer muß es zu einer stärkeren Bündelung im Sinne eines gegenseitigen Verstehens durch vernünftige Übereinkünfte kommen.

Neue fachdidaktische Denkhorizonte

Jürgen Hasse

Jüngere Denkansätze in Philosophie und Sozialwissenschaft. Impulse für die Geographiedidaktik

Die Initiative, die Geographiedidaktik neu zu denken, zeugt von einer Wahrnehmung der Disziplin, die mehr Spannung und Asymmetrie zum Ausdruck bringt als Harmonie und Gleichgewicht. Gleichwohl: Wer die Geographiedidaktik neu denken will, tritt mit einem fortschrittsorientierten Anspruch auf und will das Fach aus einem Diskurs der Orientierung heraus in zukunftsweisende Horizonte einbinden. Nun mangelt es in der Geographiedidaktik zweifellos nicht an Impulsen, vertraute Denk- und Handlungsgewohnheiten im Bereich des geographischen Lehrens und Lernens zur Zufriedenheit des einen und zum Erschrecken des anderen an alten wie an neuen Spiegeln zu brechen und auch zu verzerren. Die meisten Impulse der letzten zehn Jahre waren jedoch systeminterne Bewegungen. Jedes System (und ich betrachte die Geographiedidaktik im Sinne Luhmanns nun einmal als System) hat aber zwei Möglichkeiten des Wandels:

erstens
durch Beobachtung der Systeme in seiner Umwelt und kreativer Anpassung des eigenen Prozessierens;
zweitens
kann es sich selbst aber auch aus der Perspektive eines Systems seiner Umwelt beobachten, um sich so aus weit größerer Distanz einschätzen und für aktuelle Umweltbeziehungen optimieren zu können.

Ich will von diesem selbstreferentiellen Projekt nur einen relativ kleinen Teil übernehmen, nämlich in der Überschreitung der Grenzen des Faches Impulse aufspüren, die uns auf konstruktive Weise zu einem neuen Miteinander-Denken bewegen könnten. Damit verfolge ich keine Strategie der Versöhnung heterogener Zielsysteme, denn die setzt einen Konsens voraus, der nur im Kampf erzwungen werden kann; wir wären dann schnell wieder dort, wo in den letzten zwanzig Jahren durch Dogmatismen und starre Überzeugungen eine logzentristische Diskussion geführt wurde, anstatt das offene Gespräch engagierter Menschen mit einem feinen Empfinden für Übergänge, Verknüpfungen, Kooperationen und Bereicherungen. Ich möchte aber in der Aufnahme externer Impulse keine Türen innerhalb der Fachdidaktik zuschlagen, sondern Korridore zwischen den "Schulen" einrichten. Bereits mit diesem einleitenden Programm befinde ich mich mitten im Kontext der Ideen jener neuen Philosophien, die ich nun - zwangsläufig eher oberflächlich als gründlich - auf mögliche Samenkörner abklopfen will, in der Hoffnung, daß sie auf dem Boden der Wissenschaftstheorie, Epistemologie, Methodologie, Methodik und Politik der Geographiedidaktik aufgehen könnten.

1. Über die Logik des Anfangens

Um den Versuch des pluralistischen Denkens vor dem Scheitern noch bestehender Konfliktgrenzen zu bewahren, will ich mit Hilfe des Sloterdijk'schen Bildes der körperlichen Hieroglyphe versuchen, die Möglichkeit eines qualitativ neuen Diskurses gegen den rückholenden Übergriff unserer eigenen Geschichte zu sichern.

Angesichts der zahlreichen Ansätze, die allein in den letzten zehn Jahren in der Geographiedidaktik bildungspolitisch erfolgversprechende und bildungstheoretisch relevante Perspektiven erschließen sollten, liegt die Frage nach dem Maß des Scheiterns der Reform des Geographieunterrichts vor zwanzig Jahren nahe.

Haben jene heute Älteren sich geirrt, als sie den Geographieunterricht in fester Überzeugung von der Machbarkeit des Ideals der Emanzipation auf ein neues Fundament gestellt haben?

Haben jene damals Jüngeren, die von der Idee der Aufklärung und Befreiung so empathisch inspiriert waren, sich geirrt, als sie so manchen noch verletzlichen Sproß der gerade erst aufkeimenden Reform zu einem Hyperwachstum getrieben haben?

Haben schließlich jene sich geirrt, die heute, ihrerseits in der Überzeugung, den Lebensinteressen von Kindern und Jugendlichen verpflichtet zu sein, einen als "Rückweg" gescholtenen Ausweg aus dem Dickicht der Ratlosigkeit und allgemeinen Unübersichtlichkeit beschreiten?

Weit entfernt von leichtfüßiger Urteilsbereitschaft, gälte es zunächst, hermeneutische Vorsicht walten zu lassen und nach den Anfängen dieser so grundverschiedenen und zugleich so verwandten Arten des Handelns zu suchen, denn der Anfang ist nicht "der" Zustand der Schulgeographie am Ende der 60er oder Anfang der 90er Jahre. Es gibt zu jeder Zeit viele Anfänge, und die liegen in den verschiedenen Wahrnehmungen eines Status Quo. Daß die wirklichen Anfänge aber "für uns nie anders da sind" als in den Resultaten des "schon Angefangenseins" (Sloterdijk 1988: 12) macht erst die Verständigung so schwer. Wir haben es ja, bei welchem theoretischen Konzept auch immer, niemals mit einem "wissenschaftslogisch-hygienischen" (H. Dürr) Konstrukt zu tun, sondern stets mit Bildern, die an die Individualität des Autors gebunden sind. Sloterdijk spricht vom lebenden Pergament, auf dem in Nervenschrift die Chronik unserer Existenz aufgezeichnet wird (ebd.: 15). Wir alle wissen das und können diese Spuren unvergangener Vergangenheit in den Biographien uns persönlich bekannter Wissenschaftler wiederfinden. In Wissenschaft lebt aus ihren doxischen Quellen und gibt so ihrer Epistemologie Gestalt. Wir wissen das, denn wir leben selbstreferentiell, nur handeln wir im allgemeinen nicht danach. Wissenschaftliche Sätze werden mit dem Ziel maximaler (hegemonialer) Geltung geschrieben und mit entsprechender Erwartungshaltung - bzw. Angst gelesen. Würden sie, wie poetische Schrift aber nicht aufgezwungen, sondern nur ausgesetzt (ebd.: 14), würde die Kuhn'sche Logik der wissenschaftlichen Revolution den Diskurs ein Stück weniger bestimmen. Es entstünde vielleicht nur ein Zwischenraum oder eine Nische in der bislang gültigen Logik der Systeme. Aber Systeme sind nicht nur geschlossen, sondern als geschlossene nur als zugleich offene überlebensfähig. Anlaß genug, Grenzen der Verständigung jetzt als überwindbar zu denken: neue Perspektiven könnten in einem Gespräch erschlossen werden, in dem sich die Teilnehmer - als "körperliche Hieroglyphen" - in wechselseitiger Offenheit und auf einem Weg des vagabundierenden Denkens begegnen würden. Odo Marquard unterstreicht die Dringlichkeit dieses Denkens in unserem "Zeitalter der Weltfremdheit" (vgl. 1986). Besondere Anforderungen stellen sich in der beschleunigten Schnelligkeit des modernen Wirklichkeitswandels, der uns nicht nur mit rasanter Erfahrungsveraltung konfrontiert, sondern uns als Erwachsene in die strukturelle Lage der Kinder bringt: Die Welt ist unbekannt und unüberschaubar; es regiert die Logik des Hörensagens und damit die Abhängigkeit von den stellvertretend gemachten Erfahrungen (vgl. Marquard 1982). In diesem Zeitalter des modernen Erfahrungsverlustes und der gleichzeitigen Eutrophierung von Erwartung und Illusion macht die Schule Karriere. Kinder wie Erwachsene werden zu "erfahrungslosen Erwartern" (ebd.: 27) in einer unübersichtlichen Welt. Gesucht sind deshalb historisch adäquate Wege des Lernens, die nur an Grenzverläufen gefunden werden können, denn die modernen reformistischen Konzepte laufen im Labyrinth der Welt leer. Der Status der Schule als Moratorium kann deshalb allenfalls an den Grenzen der Rationalität überwunden werden (vgl. 2.2.).

Ein prophylaktischer Einwand gegen den Vorwurf des postmodern falsch verstandenen "anything goes" sei an dieser Stelle vermerkt: Dies ist kein Abgesang auf die Idee der Aufklärung! Diese muß vielmehr an zwei Fronten gerettet werden; erstens dort, wo sie in neokonservativer

Fortschrittssemantik in die Ideologiebildung eingespannt wird, und zweitens dort, wo sie (mit den Worten Marquards) zum Kurs der Weltfremdheit umfunktioniert werden soll - "zum Doping für Revolutionäre" (ebd. 1986: 95).

2. Orientierung an Grenzverläufen

Jüngere Denkansätze in Philosophie und Sozialwissenschaft für die Geographiedidaktik nutzbar zu machen, das bedeutet, ganzheitliche Fragen zu stellen, Impulse zu geben, die an den Paradigmen und Strukturen des Faches rütteln. Relativ Neues kann in diesem Prozeß verblassen, und relativ alte (überwunden geglaubte) Paradigmen können in neuem Licht Perspektiven verheißen. Alles muß in Bewegung versetzt werden dürfen.

Vier jüngere Diskussionsströme will ich zur Differenzierung und Ergänzung des schon Gesagten skizzieren und anhand einiger Thesen jene Transzendenzen einfangen, die das Fach zu einem neuen Denken anstiften könnten: (a) die Postmodernismus-Debatte, (b) Ästhetik-Theorien, (c) "Chaos-Forschung" sowie (d) die postmoderne Ökologiediskussion. Alle vier Theoriefelder stehen in einem ideengeschichtlichen Kontext. Wechselbeziehungen setzen immer wieder neue Akzente, werfen Licht und Schatten. Ein Merkmal kennzeichnet alle Theoriefelder. Es handelt sich jeweils um Verfalls- und Fortschrittsphilosophien bzw. -theorien. Diese Dialektik ist der Fortschrittsutopie selber verpflichtet. Benjamin sagt, "die Katastrophe ist, wenn alles so weitergeht!" Die katastrophische Unterbrechung erstellt deshalb einen "Raum, in dem etwas sichtbar wird, das vor dem in die Zukunft blickenden sehenden Auge des Bewußtseins immer verstorben und begraben liegt. Es sind namenlose Trümmer, Abfall, der Abfall des Fortschritts" (Schuller 1989: 312). Dieser dialektische Perspektivwechsel zwischen der Idee der Selbstvollendung der Menschheit hier und dem Prinzip der Angst dort erzeugt eine Amplitude, in der Utopie und Aporie zu einem Amalgam zusammenschießen.

2.1 Die Postmodernismus-Debatte

Den Kern der Postmodernismus-Debatte bestimmt ein spannungsreiches und zugleich vielgestaltiges Verhältnis der eben skizzierten Polaritäten zwischen Fortschritts- und Verfallsphilosophien, zwischen Utopie und Aporie: Die zentralen geschichtsphilosophischen Ideen der Aufklärung, der Emanzipation, die Idee des autonomen Subjekts schlechthin, sind als universalistische Entwürfe zerfallen. Die Geschichte des Fortschritts selber war es, die es versäumt hat, den Blick zurückzuwenden (auf jene Benjamin'schen Trümmerfelder). Der Fortschritt hat sich ohne den nötigen Aufwand an Selbstreferentialität vollzogen. Die Sprache des Fortschritts war dabei (gebunden an eine über zweitausendjährige Tradition) die der verstandesbegrifflichen Vernunft. Die Moderne realisierte sich mithin über einen Rationalitätstyp. Das Verhältnis zwischen Einheit und Vielheit war und ist bis in die Gegenwart hinein über das herrschende Rationalitätsprinzip der Vernunft zugunsten der Einheit (der Erlebnisformen, der Denk- und Handlungsweisen) entschieden. Eine zentralistische Doktrin zwingt die pluralen "Sprachspiele" zur Anpassung - oder zum Verzicht. In ihrem Festhalten an universalistischen Konzepten verfing sich die Moderne in den eigenen Utopien (vergleichbar der Curriculumreform in unserem Fach?), denn ihre Diagnoseinstanzen (wozu alle sozialwissenschaftlichen Disziplinen und Subdisziplinen zu zählen sind) erkannten nicht an, daß es keine Einheit in den Ideen mehr gab, daß Einheit vielmehr nur noch in jenem endlos heterogenen Meer der Erscheinungen war. Die Grenzen verschwimmen, die Ideen sind im Feld der Vielheiten, die Erscheinungen gehören zur Einheit.

POSTMODERNE

Das Selbstverständnis der Moderne zerfällt

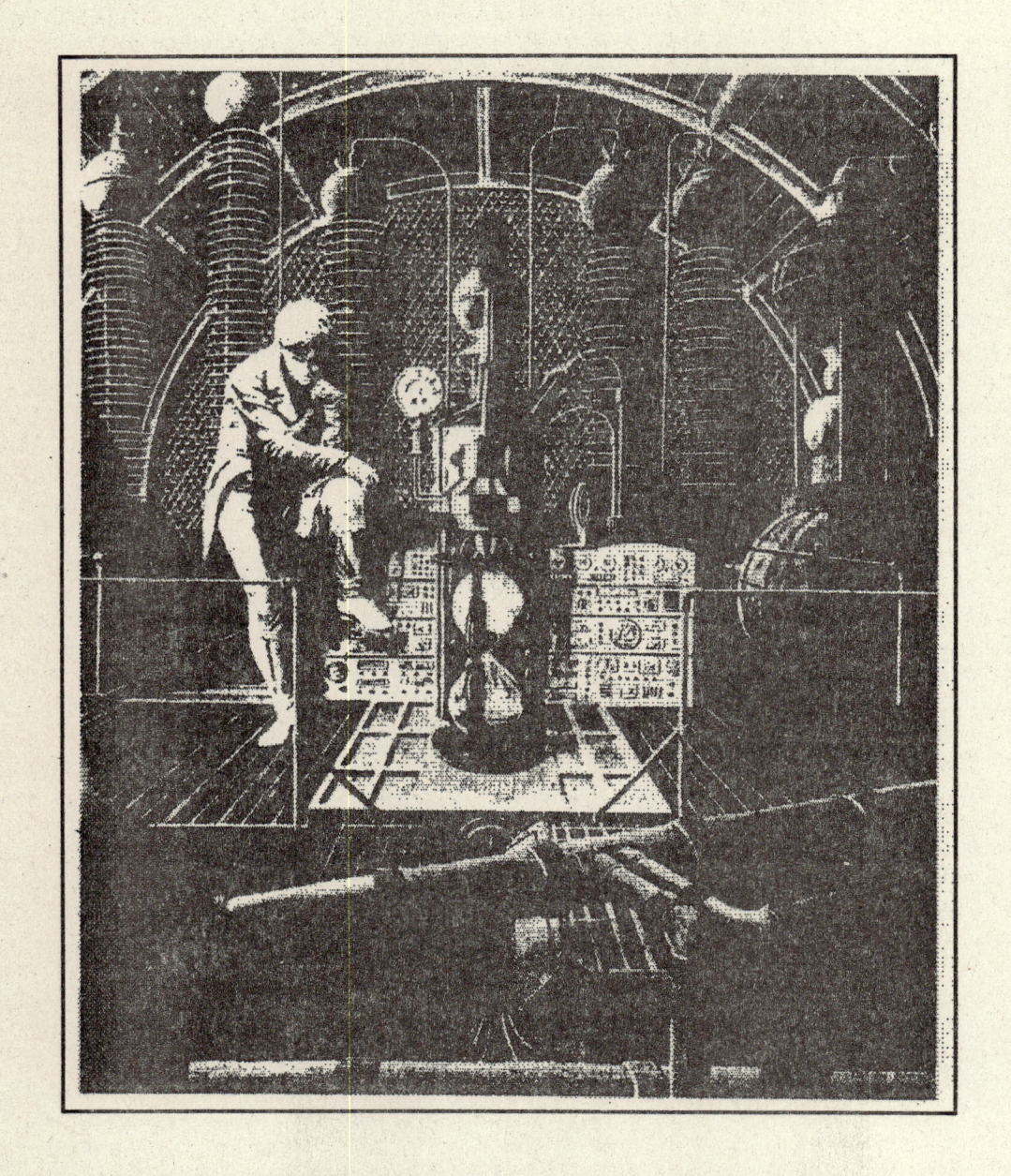

Die Sprachen des Denkens und der Darstellung
sind inkommensurabel

Die Aufgabe der Postmodernismus-Debatte besteht darin, das Verhältnis von Einheit und Vielheit neu zu bestimmen. Die tiefste Gravur in dieser Auseinandersetzung dürfte der französische Philosoph J.-F. Lyotard geprägt haben. Um der Rettung der humanistischen Utopien vom aufgeklärten und emanzipierten Subjekt halber, erkennt er den strukturalen Vergesellschaftungsrahmen des Menschen ohne Resignation an, der neben humanem Fortschritt auch Not, men

schliches Elend und die Unfreiheit des Subjekts bringt: (1) den Kapitalismus und sein multinationales Netz ökonomischer Verpflechtungen und (2) die modernen Technologien (vgl. Lyotard 1981 und 1984). Die Radikalisierung der Moderne führt uns schließlich in eine Wirklichkeit, die von vielen für uns ungreifbaren Schichten durchdrungen ist (Lyotard 1985); für Baudrillard Anlaß, von Simulation, Verführung, Agonie des Realen und vom "fraktalen" Subjekt zu sprechen (Baudrillard 1978, 1983, 1984, 1986 u.a.).

Im Sinne einer neuen Gerechtigkeit plädiert Lyotard für eine Strategie des Scheins (1). Man müsse sich für Ereignisse passierbar machen, die Fähigkeit entwickeln, die Dinge ankommen zu lassen, und zwar so wie sie sich präsentieren. Darin sei ein Moment des Sich-Öffnens (vgl. 1986). Ein revidiertes Verhältnis zu Einheit und Vielheit drückt sich hierin deutlich aus. Die Einheit wird im Vielen selbst nun gesehen. Und im postmodernen Wissen (vgl. 1986) tritt er für eine Praxis der Gerechtigkeit ein, die nicht mehr an den Konsens gebunden ist, in der vielmehr jede Lebensform das gleiche Recht auf Autonomie und ungehinderte Entfaltung ihrer Kreativität hat. Im "Widerstreit" (1987) erkennt er den Dissens in seiner Unüberwindlichkeit als einzig denkbare Form einer humanen gesellschaftlichen Praxis an. Den Marginalisierten, Unterdrückten und Schwachen könne nur dann zu ihrem Recht auf Artikulation verholfen werden, wenn der totalitäre Zwang zum Konsens überwunden werde, keine Mehrheit also mehr das Recht habe, Minderheiten zu unterdrücken.

Lyotard will mit seinem Entwurf zum Design pluraler Rationalitäten anstiften, die die Kraft einer Eigendynamik entfalten könnten - an den Rändern der Systeme, an den Nahtstellen, Bruchzonen und Übergängen in und zwischen den gesellschaftlichen Sphären. Er zeigt, daß die Ökonomie ein hegemoniales Sprachspiel spricht und kein normativer Appell hieran etwas ändert. Deshalb läuft jeder ideologiekritische Angriff von links leer. Lyotard will in die Zwischenräume eindringen, um dort evolutionär neue Bewegungen in Gang zu bringen. Er plädiert in diesem Sinne aber nicht für ein feuilletonistisch-postmodernes "anything goes", das im neokonservativen Sog des Kulturellen verschwinden müßte. Der namhafte deutsche Postmodernist Wolfgang Welsch sagt, die Oberflächen des Lebens werden heute frei von Ausdruckspflichten und können deshalb nun neu besetzt werden - durch Metaphern, Fiktionen und Visionen (vgl. 1990): Postmoderne als Experiment, als Selbstüberschreitung und darin selber Fortschritt, zugleich aber auch - selbstreferentiell - als Aporie ihrer selbst.

Ich kürze hier ab, werde aber die drei noch ausstehenden Facetten neuer Philosophien in ihrer Verwandtschaft mit diesem übergeordneten Duktus neuen Denkens, zu dem sich übrigens auch Habermas neuerdings konstruktiv in Beziehung setzt (vgl. Habermas 1988), immer wieder konturieren.

2.1.1 "Postmoderne (Groß-)Impulse" für die Geographiedidaktik? (4 Thesen)

(1) Es gibt nicht die eine "richtige" Verfassung von Geographiedidaktik, sondern plurale Konzepte des Lehrens und Lernens, die die vielen Menschen- und Weltbilder aussetzen können. Es kommt nicht darauf an, sich auf das Erklären einer Welt zu einigen. Dem endlos pluralen Sprachspiel des Lebens würden wir am ehesten dann gerecht, wenn die vielen Welten und Weltanschauungen in einem rauschenden Diskurs sich begegnen könnten, um Anspielungen auf Neues zu erfinden.

(2) Eine biographisch orientierte Regionale Geographie (vgl. Hasse 1990) kann das Vielheitspostulat einlösen, ohne in länderkundliche Modelle zurückzufallen. Die Biographie des Subjekts wird als "Schrift" des Regionalkulturellen rekonstruiert. Das Werden der Region ist Gestaltmoment kollektiver subjektiver Geschichten unter der Bedingung allgemeiner Strukturen. Zugleich ist das Besondere in Gestalt des Regionalen das Allgemeine!

(3) Das qualitative Paradigma der Sozialgeographie, von Sedlacek 1990 auf dem Schulgeographentag in Kiel skizziert, setzt an der Notwendigkeit des Verstehens an und verabschiedet methodologisch die Dominanz des wissenschaftshegemonialen Diskurses.

(4) Die innerdisziplinäre Pluralisierung der Schulgeographie durch die forcierte Integration (nicht Addition!) von Sozial- und Naturgeographie schafft die Voraussetzungen, nach Ganzheiten zu fragen. Das gewöhnt die Schule als Moratorium landläufig den Kindern derzeit gerade ab. Auf's Ganze gerichtetes Fragen, das jede apriorische Bindung an das Hier und Jetzt zum Platzen bringt, führt zwangsläufig und notwendig in das Deleuze'sche "ideale Spiel", das sich im Vollzug seine eigenen Regeln gibt, um sich aus dem Fundus endlos möglicher Erklärungen in einer Welt heilsamer Verwirrung orientieren zu können (vgl. Weiland 1990: 249).

2.2 Ästhetik-Theorien

Unsere Wirklichkeit ist in hohem Maße fiktional. Auf die Logik des Begriffes ist kein Verlaß mehr, die Dinge machen sich als Trugbilder (Simulakren) selbständig, unterlaufen als Folge pluraler Deutungen und Bedeutungen fortwährend ein gesellschaftlich verbindlich geglaubtes Vorverständnis. In einem Meer der Bedeutungen wird das Wegsehen zur Bedingung der Selbsterhaltung (vgl. Welsch 1989.1: 142). Wir können Welsch leicht folgen, wenn er konstatiert, daß für ästhetisches Denken Wahrnehmungen ausschlaggebend sind, die nicht bloß Sinneswahrnehmungen sind (ebd.: 137). Interaktion ist mehr als Handeln!

Das Entscheidende ist der Wahrnehmung oft entzogen (Gifte, Radioaktivität u.a.), und so kommt es darauf an, diesem Anästhetischen gewachsen zu sein, sich für das Nicht-Wahrnehmbare zu sensibilisieren. Welsch plädiert für die Fähigkeit zum "transversalen Übergang" und konstruiert damit das Vermögen des Menschen, zwischen zwei grundverschiedenen Erfahrungsqualitäten zu vermitteln. Korridore sollen zwischen theoretischer und ästhetischer Rationalität hergestellt werden. Es wird eine Aufmerksamkeit der bewußten Wahrnehmungsdifferenzierung und -erwartung herausgebildet, die auf die Rückseite der Wahrnehmung blickt, (auf das sinnlich Nicht-Wahrnehmbare, die Ausschlüsse, das Anästhetische), um das Plurale und Differente über eine (ästhetisch) erweiterte Rationalität dem Erleben, Erfahren und Tun des Menschen zugänglich zu machen.

In der aktuellen Ästhetik-Diskussion geht es um mehr als eine (im Sinne Negt's, vgl. 1987) Wiederaneignung der Sinne. Vielmehr sollen neue Wahrnehmungen eröffnet werden, und zwar an jenen Leerstellen und Polyvalenzen, die dem ästhetischen Schein verbunden sind (vgl. Wulf 1989). Es sollen Transzendenzen freigesetzt werden, die ihrerseits mimetische Kreativität herausfordern sollen. Duchamp sagt: "Ich warf ihnen den Flaschentrockner und das Urinoir ins Gesicht als eine Herausforderung, und jetzt bewundern sie es als das ästhetisch Schöne." In diese Bewunderung ist nun aber eher die Transzendenz des Alltages eingeschossen, als daß die Konfrontation die Alltagswahrnehmung "zur Explosion" gebracht hätte. Mag das Arrangement einer Hamburger Kunstausstellung erfolgreicher geworden sein: In den Deichtorhallen lagen plattgefahrene, präparierte Igel in einer Glasvitrine. Daneben hing die Karte einer neuen Schnellstraße. Die auf diese Weise flottierende Transzendenz ist einer ästhetischen Rationalität eingeschrieben. Aufgabe des transversalen Übergangs ist es, im theoretischen Denken Schlüsse zu ziehen. Aber die damit geforderte Mimesis folgt keinem "logischen" Schema. Sie setzt sich nicht zu einem fixen Punkt der Erkenntnis durch. Der amerikanische Landart-Künstler Richard Long sagt über seine Steinskulpturen in der Wüste: "Indem ich am Weg Steine aufsammelte, wurde mein Weg immer langsamer." Der wahrgenommene Riß zwischen dem Subjekt und der Welt und dem Schein des Schönen wird in vagabundierendem, ungebundenem Denken überbrückt (Wulf 1989). Diese Ästhetik ist eine des Widerstandes, dessen Bahn zugleich unberechenbar verläuft. Sie ist keine Ästhetik des Schönen, sondern, indem sie die Spannung zu Wahrnehmbarem und Ausschluß fokussiert, eine Ästhetik des Erhabenen.

Die Ästhetik des Erhabenen ist bereits in ihrem postmodernen Geist in Adornos ästhetischer Theorie fundiert, deren emphatisches Ziel die Rettung des Vielen im Einen ist; bei Adorno gebunden an die Aufgabe der Kunst. Indem Adorno den Fall der Utopie der Versöhnung als unhintergehbar anerkannte, setzte er auf jene "Zellen des Standhaltens" der Kunstwerke, um auf diesem Wege das Unkommunizierbare kommunizierbar zu machen (vgl. Welsch 1989.2: 203). Die Dynamik des Widerspruchs wird so als unbezähmbar anerkannt. Die Wahrnehmung gilt dem Heterogenen.

Zur Anerkennung jener Heterogenität gehört vor allem in der jüngeren Ästhetikdiskussion das Eindenken der Naturhaftigkeit und Naturgebundenheit des Menschen. Beck (1986, 1988) geht dem Modernisierungsprozeß unter dem Aspekt der Risikoerzeugung und des Risikomanagements nach und legt in seiner Analyse ein dichtes Netz gesellschaftlicher und politischer Implikationen technologischer Modernisierung frei, das dringend der Erinnerung des Menschen als Gattungswesen bedarf.

Die anthropologisch und kulturhistorisch vor über 2.000 Jahren und mit Beginn der Renaissance nochmals vertiefte Grenze zwischen Mensch und Natur sowie Subjekt und Objekt wird im Analysefeld ästhetischer Theorien dekonstruiert (vgl. auch zur Lippe 1987, 1988). Natur gilt nun als sozial gesellschaftlich konstituiert, und der Mensch versteht sich (die unterschiedlichen gesellschaftlichen Trends belegen das) zunehmend zur Natur gehörig (vgl. G. Böhme 1990). Der Naturbegriff verliert seine Konturen und Grenzen, wird zu einer Ganzheit - eine vorsokratische Renaissance. Immler denkt in einer Arbeit über den "Wert der Natur" (in diesem Sinne konsequent) selbst industrielle Produkte und Industrieanlagen in den Naturbegriff selber ein. Einem grundlegenden Paradigmenwechsel zugunsten ganzheitlicher Weltbilder könnte diese neue Sichtweise den Weg bereiten; in einer Zeit, in der die Aura der Natur kulturhistorisch traditioneller Wahrnehmung zufolge zerfällt, wenn Werke der Natur zu solchen der Technik werden (vgl. G. Böhme 1990: 15) und als künstliche Landschaften entstehen. Im Kontext dieser wertspezifischen Umorientierung interpretiert Maffesoli die zunehmend beobachtbaren emotionalen Bindungen an das "Land" und die räumliche Umgebung als Ausdruck einer praktischen ästhetischen Überwindung abendländischer Linearismen und Trennungsfanatismen, etwa zwischen Subjekt und Objekt, Kultur und Natur. Historische Monovalenzen seien endgültig gesättigt, das Verhältnis zur Natur werde wieder gelebt. Diese Artikulation bewußter ästhetischer Formen der Wirklichkeitsaneignung, diese "Ökologie des Denkens" schließt als Sympathie für die umgebende Welt drei Merkmale ein, die den Postmodernismus aufgreifen und fortschreiben: (a) einen Blick für's Detail, (b) holistische Ansätze, (c) die Auflösung des beobachtenden Subjkts (vgl. Maffesoli 1990).

In dieser Sichtweise beugt sich der Raum bis ins Unendliche hinein. Er kann sich aus mannigfachen Elementen zusammensetzen, deren Zusammenspiel aus einfachen Gesetzen der Kausalität nicht erklärbar ist (vgl. ebd.: 6). Und wieder sehen wir uns einer endlosen Pluralität ausgesetzt, die über die Ästhetik nun auch den Raum fraktalisiert. Damit stehen wir aber nicht nur im Reich der Vielheiten, sondern zugleich in einer immensen Buntheit potentieller Zufälle. Um die geschichtsphiolosophische Metaerzählung der Emanzipation an diesem Punkt der scheinbaren Beliebigkeit wieder einzufangen: Gerade in der Buntheit der Zufälle liegt die menschliche Freiheitschance. Ganz im Sinne der Gewaltenteilung entsteht Freiheit da, wo die Gewalten und Kräfte pluralistisch miteinander konkurrieren, sich durchkreuzen und sich dadurch wechselseitig balancieren. Marquard sagt: "Die Überfülle an Determinanten macht frei" (vgl. 1986: 134). Dieses übervolle Rauschen wird nicht zuletzt allein seiner Möglichkeit nach geschaffen, durch eine Pluralisierung der Rationalitätsformen, eine Integration mentaler und sinnlicher Elemente in einer ganzheitlichen Erfahrung (vgl. Otto 1990: 7). Das ist ein Plädoyer für die Pluralisierung der Erkenntniswege und Realitätszugänge (ebd.: 13).

2.2.1 "Ästhetische Impulse" für die Geographiedidaktik? (4 Thesen)

(1) Real- und Erkenntnisobjekt des Geographieunterrichts ist der materielle Raum und die sich in ihm entfaltenden Mensch-Umwelt-Beziehungen. Dieser "geographische" Raum ist in seiner Präsentation doppelt codiert - durch eine offizielle Wissensstruktur (laut Lehrplan bzw. gültiger Theorien der wissenschaftlichen Bezugsdiszplin) und durch eine fiktionale Einordnung der Dinge in die Logik von Biographie und Region.

(2) Das fiktionale Design raum- und umweltbezogenen Wissens gestaltet besonders jene Weltbilder, die von Lebenserfahrungen in stark emotionalisierten Räumen geprägt sind (vgl. Hasse 1987). Der Geographieunterricht muß deshalb die Fiktionalität des Wissens als eine eigene Handlungsvoraussetzung (auf der Seite der Lehrenden wie auf der Seite der Lernenden) konzeptionell berücksichtigen. Die Rationalität der begriffslogischen Vernunft ist aber der Sprache des Fiktionalen inkommensurabel. Die Ästhetik als Rationalität des Erlebens und Gestaltens eröffnet dagegen Spiel-Räume des künstlerischen Tuns, in denen kommunikationsfördernde Gestalten geschaffen werden können. Spielsimulationen, in die schließlich die Interessenlagen Dritter eingefügt werden, evozieren die Erfindung von Fiktionen. So werden als reale Utopien Anspielungen zur Realisierung von Wünschen und Interessen entworfen (vgl. Hasse 1991).

(3) Der Geographieunterricht sensibilisiert die Lernenden für das Anästhetische an den uns umgebenden Bauwerken, in unseren Landschaften, in den Umweltmedien Luft, Boden und Wasser. Er bedient sich dabei der künstlerischen Komponente. Dieses Lernen erzeugt Gegenerfahrungen, die eine methodische Spur hinterlassen, welche nach vorne weist. Erst über die Pluralisierung der Rationalität durch die Ästhetik wird Wirklichkeit (als Antifiktion) gegen das Fiktive difinierbar. Der Ertrag liegt im Sehen des Übersehens und Übersehenen (vgl. Marquard 1981: 121). Distanz wird damit zur ersten Bedingung der Nähe (Adorno 1970: 460).

(4) Die Pluralisierung der Rationalität durch die Ästhetik ist keine ausschließliche Sache des Kunstunterrichts. Es geht um eine anthropologische Regression der Sinne (zur Lippe 1987) (2), die des dinglichen Materials bedarf. Der Geographieunterricht kann seinen Gegenstand erfahrbar und erlebbar machen (vgl. Hasse 1990). Er nähme dann eine anthropologische Aufgabe der radikalen Schonung wahr. Der Versuch, Unrecht zu behalten gegen sich selbst, gegen die Bombenstruktur des Imaginären und immer schon Gedachten vermöchte Wege in eine Zukunft des Möglichen freizumachen (vgl. Kamper 1989: 543). Mit Adorno läßt sich resümieren: "Ästhetische Rationalität will wiedergutmachen, was die naturbeherrschende draußen angerichtet hat" (1970: 430).

2.3 "Chaos-Forschung"

Das postmoderne Paradigma der Pluralisierung verwirklicht sich unmittelbar in der Ästhetik: Wahrheit liegt in der Unversöhnbarkeit des Vielen, und nur in der ästhetischen Einheit erfährt das Heterogene Gerechtigkeit (vgl. Adorno 1970: 278). Was Adorno unter Ästhetik verstand, ist nicht mit dem Begriff des Schönen abzudecken. Es steht als Moment des Erhabenen dem Gräßlichen Polar gegenüber und schießt erst im Begriff des Naturschönen wieder zu einer Einheit zusammen - doch "das Wort 'wie schön' in einer Landschaft verletzt deren stumme Sprache und mindert ihre Schönheit; erscheinende Natur will schweigen" (Adorno 1970: 108). Das Plurale ist unaufhebbar und unauflösbar, ihm entweicht allenfalls die Transzendenz, das Ephemere. Diese Intensitäten einzufangen, bedarf neben dem unwillkürlichen auch der Willkür, der Konzentration des Bewußtseins. Dieser Widerspruch, so Adorno, ist nicht wegzuschaffen (vgl. ebd.: 109).

Im Alltag begegnen wir dem Schönen im Erhabenen der Natur diesseits der Kunst. Wir erleben es als flüchtige Impression - auf einer schmalen "Gratwanderung zwischen zwei Abstürzen, auf der einen Seite ist die Auflösung aller Ordnungen in Chaos, auf der anderen die Erstarrung in Symmetrie und Formen" (Cramer 1989: 154). Je tiefer die Naturwissenschaft in die Funktions- und Entstehungsgeschichte biologischer, physikalischer oder meteorologischer Prozesse vorstoßen, desto klarer, vielfältiger und vernetzter erscheinen genetische Baupläne, synergetische Verflechtungen usw. Die Energieflüsse sind dabei so fragil mit physiologischen und chemischen Ereignissen verknüpft, daß immer Neues entstehen kann. Die Einheit der Natur ist nicht erst im globalen Maßstab allein in ihrer Vielheit begründet. Die Bestimmung der Einheit durch die Vielheit ist das Allgemeine, das mit jedem Einzelnen in die Welt tritt, im großen Öko-System "tropischer Regenwald" ebenso wie in einem Löwenzahn, der sich in der Hamburger City einen Weg zwischen zwei Betonsteinen bahnt.

"Einheit durch Vielheit" - das ist eine kosmologische, globale und lokale Unhintergehbarkeit, ein universales Allgemeines. Weder der Kosmos noch der Löwenzahn befinden sich deshalb in einem Gleichgewicht. Es gibt kein Gleichgewicht - weder diesseits noch jenseits des Todes. Die Einheit des Systems ist in der Pluralität seiner internen Prozesse. Ein System - und das gilt für soziale wie für ökonomische - entwickelt und erhält sich nur als autopoietisches, d.h. es ist offen, um seine Umwelt wahrnehmen zu können. Es ist aber zugleich auch geschlossen, um eine bis auf weiteres gültige Kontinuität des internen Prozessierens entfalten zu können. Das Chaos ist nun jener Übergangsbereich zwischen einer alten und einer neuen Ordnung. Es ist der höchst fragile Zustand eines Systems, in dem das Ereignis, der Zufall zu seinem Recht kommt. Ein minimaler Auslöser kann systemumwälzende Folgen haben. Viele Tropfen füllen ein Faß, aber einer bringt es schließlich zum Überlaufen. Der sogenannte "Schmetterlingseffekt" soll uns darauf aufmerksam machen, daß klimatische Mikroereignisse ausreichen können, um eine neue Eiszeit anbrechen zu lassen; oder alltäglicher: wir können relativ problemlos vorhersagen, wie hoch die Temperatur einer Tasse Kaffee in einer Stunde ist; es fiele uns dagegen schwer, dasselbe für die nächste Minute vorauszusagen (vgl. Gleick 1988: 42). Das Chaos als Schwellenphänomen ist überall. Was es so unkalkulierbar macht, ist die Nicht-Linearität der Systemprozesse! Bereits bei drei Freiheitsgraden treten Unregelmäßigkeiten auf, und der sogenannte "seltsame Attraktor", ein Ereignis, ein Zufall, kann einer Bewegung eine völlig neue Richtung geben.

Gleichwohl, Entwicklung wird damit nicht in einer schlechthin kapitulierenden Geste der Ratio den Göttern überantwortet oder dem Wahnsinn überschrieben. Trotz "seltsamem Attraktor", trotz Ereignis und Zufall entwickeln sich Systeme deterministisch. Nur - keiner kann in chaotischen Phasen der Übergänge sagen, was "danach" sein wird.

In seiner Apologie des Zufälligen situiert Marquard den Menschen in einem pluralen Geflecht der Zufälle. Er erinnert uns daran, daß wir mehr durch Zufälle als durch Wahlpläne durchs Leben kommen. Der Zufall, der nun unsere Beachtung finden sollte, ist nicht der Schicksalsschlag, der keine Wahlmöglichkeit offen läßt. Jene Zufälligkeit dagegen, die auch anders sein könnte und durch uns änderbar ist, macht die Mehrzahl dessen aus, was uns im Alltag an Zufälligem begegnet. Die Buntheit der Zufälle steht für die menschliche Freiheitschance, den eigenen Weg in die Hand nehmen und in Maßen bestimmen zu können (vgl. Marquard 1986: 132). Die Menschen, so Marquard, seien frei durch ein "Determinanten-Gedrängel", da sich die Determinanten wechselseitig beim Determinieren behindern. Die Überfülle an Determinanten

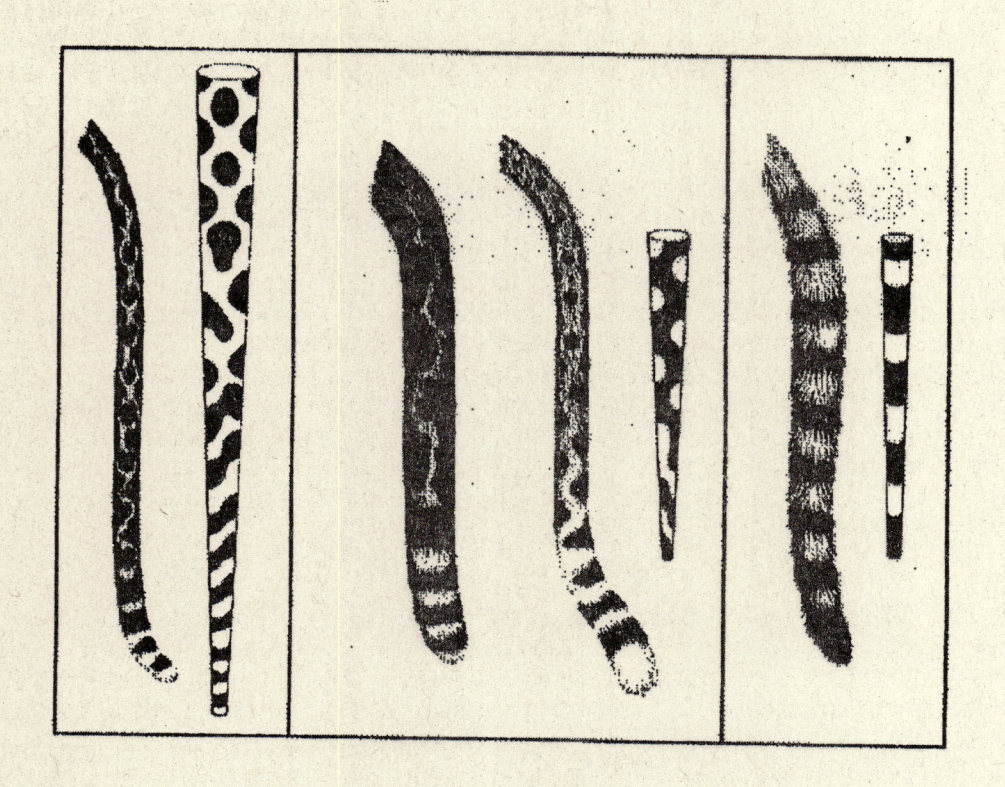

Jürgen Hasse

* *Die Determinanten behindern sich wechselseitig beim Determinieren.*

* *Die Karriere des Zufalls erzeugt Freiheitssphären*

mache frei (ebd.: 134). Das ist ein Plädoyer für die Gewaltenteilung der Weltbilder. Die Überzeugungen, Traditionen und Geschichten sollen konkurrieren, sich durchkreuzen und sich wechselseitig balancieren (ebd.: 133). Was in natürlichen Systemen nicht vorhersehbar, deterministisch abläuft, wird in sozialen Systemen im Hinblick auf die Kulminationspunkte der Weggabelung in Maßen wählbar und entscheidbar, unterstellt, es gelingt uns, jenes "Rauschen der Orientierungshorizonte" selber zu erzeugen, aus dem heraus wir dann, nicht zuletzt mit der ästhetischen Rationalität, eine neue Figur des Zukünftigen gestalten können.

Es muß wohl diesem abgeklärten Entwurf des zukunftsorientierten Denkens ein generelles Moment der Desillusionierung zugrunde liegen, das frei und bereit macht, das anzuerkennen, was uns in unserem Wünschen und Hoffen zum Trotz bestimmt. So formulierte Sartre schon 1966, also lange vor der sozialwissenschaftlichen "Entdeckung" der schöpferischen Kraft des Chaotischen in seiner Absage an Foucault: "Das Wesentliche ist nicht, was man aus dem Menschen gemacht hat, sondern was er aus dem macht, was man aus ihm gemacht hat" (vgl. Schiwy 1984: 216) (3). Aus dem Blickwinkel der Zukunftsforschung setzt Ervin Laszlo im Entwurf seiner Utopie einer humanen Zukunftsgesellschaft ganz auf das Chaotische, d.h. auf jene Weggabelungen (Bifurkationen), an denen die Menschen große Spielmöglichkeiten vorfinden, aus dem etwas zu machen, was im Sartre'schen Sinne aus ihnen gemacht worden ist: "Anders als man es allgemein annimmt, ist Freiheit nur in einem instabilen Zustand möglich, nicht in einem stabilen. In einem stabilen Zustand ist die Freiheit eingeschränkt, weil es eine Reihe fester Gesetze, Regeln und Verordnungen gibt, die das Verhalten des einzelnen Menschen einengen" (Laszlo 1989: 176f.).

2.3.1 "Chaotische Impulse" für die Geographiedidaktik? (3 Thesen)

(1) Geographieunterricht schöpft insbesondere in der Regionalen Geographie aus einer reichen Ressource des Heterogenen und Chaotischen. Immer und überall befinden sich auf der Welt gesellschaftliche Situationen im Umbruch. Solch chaotische Phasen wären im Sinne lernender Begegnung nicht als katastrophische Brüche auf der Seite der Angst und im Reiche des Teufels festzumachen. Aus jedem Gestaltwandel kann gelernt werden, daß Menschen kreativ in ihre eigene Geschichte eingreifen. Die Retroperspektive der eigenen Weltbilder wird einer fruchtbaren Zerreißprobe ausgesetzt - auf daß an den frischen Rissen die Kreativität zur Überschreitung traditioneller Verwurzelungen freigesetzt werde.

(2) Der Geographieunterricht verfolgt als Projekt allgemeiner Bildung Einblicke in lokale bis globale Prozesse. Chancen des Wandels lebensbeeinflussender Strukturen (in jedem Dorf und überall auf der Welt) werden erst sichtbar, wenn an die Stelle einer falsch verstandenen Wissenschaftlichkeit des Spezialistentums eine ganzheitliche Sichtweise tritt. Die Geographie könnte in ihrer Tradition Ansatzpunkte des ganzheitlichen Sehens, Fragens und Antwortens wiederentdecken und sie in ein modernes zukunftsorientiertes und deshalb strukturell offenes Design des Faches einschreiben.

(3) Wenn qualitativ Neues aus Destabilisierungen erwächst, macht es Sinn, zu Lasten der Lehre bestehender Raumordnungen vermehrt räumliche "Un-Ordnungen" in den Blick zu nehmen, um Spielräume des kreativen Eingreifens in Phasen der Gabelung zu den eigenen Gunsten erschließen zu können. Jedes Dorf ist wie jeder Staat voll von großen und kleinen Bifurkationen. Die Schule des klugen Redens sterilisiert aber gesellschaftliche Wirklichkeit mit dem Mittel der Theorie, wenn sie suggeriert, es komme allein auf konsistent-logisch-rationale Entscheidungen an. Die Nischen des Ästhetischen tun sich nicht zuletzt dort auf, wo die Spannung des Eigentlichen zum Bruch des Alltäglichen führt. Geographie als Spielfeld des Spekulativen, als Workshop für Weltentwürfe, in denen der ganze Mensch zu seinem Recht kommt!

2.4 Postmoderne Ökologie-Diskussion

Natur wird seit über 2.000 Jahren als eine Dimension begriffen, die außerhalb des Menschen ist. Natur wird durch Technik gestellt und dem kulturellen Willen des Menschen unterworfen. In der Renaissance flammt zwar die Erinnerung vorsokratisch-ganzheitlicher Weltbilder auf und verleiht der Epoche eine Ideenpluralität und "chaotische" Gemengelage der Weltbilder, die eine hohe kulturelle Dynamik im Gefolge hat. Das ästhetische Verhältnis zur inneren und äußeren Natur des Menschen spielt eine wichtige Rolle für die Befreiung des Menschen - gleichermaßen aber auch für dessen Unterwerfung (vgl. zur Lippe 1988).

In die Interessenlage des Adels und der aufblühenden Macht (-konkurrenz) der Kaufleute fügte sich aber nur ein Verständnis der Natur ein, das deren Unterwerfung und Ausbeutung im Visir hatte, und zwar im Blick auf die innere wie die äußere Natur des Menschen. Das Verhältnis der Moderne zur Natur ist durch den gesellschaftlich-technischen Fortschritt bestimmt. Der Mensch wird zum "Macher der Natur", zu einer "vertikalen Anmaßung" (Lenk 1983). Die Technik der Philosophie des Francis Bacon (1561-1626) begründete einen Natur-Begriff, der die Regeln zur Herstellung einer möglichen Natur einschloß. Natur wird damit operational zugänglich (vgl. Schönherr 1989). Damit schießt sie aber vorbei an der Möglichkeit einer praktisch-technischen Zurücknahme zivilisatorischer Fesselungen und Folterungen ihrer selbst und verhakt sich an jenem historischen Punkt der Gegenwart unhintergehbar und endgültig mit dem menschlichen Tun auf dieser Erde schlechthin, an dem die gefesselte und gefolterte Natur nur noch mit Hilfe der Technik zur Erhaltung der Gattung im Zaum gehalten werden kann. Natur ist endgültig sozial konstituiert und schließlich technisch reproduzierbar (vgl. G. Böhme 1990).

Wir müssen uns nicht erst an Hiroshima, Tschernobyl oder Seveso erinnern, um auf die Male der Zerrüttung zu stoßen, die die technische Modernisierung trotz aller Humanisierung des Lebens auf der Erde mit sich brachte. In unserem Alltag finden wir unaufhörlich die Narben dieser zivilisationsgeschichtlichen Leibverletzung: In den im Halse beißenden Autoabgasen, den leise in unsere Körper eindringenden "Wohn"-Giften, der frischen Seezunge, die uns einen Genuß bereiten sollte, sich dann aber - einer gräßlichen Fratze gleich - als Träger eines Geschwüres offenbart. Wir begegnen in den Narben der verletzten Dinge zugleich unserem eigenen zivilisatorischen Spiegelbild. Dieses bricht nun im sozialen Kräftefeld der neuen sozialen Bewegungen sein Schweigen: Es wird nicht mehr nur kompensatorisch und schmerzhaft zugleich aus der Sehnsucht nach Harmonie mit einem Tuch des genötigten Schweigens verhängt. Die Narben, die die Zivilisation hinterlassen hat, verwandeln sich, wie Kamper das sagt, in Wunden zurück. "Die Körper sprechen" (Kamper 1989: 147). Diese Beredsamkeit des Leidens spricht aber nicht in erster Linie in der Sprache der kritischen Vernunft, weil sie eine Destruktivität mit sich führt, die die historische Erfahrung des Bruches mit der Natur auf ihrer Seite hat und so mit den identifizierenden Worten die Dinge schon zerstört, bevor sie mit den Händen angerührt worden wären (vgl. Schönherr 1989: 107).

Der lebenspraktische, vielleicht intuitive oder von einem diffusen Zeitgeist angestiftete Ausdruck postmoderner Ökologie ist der des "schwachen Denkens". Er folgt aus dem katastrophischen Zu-Ende-Denken der Aufklärung bis zum völligen Aufgehen von Mensch und damit auch Natur in Technik, um sodann das aktuelle Verhältnis zur Natur neu zu überdenken. Schönherr bindet die Verwindung der Naturzerstörung an die Einsicht, daß wir der Natur originär nicht technisch, sondern hermeneutisch verbunden sind: "Wir müssen unser Verhältnis als Menschen in der Natur verstehen und nicht technisch reproduzieren. ... Wir können nur versuchen, die Technik und die gestellte Natur zu bedenken, dem nachzuspüren, was uns noch mit Natur verbindet" (ebd.: 255f.).

Jüngere Denkansätze in Philosophie und Sozialwissenschaft.

POSTMODERNE ÖKOLOGIE-DISKUSSION:

Was verbindet den Menschen noch mit der Natur?

Ein hermeneutisches Projekt:

* *Kulturhistorische Rekonstruktion der Naturunterwerfung*

* *Sein-Lassen der Natur*

* *Verzicht auf ein Sich-Durchsetzen*

Das ist kein rationalistisches Vernunftsprogramm, sondern zunächst ein ästhetisches Projekt. Natur muß jenseits von Gebrauchs- und Nutzwert, aber auch jenseits klischierter und standardisierter (z.B. touristischer) Aneignungsrituale erlebbar und erfahrbar werden. Im praktischen Sein-Lassen der Natur als Ausdruck von Schonung zeichnen sich qualitativ neue Beziehungsmomente zur Natur in der Gegenwart ab: Im Ernstnehmen städtischer Spontanvegetation (vgl. G. Böhme 1989 und für die Geographie Hard 1988) und in der Begrünung von Hausfassaden. Das äußerliche Verhältnis zu einer bloß inszenierten Stadtnatur als Statt-Natur wird in dem Moment zum Individuum und seinem authentischen Erleben überschritten, in dem die Stadt z.B. als Moment der Natur selber erlebt werden kann. Darin bringt sich eine ästhetische Beziehung zur Natur zum Ausdruck, die existentiell ebenso wichtig ist für den Menschen wie die Qualität von Boden, Wasser und Luft (vgl. G. Böhme 1989). Das zentrale Motiv des philosphischen Postmodernismus besteht darin, auch dem unterdrückten und marginalisierten Sprachspiel zum Ausdruck zu verhelfen. Ziel des "schwachen Denkens" der postmodernen Ökologie ist es in diesem Sinne, dem menschlichen Sprachspiel seiner eigenen Natur wieder einen Platz im praktischen Leben zu geben und der äußeren Natur der Umwelt des Menschen ihr Recht nicht technisch streitig zu machen.

2.4.1 "Postmodern-ökologische Impulse" für die Geographiedidaktik? (4 Thesen)

(1) Das Mensch-Natur-Verhältnis ist ein epistemologischer Kern der Schulgeographie. Als normativ legitimiertes Bildungsprojekt könnte die Geographiedidaktik den Erwerb ökologischen Wissens in einen Kontext der Naturaneignung stellen, der den historischen und ideengeschichtlichen gesellschaftlichen Rahmen zugleich zum Gegenstand des Lernens machen würde, d.h. hermeneutische Rekonstruktion von Naturaneignung als Lernziel. Naturgeographie läßt sich unter diesem Anspruch nur sinnvoll lehren und lernen in einem integrativen Verbund mit der Sozialgeographie, wobei der regional geographische Bezug aus Gründen einer ganzheitlichen Orientierung an Lebensumfeldern unentbehrlich ist.

(2) Geographieunterricht hätte sich im Blick auf folgende Frage (selbstreferentiell) einzuschätzen: Inwieweit erzeugt Geographieunterricht affirmativ eine inwertsetzungsorientierte Macher-Mentalität, anstatt solche Fortschrittsperspektiven zu entwerfen, in denen Ökologie situativ im immer wiederkehrenden Ereignis als posthumanes Sein-Lassen der Natur wiederkehrte (vgl. Schönherr 1989: 260), als Verzicht auf ein Sich-Durchsetzen gegen die Natur (vgl. Wulf 1989: 523). Die Grenzen der Erkennbarkeit der Natur könnten uns so das Gefühl vermitteln, "Gäste in einem Garten des Universiums zu sein" (Tributsch 1990: 922).

(3) Die Natur ist der Mensch selber. Die Methoden des Lernens im Geographieunterricht müssen das berücksichtigen, d.h. geographische Bildung ist darauf bezogen zu definieren. Erfolgreiches Lernen kann sich folglich nicht allein auf kognitivem Niveau ereignen. Zur Natur des Menschen gehören seine Sinne und sein individuelles Erleben. Vertraute Umwelten, die alltäglich mit identifizierenden Begriffen gerastert werden, können in diesem Sinne erst dann als neue Qualitäten erlebbar werden, wenn in der Befassung mit der Natur die ästhetische Dimension menschlichen Tuns zu ihrem Recht kommt.

(4) Unterricht über ökologische Fragestellungen sucht immer nach neuen Feldern, auf denen wir mit der Natur spielen können. Dazu benötigen wir nicht nur den Kopf von Kindern und Jugendlichen, sondern deren Leib, der sich in der vorfindbaren Natur selber zu begegnen vermag. Chorologische Theorien sind hier am Ende. Unterricht über Ökologie stützt sich elementar auf die Revitalisierung einer ästhetischen Rationalität.

3. Ein neuer Weg?

Die hier skizzierten vier großen Richtungen jüngerer Denkansätze in Philosophie und Sozialwissenschaft setzen die Geographiedidaktik, wie jede andere Fachdidaktik, unter Druck. Zweifellos - diese Feststellung setzt voraus, man akzeptiert die prinzipielle Impulsqualität, die von Postmoderne, Chaos, Ästhetik und Ökologie ausgeht, und man ist schließlich auch bereit, die eine oder andere Übersetzung außerfachlicher Diskurse in den Binnenraum der eigenen Disziplin nachzuvollziehen.

Angesichts des Zusammenhangs der vier Theoriestränge will ich nun resümierend aus einer integrierenden Gesamteinschätzung einige denkbare eher kategoriale "Großimpulse" für die Geographiedidaktik zusammenfassen.

Epistemisch:
Das Ästhetische wird als Inhaltsqualität anerkannt.
Die Nichtlinearität, das Ereignis sowie der Zufall werden neben der Rationalität des Handlungsentwurfes im lebensweltlichen wie im wissenschaftlichen Geltungsrahmen als Prozeßvariablen in die Wissensstruktur des Faches eingeführt.

Methodologisch:
*Der Begriff der Welt wird im Plural gedacht, und das (Kultur-)Verstehen wird zu einem zentralen Ziel allgemeiner und regionalgeographischer Welterfassung.
*Die vielen Geographien werden in einer integrativen Perspektive wirksam (Naturgeographie, Sozialgeographie, Regionale Geographie). Die Fächergrenzen werden also nach innen zugunsten einer ganzheitlichen Betrachtung lokaler bis globaler Prozesse und Ereignisse überschritten.
*Die Geographie professionalisiert ihre Laienperspektive als Schule einer interdisziplinären Zusammenschau.
*In der Weltenerfassung pluralisieren sich die Rationalitäten und Erkenntniswege. Die ästhetische Dimension menschlichen Tuns tritt in ein integratives Verhältnis zur theoretischen.

Methodisch:
*Die Methoden in der Findung und Erfindung von Fragen und der Suche von Antworten und Anspielungen auf Lösungsansätze werden pluralisiert.
*Es gibt immer mehrere richtige Antworten angesichts einer pluralisierten Rationalität.
Das Fragen greift tiefer in die Lebenswelt der Menschen, denn Priorität genießt nicht der Abbildcharakter wissenschaftlicher Sätze, sondern der Schein als Moment von Realität.
Die Geschwindigkeit des Lernens wird verlangsamt, damit die Lernenden die Chance erhalten, sich in Realität auszusetzen, um den Dingen und schließlich wieder sich selbst begegnen zu können.

Bildungspolitisch:
(Nach außen gerichtet:) Die föderale Struktur der Bildungslandschaft wird genutzt für eine regionalistische Verfassung von Lehrplänen, Richtlinien und Medien.
(Nach innen gerichtet:) Es wird weniger um Entweder-Oder-Konzepte gestritten, dafür engagiert nach Sowohl-Als-Auch-Strategien gesucht.

Literatur

Adorno, Th. W. (1970): Ästhetische Theorie, Gesammelte Schriften, Bd. 7, Frankfurt/M.

Baudrillard, J. (1978): Kool Killer, Berlin.

Baudrillard, J. (1983): Laßt euch nicht verführen, Berlin.

Baudrillard, J. (1984): Die Information ist die neue Moral; in: Basler Magazin Nr. 4, vom 28.1.1984, S. 6f.

Baudrillard, J. (1986): Subjekt und Objekt: Fraktal, Bern.

Beck, U. (1986): Risikogesellschaft, Frankfurt/M.

Beck, U. (1988): Gegengifte, Frankfurt/M.

Böhme, G. (1990): Die Natur im Zeitalter ihrer technischen Reproduzierbarkeit, unveröff. Man.

Cramer, Fr. (1989): Schönheit und Chaos - Zur Dynamik biologischer Strukturen; in: Kamper, D./Wulf, Chr. (Hg. 1989), S. 154 - 176.

Dürr, H. (1986): Was könnte das sein: eine geographische Theorie; in: Köck, H. (Hg. 1986), S. 197 - 214.

Dürr, H.-P./Zimmerli, W. Chr. (Hg. 1989): Geist und Natur, Bern u.a.

Gleick, J. (1988): Chaos - die Ordnung des Universums, München.

Großklaus, G./Oeldemeyer, E. (Hg. 1983): Natur als Gegenwelt, Karlsruhe.

Habermas, J. (1988): Die Einheit der Vernunft in der Vielheit ihrer Stimmen,; in: Merkur, H. 467, S. 1 - 14.

Hard, G. (1988): Geographische Zugänge zur Alltagsästhetik; in: Kunst+Unterricht, H. 124, S. 9 - 13.

Hasse, J. (1987): Heimat, Anmerkungen über nie erreichte Ziele, Schule vor neuen Aufgaben, Oldenburg.

Hasse, J. (1990): Region als "Biographie", Biographie als "Region"; in: Praxis Geographie 20, H. 4, S. 18 - 21.

Hasse, J. (1991): Geographie im Sachunterricht, Sachunterricht zwischen Wissenschaft und Kunst; in: Grundschule, H. 4, S. 52 - 55.

Immler, H. (1989): Vom Wert der Natur, Opladen.

Kamper, D. (1988): Simulation und Differenzdenken; in: D&S-Ausstellungskatalog, Hamburger Kunstverein, Hamburg, S. 142 - 147.

Kamper, D. (1989): Die Schonung - Plädoyer für eine Ästhetik der Blöße; in: Kamper, D./Wulf, Chr. (Hg. 1989), S. 536 - 544.

Kamper, D./Wulf, Chr. (Hg. 1989): Der Schein des Schönen, Göttingen.

Köck, H. (Hg. 1986): Theoriegeleiteter Geographieunterricht, Geographiedidaktische Forschungen, Bd. 15, Lüneburg.

Laszlo, E. (1989): Global denken, Rosenheim.

Lenk, H. (1983): Der Macher der Natur?; in: Großklaus, G./Oeldemeyer, E. (Hg. 1983), S. 59 - 86.

Luhmann, N. (1985): Soziale Systeme, Frankfurt/M.

Kuhn, Th. (1978): Die Struktur wissenschaftlicher Revolutionen, Frankfurt/M.

Lyotard, J.-F. (1981): Der Widerstreit; in: Ders. 1985.2, S. 20 - 25.

Lyotard, J.-F. (1984): Der philosophische Gang; in: Ders. 1985.2, S. 40 - 52.

Lyotard, J.-F. (1985.1): Immaterialien, Berlin.

Lyotard, J.-F. (1985.2): Grabmal des Intellektuellen, Graz, Wien.

Lyotard, J.-F. (1986): Die Moderne redigieren; in: Welsch, W. (Hg. 1988), S. 204 - 214.

Lyotard, J.-F. (1987): Der Widerstreit, Frankfurt/M.

Maffesoli, M. (1990): Vitalismus und Naturalismus als epistemologische Grundlagen einer Soziologie des Alltags, unveröff. Man.

Marquard, O. (1981): Kunst als Kompensation ihres Endes; in: Ders. 1989, S. 113 - 121.

Marquard, O. (1982): Krise der Erwartung - Stunde der Erfahrung, Konstanzer Universitätsreden, Konstanz.

Marquard, O. (1986): Apologie des Zufälligen, Stuttgart.

Marquard, O. (1989): Ästhetica und Anästhetica, Paderborn.

Negt, O. (1987): Enteignung und Wiederaneignung unserer Sinne; in: Vorgänge 26, H. 3, S. 95 - 99.

Otto, G. (1990): Ästhetische Rationalität, unveröff. Man.

Popper, K. (1989): Gedankenskizzen über das, was wichtig ist; in: Dürr, H.-P./Zimmerli, W. Chr. (Hg. 1989), S. 381 - 389.

Pries, Chr. (Hg. 1989): Das Erhabene, Weinheim.

Schiwy G. (1984): Der französische Strukturalismus, Reinbek.

Schönherr, (1989): Die Technik und die Schwäche, Wien.

Schuller, M. (1989): Jenseits des schönen Scheins; in: Kamper, D./Wulf, Chr. (Hg. 1989), S. 305 - 313.

Sloterdijk, P. (1988): Zur Welt kommen - Zur Sprache kommen, Frankfurt/M.

Tributsch, (1990): Die Lehre der Bachstelze; in: Merkur, Nr. 500, S. 915 - 927.

Weiland, R. (1990): Mythen der Rationalität, Wien, Berlin.

Welsch, W. (1987): Unsere postmoderne Moderne, Weinheim.

Welsch, W. (1989.1): Zur Aktualität ästhetischen Denkens; in: Kunstforum Bd. 100, S. 135 - 149.

Welsch, W. (1989.2): Adornos Ästhetik: eine implizite Ästhetik des Erhabenen; in: Pries, Chr. (Hg. 1989), S. 185 - 213.

Welsch, W. (1990): Postmoderne Perspektiven für das Design der Zukunft; in: Kunstforum Bd. 107, S. 260 - 266.

Welsch, W. (Hg. 1988): Wege aus der Moderne, Weinheim.

Wulf, Chr. (1989): Mimesis und der Schein des Schönen; in: Kamper, D./Wulf, Chr. (Hg. 1989), S. 520 - 528.

Zur Lippe, R. (1987): Sinnenbewußtsein, Reinbek.

Zur Lippe, R. (1988): Vom Leib zum Körper, Reinbek.

Anmerkungen

(1) Vgl. auch D. Kamper.

(2) Verbindungen zwischen Umweltwahrnehmung in der Geographie und Alltagsästhetik stellt Hard 1988 an diversen Beispielen dar (vgl. Hard 1988).

(3) Auf dem Kongreß "Geist und Natur" plädiert Popper (1989), wir hätten zu lernen, "Wie es uns gelungen ist, trotz Hitler und Stalin und anderer verantwortungsloser Ideologien und Propheten des Bösen unsere soziale Ordnung im Westen besser und gerechter, offener und reicher an Wahlmöglichkeiten zu gestalten als jede andere Gesellschaft, die jemals auf der Erde existiert hat" (Dürr/Zimmerli 1989: 384).

Christian Vielhaber

Die kritische Gesellschaftstheorie.
Tragfähige Anregungen für die Geographiedidaktik?

Was die kritische Theorie für die Geographiedidaktik tun kann - ein zeitgemäßer Prolog

In einer Zeit, in der alles Individuelle als Objekt einer Warenwelt zu erstarren droht, erachte ich es als durchaus legitim, Anleihen aus eben dieser Warenwelt zu nehmen, um gegen den ihr immanenten Inhumanismus anzutreten:

Da gibt es einen TV-Spot, der sehr überzeugend darlegt, was eine bestimmte Versicherungsanstalt für Sie tun kann. Ich erlaube mir die Diktion dieser Spots zu übernehmen und komme dann konsequenterweise auf folgende Eingangsfeststellung:

Was die kritische Theorie für die Geographiedidaktik tun kann, ist schnell erklärt - ich hoffe, es taucht in ihrem Bewußtsein die Teetasse auf, die in tausend Teile zerspringt und auf wundersame Weise als ganzes gutes Stück in eine heile Welt zurücktransformiert wird - Die kritische Theorie wäre also in diesem Verständnis jener Kitt, der Individuen in den Stand versetzt, die offensichtlich in Fragmente zersplitterte grunddaseinsorientierte Fachdidaktik derart zusammenzufügen, daß deren konstruktive Weiterentwicklung möglich erscheint.

Die kritische Theorie veranlaßt sogar noch mehr, wenn man sich mit ihr einläßt, sie kann beispielsweise - und zwar, weil sie immer die Frage nach Interessen und Nutzen von Entscheidungen und Handlungen stellt, - darüber aufklären, warum diejenigen, die in der Schule von räumlichen Disparitäten, Armut, sozialer Ungleichverteilung und unterschiedlichen territorialen Verfügbarkeiten sprechen, also gleichsam das Elend dieser Welt herausstellen und vielleicht noch topographisch verorten, als Humanisten und sozial engagierte Didaktiker gelten und denjenigen, die die Ursachen dieser Erscheinungen aufzeigen, Radikalität und Extremismus nachgesagt wird.

1. Ein Einstieg zur grundsätzlichen Orientierung

Wenn für ein komplexes Thema wenig Raum verfügbar ist, wird der jeweilige Einstieg in eine Problemstellung umso bedeutsamer.

Es sollte dann ein Einstieg sein, der das zentrale Anliegen ungeschminkt offenlegt und ohne weitere Umschweife klar macht, worum es eigentlich geht.

Bei meinen Überlegungen, wie das didaktische Potential, das der kritischen Gesellschaftstheorie immanent ist, deutlich zu machen wäre, vor allem im Vergleich zu herkömmlichen Problemerschließungen im schulgeographischen Unterricht kam mir der Zufall in der Form eines Zeitschriftenartikels und einer Publikation der Reihe "Erdkundliches Wissen" zu Hilfe, die ich beide am gleichen Tag auf meinem Schreibtisch vorfand.

Der Artikel war von Eva Maria Schell. Es war eine Art Abschiedsschreiben, das sie ihren Arbeitskolleginnen bei ihrer Verhaftung hinterließ. Die Autorin dieser Veröffentlichung ist der Allgemeinheit wahrscheinlich besser unter dem Namen Inge Viett in ihrer Funktion als RAF Terroristin bekannt. Ihr Abschiedsbrief wurde in der "Magdeburger Volksstimme" abgedruckt und erstaunlicherweise von einer österreichischen Tageszeitung übernommen (AZ 28. 7. 90, S. 34 f).

Der Inhalt des "Erdkundlichen Wissens - Heft 97" bietet die Ergebnisse von Forschungen aus Ceylon III an, eine Reihe von Veröffentlichungen der Mitarbeiter für Geographie am Südasien-Institut der Universität Heidelberg. Das Erscheinungsjahr 1989 ließ vermuten, daß diese Publikation wohl das aktuelle Spektrum geographischer Ceylonforschung abdecken würde.

Ich las zuerst, weil kürzer, den Artikel - eine Art Rechtfertigung oder vielleicht sogar Entschuldigung. Aber nicht eine moralische Wertung von Inge Vietts Motiv zu schreiben, soll im Blickpunkt unseres Interesses stehen, sondern jene Passagen des nun folgenden Auszugs sollen Beachtung finden, die meiner Meinung nach exemplarisch aufzeigen, inwieweit menschliche Wahrnehmung und Bewertung selbst- und gesellschaftszerstörerisches Handeln anleiten können, wenn sie nicht entsprechend "kritisch" reflektiert werden (auf die hier vorerst einmal voraussetzungslos in den Raum gestellte "kritische Reflexion" komme ich selbstverständlich noch zurück):

"Ich schaute mich um in der Welt, arbeitete, lernte, wollte wissen, warum die Dinge sind, wie sie sind. Was ich auch tat, wo ich auch war, überall begegnete mir diese Unterwerfung der menschlichen Anständigkeit unter die gnadenlosen Gesetze des Marktes, des Geldes, des Ringens um die Macht. Vom Charakter her ist mir einfach nicht gegeben, damit zu leben. Mir fehlt die Fähigkeit zur Ignoranz und Anpassung an diese Lebenshaltung von: Friß oder werde gefressen. Ende der sechziger Jahre machte ich eine Reise in die Länder der Dritten Welt, in Länder, die von den großen amerikanischen und europäischen Konzernen wirtschaftlich beherrscht sind. Was ich da gesehen hab, gab mir den Rest. Die fruchtbarsten Gebiete waren im Besitz der Konzerne, die produzierten Produkte wurden ausgeführt in die reichen kapitalistischen Staaten. Das Vieh der Einheimischen - die Grundlage ihrer Ernährung - verdorrte in Trockenzeiten und mit ihm die Menschen in den Zäunen der abgesperrten, nahrungsreichen Gebiete. Wer sich von den Einheimischen trotzdem Zugang verschaffen wollte, wurde von den Wächtern der "freien Welt" mit Schußwaffen vertrieben.

In den Städten beanspruchten die Europäer und Amerikaner die schönsten Viertel für sich, mit riesigen Parkanlagen, großen und kleinen Palästen. In den einheimischen Vierteln waren die Straßen übersät mit Verkrüppelten, Kranken, Bettlern und Obdachlosen. In den pompösen europäischen Nobelhotels herrschte ein unbeschreiblicher Luxus ....."

Was können wir, zugegebenermaßen vordergründig, aus diesem Text herauslesen, welche Art der Deutung bietet sich an: Die Autorin der Zeilen hat keine besondere geographische oder raumbezogene Ausbildung, trotzdem führt sie ihre persönliche Bewußtseinsbildung, wie an zahlreichen Beispielen offensichtlich wird, auf individuell erfahrene, als ungerecht identifizierte und als negativ bewertete Raumstrukturen zurück.

Im Falle Inge Viett erleben wir also drastisch, unleugbar und grell, daß selektive Wahrnehmungen und Bewertungen von Raumstrukturen, also etwas, das zum Alltag des Geographieunterrichts gehört und kaum Anlaß zu besonderen didaktischen oder pädagogischen Überlegungen gibt, zumindest handlungsmitbestimmend für ihre Aktivitäten waren. Ohne diesen Sonderfall weiter breit zu treten, können wir dennoch konstatieren, daß eine spezifische Wahrnehmung territorialer Ein- bzw. Ausgrenzungen, von Segregationszwängen, von hierarchisch geschichteten räumlichen Verfügbarkeiten etc. individuelle, auch handlungsleitende Reaktionen auslösen können. Diese haben bisher in der deutschsprachigen Geographie und ihrer Didaktik kaum nennenswerte Beachtung gefunden, obwohl Schüler heute täglich durch curricularen Auftrag mit Problemen konfrontiert werden, die subjektive Bewertungen und entsprechendes Handeln zur Folge haben.

Ich bin weit davon entfernt, das Bewertungs-Handlungsschema einer Inge Viett zu verallgemeinern oder gar gut zu heißen, doch zweifelsohne hat sie erkannt, daß bestehende Macht- und Herrschaftsstrukturen - und damit ist ein durch und durch geographisches Anliegen angesprochen - raumstrukturierende Bedeutung haben. Eine an und für sich klare Sache meinen Sie: Gut, dann sehen wir uns die "Forschungen aus Ceylon" an. In dieser Publikation wird Bezug auf einen Raum genommen, dessen jüngere Entwicklung durch den Konflikt zwischen Tamilen und Singhalesen derart bestimmt wird, daß wohl keine Daseinsfunktion davon unberührt bleibt. Nun sollte man doch annehmen, daß ein derart einschneidender Konflikt auch seinen Niederschlag in wissenschaftlichen geographischen Arbeiten über diesen Raum findet.

Er tut es auch. In der Einführung kann man unter anderem folgendes lesen:

"Die Unruhen, die Ende Juli an vielen Stellen des Landes ausbrachen und unmittelbar die Feldarbeiten von S. Dicke beeinflußten, wirken sich in mannigfacher Hinsicht auf die wissenschaftliche Arbeit aus. Feldarbeiten in der von der Geographie am Südasien Institut bisher durchgeführten Art (....) sind damit weithin in Frage gestellt; sie sind mit noch größeren Risiken verbunden, als es geographische Feldarbeiten im südasiatischen Raume ohnehin schon sind.

...... Es bleibt nur, dem Lande eine baldige Beruhigung und dauerhafte innere Befriedung zu wünschen, auch als Grundlage zur Fortsetzung der wissenschaftlichen Arbeit, nicht zuletzt - wenn nicht vielmehr in erster Linie! - zum Nutzen des Landes selbst." (Schweinfurth, U. 1989, S. 13 f)

Es ist an dieser Stelle wohl zu Recht die Frage zu stellen, wieso sich die Geographie bzw. ihre Vertreter erneut und wie so oft, ihrem Auftrag gesellschaftsrelevante und wirklichkeitsnahe Sozialwissenschaft zu sein, entziehen konnten. Auf einen alle Lebensbereiche durchdringenden Konflikt wird nur unter dem Hinweis Bezug genommen, daß er die wissenschaftlichen geographischen Arbeiten massiv behindert habe. Durch eine gesellschaftskritische Brille betrachtet, hätten sich wohl die Themen dieses Bandes, die nachfolgend aufgelistet sind, nicht nur als bloße Beschreibungen isolierter Sachverhalte darstellen lassen:

Zur Problematik der rezenten Morphodynamik an den Küsten Sri Lankas
Die Wälder des östlichen Hochlandes von Ceylon
Aspects of the Zoogeography of Sri Lanka
Bandulla - ein "zentraler Ort" auf Ceylon
The Underground Drainage System in the Fort of Galle (Sri Lanka)
Die Bedeutung Nuwara Eliyas als "hill station" im Lichte moderner Kurortklimatologie
Wandlungen eines singhalesischen Mattenflechterdorfes zwischen 1978 und 1985: aus "Kalalagama" wird "Weusirigama"
Malaria in Ceylon - a case of persistance: geological reflections on a national calamity

Ich hoffe, daß mein Anliegen im Zuge dieser Einleitung klar geworden ist und darf zur Sicherheit ihre fachdidaktische Relevanz zusammenfassen.

2. Zur fachdidaktischen Relevanz der einführenden Gegenüberstellung

1) Es werden vom Individuum Wertungen vorgenommen, die auf raumbezogener Wahrnehmung basieren und handlungsleitend sind, und zwar auch dann, wenn keine Schulung bzw. Reflexion im Umgang bzw. in der Begegnung mit "Raum-bildern" erfolgt (ist).
Das ist nichts Neues - aber gerade darum sollten wir diese Erkenntnis in der Fachdidaktik Geographie sehr ernst nehmen - denn, was heißt das für den alltäglichen Schulunterricht - Es heißt, daß sich der Lehrende der Verantwortung zur politischen Bildung entzieht, wenn er es nicht als seine Aufgabe ansieht, den Schüler über das Zustandekommen von Raumstrukturen aufzuklären. Diese sind doch nun wirklich kein Produkt von Zufälligkeiten, sondern Ergebnis handfester Interessen, grundgelegter Produktionsweisen und machtvoller Durchsetzung.
Wenn wir davon ausgehen, daß, wie Castells (1983) sagt, "Raum", "Politik" ist, so ist jeder Versuch - sei es in der Fachwissenschaft, sei es in der Fachdidaktik - sich mit Raumfragen "apolitisch" und "objektiv" auseinanderzusetzen, zum Scheitern verurteilt, weil gerade diese Distanzierungsbemühungen vom Politischen einen eminent politischen Gehalt aufweisen. Das führt uns zum nächsten Punkt, den ich als fachdidaktisch bedeutsamen Aspekt aus der einführenden Darstellung behandeln möchte.

2) Die Verleugnung des "Politischen" in der Auseinandersetzung mit Raumfragen ist realitätsfern und birgt die Gefahr didaktisch unzulässiger Vereinfachung.
Ich möchte an dieser Stelle einen Gedanken von Adorno (1962) anfügen, der mir in diesem

Zusammenhang äußerst überlegenswert erscheint. Er sagt, daß Einfachheit und Linearität keine unbedenklichen Ideale dort seien, wo die Sache an sich komplex ist.
Eine generelle Vermeidung einer Auseinandersetzung mit dem gesamtgesellschaftlichen Beziehungsgefüge, wie sie teilweise im schulgeographischen Unterricht praktiziert wird, fällt daher meiner Meinung nach in die Kategorie "bedenklich".
Wir haben uns auch in der Didaktik vor nunmehr bereits zwei Jahrzehnten freudvoll der vom kritischen Rationalismus salonfähig gemachten Kleinarbeitung von Problemstellungen zugewandt, ergaben uns, willfährig muß man fast schon sagen, der "neuen Machbarkeit" im Umgang mit Unterrichtsinhalten und erkannten vor lauter Zufriedenheit nicht, daß die Reduzierung des Unterrichts auf Einzelbilder der Gesellschaft, die in den Rang von "Lebenssituationen" emporstilisiert wurden und für die es galt bzw. noch immer gilt, den Schüler bewältigungsfähig zu machen, zu einer neuen Unübersichtlichkeit bei der Erfassung gesellschaftlicher Zusammenhänge führte und zu einer am Beginn der paradigmatischen Neuorientierung wohl nicht erwarteten Armut bei der Fähigkeit, relevante Fragen in bezug auf Problemursachen zu stellen.
Die Relevanz von Fragen wäre meines Erachtens daran zu messen, ob über sie ein geschichtlich vermitteltes Bewußtsein von zentralen Problemen der gemeinsamen Gegenwart und der voraussehbaren Zukunft initiiert werden kann und ob über sie angesichts der angesprochenen Probleme die Einsicht in die Mitverantwortlichkeit aller und in die Notwendigkeit, sich diesen Problemen handelnd zu stellen, offenkundig wird.
Diese Fragen spricht im übrigen auch Klafki in seiner kritisch konstruktiven Didaktik als sogenannte Zentralfragen oder Schlüsselprobleme an (Klafki 1985, S. 20 f)
Damit sind wir bei dem dritten zentralen Punkt fachdidaktischer Relevanz, den ich aus der Einführung herausheben möchte und der auf den Problemkreis Hand-lungsbedarf und Handlungsnotwendigkeit im Rahmen aktueller Konfliktlösungsstrategien bzw. gesellschaftlicher Veränderungswünsche abzielt.

3) Aufklärung im Sinne der Fähigkeit, Raumzeichen zu dechiffrieren und Verursachungszuweisungen für territoriale, soziale und wirtschaftliche Ungleichver-teilungen vorzunehmen, führt ohne die ergänzende Fähigkeit, Kontroversen und Konflikte rational auszutragen, zu einer pseudokritischen Haltung und letztlich zu autoritärem Handeln.
Die Begrenztheit des Reflexionsvermögens führt gleichermaßen bei unkritischem wie bei pseudokritischem Vorgehen zur Bildung von Klischees, Vorurteilen, Stereotypen und unverrückbaren Feindbildern.
Diese letztgenannten Phänomene sind wohl als die gefährlichsten Produkte jener Halbbildung zu bezeichnen, die sich faktisch zwingend aus einer mangelnden Reflexionsfähigkeit ergeben. Einseitige Stoff- und ungeordnete Wissenskumulierung sind ebenso Paten dieser Halbbildung wie Entscheidungen, die zum Abbruch des an und für sich unendlichen Verfahrens kritischer Reflexion führen.
Halbbildung ist aber, wie Adorno (1962) so griffig formulieren konnte, nun keineswegs der halbe Weg zur Bildung, sondern ihr Todfeind. Was bedeutet das nun für eine Fachdidaktik, die sich nicht einer Halbbildung als Ziel verschreiben möchte, aber dennoch jene Erkenntnisse, Kenntnisse, Fähigkeiten und Fertigkeiten für unverzichtbar hält, die nach Klafki (1985, S. 207) sozusagen ziel- oder wertambivalent sind, d.h. sowohl in einem kritischen Sinne wie im Sinne unkritischer Anpassung verwendet werden können.
Dazu zählen beispielsweise das Kartenlesen, der Umgang mit dem Maßstab, ein jederzeit abrufbares topographisches Orientierungsraster u.ä.
Es bedeutet für die dzt. paradigmatische Fachdidaktik ihr eigenes Selbstverständnis (so sie noch eines hat) zu überprüfen und zwar in der Richtung, ob sie von ihrer Grundlegung nur auf die Vermittlung von Verhaltenskompetenzen ausgerichtet ist oder ob sie ihre Zielsetzung auch darin sieht, den Menschen ihr Handeln bewußt werden zu lassen, d.h. ob sich sich auch als bewußtseinsorientierte Fachdidaktik versteht. Dazu gilt es allerdings einen Lehr-Lernprozeß zu konstituieren, in welchem der Lernende in seinen wirklichen Beziehungen mit anderen Individuen und Gruppen, in seinen Auseinandersetzungen mit bestimmten Interessen und schließlich an der so vermittelten Verflechtung mit dem gesellschaftlichen Ganzen und der Natur wiederum zum Subjekt werden kann. - Um das zu erreichen, bedarf es einer Fachdidaktik, die gewillt ist, sich gegen den Strom der Wirklichkeit zu stellen. Eine Wirklichkeit, die, und ich darf jetzt Jürgen Hasse zitieren: " samt dem in ihr lebenden Subjekt in Teile zerfallen ist. Sie werden nur noch von den Systemen und deren Austauschbeziehungen miteinander verbunden. Den Menschen als

Ganzes gibt es in dieser Wirklichkeit nicht. Er flattert als fraktales Subjekt (Baudrillard) zwischen den diversen Arenen seines Einsatzes als Objekt" (Hasse 1990. 1., S. 39)

3. Zur Diagnose der aktuellen Fachdidaktik

Die Erfahrung hat gezeigt, daß eine ausschließlich curriculumtheoretisch angeleitete Fachdidaktik mit einer stringenten zielorientierten Methodik den im vorangegangenen Abschnitt als notwendig erachteten Anspruch nicht einlösen kann - zu offensichtlich sind die Defizite, die auftreten können und von denen ich nachfolgend nur einige mir besonders bedeutsam erscheinende erwähnen möchte:

- Vernachlässigung der von Schülern und Lehrern mitgebrachten Biographien, die verantwortlich sind für unterschiedliche Wahrnehmungen, Handlungsweisen und Einstellungen.

- Ritualisierung von Konfliktdarstellungen im Unterricht: Die Slums in Lima, der Teufelskreis der Armut oder der Hunger im Sudan werden als unterrichtliche Fertigwaren vermittelt, wobei es nicht gelingen kann, die in Unterrichtspaketen eingeschlossenen Menschen und Dinge zum Leben zu erwecken - nicht zuletzt auch, weil viele Lehrende ihre eigene Funktion nicht hinterfragen. Sie haben sich daran gewöhnt, über Probleme zu referieren, die sie nur als Außenseiter kennen.

- Herauslösung raumwirksamer Problemfälle aus dem gesamtgesellschaftlichen Bezugsrahmen etc.

Bei einer solchen Diagnose kommt man wohl nicht umhin, Therapievorschläge zu unterbreiten, wobei es wohl auch ein wenig um Schadensbegrenzung geht. Das gilt vor allem bezüglich der unbeabsichtigten Folgen primär zielorientierter schulgeographischer Vermittlungsbemühungen, die beispielsweise in der Ausbildung von Klischees oder schematisierten Problembewältigungsstrategien liegen können.

4. Schadensbegrenzung - aber wie?

Die zeitgeistigen Therapievorschläge sind meine Sache nicht. Wenn als noch unbestimmtes Feld der neuen (abgeklärten) Hoffnungen die Beendigung jeglicher Hegemonie apostrophiert wird (Hasse 1990. 2.), so stellt sich doch die Frage, welche erkenntnis- und bildungsleitenden Interessen denn bisher die schulische Szene bzw. die Fachdidaktik beherrscht haben und welche bildungsideologischen Vorstellungen ein eher kümmerliches Dasein fristeten.

An die Stelle der "Metaerzählung" von Emanzipation und Aufklärung treten, wie Lyotard es auszudrücken beliebt, die diversen Sprachspiele des Lebens, das heißt auf gut deutsch, die Beliebigkeit als Maßstab des Handelns.

Eine Erkenntnis an der Schwelle zur Postmoderne mag wohl richtig sein, nämlich, daß die Elemente des Lebens und der Welt und ihre möglichen Kombinationen unendlich viele Bedeutungen haben, entsprechend dem System, das man zu ihrer Definition benutzt. Fazit, es gibt keine gültigen Regeln mehr - die gäbe es nur, wenn man sich über das Definitionssystem einigt und ich glaube, das wäre zumindest eine überlegenswerte Alternative zu einer Welt ohne Regeln, die ja gleichzeitig auch eine Welt ohne Sinn wäre.

Umberto Eco (1990) versuchte mit einer "Kleinen Erkenntnistheorie des Pokerspiels" Verständnis für postmoderne Ordnungskalküle zu wecken. Er entwirft das Bild von einem Brüderpaar, das ein Kartenspiel besitzt, aber nur das Pokern beherrscht. Beide glauben, Karten dienten ausschließlich dem Pokerspiel bzw. Pokern sei das einzige Spiel, das der Welt der Karten Sinn verleiht. Doch eines Tages entdecken sie Canasta, Skat, Rommé und vieles andere mehr - die Karten als Metapher für die Welt erhalten durch neue Regeln neue Qualität. Diese Darstellung scheint beeindruckend in ihrer Einfachheit; doch was, so frage ich mich, passiert, wenn sich die Spieler nicht an die Regeln halten bzw. die Regeln nicht kennen? Sie dürften dann wohl entweder nicht mitspielen oder - wenn der eine nach Skat- und der andere nach Tarockregeln spielt - auf keinen grünen Zweig kommen. Wir sehen: Der Postmodernismus läuft Gefahr mit seinem "Alles ist erlaubt" nicht nur seine lebenspraktische Unfähigkeit zur Weltanschauung zu erheben, sondern scheint auch zu einer ideologisch verortbaren Weltanschauung unfähig zu sein - das wird dann noch klarer, wenn es darum geht, Stellung für oder gegen jemand zu beziehen.

Trügerisch strahlt hier der Schein einer neuen Liberalität. Wieso wird nicht von den "Metaerzählungen" der "Theorien mittlerer Reichweite" gesprochen, nicht von jenen der "instrumentellen Machbarkeit" und der "Bewältigungsgläubigkeit", die es nun gilt, zu überwinden bzw. deren Ansprüche sich als uneinlösbar erwiesen haben.

Bevor wir ihn voreilig in die Geschichte verabschieden, glaube ich, daß der "Aufklärungsgedanken" mit seinem Anspruch "kritisch" zu sein, eine zentrale Rolle bei der neuen Therapie (Paradigmenwechsel haben immer etwas mit Krankheitsbildern zu tun) zuerkannt erhalten sollte.

5. Wo hat das "Kritische" in der Fachdidaktik von morgen seinen Platz?

Es sollte uns heute wirklich nicht genügen, den leichten Weg zu gehen und mit einem "Anything goes or is allowed", als Rechtfertigungsnorm für Beliebigkeit, die Ära der didaktischen Mehrperspektivität und des Pluralismus einzuläuten.

Wir haben den Brunnen der Kritik bisher nicht nur nicht ausgeschöpft, wir haben erst einen Zahnputzbecher daraus entnommen. Ich möchte wirklich den Vorschlag unterbreiten, doch etwas mehr daraus zu trinken; das Programm der Fachdidaktik würde davon nachhaltig beeinflußt werden.

Mit einer Ideologie der Ideologielosigkeit jedenfalls sind die Probleme dieser Welt weder zu vermitteln noch in den Griff zu bekommen. Denn, um in der nun aktualisierten Diktion der Postmoderne zu bleiben, die kritische Perspektive, die dem Gedanken der Aufklärung verpflichtet ist, bedeutet nicht immer wieder anders hören, sehen oder fühlen, sondern heißt gegenteilig, von der Unverbindlichkeit zur Verbindlichkeit zu gelangen.

Den Versuch, diese Verbindlichkeit in der Fachdidaktik durchzusetzen, gab es bereits, wie erinnerlich, zur Zeit des letzten Paradigmenwechsels. Doch als sich damals die Verdrängungsenergie der gesellschaftskritischen Impulse erfolgreich gegen das länderkundliche Paradigma durchgesetzt hatte, gab es für die Vertreter dieser Richtung bildungspolitisch nichts zu ernten. Der aufklärerische Anspruch der Reformbestrebungen verschwand praktisch über Nacht, überrollt von einer zu raschen unreflektierten Übernahme des Robinsohn-Modells und einer unkritischen Lernzielorientierung.

So wurde - wie Hard (1979) beißend ironisiert - der Robinsohn-Ansatz dergestalt auf eine Propaganda für das Weltbild der Münchner Sozialgeographie heruntertrivialisiert, daß seiner Meinung nach, jeder potentiell kritische Gedanke ausgesiebt wurde. Der Leitgedanke der Emanzipation wurde in das Gegenteil verkehrt, als was es in seinem originalen Kontext intendiert war, d.h. daß er heute als Synonym für Anpassung Verwendung findet.

Köcks Ausführungen in seiner zentralen Arbeit zur Theorie des zielorientierten Unterrichts zum Thema Emanzipation lassen jedenfalls erkennen, daß keinesfalls Einheitlichkeit darüber besteht, wie Emanzipation als kategorialer Leitgedanke verstanden werden soll.
Für ihn beispielsweise ist Emanzipation kein Ziel mehr, sondern bereits gesamtgesellschaftliche Wirklichkeit, als solche wäre Emanzipation ohnedies bereits eine jener Voraussetzungen, ohne die das Ziel jeglichen Unterrichts nicht verwirklicht werden kann (Köck 1980, S. 36).
Für die kritische Gesellschaftstheorie der Frankfurter Schule hingegen, der das Plädoyer hier gilt, ist der Weg zur Emanzipation "a never ending story".
Um jeder Form der Diffamierung von vorneherein die Spitze abzubrechen, sei an dieser Stelle auf das grundlegende Selbstverständnis der kritischen Theorie zurückverwiesen:

Trotz aller Betonung der fundamentalen Bedeutung der ökonomischen Verhältnisse für die gesellschaftliche, politische, kulturelle aber auch räumliche Struktur eines Gemeinwesens und für die Prägung des Sozialisationsprozesses der Menschen in einer bestimmten Gesellschaft und trotz der Kritik am Kapitalismus und Materialismus als beherrschende Organisationsform hat die Frankfurter Schule niemals den aus dem deutschen Idealismus stammenden Leitgedanken der mündigen Person aufgegeben, die imstande ist, verändernd auf die Gesellschaft zurückzuwirken, auf die sie selbst aber immer bezogen bleibt. Die zunehmende Verwirklichung der Selbstbestimmung für alle Menschen erfordert den Abbau der Herrschaft von Menschen über Menschen, den Abbau jeglicher Form von Ausbeutung, den Abbau gesellschaftlicher Ungleichheit.

Um dieses Nachdenken in die Wege zu leiten, bedarf es der sogenannten ideologiekritischen Perspektive, also der Infragestellung jener Verhältnisse, Argumente und Strukturen, die bestehende Macht- und Abhängigkeitsverhältnisse scheinbar sichern und rechtfertigen.

An dieser Stelle ist es notwendig, einen Aspekt kritischer Theorie besonders zu betonen - niemals verstand sich die kritische Theorie als Gegensatz zu empirisch-analytischen oder zu historisch-hermeneutischen Ansätzen (Habermas 1970). Sie sieht ihre Aufgabe vielmehr darin, sich mit der empirischen und hermeneutischen Perspektive zu verschränken und die gewonnenen Erkenntnisse ideologiekritisch zu überprüfen und gesellschaftskritisch weiterzuentwickeln.

Welche verbindlichen Konsequenzen lassen sich aus diesen Gedankengängen für die Fachdidaktik Geographie ableiten.

a) Die Vermittlung von Erkenntnissen selbst naiver empirischer Forschung bleibt ebenso unverzichtbar aus der Sicht eines gesellschaftskritischen Ansatzes wie die Vermittlung des bereits angesprochenen wertambivalenten Wissens. Nur! - die Erkenntnisse und Fakten erhalten eine eindeutige inhaltliche Orientierung und dienen dazu, entdeckende Lernprozesse zu unterstützen, beispielsweise im Rahmen der sogenannten analytisch-rückschreitenden Rekonstruktion. Diese spult in Bezug auf eine erkannte Problemstellung den Faden zurück, um Einsichten in deren Zustandekommen zu ermöglichen und sind als Voraussetzung anzusehen, gesellschaftlich bedeutsame und damit auch raumwirksame Prozesse reflexiv zu durchdringen.
Das bedeutet auch die Notwendigkeit des Abbaus jener gläsernen, weil unsichtbaren Barrieren in unserer Gesellschaft, die räumliche hierarchisch geordnete Reservate begründen. Die vielfach praktizierte Selbstbeschränkung von Menschen unserer Gesellschaft - "Da gehöre ich nicht hin", "Das steht mir nicht zu", "Das paßt nicht zu mir" - hat sicherlich auch seine Geschichte, über die es sich auch in der Schulgeographie nachzudenken lohnen würde.

b) Damit sind wir bereits, zwangsweise möchte ich sagen, bei der hermeneutischen Perspektive angelangt, die uns zu einer Auseinandersetzung mit Bedeutungszusammenhängen auffordert und damit zu einer rational interpretierenden, sinnauslegenden Klärung vorhandener Vorverständnisse. Die hier angesprochene Rationalität ist auch die Triebfeder zur Auswahl jener Unterrichts"gegenstände" (darunter verstehe ich hier Themen, Handlungen, Medieneinsätze etc.), von der sich eine Befähigung zu adäquatem praktischen Alltagshandeln unter gegebenen Normen erwarten läßt.
Hermeneutik als Methode reduziert sich im Klassenzimmer aber nicht nur auf die verstehende Interpretation von Lehrplänen und didaktischen Erlässen durch den Lehrenden, sondern konstituiert sich in ihrer vollen didaktischen Relevanz unter Einbeziehung aller sinngebenden Ereignisse und Vorgänge im Unterricht - d.h. Schülererfahrungen und -äußerungen sind geradezu konstitutiv zur vollen Ausbildung jener Leistung von Kritik, die ein hermeneutisches Vorgehen zu erbringen imstande ist - dazu zählt beispielsweise immerhin das Aufzeigen humaner Optionen gesellschaftlicher Entwicklung innerhalb gegebener Normen und die Fähigkeit, diese begründet einzufordern aber auch die Entwicklung von Verständnis für die Handlungen einzelner durch Hinweise auf den jeweils potentiell verfügbaren bzw. wahrgenommenen Handlungsrahmen.
Ich meine, daß vor allem im Umgang mit Schülern Verfahrensweisen der Hermeneutik und des Verstehens von Sinnzusammenhängen den kausal-analytischen bzw. funktions-analytischen Er- und Vermittlungen von Regelmäßigkeiten vorzuziehen sind, weil ja dadurch nicht bloß ein

subjektives Problem einer quasi bilateralen Verständigung angesprochen wird, sondern weil dadurch die Schüler Subjektstatus erhalten, eine Art Beteiligungsrecht bei einem Unterricht, der darauf abzielt, sich auch ernsthaft mit Fragen ihrer individuellen sozialen Wirklichkeit zu beschäftigen.

c) Der Bezug auf die kritische Gesellschaftstheorie erzwingt durch die kritisch-dialektische Verfahrensweise eine Erweiterung des Aufgabenfeldes der Fachdidaktik. Dabei ist diese Verfahrensweise nicht so sehr als dritte Methode zu bewerten, die zur Hermeneutik (dem Sinnverstehen) und zur Empirie (der erfahrungsorientierten Sachverhaltsfeststellung) alternativ oder kumuliert hinzukommt. Ihre Funktion ist vielmehr jene einer Denk- und Verknüpfungsperspektive, in die Empirie und Hermeneutik einfließen, aufeinander bezogen und erweitert werden, immer unter der Fragestellung des Cui bono und immer einem emanzipatorischen Interesse verpflichtet. Das bedeutet für die Schulgeographie, daß sie dort aufzuklären hat, wo interessensbestimmte Absichten, die räumlich konkret werden, zu Unrechtsvermutungen Anlaß geben oder gesellschaftliche Widersprüche in Raumstrukturen hineinprojeziert werden.

So verstanden wird Dialektik als ergänzende fachdidaktische Methode zu einem faszinierenden Entwurf. Faszination allein konstituiert jedoch noch keine praktikable Verfahrensweise und kann wohl auch nicht als Nachweis für die Leistungsfähigkeit eines Verfahrens gelten. Dazu bedarf es einer unterrichtspraktischen Umsetzung, die für alle Beteiligten eines Lehr-Lernprozesses befriedigend ist und einen Unterrichtsertrag bringt, der neue Horizonte erschließt.
Frei nach Soja (der i.ü. in seinem 1989 erschienenen Buch "Postmodern Geographies" von "Reassertion of Space in Critical Social Theory" spricht und damit andeutet, daß der Aufklärungsgedanke auch in der Postmoderne nicht einfach ad acta zu legen ist) ist die Dialektik zurück auf dem Speisezettel - für die deutschsprachige Fachdidaktik wäre eine solche Aussage wohl etwas verfrüht, aber die Chance wäre da, der Geschichte der Fachdidaktik, die doch bisher eine Geschichte der Vernachlässigungen war, eine neue Richtung zu geben. Dabei geht es, wie bereits betont, nicht darum, das bisherige Werkzeug vollkommen beiseite zu legen, sondern es flexibel zur Rekonstruierung einzusetzen.

Und es geht, um allfällige Ängste gar nicht hochkommen zu lassen, nicht um eine von der Praxis abgehobene Marxistische Dialektik, sondern gerade in unserem Fach, um die entsprechende Adaption vertrauter Themen, die man einer kritischen Analyse unterwirft. Die Folge ist die Verbindung von Raumstrukturen mit Sozialprozessen, wobei die Raumanalyse keineswegs als zweitrangig gegenüber der Sozialanalyse auftritt. Es ist vielmehr die Aufgabe, klar zu machen, daß räumliche Strukturen nicht bloß die Arena abgeben, in welcher sich Konflikte abspielen, sondern, daß sie auch eine konditionierende Qualität besitzen. Dadurch, daß sie faktisch das Ergebnis wirtschaftlicher Sachzwänge und praxisnaher Reflexion wahrnehmungsmäßig erfaßbar abbilden, sind Territorialstrukturen ein ideales didaktisches Medium, eine Art gesellschaftliche Karikatur.
Überall dort, wo solche "Territorialkarikaturen" im Geographieunterricht auf Interesse stoßen, besteht eine Möglichkeit, mittels dialektischer Analyse räumliche Widersprüche aufzuspüren. Die didaktische Herausforderung ist dabei klar: es geht um Demystifizierung (beispielsweise beim Heimatbegriff), um die Herauslösung von Dingen aus dem Obskuren (beispielsweise bei der Ausländerfeindlichkeit), um Formen des Widerstandes (beispielsweise bei der Abholzung des tropischen Regenwaldes).
Durch solche aus der Totalität menschlichen Lebens herausgesprengten Widerspruchsbilder (Verstärkung des Heimatbegriffs und -gefühls bei gleichzeitig zunehmender Uniformierung und Internationalisierung aller Lebensbereiche; gestiegene Ausländerfeindlichkeit, obwohl Ausländer wesentlich zum nationalen Wohlstand und Wachstum beitragen, etc.) soll das gesellschaftskritische Potential des einzelnen Schülers die Chance erhalten, sich zu aktivieren und angeregt zu werden, um jenen Strukturen auf den Grund zu gehen, die ihm ansonsten als undurchdringliche Verschlingungen verborgen bleiben. Dabei ist insbesondere zu beachten, daß vor allem Praktiken der Raumauf- und -zuteilung der Einsatz von Macht und Herrschaft immanent ist.

6. Die strukturierende Kraft von Macht und Herrschaft - ein Unterrichtsthema?

Nehmen wir die Strukturierungskraft der Macht auch als raumwirksame Kraft an, dann ist es eigentlich nicht verständlich, warum die Fachdidaktik Geographie bisher der Bedeutung von Macht und Herrschaft im Erklärungszusammenhang raumbildender Prozesse so wenig Beachtung geschenkt hat (Vielhaber 1989). Desgleichen verwundert die in den Lehrplänen erfolgte Ausgrenzung von Macht und Herrschaft als Bestim-mungskonstante spezifischer raumwirksamer Handlungen und Entscheidungen bei einer Fachdidaktik, die als grundlegende fachliche Zielsetzung die Raumverhaltenskompetenz angibt (vgl. Köck 1980). Eine Kompetenz räumlichen Verhaltens, vor allem aber eine raumwirksamen Handelns, fordert geradezu ultimativ die Auseinandersetzung und den Umgang mit "Macht".

Die kritische Fachdidaktik, wie sie in diesem Aufsatz verstanden wird, erhebt deshalb auch den pragmatischen Anspruch, den Lernenden die alltäglichen, aber auch die strukturellen und damit der Selbstverständlichkeit der Alltagserfahrung entzogenen bzw. verborgenen raumwirksamen Konflikte bewußt werden zu lassen (Vielhaber 1988).

Ihr geht es aber nicht nur um das Aufzeigen von Kriterien eines Machtverhältnisses als vielmehr um die Klärung folgender Fragen im Zusammenhang mit der unterrichtlichen Erschließung eines Raumkonflikts:

Welche räumlichen Veränderungen ergeben sich, wenn sich die eine oder die andere Gruppe bzw. Person durchsetzt?

Welche Abhängigkeiten oder Belastungen werden erzeugt oder vermindert?

Wer bzw. welche Gruppe ist von der einen bzw. von der anderen Lösung bevorzugt bzw. benachteiligt und warum?

Welche alternativen Regelungen erscheinen zur Konfliktlösung möglich?

Gibt es bereits vergleichbare Konfliktsituationen? Wenn ja, wie wurde in diesen entschieden, und mit welchen Mitteln wurde dieser Konflikt ausgetragen?

Hinter diesem Fragenkomplex stehen die noch allgemeineren Problemstellungen, an welchen sich ein Fach, das antritt, um Raumstrukturen zu erklären, nicht vorbeischwindeln sollte.

- Wer strebt wo, wofür territoriale Verfügbarkeit an?

Die Subjektivität von Entscheidungen zu analysieren, und damit die "Warum Frage" zum zentralen Aspekt zu machen, obliegt der kritisch hermeneutischen Phase, in welcher die selektiven Wahrnehmungen und Bewertungen, die einer territorialen Besitznahme zugrunde liegen, für den Lernenden verständlich werden sollen.

- Auf Grund welchen Verständnisses und welcher Bewertungsvorgänge wird wo von wem territoriale Verfügbarkeit angestrebt?

Die Vielschichtigkeit eines Entscheidungsprozesses im Zusammenhang mit der Festlegung territorialer Verfügbarkeiten darf aber nicht darüber hinwegtäuschen, daß jede Verfügbarkeitsentscheidung einen spezifischen, wirtschaftlichen und politischen Hintergrund hat:

- Welche gesellschaftlichen Voraussetzungen sind mitbestimmend für eine angestrebte Sicherung, Erweiterung oder Neufestlegung territorialer Verfügbarkeit und welche sozialräumliche Dialektik ist der Veränderung spezifischer Verfügbarkeitsstrukturen immanent bzw. welche gesellschaftlichen Widersprüche werden dadurch manifest?

Damit sind auch die Fragen angesprochen, wer, warum und wie davon betroffen ist. Die kritische Orientierung fordert auch zum Nachdenken darüber auf, welche Handlungs- und

Entscheidungsdispositionen im Sinne einer notwendigen künftigen Raumsolidarität überlegenswert sind und welche konkurrierenden Verfügbarkeitsinteressen auf Grund welcher strukturellen Voraussetzungen auftreten.

Wir sind heute konfrontiert mit Bedrohungsdimensionen globalen Ausmaßes und haben daher als Lehrende andere Aufgaben als noch vor 20 Jahren.

Ich glaube, daß, wenn man heute die Gelegenheit ausläßt, sei es im Rahmen eines Zufallsgesprächs, sei es im alltäglichen Unterricht zu widersprechen, nur, um keine Auseinandersetzung vom Zaum zu brechen, obwohl die artikulierten Meinungen in letzter Konsequenz inhuman und zerstörerisch sein könnten, hat man bereits etwas von Schuld auf sich geladen.

Meine Hoffnung wäre, daß möglichst viele Lehrer auf "Nicht schuldig" plädieren können, wenn sich absehbare Bedrohungen in Realitäten umkehren. Die kritische Theorie gibt meiner Meinung nach das Rüstzeug für das dafür notwendige didaktische Handeln.

Literatur

ADORNO, T. (1962): Theorie der Halbbildung. In: Horkheimer, M. und T. Adorno: Soziologica II. Reden und Vorträge. Frankfurt: Europäische Verlagsanstalt, S. 168 - 192 (= Frankfurter Beiträge zur Soziologie 10).

CASTELLS, M. (1983): The City and the Grassroots. London: Edward Arnold.

ECO, U. (1990): Kleine Erkenntnistheorie des Pokerspiels. In: AZ, 9. 6. 1990, S. 48 f.

HABERMAS, J. (1970): Erkenntnis und Interesse. Frankfurt am Main: Suhrkamp.

HARD, G. (1979): Die Disziplin der Weißwäscher. Über Genese und Funktion des Opportunismus in der Geographie. In: Sedlecek, P. (Hrsg.): Zur Situation der deutschen Geographie zehn Jahre nach Kiel. Osnabrück: Selbstverlag des Fachbereichs 2 der Universität Osnabrück, S. 11-44 (= Osnabrücker Studien zur Geographie 2).

HASSE, J. (1990. 1.): Lernen in und aus einer imaginären Wirklichkeit. In: Die Grundschulzeitschrift 37, S. 39 - 42.

HASSE, J. (1990. 2.): Räumliche Metaphern - POST-MODERNE. In: Nachrichten des Arbeitskreises für Regionalforschung 2, Heft 1-2, S. 7-15.

KLAFKI, W. (1985): Neue Studien zur Bildungstheorie und Didaktik. Weinheim und Basel: Beltz.

KÖCK, H. (1980): Theorie des zielorientierten Geographieunterrichts. Köln: Aulis.

SCHWEINFURTH, U. (1989): Forschungen auf Ceylon III. In: Erdkundliches Wissen 97. Stuttgart: FRanz Steiner Verlag.

SOJA, E. W. (1989): Postmodern Geographies. Reassertion of Space in Critical Social Theory. London: Versa.

VIELHABER, C. (1988): Perspektiven einer kritisch-pragmatischen Fachdidaktik Geographie. Habilitationsschrift an der Grund- und Integrativwissenschaftlichen Fakultät der Universität Wien.

VIELHABER, C. (1989): Politische Bildung als gesellschaftliches Postulat: Ein paradigmatischer Maßstab für eine kritische Fachdidaktik "Geographie und Wirtschaftskunde"? In: Vielhaber, C. (Hrsg.): Politische Bildung im Geographie- (und Wirtschaftskunde-) Unterricht. Beiträge zu einem unbewältigten Problem der Schulgeographie. S. 23 - 56. (= Materialien zur Didaktik der Geographie und Wirtschaftskunde 3).

Ulrich Mai

Die Wahrnehmung des Fremden:
Über Möglichkeiten und Grenzen des Verstehens

1. Vorbemerkungen

Längst ist das Fremde nicht mehr begrenzt auf ferne Länder und Kulturen: Es transzendiert unseren Alltag, Nachbarschaft, Medien, ist Auslöser von Konflikten und Ängsten, aber auch von Sehnsüchten nach einer anderen Welt.

Es zeichnet sich ab, daß Probleme um das Fremde an Brisanz gewinnen werden: Die offenen Grenzen im Osten haben den Zugang von Fremden anschwellen lassen, aber auch für die Länder der Dritten Welt ist das reiche Deutschland Ziel von Migranten und Asylsuchenden geworden. Die latenten und manifesten Konfliktsymptome sind mannigfaltig und verweisen auf die individuelle und kollektive Unfähigkeit des vorurteilsfreien und adäquaten Umganges mit den Fremden: gemeint sind die unselige Debatte um Asylrecht, Ausländerwahlrecht, die Anschläge gegen Asylantenheime, Übergriffe gegen Vietnamesen, Kubaner und Afrikaner in den neuen Bundesländern, organisierter Widerstand (z.T. in Bürgerinitiativen) gegen die temporäre Unterbringung von Sinti und Roma (Herford, Neue Westfälische v. 2.8.90) wie Albaner (Karlshafen, Frankfurter Rundschau v. 15.8.90), selbst ethnisch verwandte Aussiedler aus der Sowjetunion. Sogar Übersiedler aus der ehemaligen DDR treffen trotz langjähriger Rede von Gemeinsamkeit und Brüderlichkeit auf kalte Ablehnung: "Vereint aber fremd" schreibt der SPIEGEL (Nr. 39/1990) treffend.

Tatsächlich wird gerade im Kontext von Wiedervereinigung und EG das Grunddilemma deutlich: Politische und ökonomische Willensbildung eilt der Fähigkeit, sich mit dem Fremden zu verständigen, weit voraus. Jedenfalls wird nicht nur erkennbar, daß Deutschland zum Einwanderungsland geworden ist - trotz aller politischen Versuche dies zu verhindern -, sondern auch, daß seine Bewohner nicht auf diese multi-kulturelle Gesellschaft vorbereitet worden sind, vielmehr die neuen komplexeren Lebenssituationen mit den alten "kulturell stimmigen" Verhaltensmustern zu bewältigen suchen.

Dabei ist nicht zu verkennen, daß es zeitgleich durchaus Strömungen gibt, sich der Fremde anzunähern, sie sich anzueignen. Ich meine die ungebremste deutsche Reisewelle in exotische Länder - übrigens komplementär zur romantischen Innerlichkeit der neuen Heimatbewegung (beide haben etwas von einem temporären Eskapismus in ferne Traumwelten), den Konsum an Reiseliteratur, Radio- und TV-Sendungen über fremde Kulturen, aber eben auch andere Formen der Aneignung der Fremde, so die folkloristische Mode, die Pizzerien und China-Restaurants, die Indien-Basare, Bauchtanz- und Meditationskurse etc. Subtiler noch das Interesse an der fiktiven, ja extraterrestrischen, Fremde, wie es sich in den Erfolgen der Filme "E.T." und "Alien" spiegelt. Selbst Nostalgie mag man als Versuch symbolischer Wiederaneignung von Lebenszusammenhängen und Gegenständen deuten, die durch die Modernisierung entfremdet wurden. Die jüngste Gründungswelle, noch mehr die Besucherzahlen, von Museen zur Alltagsgeschichte legen ein beredtes Zeugnis ab vom nostalgischen Bedarf nach historisch-biographischer Spurensicherung.

Lassen Sie mich noch ein paar Bemerkungen zum Umgang der Geographie mit der Fremde machen, um dann psycho-soziale Perspektiven zu beleuchten, was das Fremde mit dem Selbst zu tun hat, und anschließend die teilnehmende Beobachtung als angemessene Methode menschlicher bzw. inter-kultureller *und* wissenschaftlicher Begegnung zu charakterisieren. Meine Überlegungen enden mit Thesen zu einer Didaktik der Geographie, die sich den Problemen der Fremdheitserfahrung stellt. Meine Ausführungen sind über weite Passagen eher sozialwissenschaftlich als im engeren Sinne geographisch: dies ist unvermeidlich, wenn es um die Ursachen für spezifische Wahrnehmungsmuster und um Verständigungsmöglichkeiten geht, die über geographische Wissensbestände allein nicht zugänglich sind. Im übrigen eignet sich für die Begegnung mit Fremden keine - wie immer geartete - "geographische Sprache", eher dagegen menschliches Verständnis und Empathie, die, so bleibt zu hoffen, auch von der Einsicht in die hier vorgetragenen komplexen sozialpsychologischen Ursachen von Fremdenfeindlichkeit und Diskriminierung genährt werden.

2. Die Geographie und das Fremde

Eigentlich sollte man meinen, daß die Geographie neben der Ethnologie (Ethnographie/Völkerkunde/Sozialanthropologie) *die* Wissenschaft von der Fremde ist. Tatsächlich lieferte die alte Geographie gerade in der Länderkunde eine Fülle von Informationen über ferne Länder und Kulturen (OSTERHAMMEL 1989). Frühe Geographen und Ethnographen brachten von ihren Reisen durch Dschungel, Kontinente und Ozeane vom erwachenden Bildungsbürgertum geschätzte Informationen mit, damit zur Zählebigkeit so mancher kultureller Vorurteile beitragend (FORSTER et al. 1789-1808, NIEBUHR 1774-1778, SCHWEINFURTH 1874).

Von Verständigung mit den fremden Kulturen konnte freilich nicht die Rede sein: Kaum ein Forscher beherrschte die Sprache der Einheimischen, Kontakte mit ihnen waren ohnehin mehr zufällig und sporadisch. Der flüchtige und selektive Charakter der Reise, der "Besuch auf Widerruf" (JEGGLE 1987, S. 18) ließ anderes auch gar nicht zu. Das Verhältnis von Geographen zu fremden Kulturen blieb im Grunde distanziert, auch als unter Ethnographen seit B. Malinowsky die lange intensive Feldforschung mit Sprachkompetenz, das wirkliche Sich-Einlassen auf die Einheimischen, zunehmend Voraussetzung für wissenschaftliche Forschung wurde, und prinzipiell ist dies bis heute so geblieben: obwohl Fremdheit konstitutives Element der Arbeit vieler Geographen ist, hat das Fach m.W. in seiner Geschichte nicht ernsthaft über sie nachgedacht.

Dies kann bei der Heimatkunde vorausgesetzt werden, in der gerade das eigene Fremde unterschlagen, verdrängt und ausgegrenzt wurde. Die Idee von Volk und Ethnie ließ das heimatliche Fremde, Wir-Gefühl ideologisch produzierend, allenfalls als Feindbild zu. Aber selbst in den Länderkunden ferner Regionen fristen Menschen und Kulturen hinter länderkundlichem Schema, Landschaften und Räumen ein Kümmerdasein, vom geographischen Blick deformiert für Bedürfnisse der Exotik und Ideographie.

Man kann nicht sagen, daß sich dies mit dem Paradigmenwechsel zur Allgemeinen Geographie geändert hätte. Selbst in der Sozialgeographie und Geographie der Dritten Welt sind Menschen fremder Kulturen, ihre komplexen Lebenszusammenhänge, Lebensentwürfe, Alltagsprobleme und Gefühle, unwesentlich im Vergleich zu wissenschaftlichem Gegenstand, Indikatoren, abstrakten sozialräumlichen Aggregaten, "Räume gleichen Verhaltens", die Spuren (und Spurenleser) wichtiger als jene, die die Spuren hinterließen. Der latente Funktionalismus von Dritte-Welt-Forschung, zumal mit dem empirischen Instrumentarium quantitativer Methoden, verdinglicht das Fremde und reduziert den Fremden auf das Allerweltkonstrukt eines *homo oeconomicus*, auf niedrigem Entwicklungsniveau freilich.

Natürlich gibt es längst kritische Forschungen von Geographen über Probleme der Dritten Welt, in denen das Bemühen um Verständnis von Kultur und Alltag der Einheimischen spürbar ist. Ob dies immer gelingt, ist fraglich, denn verständlich stoßen alltagswissenschaftliche Forschungsansätze dort auf die größten Widerstände, wo Sprachschwierigkeiten und ungewohnte Lebensbedingungen langfristige Feldforschungen behindern. Auch die sicherlich sinnvolle Eingrenzung wissenschaftlicher Betrachtung auf kleinere soziale Einheiten wie Haushalt und Nachbarschaft eröffnet zwar Zugänge zur Alltagsebene, löst aber das angesprochene Problem nicht prinzipiell, so lange nicht auch das Erkenntnisinteresse verlagert bzw. ausgeweitet wird.

Ich nenne ein Beispiel aus meiner eigenen Forschung in Indonesien: Die Strategie verbundener ökonomischer Sektoren von Individuen und Haushalten scheint ein verläßliches Zeichen abhängiger Ökonomie und Gesellschaft, ihre Analyse damit näher an den individuellen Bedürfnislagen und Verhaltensmustern, ohne gesellschaftliche Strukturen zu unterschlagen (vgl. ELWERT 1983 u. ELWERT/MAI 1987). Bei näherem Hinsehen ergeben sich aber - trotz gleicher materieller Ausgangslage z.B. von Bauernhaushalten - erhebliche Unterschiede in der Operationalisierung dieser Strategie durch die Einheimischen: So fallen in der Provinz Nord-Sulawesi (Celebes) zunehmend Reisfelder (trotz günstiger Bewässerung) brach, obwohl Reis traditionell das wichtigste Nahrungsmittel ist. Auch das Theorem der Strategie verbundener ökonomischer Sektoren hilft hier bei der Deutung des Phänomens nicht weiter: Nur wer mit der einheimischen Kultur wirklich vertraut ist, weiß, daß reziproke Verpflichtungen in Nachbarschaft und Dorf, die überaus wichtige Institutionen der Existenzsicherung unter dem Druck der Modernisierung sind, in den letzten Jahren zu einer Verlagerung ökonomischer Aktivitäten aus der zeitaufwendigen Feldarbeit (Subsistenzproduktion) in weniger zeitaufwendige Lohnarbeit und Handel geführt haben. Mit diesem Vorgang ist zum einen ein sozialer Prestigegewinn verbunden, da harte Feldarbeit in dieser Kultur eher ein Zeichen von Armut ist; außerdem ist - bei etwa gleichem Einkommen - Zeit für wichtige soziale Kontakte, so den Besuch von Festen und Dorfvereinen und die Teilnahme an rituellen Handlungen, gewonnen, beides zugunsten einer stärkeren Integration von Individuum und Haushalt in die dörfliche Gemeinschaft (MAI/BUCHHOLT 1987, S. 32f.). Das Beispiel zeigt, daß man um lokale und regionale Detailkenntnisse kultureller Eigenheiten nicht herum kommt, will man ökonomisches Entscheidungsverhalten differenzierter deuten.

Auf einer Tagung von Historikern und Theologen zum interkulturellen Lernen in Frankfurt/Main ist festgestellt worden, die Parole "Ausländer raus!" sei in allen untersuchten Schulbüchern nahezu vollständig durchgehalten (Frankfurter Rundschau vom 5.7.1990). Dies gilt nicht für Schulbücher und Curricula des Fachs Geographie: Etwa im Schulbuch "Heimat und Welt" (Verlag Westermann) der Schuljahre 5/6 (Hessen) ist ein besonderes Kapitel über türkische Gastarbeiter ausgewiesen, unter anderem über Lebensbedingungen in ihrer Heimat und in Deutschland, aus der Sicht von Jugendlichen über Konflikte des Fremdseins in der Türkei und bei uns.

Zweifellos trägt das Fach Geographie im Schulunterricht dazu bei, daß Kinder und Jugendliche zunehmend mehr über das Fremde erfahren. Doch die Strukturen pädagogischer Aneignung der Fremde bleiben prinzipiell jene des Lernens und Wissens üblicher Schulbuch-Kapitel, z.B. "Nahrung aus dem Meer", "Almwirtschaft im Wandel" und "Die Welt auf einen Blick" (ebd.). Das (Schulbuch)*Wissen* über die Probleme ethnischer Minderheiten ist jedoch noch nicht identisch mit dem *Verstehen* des Sachverhaltes; tatsächlich ist sogar denkbar, daß der Autor einer erfolgreichen und kritischen Dissertation über Aspekte der Integration von Türken in deutschen Großstädten sich - gleichsam privat - zu diskriminierenden Handlungen oder Äußerungen über eben diese Türken hinreißen läßt: Kognition ohne emotionale Beziehung verdinglicht den Menschen zum Betrachtungs*gegenstand*, ja exponiert ihn durch Distanzierung und macht ihn angreifbar.

3. Das Bild vom Fremden: Ethno-psychoanalytische und soziologische Einsichten

Wie ist dann aber Verständnis für das Fremde im Sinne emotionaler Parteinahme und Partizipation möglich? Eine meiner wesentlichen Annahmen ist, daß uns dies nur dann gelingt, wenn wir bereit sind zu erkennen, daß das Fremde, das uns ängstigt oder fasziniert, gleichsam das ungeliebte Schatten- oder Spiegelbild unseres Selbst ist und friedfertig nur dann angeeignet werden kann, wenn wir uns zu diesem Spiegelbild bekennen, d.h. uns um Selbsterkenntnis bemühen (KRISTEVA 1990). Dazu die folgenden ethno-psychoanalytischen und soziologischen Ausführungen, die Geographen "fremd" erscheinen mögen, aber zum Verständnis der darauf folgenden didaktischen Forderungen, vor allem jenen nach Beschäftigung mit fremden Lebenswelten, notwendig sind.

Ausgehend vom Freud'schen Antagonismus zwischen Kultur und Familie (FREUD 1930) beleuchtet Mario Erdheim die Rolle des Fremden in der Entwicklung von Individuum und Gesellschaft. Danach ist *fremd*, wer nicht zur Familie und später - mit der Ablösung von der Familie - nicht zur eigenen Kultur gehört (ERDHEIM 1988, S. 238).: der Fremde repräsentiert die Verlockungen und Alternativen, das Neue außerhalb von Familie und Kultur, fördert in dieser Funktion daher Ablösung und kulturelle Entwicklung. Allerdings setzt dies die Bewältigung von Angst- und Schuldgefühlen voraus, die mit der Trennung in der Adoleszenz einhergehen und gleichsam mit Interesse und Neugierde, die das Fremde auslöst, kämpfen. Nun unterliegt die Repräsentanz des Fremden, so Mario Erdheim, weitgehend dem Einfluß vor allem der Eltern, d.h. der Jugendliche kann die archaischen elterlichen Feindbilder übernehmen *oder* er entwickelt eine Repräsentanz des Fremden, die das Ausleben von Interesse und Neugier, mit ihnen das Bedürfnis einer Änderung bestehender kultureller Verhältnisse, zuläßt (ebd., S. 240).

Im kritischen Fall jedoch löst das Fremde als Zeichen der Trennung Angst und Schuldgefühl aus, die durch *Xenophobie* (Vermeiden des Fremden) bewältigt werden sollen. Mit ihr werden ungeliebte, vor allem aggressive, Teile des Selbst, der Eltern wie der eigenen Kultur abgespalten und auf das Fremde projiziert. Damit wird zwar die Beziehung zum Selbst, zur Familie und eigenen Kultur entlastet, das Fremde aber wird - besonders wenn die Xenophobie zur kulturell gefestigten Grundhaltung wird - mit Feindbildern und Schuldzuweisungen überfrachtet und zur Verkörperung des Schmutzigen, Unordentlichen, Primitiven, Wilden, Verrückten, Häßlichen, Gemeinen etc. Man sieht: durch diesen psychohygienischen Kunstgriff der Dämonisierung des Fremden ist das Böse immer draußen (ebd., S. 260), während innen die Verhältnisse konserviert werden können. Jedenfalls wird jetzt die Freud'sche Metapher vom Fremden als dem "Doppelgänger" verständlich.

Exotismus, die häufig romantisierende Idealisierung des Fremden, vor allem im Topos des "edlen Wilden" (BITTERLI 1985, KOHL 1986, STEIN 1984), unterscheidet sich allerdings hinsichtlich der psychischen Grundkonstellation und vor allem der kulturellen und gesellschaftlichen Effekte nicht wesentlich von der Xenophobie. Zwar erleichtert Exotismus den Ablösungsprozeß, verhindert aber gerade durch die romantische Verlagerung von Sehnsüchten die Veränderung gesellschaftlicher Verhältnisse: In diesem Sinn sind Xenophobie *und* Exotismus psychische Vermeidungsstrategien mit konservativer Grundhaltung (ERDHEIM 1988, S. 261).

In diesem Zusammenhang wäre zu überlegen, ob nicht auch die Bedürfnislage, die zeitgenössischen Fernreisen zugrunde liegt, der exotischen Fremdrepräsentation vom Typus des "edlen Wilden" entspricht: Die wenn auch nur ideelle und temporäre Teilhabe an einfachen, natürlichen, durchschaubaren, kurzum: paradiesischen Lebensvorzügen läßt die Zwänge der Existenz der modernen Gesellschaft erträglicher erscheinen.

Soziologische Ansätze beschäftigen sich eher mit der Rolle des Fremden in der Gesellschaft, insbesondere mit dem Entstehen von Fremdenfeindlichkeit. Der klassische Fremde ist nach Georg Simmel der Händler: Als Angehöriger einer anderen Ethnie und Religion, überhaupt anderen Normen als der einheimischen Gesellschaft verpflichtet, befindet er sich in einer ambivalenten Position, die Ferne und Nähe, Gleichgültigkeit und Engagiertheit verbindet (SIMMEL 1908, S. 687). Diese relative Ungebundenheit und Freiheit des Fremden, die Simmel als Ursache für dessen "Objektivität" sieht, wird verstärkt durch das typische Fehlen von Bodenbesitz und das (dann notwendig) stärkere Engagement in der Geldwirtschaft. Einerseits fasziniert das innovative Potential des Fremden, andererseits sind seine Freiheit und Ungebundenheit Anlaß für Mißtrauen (ERDHEIM 1980, S. 53): Noch heute werden in Südostasien chinesische, in Ostafrika indische, Händlerminoritäten als potentielle Umstürzler, überhaupt Ruhestörer, wahrgenommen (BUCHHOLT/MAI 1989).

Der Weg zur generellen Stigmatisierung von Fremden ist damit nicht mehr weit, und bevorzugt in kritischen gesellschaftlichen und politischen Situationen werden Fremde für Feindbilder und Schuldzuweisungen instrumentalisiert und damit z.B. für knappe Arbeitsplätze und mangelnden Wohnraum verantwortlich gemacht. Dabei erhalten Feindbilder durch eine diskriminierende Etikettierung von Fremdheit und Andersartigkeit im Alltag neue Nahrung: Kopftuch und Pluderhose, an sich harmlos, erhalten in der Etikettierung so eine Bedeutung, deren symbolischer Gehalt - unbewußt und unreflektiert - an das Feindbild gemahnt und damit Angst und Aggression auslöst.

In diesem Zusammenhang ist darauf hinzuweisen, daß die künstliche Idylle der Heimat ihre Kraft nicht zuletzt aus der verstärkten Ausgrenzung von Fremden und Minoritäten nahm (GREVERUS 1979, S. 7f.). Je mehr nämlich die Geborgenheit des Menschen von den Widersprüchen gesellschaftlicher Entwicklung, den Auswirkungen von Industrialisierung, Armut und Wohnungsnot, nicht zuletzt durch Mobilität und rapide Etablierung des Nationalstaates bedroht wurde, desto mehr wurden Fremde ausgegrenzt (s. auch ERDHEIM 1988, 245f.). Der Fremdenhaß schließt viele Gesellschaften solidarisch zusammen und rettet die Fiktion intakter Heimat. Dem widerspricht keineswegs, daß der deutsche Nationalstaat des 19. Jahrhunderts selbst keine kulturelle homogene Einheit war. Vielmehr bestätigt gerade dieser historische Vorgang den willkürlichen, konstruktiven Charakter der Definition von Ethnie, damit von Fremde und

Zugehörigkeit, und belegt ob seiner politischen Intention den ideologischen Gehalt (ELWERT 1989, HOROWITZ 1985, RADTKE 1990).

Spiegelt die Definition von Fremde Macht und Herrschaftsverhältnisse, so werden konsequent nicht nur externe Fremde, d.h. Ausländer, ausgegrenzt, sondern ebenso jene Einheimischen, die sich (wie sie) der Herrschaft verweigern. Das Risiko, zu Fremden im eigenen Land gemacht zu werden, gehen nicht nur Revolutionäre ein, sondern ebenso Kritiker am System, mit ihnen politische und kulturelle Dissidenten, Angehörige jugendlicher Subkulturen, Freigeister, kurzum solche, die sich gegen den kulturellen Mainstream verhalten, einschließlich ganzer sozialer Klassen, wie Bauern und Proletarier, die mit den "kulturlosen Wilden", eben Barbaren, auf eine Stufe gestellt werden (VIERKANDT 1896, zit. in ERDHEIM 1988, S. 248f.). Erdheim hat aufgelistet, wer als Fremder aus den eigenen Reihen eliminiert wird: fremd ist, "wer keine sichere Lebensführung aufzuweisen hat", "innerlich unstet ist", "mythologisch denkt", "politische Aktionen startet und Solidarität fordert" (ebd., S. 249). In der Rigidität von Ausgrenzung freilich gibt es Unterschiede je nach Gesellschaftssystem, Ideologie und Machtapparat: In der Sowjetunion und DDR wurden dissidente Schriftsteller auch formal zu Fremden unter Entzug der Staatsbürgerschaft gemacht, in anderen Ländern - schon milder - als "Pinscher" beschimpft.

4. Über die Situation des Fremden unter Einheimischen

Bevor ich auf die didaktischen Folgen eingehe, ist ein Perspektivwechsel vorzunehmen: Nach der Betrachtung der Ursachen für Fremdwahrnehmung (durch Einheimische) ist nunmehr - gleichsam aus emischer Sicht - die Lage des Fremden zu beleuchten, der sich auf eine andere Kultur einläßt und von ihr integriert werden möchte. Dies ist die kaum bedachte Situation von Gastarbeitern, Migranten, ausländischen Studenten und in gewisser Weise auch von (ausländischen) Feldforschern in der Dritten Welt, wenn sie sich längere Zeit an einem Ort aufhalten.

Tradierte Kultur- und Zivilisationsmuster, so der Hermeneutiker Alfred Schütz, vermitteln innerhalb derselben sozialen Gruppe stabile Auslegungs- und Interaktionsschemata, die durch Habitualisierung unstrittig sind (SCHÜTZ 1972). Das feste kulturell vermittelte Vertrauen reduziert Komplexität sozialer Existenz und entlastet von der immer wieder neuen aufwendigen Überprüfung der Grundannahmen (LUHMANN 1973). Gleichzeitig existiert innerhalb jeder Gruppe ein Konsens über die "Auslegungsmuster" (Vor-Urteile) über Fremde, die für die Interaktion mit eben diesen Fremden praktisch irrelevant sind, vielmehr ein rückversicherndes Komplementär der Selbstwahrnehmung sind.

Trifft nun der Fremde auf die einheimische Gruppe, stellt er sehr schnell die Unbrauchbarkeit sowohl seines zu Haus erlernten Fremdenbildes (von den hier Einheimischen) als auch der in der Heimat habitualisierten Interaktionsmuster fest. "...die Kultur- und Zivilisationsmuster der Gruppe, welcher sich der Fremde nähert, sind für ihn kein Schutz, sondern ein Feld des Abenteuers, keine Selbstverständlichkeit, sondern ein fragwürdiges Untersuchungsthema, kein Mittel um problematische Situationen zu analysieren, sondern eine problematische Situation selbst und eine, die hart zu meistern ist" (SCHÜTZ 1972, S. 67). Die Folge ist eine gravierende Krise mit ständiger sozialer und psychologischer Verunsicherung, in der der Fremde versuchen muß, in jeder sozialen Situation durch Reflexion die Adäquanz eigener Einstellungs- und Verhaltensmuster abzuschätzen. Naturgemäß ist dies ein ungemein schwieriger Lernprozeß, vor allem am Anfang, wenn die Kenntnisse und Erfahrungen mit den diffizilen Bedeutungsgehalten in allen ihren Nuancen und Konnotationen (einschließlich Sprachkenntnisse) der einheimischen Kultur noch gering sind und ein Nicht-Fremden-Status noch nicht in Sicht ist.

Jedenfalls leistet der Fremde in diesem Anpassungsprozeß psychische, emotionale und intellektuelle Schwerstarbeit, in der er die Sicherheit gewohnter Normen und Werte (und damit sozialer Interaktion) eintauscht gegen die Unsicherheit und das Risiko des Fehlverhaltens mit Marginalisierung durch soziale Kontrolle. Dabei ist zu bedenken, daß dieser Anpassungsprozeß einhergeht mit einer destabilisierenden Aufgabe der alten gewachsenen Identität, die sich immer auch ableitet vom spezifischen Wir-Gefühl der sozialen Bezugsgruppe in der Heimat. Schütz weist darauf hin, daß dies einem Verzicht auf (individuelle) Geschichte gleichkommt (ebd., S. 60).

Bedauerlicherweise ist dieser Aspekt der Opferbereitschaft (im Sinne der Aufgabe alter Identität) in der Fremden-Debatte bislang nicht hinreichend gewürdigt worden. Jedenfalls müßte er jenen zu denken geben, die in Aussiedlern und Asylanten nur eigennützig Nehmende sehen.

5. Didaktische Folgerungen

5.1. Teilnehmende Beobachtung

Nach den bisherigen mehr theoretischen Gedanken scheint es mir an dieser Stelle wenig sinnvoll, die weithin anerkannten Prinzipien interkultureller Erziehung im einzelnen noch einmal darzulegen. Über die Notwendigkeit von Toleranz, Akzeptanz von Ethnizität, Solidarität mit Minoritätsangehörigen und die Fähigkeit zur Regelung von Konflikten gibt es prinzipiell keinen Dissens (NIEKE 1988, S. 37f.). Sehr viel umstrittener ist allerdings deren Operationalisierung. Vielmehr möchte ich einige Überlegungen zu den Möglichkeiten des Verstehens - als Voraussetzung für Toleranz, Solidarität und vernünftige Konfliktregelung - anstellen. Mein besonderes Interesse gilt dabei der teilnehmenden Beobachtung als Methode und kommunikatives Verfahren, das die wesentlichen didaktischen Aspekte des interkulturellen Verstehens erschließt.

Die teilnehmende Beobachtung ist nicht eigentlich eine von Geographen besonders geschätzte Methode, wohl weil man mit ihr nur schwierig sozialräumliche Kategorien erfassen kann: Wegen ihres qualitativen Charakters wird sie eher von hermeneutisch orientierten Sozialwissenschaftlern, vor allem aber Ethnologen, bevorzugt, da sie in ihrem Forschungsansatz ohnehin mehr interpretativ als quantifizierend ist. Ich folge im wesentlichen den Gedanken von Koepping (1987). Allerdings muß hier betont werden, daß Koepping immer von der Situation des Feldforschers in einer fremden Kultur, normalerweise in einem Land der Dritten Welt, ausgeht. Wenn ich die Übertragung der Prinzipien interkultureller Begegnung in der teilnehmenden Beobachtung auf Europa wage, so wird damit unterstellt, daß es auch bei uns Möglichkeiten des intensiven Sich-Einlassens auf fremde Kulturen, ja selbst Chancen der Selbsterfahrung als Fremder im eigenen Land und der angesprochenen Verunsicherung und Orientierungslosigkeit gibt - vorausgesetzt, man bemüht sich darum.

Die teilnehmende Beobachtung verbindet auf dialektische Weise scheinbare Gegensätze miteinander: das Emotionale und Kognitive, das Leben und die Wissenschaft, das Fremde und das Eigene, Engagement und Distanz - und macht dadurch das Verstehen des Fremden erst möglich. Zunächst zum Aspekt der *Teilnahme*: Nur mit der intensiven Teilnahme an Lebensvollzügen der Angehörigen von Minderheiten kann es gelingen, deren kulturelle Orientierungsmuster nachzuvollziehen, ja "mit deren Augen zu sehen" (die Königstugend des Feldforschers). Empathie, d.h. die eher emotionale als kognitive Fähigkeit, sich in spezifische Befindlichkeiten des anderen zu versetzen, setzt allerdings die Bereitschaft zur Distanzierung von gewohnten eigenen Kulturmustern und Wertvorstellungen voraus. Das eine bedingt das andere: "mit anderen Augen" sehen kann man nur, "wenn man die Distanz zu sich selbst hergestellt hat, wenn man das Familiäre entfremdet" (KOEPPING 1987, S. 21).

Hier geht es mir keineswegs um die völlige Aufgabe eigener Identität und die Übernahme einer (bis dahin) fremden, das "going native"; alte Identitäten pflegen dafür viel zu zählebig zu sein. Vielmehr ist die Bereitschaft, sich verzaubern zu lassen von der Fremdheit, sich der "Menschlichkeit" auszusetzen, gemeint. Augustinus sagt treffend: "Amor ut intelligam" (Man muß lieben, um zu verstehen; zit. ebd., S. 19).

Gelingt die teilnehmende Beobachtung, ist das persönliche und emotionale Engagement unteilbar, die Neugier erfaßt die Gesamtheit erfahrbarer lebensweltlicher Zusammenhänge und beseitigt durch den Vergleich mit der Realität alte Vorurteile. Im übrigen signalisiert die für die Angehörigen der fremden Ethnie erkennbare Bereitschaft zur Partizipation an deren lebensweltlichem Alltag, daß ein partnerschaftliches Verständnis zu ihnen gesucht wird, in dem ihre Kultur ernst genommen und mit allen Eigenheiten als einzigartig wahrgenommen wird und neben der einheimischen Majoritätskultur gleichberechtigt bestehen kann. Die Akzeptanz der Fremden als Partner verhindert ihre Degradierung zum Untersuchungsgegenstand (ebd., S. 28).

Beobachtung, der zweite Bestandteil des angesprochenen Verfahrens interkultureller Begegnung, repräsentiert die Gleichzeitigkeit kognitiver Intention, das Untersuchungsziel, meist die eine oder andere Form des interkulturellen Vergleichs. Mit ihr werden nicht nur spezifische Eigenheiten beider Kulturen festgestellt: Beobachtung eröffnet vor allem die Einsicht in bislang unreflektierte und habitualisierte eigene Wertvorstellungen, die erst durch die Begegnung mit und in der fremden Kultur kognitiv zugänglich werden, damit aber auch kritisch hinterfragt und möglicherweise aufgegeben werden können (ebd., S. 32). Zu ihnen gehören nicht nur in der eigenen Kultur angelernte Vorurteile über die Angehörigen der betroffenen Minorität, die ohnehin für die Interaktion mit den Fremden unbrauchbar sind, sondern ebenso - wichtiger - altgehegte Vorstellungen von der "Richtigkeit" eingefleischter Sitten und Gebräuche, eigener kultureller Wertnormen: zum Beispiel wie "man" ein Geschenk übergibt, wie "man" sich kleidet, über Pünktlichkeit (überhaupt den Umgang mit der Zeit), über Leistung (bzw. Kriterien dafür) etc.

Die Einsicht in die Fragwürdigkeit gewohnter Wertvorstellungen wird erst durch den kommunikativen Kontakt mit der Fremde unvermeidlich. Am ehesten wer sich teilnehmend auf die Fremde wirklich einläßt in emotionalen und persönlichen Beziehungen, dürfte aber der Versuchung widerstehen, mit Angst und Aggressivität auf diese Verunsicherung zu reagieren. Vielmehr wird er gerade die Erfahrung kultureller Friktionen als Chance für Selbsterkenntnis und Selbstfindung, aber eben auch für die Relativierung habituell verschütteter Produkte erfahrener kultureller Sozialisation nutzen. Eben diese Distanzierung von der eigenen Kultur scheint mir die wichtigste Voraussetzung für das Verstehen der Fremde, für Toleranz und Solidarität, damit für die Vermeidung interethnischer und interkultureller Konflikte.

Zusammenfassend hat also die teilnehmende Beobachtung folgende wesentliche Eigenschaften, die alle Voraussetzung für das Verstehen fremder Lebenswelten sind:

Teilnehmende Beobachtung:

- erfaßt komplexe, nicht etwa nach Abschnitten strukturierte, Lebenszusammen hänge,
- ist durch die Teilnahme an Lebensvollzügen emanzipativ und partnerschaftlich,
- fördert die emotionale Nähe zu den Fremden,
- nötigt zu kritischer Selbsterkenntnis und Selbstfindung.

5.2. Gedanken zur Operationalisierung

Im folgenden werden einige Desiderate formuliert, an denen sich schulische Bemühungen um ein Verständnis des Fremden orientieren sollten und die aus dem zuvor Gesagten abzuleiten sind (vgl. auch Deutsches Institut 1983).

Im Geographieunterricht sollten Formen schulischer teilnehmender Beobachtung und gemeinsamen Lernens soweit wie möglich genutzt werden: Empathie (als wesentliche emotionale und soziale Kompetenz für die Anlage von Toleranz und Beseitigung von Vorurteilen) kann am ehesten erworben werden, wenn Schüler und Jugendliche lebensweltliche Vollzüge mit Angehörigen von Minoritäten teilen. Ich antizipiere natürlich die schulbürokratischen Bedenken: Warum sollten aber ganztägige oder mehrtägige Besuche einzelner Schüler in ausländischen Familien (und umgekehrt) nicht möglich sein, z.B. vergleichbar dem an verschiedenen Schulen fest etablierten Betriebspraktikum (sogar hier sind Praktika etwa in einem türkischen Einzelhandelsgeschäft denkbar)? In Anbetracht des gesellschaftlichen Problems muß jedenfalls verwundern, daß die Schulbehörde solche interkulturellen Kontakte nicht mit demselben Nachdruck fördert bzw. zuläßt wie den (individuellen) Schüleraustausch mit den USA, Großbritannien und Frankreich - offenbar wird die Sprachkompetenz für die Schulfächer Englisch und Französisch wegen ihres Noten-Tauschwertes stärker gewichtet als die Kommunikationsfähigkeit gegenüber den fremdländischen Ethnien im eigenen Lande.

Jedenfalls sollten die deutschen Schüler und Schülerinnen mit ihrer teilnehmenden Beobachtung - wie in einem kleinen Forschungsprojekt - möglichst die gesamte Komplexität fremder Lebenswelt erfassen mit: Arbeit, Freizeit, Festlichkeit, Riten/Gebeten, Mahlzeiten, Wohnbedingungen etc., was eine Akzentuierung einzelner Aspekte nicht ausschließt. Wünschenswert ist, daß ein möglichst gleichaltriges Mitglied der gastgebenden Familie bereit ist, den Part des Informanden zu übernehmen. Er ist nicht nur notfalls Dolmetscher, sondern auch bei der Vermittlung wichtiger Informationen über Verwandtschaftsbeziehungen, Familiengeschichte, Sitten und Gebräuche, Riten, Nahrungsmittel, Kleidung, Grußweisen etc., überhaupt bei der Entschlüsselung kulturspezifischer Symbole, behilflich.

Über die Erfahrung in der teilnehmenden Beobachtung sollte im Unterricht berichtet werden, allerdings nur mit Zustimmung der gastgebenden Familie, eventuell auch unter deren Beteiligung. Im übrigen ist mir die *Authentizität des subjektiven Empfindens* im Bericht wichtiger als eine (ohnehin kaum zu realisierende) Objektivität quasi-wissenschaftlicher Beweisführung.

So könnte der Erfahrungsbericht etwa enthalten: Beschreibung kultureller Eigenheiten wie Sitten und Gebräuche, z.B. Eßgewohnheiten, die sich von den eigenen am deutlichsten unterscheiden, einschließlich etwa der Erziehungspraktiken. Besonders aufschlußreich und plastisch im Informationsgehalt sind Einzelschilderungen von Biographien (z.B. des gleichaltrigen Informanden) und Lebensperspektiven, Tagesabläufe/Zeitbudgets (für Arbeitstage/Wochenenden) und soziale Netzwerke, die mit jenen deutscher Familien bzw. Personen verglichen werden können.

Bei allen Unterschieden, die im interkulturellen Vergleich offengelegt werden, sollte freilich das *Gemeinsame und Verbindende* zwischen den Kulturen nicht vergessen werden. Dies kann auch geschehen, indem etwa über die ritualisierten und internalisierten Aspekte der *eigenen* Kultur reflektiert wird, so über *eigene* Eßgewohnheiten, Kleidung, Reaktion auf Gerüche, den Umgang mit der Zeit etc., um sie in ihrer Selbstverständlichkeit zu erschüttern.

Wo es gelingt, Angehörige der gastgebenden Familie für den Unterricht zu gewinnen, könnten diese über ihre Erfahrungen in der Situation als Fremde in Deutschland authentisch berichten, über Formen der Diskriminierung, aber eben auch über die einheimische Majoritätskultur "mit den Augen des Fremden".

Von hier ist es nicht weit, sich zu eigenen Ängsten und kultureller Verunsicherung in einer anderen Kultur zu bekennen: Wenn ein deutscher Schüler erkennt, daß er unter Türken prinzipiell dieselben Gefühle von Bedrohung und Vereinsamung hat wie ein türkischer Schüler hierzulande, dürfte dies für die Entwicklung partnerschaftlicher Beziehungen zwischen beiden förderlich sein.

Reizvoll - und ehrlicher - scheint mir schließlich die Ausweitung des Verständnisses von Fremdheit auch für didaktische Zwecke um historische Aspekte und solche in unserer eigenen Kultur. Dies kann hier nur angedeutet werden. Die *historische Analyse* des Umgangs mit Fremden im Schul- bzw. Wohnort belegt, daß die Diskriminierung von Minderheiten nicht etwa ein Spezifikum der Gegenwart ist, auch wenn die ethnische Rekrutierung wechselt. Sie zeigt aber auch, daß fremde Minoritäten wie Juden, Hugenotten, Salzburger, Holländer, Sorben und Polen überaus wichtige Beiträge zur Entwicklung und Vielfalt von Ökonomie und Kultur unseres Landes geleistet haben und ohne sie viele Städte und Landschaften ein anderes Gesicht hätten.

Empirischen Untersuchungen eher zugänglich ist das Schicksal der über 7 Millionen deutschen Ostflüchtlinge, die im Westen in den ersten Nachkriegsjahren keineswegs willkommen waren und trotz aller Rede von der deutschen Schicksalsgemeinschaft als Fremde behandelt wurden, als Konkurrenten um knappe Ressourcen, eben wie unsere heutigen Gastarbeiter. Auch hier lohnt es sich, lokale Zeitzeugen (damalige Flüchtlinge und Einheimische) nach biographischen Einzelheiten von Vertreibung, Heimatverlust, Diskriminierung, aber eben auch allmählicher Integration und Etablierung in der neuen Heimat zu befragen. Durchaus "heilsam" könnte für manchen Schüler/Jugendlichen die Einsicht sein, selbst von ursprünglich Ortsfremden abzustammen.

Doch sollten die *eigenen Fremden* nicht vergessen werden, jene Außenseiter, die das gesellschaftliche Gewissen externalisiert: die Obdachlosen, Behinderten, Alten, Verweigerer der

Leistungsgesellschaft, die Angehörigen von Subkulturen. Ihre Reintegration ist nicht einfach nur eine Sache gesicherter Einkommen, sondern verlangt nach Empathie und persönlicher Nähe, die ihrerseits aber das Sich-Einlassen auf fremde Lebenswelten mit anderen Entwürfen kultureller und sozialer Gegenwelten voraussetzen.

Schließlich gehört zum Thema Fremdverstehen auch das Archaische, Dämonische, Wilde und Unheimliche *in uns selbst* als Individuen und in der eigenen Kultur; nur so kann letztlich die übliche Gleichsetzung des Fremden mit dem anderen verhindert werden. Gemeint sind empirisch durchaus gut zugängliche Situationen wie: Bierzeltgejohle und Fußballrowdytum, der rüde Fahrstil auf den deutschen Autostraßen, die kalte antiseptische Anonymität von Arztsprechzimmern/-praxen, Amtsstuben und Fahrstuhlgemeinschaften, das steife Ritual in Gerichtssälen und Militärparaden (vgl. JEGGLE 1987, S. 20). Gerade mit Hilfe des "fremden Blickes" sollte es gelingen, das Eigentümliche und Sonderbare in unserer Kultur offenzulegen, damit aber auch das Fremde im anderen zu tolerieren.

6. Schlußbemerkung

Zum Schluß zwei sehr kurze Bemerkungen zu den sozialen und ökonomischen Rahmenbedingungen interkulturellen Lernens: Die eine betrifft die psycho-soziale Konstitution von Schülern und Jugendlichen, die andere ihre ökonomischen Perspektiven. Didaktische Bemühungen um Toleranz, Verständnis und Empathie brauchen selbstbewußte, stabile, dennoch sensible Persönlichkeiten, die sich von Minoritäten nicht bedroht fühlen. Sie brauchen aber auch Lebensperspektiven, in denen - gerade in den unteren sozialen Schichten - die Angehörigen von Minderheiten nicht zu Konkurrenten um knappe Ressourcen werden. Wo diese Voraussetzungen fehlen, werden es auch die Bemühungen um teilnehmende Beobachtung und gemeinsames Lernen schwer haben.

Literatur

BAUSINGER, H. et al. (1984): Heimat heute. Stuttgart.

BITTERLI, U. (1985): Der "Edle Wilde". In: T. THEYE (Hg.): Einblicke in eine kannibalische Beziehung. Reinbek, S. 270-287.

BRENNEKE, I. et al. (1987): Heimat und Welt. Erdkunde für Hessen 5/6. Braunschweig.

BUCHHOLT, H. u. U. MAI (1989): Marktagenten und Prügelknaben: Die gesellschaftliche Rolle von Händlerminoritäten in der Dritten Welt. Working Paper No. 129. Forschungsschwerpunkt Entwicklungssoziologie, Universität Bielefeld.

Deutsches Institut für Fernstudien an der Universität Tübingen (Hg.) (1983): Fernstudium Erziehungswissenschaft: Ausländerkinder in der Schule. Gemeinsames Lernen mit ausländischen und deutschen Schülern. Tübingen.

DITTRICH, E.J. u. F.-O. RADTKE (HG.) (1990): Ethnizität: Wissenschaft und Minderheiten. Opladen.

ELWERT, G. (1984): "Die Verflechtung von Produktion: Nachgedanken zur Wirtschaftsanthropologie". Kölner Zeitschrift für Soziologie und Sozialpsychologie, Sonderheft Ethnologie als Sozialwissenschaft, Nr. 26, S. 379-402.

ELWERT, G. (1989): Nationalismus und Ethnizität. Über die Bildung von Wir-Gruppen. In: Ethnizität und Gesellschaft, Occasional Paper No. 22. Berlin.

ELWERT, G. u. U. MAI (1987): "Verflochtene Wirtschaftssektoren und Konflikte in Städten der Dritten Welt". In: Verhandlungen des Deutschen Geographentages, Bd. 45. Stuttgart, S. 494-502.

ERDHEIM, M. (1980): Fremdkörper. In: Kursbuch 62, S. 49-56.

ERDHEIM, M. (1988): Psychoanalyse und Unbewußtheit in der Kultur. Aufsätze 1980-1987. Frankfurt/Main.

FORSTER, G.F. et al. (1789-1808): Neue Geschichte der See- und Landreisen, 19 Bde., Berlin.

"Das Fremde früher und heute". Themenheft päd. extra, H. 9/1987.

FREUD, S. (1930): Das Unbehagen in der Kultur. In: GW XIV, Fankfurt/Main, S. 419-506.

GREVERUS, I.M. (1978): Kultur und Alltagswelt: Eine Einführung in kulturanthropologische Fragestellungen. München.

GREVERUS, I.M. (1979): Auf der Suche nach Heimat. München.

HOROWITZ, D.L. (1985): Ethnic Groups in Conflict. London.

JEGGLE, U. (1987): Das Fremde im Eigenen - Ansichten der Volkskunde. In: A. KUNTZ u. B. PFLEIDERER (Hg.): Fremdheit und Migration, Berlin. S. 13-32.

KIPER, H. (1986): "Wie Kinder leben" als Sachunterrichtsthema. SMP 14, Nr. 1/2, S. 31-35, 73-80.

KOEPPING, K.-P. (1987): Authentizität als Selbstfindung durch den anderen: Ethnologie zwischen Engagement und Reflexion, zwischen Leben und Wissenschaft. In: H.-P. DUERR (Hg.): Authentizität und Betrug in der Ethnologie. Frankfurt/Main, S. 7-37.

KOHL, K.-H. (1986): Entzauberter Blick: Das Bild vom Guten Wilden und die Erfahrung der Zivilisation. Frankfurt/Main.

KRISTEVA, J. (1990): Fremde sind wir uns selbst. Frankfurt/Main.

LUHMANN, N. (1973): Vertrauen. Ein Mechanismus der Reduktion sozialer Komplexität. Stuttgart.

MAI, U. (1989): Gedanken über räumliche Identität. Zeitschrift für Wirtschaftsgeographie 33, H. 1/2, S. 12-19.

MAI, U. u. H. BUCHHOLT (1987): Peasant Pedlars and Professional Traders: Subsistence Trade in Rural Markets of Minahasa, Indonesia. Singapore.

NIEBUHR, C. (1774-78): Reisebeschreibungen nach Arabien und anderen umliegenden Ländern, 2 Bde., Kopenhagen.

NIEKE, S. (1988): Interkulturelle Begegnung und interkulturelles Lernen - Theorie zur Diskussion. In: Landesinstitut für Schule und Weiterbildung. Soest, S. 19-43.

OSTERHAMMEL, J. (1989): Distanzerfahrung. Darstellungsweisen des Fremden im 18. Jahrhundert. In: H.-J. KÖNIG, W. REINHARD, R. WENDT (Hg.): Der europäische Beobachter außereuropäischer Kulturen: Zur Problematik der Wirklichkeitswahrnehmung. Zeitschrift für Historische Forschung, Beiheft 7. Berlin, S. 9-42.

RADTKE, F.O. (1990): "Multikulturalismus - vier Formen der Ethnisierung. Frankfurter Rundschau vom 19. Juni 1990.

SCHÜTZ, A. (1972): Der Fremde. Ein sozialpsychologischer Versuch. In: Ders.: Gesammelte Aufsätze II, Studien zur soziologischen Theorie. Den Haag, S. 53-69.

SCHWEINFURTH, G.A. (1874): Im Herzen von Afrika, 2 Bde., Leipzig, 4. Aufl. 1922.

SIMMEL, G. (1908): Soziologie. Untersuchungen über die Formen der Vergesellschaftung. Leipzig.

STEFFEN, G. (1981): Interkulturelles Lernen - Lernen mit Ausländern. In: U. SANDFUCHS (Hg.): Leben und Lernen mit Ausländerkindern. Grundlagen, Erfahrungen, Praxisanregungen. Bad Heilbrunn, S. 56-58.

STEIN, G. (HG.) (1984): Die edlen Wilden: Die Verklärung von Indianern, Negern und Südseeinsulanern auf dem Hintergrund der kolonialen Greuel. Vom 16. bis zum 20. Jahrhundert. Frankfurt.

VIERKANDT, A. (1896): Naturvölker und Kulturvölker. Leipzig.

Oskar Meder

Didaktik des langen Augenblickes - oder: Versuch der Wiederentdeckung der Welt

> "Es schwebte mir vor, die Rolle des tollen Menschen,
> die immer wieder einmal besetzt werden muß, zu übernehmen -
> nun auf einem noch näher zu definierenden Marktplatz den
> zweiten Tod des Klapperstorches zu verkünden.
> Ich meinte damit den Storch, an den die Erwachsenen glauben,
> indem sie sich in die Nichterinnerung zurückziehen, wenn es
> um ihre eigenen Anfänge geht".
> Peter Sloterdijk, 1988

Im Versuch der Annäherung an eine "Didaktik des langen Augenblickes" wäre Raum zu schaffen für radikale, aufklärerische Fragen. Diese müssen an der Biographie aller am Unterricht beteiligten ansetzen, ohne die Selbstverborgenheit von deren Psyche zu verletzen. Gleichwohl wären die institutionellen Bedingungen des Unterrichtens mit zu bedenken. Die Aneignung des unterrichtlichen Gegenstandes wird auf diese Weise reflexiv gewendet. So verkommen - um das Beispiel Amazonas herauszugreifen - die Indianer in unserer Betrachtung nicht zu bemitleidenswerten Objekten, vielmehr würden wir durch deren Schicksal mit eigener Ohnmacht konfrontiert, der Beschränktheit eigener Handlungsmöglichkeiten. Es wären also noch andere Fragen zu stellen: "Was hat dieser Geographiekurs mit einem Indianerstamm am Amazonas gemeinsam? Was unterscheidet beide? Wie schätzt ihr eure Entwicklung als Kursgruppe bisher ein? Welche Entwicklungsmöglichkeiten eröffnet ihr euch individuell und als Gruppe? Wie schätzt ihr die Entwicklungsmöglichkeiten der Indianer vor diesem, eurem eigenen Erfahrungshintergrund ein?"

Die Reise an den Amazonas hätte also zwei Richtungen. Brechen wir auf in den "Urwald", so schultern wir gleichzeitig das Gepäck für eine Reise in die inneren verborgenen Territorien aller Mitreisenden mit dem einen Ziel: zu verstehen. Die Reise wird zu einer Entdeckung im doppelten Sinne. Dieser Essay könnte als Vorbereitung auf eine solche Reise verstanden werden, um wirkliche Begegnungen zu ermöglichen. Diese setzen allerdings ein Wissen um unsere Anfänge voraus, also Fragen nach unserer Geburt.

Die Antworten könnten als Erlösung empfunden werden. Allerdings sind diese trügerisch, weil nicht von Dauer: Wir werden immer wieder in die Notwendigkeit der Selbstvergewisserung gestürzt. Diese Notwendigkeit gebirt unsere Welt von neuem als emotionale Spannung, die abermals nach erlösender Antwort verlangt. Diese kann also nur Trost sein; wobei die Art der Antwort Elemente in sich bergen kann, die das Subjekt vor dem Versinken bewahren. Ist die Hoffnung auf das Dann und Woanders impliziert, so ist mit jeder Antwort die Not des In-der-Welt-Seins geboren.

Diese Not des In-der-Welt-Seins wird nur erträglich, wenn der Schmerz des Getrennt-Seins vom Damals und Dort betrauert werden konnte. Die Art der Trennung, ihr Maß und ihre Häufigkeit bestimmten unser Zusammensein. Auf diese Weise wurden jene Identitätskerne des Selbst gebildet, das im Verlauf der Sozialisation zu einer territorialen Identität gerinnen sollte in der Form einer inneren Matrix; auf ihr findet sich schließlich jenes komplexe Bündel von Engrammen, dessen Entschlüsselung sich im Verlauf der Biographie als schwierig erweisen wird.

Die Fähigkeit des Sich-beziehen-Könnens

Dieses komplexe Bündel von Engrammen könnte auch als Fähigkeit des Sich-beziehen-Könnens umschrieben werden und unterliegt gruppendynamischen Gesetzmäßigkeiten. Will man den Kapitalverwertungsproblemen der Postmoderne auch eine hoffnungsvolle Tendenz abgewinnen, so könnte von den Möglichkeiten einer Dialektik innerhalb von Gruppenbezügen gesprochen werden, die der Tendenz von Gruppen, sich abschließen zu wollen, entgegenwirkt, weil Kapitalverwertungsprozesse höchst disponible Subjekte verlangen. Dem steht freilich die Tendenz des Individuums, sich zu verlieren, entgegen. Die Komplexität der Produktion ist nur durch Spezialisierung zu gewährleisten, jedoch verlangt sie den ganzheitlichen Entwurf, der Kommunikation mittels Perspektiventriangulation voraussetzt. Die Fähigkeit, die Problemlösungsvorschläge der anderen zu antizipieren, fordert somit ein bestimmtes Maß von Empathie, das strengen normativ-hierarchischen Regelungen zuwider läuft, für kreative Lösungen jedoch unabdingbar ist. Die hierdurch dynamisierte Dialektik in Gruppenprozessen ergreift alle Beteiligten in der Gesamtheit ihres Seins, weil die psychische Konstitution der Subjekte die tradierten Formen des generativen Wechsels transzendiert. Die repressiven Mechanismen hierarchischer Beziehungsformen werden dabei abgelöst. Das Subjekt wird verstärkt auf die Gesamtheit der Gruppe bezogen und tritt in ein dialektisches Verhältnis zu ihr - falls der Diskurs gelingt. Dieser ist immer gefährdet, vor allem, wenn eine Gruppe nicht zur Kooption fähig ist, gleichwohl wie zur Entlassung von Mitgliedern. Geburt und Tod, Ankunft und Abschied mit den sie begleitenden Ängsten, Wünschen, Scham- und Schuldgefühlen müssen bewältigt werden, weil sonst Produktion und Reproduktion der Gruppe gefährdet sind und somit auch der institutionelle Kontext. Die Gruppe bedarf für die Bewältigung dieser Krisen selbstgewisser Subjekte und muß auf die parental-imaginativen Qualitäten der Leiterfiguren verzichten lernen. Allenfalls ist ein Verfahrenswalter notwendig, der die rituellen Formen der Aufnahme und des Verabschiedens verfügt.

Hierin liegt aber immer noch ein Gefährdungsmoment, weil der möglichen Dialektik zwischen Subjekt und Gruppe eine Dialektik zwischen Alt und Jung sowie zwischen Mann und Frau immanent ist. Die Fragen nach dem generativen Wechsel und nach dem Geschlechterverhältnis sind aufeinander bezogen und können nur begrifflich getrennt werden. Lebenspraktisch wirken sie ineinander und bestimmen maßgeblich die gesellschaftliche und ökonomische Entwicklung.

Wenden wir uns einer möglichen Dialektik im Verhältnis von Mann und Frau zu, so liegt der Ursprung dieser Dialektik im generativen Wechsel verborgen. Die Einführung des Novizen/der Novizin in eine Gruppe ist schon deshalb als Gefährdungsmoment zu begreifen, denn das Verhältnis von Mann und Frau sowie von Alt und Jung ist in seinen Ursprüngen triebhaft bestimmt. In seiner vergesellschafteten Modifikation scheint es auf in den Momenten des Überganges, der Krise sowohl der Gruppe als auch des Subjektes. Zentrale Kategorie in der Beschreibung der Krisenhaftigkeit solcher Übergänge ist die Aufrichtung des Inzesttabus. Der Fortgang des zivilisatorischen Prozesses ist bedingt durch die Art und Weise der Triangulation, des Unterganges des Ödipuskomplexes (vgl. Parin 1978). Die Weltperspektiven des Subjektes sind familial präformiert und bleiben in unserer Kultur mütterlich-imaginativ fixiert, wenn der Vater im Verlauf des Heranwachsens des Kindes kaum Bedeutung erlangt.

An dieser Stelle des Sozialisationsprozesses eines heranwachsenden Subjektes greift - letztlich jedoch schon von Anfang an - eine Dialektik des Verhältnisses von Mann und Frau. Nur insofern das Neugeborene als gemeinsames Produkt der Beziehung von Mann und Frau szenisch-räumlich wechselseitig auf beide gleichermaßen bezogen bleibt, werden multiple gesellschaftliche Perspektiven und auch reziproke gesellschaftliche Verhältnisse vermittelt, und zwar, wenn das biographische Zeitbudget von Mann und Frau in etwa für beide gleichmäßig auf Reproduktion und Produktion verteilt wird. Noch immer werden jedoch die Frauen sowohl im privaten wie auch im öffentlichen Bereich auf reproduktive Tätigkeiten beschränkt. Die Nachkommenschaft wird qua Verlängerung der Schwangerschaftszeit der Frau überlassen. Diese scheinbar naturgegebene Tatsache reicht aus, die Frau per sé auf die Reproduktion der Familie und der Gesellschaft festzuschreiben, d.h. mittels dieses Mythos' wird sie noch immer - von einigen privilegierten Gruppen wie Beamtinnen einmal abgesehen - aus der Produktion ferngehalten.

Die Geschlechterverteilung in Produktion und Reproduktion kann freilich nur aus der spezifischen Form der Verarbeitung frühester Interaktionsbezüge verstanden werden, die durch die Intimität des Verhältnisses der Kinder zur Mutter zu kennzeichnen wären. Diese inzestuöse Nähe insbesondere zu den Jungen bedingt eine sich zyklisch perpetuierende Asymmetrie mit einer tendenziellen Unbefriedigtheit der Frau (vgl. Cooper 1972), Ausdruck erlebten Mangels, der unbewußt illegitim befriedigt werden muß. Dessen aggressive Wendung erfährt das kleine Mädchen als häuslichen Reinlichkeitsterror, durch den es szenisch-räumlich auf die unbewußte Position der Mutter fixiert wird (vgl. Bohle 1984). Gleichsam gerettet werden könnten beide durch Welterfahrungen mit dem Vater. Insbesondere der Junge ist in seiner Beziehung zur Mutter einem Wechselbad von Gefühlen des Verschlungen-Werdens und der Verschmelzung ausgesetzt. Derart gestaltete narzißtische Beziehungen bleiben gesellschaftlich nicht folgenlos (vgl. Ziehe 1975, Lasch 1986, Wangh 1983, aber auch Mendel 1972 und Chasseguet-Smirgel 1981). Wenn eine sekundäre und tertiäre Sozialisation solche Positionen nicht aufhebt, bleiben diese Grundformen festgeschrieben und bestimmen forthin das Verhältnis des Subjektes zu sich selber, zu anderen, zu seinem professionellen Gegenstand, insbesondere jedoch zum anderen Geschlecht. Diese werden in der Übertragung als personalisierte Mutterimagines erlebt, also bedrohlich und ersehnt zugleich. Was bleibt ist die Flucht in die homoerotisch getönte Sicherheit der Institutionen der Männergesellschaft (vgl. Völger/Welck 1990). Gegenüber anderen, insbesondere jedoch gegenüber dem professionellen Gegenstand gewinnt das Manipulative an Bedeutung, weil im Phantasmagorischen belassen und nicht mit der Wirklichkeit durch den Vater bzw. die Mutter konfrontiert: nämlich der Unmöglichkeit, die Mutter respektive den Vater je zu besitzen (Chasseguet-Smirgel 1981).

Die ödipale Konstellation ist also gleichermaßen die mögliche Bruchstelle einer beginnenden Dialektik im Verhältnis zwischen Alt und Jung und Mann und Frau. Wenn vom Kind im inzestuösen Phantasma der Unterschied zwischen Alt und Jung geleugnet wird, weil ihm die Triangulation nicht möglich war, sind die Voraussetzungen für eine spätere Dialektik im Verhältnis zwischen Mann und Frau nicht gegeben und schon gar nicht zwischen Subjekt und Gruppe. Die narzißtische Verführung, die in der Erlangung einer Leitungsfunktion liegt, verstellt mit der Zeit den Blick, weil sie jene frühen Virulenzen wieder belebt und monomane sowie autokratische Anlagen fördert (vgl. Erdheim 1982). Der Eintritt eines Novizen/einer Novizin in eine Gruppe oder Institution ist auch deshalb prekär, weil alle Beteiligten in einen psychischen Streß geraten. Der bisherige psychosoziale Kompromiß, auf den die Gruppe sich zu ihrer Stabilisierung unbewußt einigte, gerät mit dem Neuankömmling aus den Fugen. Bei allen Beteiligten lebt die gesamte präödipale, ödipale bis adoleszente Dynamik noch einmal kurz auf mit der Folge von Regressionsneigungen bei den Novizen/Novizinnen und der Unterwerfung oder Verführung durch nicht adäquate parentale Gebärden von den "alten Hasen" der Institution. In der Regel werden hierdurch Konkurrenzängste abgewehrt, die sich letztlich als tiefliegende Kastrations- und Verlorenheitsängste herausstellen. Gleichgeschlechtlich mündet die Regression in der Regel in homoerotisch unterwürfig getönte Bezüge ein, gegengeschlechtlich werden insbesondere psychisch inzestuös geartete Bezüge installiert und dies alles vor allem durch die Leiter von Institutionen, da sie über das Privileg der Handhabung der zeremoniellen Formen zur Einführung von Novizen und Novizinnen verfügen.

Der Entwurf demokratisch gearteter Bezüge in Gruppen und Institutionen erweist sich als schwierig, weil die mögliche Dialektik im Verhältnis von Subjekt und Gruppe, Mann und Frau, Jung und Alt immer wieder zu entgleisen droht und resignative Töne leicht Gehör finden. Ergreifen doch solche "emanzipatorischen Prozesse" die gesamte Person in ihrem So-geworden-Sein. Die Rückbindung einer Dialektik des Geschlechterverhältnisses in eine Dialektik im Verhältnis von Gruppe und Subjekt erhöht das Spannungsvolumen in einer Gruppe und verlangt von dieser immense Befähigungen zur Konfliktlösung. Der private monogame Bezug wird bedroht von der nicht nur phantasmagorischen Möglichkeit polygamer Bezüge. Gleiches mag für die Frauen gelten, so daß dem Begehren Tor und Tür geöffnet wird. Die Ängste, Scham-, Schuld- und Neidgefühle, die durch diese Phantasmen freigesetzt werden, bedrohen alle am Produktions- und Reproduktionsprozeß Beteiligten gleichermaßen im Sinne von Auflösungserscheinungen. Diese können die Grenze zwischen privat und öffentlich erodieren, wodurch die Bewältigung der Aufgabe der Gruppe oder der Institution gefährdet ist gleichwohl wie die Reproduktion im privaten Bereich. Von den Professionellen wird eine eindeutige Bestimmung ihrer Bezüge verlangt, Offenheit und Direktheit. Uneindeutige Bezüge führen zu emotionalen Virulenzen und engen das kreative Potential der Gruppe ein. Der Diskurs hätte somit im Zentrum zu stehen, um Bindungen zu definieren, um Wünsche abzugrenzen und Ängste zu verflüchtigen.

Gerontokratie und Jugendlichkeits-Mythos, einander diametral entgegengesetzt bilden sie historisch-gesellschaftliche Antagonismen, deren Unvereinbarkeit jegliche dialektischen Bezüge scheitern läßt und allemal die Zukunft gefährdet hat. Um diese familial angelegten Antagonismen zu entkrampfen - die durchaus hinreichend eine dörflich-feudale Ökonomie subsidierten - war die Installation vergesellschaftender Institutionen notwendig. Diese greifen in je spezifischer Weise die im Subjekt im Verlauf der Primärsozialisation aufgebauten sinnlich-symbolischen und diskursiven Interaktionsformen auf (vgl. hierzu Langer 1965, Lorenzer 1984; siehe aber auch unten) und wenden diese unter Einführung der gesellschaftlich akzeptierten Wissenssysteme gemäß den gesellschaftlichen Forderungen: es ist die Herauslösung des Subjektes aus seinen jeweiligen familialen Zusammenhängen. Der feudal-familiale Dreigenerationenvertrag war seit Bismarck gekündigt und durch einen solidarisch-kollektiven ersetzt worden, um die Individuen für die flotierenden Kapitalverwertungsprozesse verfügbar zu haben. Dieser Prozeß der Herauslösung des Subjektes aus der Familie ist prekär und birgt erhebliche Risiken.

Psychodynamisch wird diese Entwicklungsphase als Adoleszenz gekennzeichnet (vgl. Blos 1978). Das präödipale und ödipale Triebpotential der Jugendlichen wird in jener Entwicklungsphase noch einmal aufgekocht und stürzt diese in massive innere und äußere Virulenzen. Gerade diese sollen von den sekundären Institutionen gefaßt und gesellschaftsadäquat formiert werden. Die Gefährdungen eines solchen Lösungsprozesses liegen auf der Hand. Sie rühren aus der Familie gleichwohl wie sekundären institutionellen Zusammenhängen, der Schule schlechthin. Ist der emotionale Haushalt der Eltern defizitär, insbesondere wenn sie über keine hinreichenden professionellen Identitäten verfügen oder gar aus dem gesellschaftlichen Produktionsprozeß ausgeschlossen bleiben, werden die Kinder zu Ersatzobjekten und der sekundäre Sozialisationsprozeß in den vergesellschaftenden Institutionen wird unterlaufen (vgl. Meder 1988a). Hierin gründen jedoch auch die blinden Flecken der Professionellen sekundärer Institutionen, sind sie doch selber Produkte solcher Prozesse und perpetuieren - in der Regel unbewußt - ihre biographischen Behinderungen. Die Gangart ist eine hinkende, weil familial erworbene Perspektiven mit den gesellschaftlich vermittelten Erfahrungswelten zueinander nicht in Beziehung gesetzt werden können: sie bleiben isoliert nebeneinander stehen, weil die signifikanten Anderen die Welt anhalten wollten. Erst die Fähigkeit der Lösung von der Familie eröffnet dem Subjekt auch Freiheitsgrade gegenüber der Gruppe. Es regrediert nur im Dienste der kreativen Lösung der professionellen Aufgabe im Schutz der Institution: Die Gruppe muß vom Subjekt nicht parentalisiert werden und ebensowenig muß es einer Infantilisierung durch die Gruppe oder durch Leiterfiguren gewärtig sein.

Die Symbolisierungsfähigkeit des Subjektes

Die Gravur jenes oben erwähnten komplexen Bündels von Engrammen multiplen Bezogenseins, konstitutiv für unsere territoriale Identität und Teil unseres Selbst, setzt als Anvermittlung der gegenständlichen Welt emotional tragfähige Bezüge voraus, die auf Empathie, Vertrauen und Offenheit gegründet sind. Die Dialektik solcher Bezüge konnte hier nur als grobes Modell vorgestellt werden (vgl. hierzu auch Jüngst/Meder 1990a). Sie bildet jene Grundvoraussetzung, um den Symbolisierungsprozeß von Welt zu begreifen, weil sie nach den unbewußten und bewußten Intentionen subjektiver wie kollektiver Bezüge geformt ist.

Die Symbolisierungsfähigkeit des Subjektes wird erworben mittels der sinnlich-unmittelbar erfahrenen Interaktionsformen im Verlauf der Primärsozialisation und wird fortgeführt in den nachfolgenden Sozialisationsphasen und zu neuen Erfahrungen in Bezug gesetzt und differenziert (vgl. Bauriedl 1975: 98 ff). Die Symbolisierungen, die das Subjekt schließlich erwirbt, können danach unterschieden werden, inwieweit sie komplexe Bereiche von Beziehungserleben aufgreifen und solche Bereiche bzw. Facetten dieser Bereiche zu formalisierten und definierten Bedeutungseinheiten abstrahieren. Die von uns auf diese Weise erschaffene Welt der symbolischen Formen ist Ergebnis dieser geistigen Tätigkeit und ist an konkrete, sinnlich erfahrbare Zeichen geknüpft. Solche symbolischen Formen vermitteln im Wechselspiel zwischen Subjekt und Gesellschaft, sie bilden eine Institution als Bedeutungsträger (Cassirer 1965) mit einer ihr eigenen Generierungsmacht. Hierbei vollzieht sich ein Wechselspiel zwischen Innen und Außen, zwischen der inneren Welt der Gefühle und Gedanken einerseits sowie andererseits den sinnlich greifbaren Bedeutungsträgern draußen.

Symbole sind allerdings nicht nur eine diskursive Folge von Zeichen der Sprache, sondern **alle** Produktionen menschlicher Praxis, sofern sie Bedeutung erlangen - und dies betrifft auch den Kontakt mit äußerer Realität. Hiermit befinden wir uns jedoch in einer begrifflichen Schwierigkeit, aus der uns Cassirer und Langer heraushelfen. In ihren Arbeiten zu einer "Philosophie der symbolischen Formen" (Cassirer 1953, 1960 und 1965 sowie Langer 1965)

gelangen sie zu einer Unterscheidung zwischen diskursiver Symbolik und präsentativer Symbolik. Der Symbolbegriff wird weit über seine bisherige rationale Bedeutung hinaus erweitert, ohne daß die Gesetzmäßigkeiten der Logik verlassen werden müßten, wobei jedem Symbol "die logische Formulierung oder Konzeptualisierung dessen, was es vermittelt", obliegt (Langer 1965: 103). Folgen wir hier Susanne Langer:
"Sprache im strengen Sinne ist ihrem Wesen nach diskursiv: sie besitzt permanente Bedeutungseinheiten, die zu größeren Einheiten verbunden werden können; sie hat festgelegte Äquivalenzen, die Definition und Übersetzung möglich machen; ihre Konnotationen sind allgemein, so daß nichtverbale Akte, wie Zeigen, Blicken oder betontes Verändern der Stimme nötig sind, um ihren Ausdrücken spezifische Denotationen zuzuweisen. Alle diese hervorstechenden Züge unterscheidet sie vom wortlosen Symbolismus, der nichtdiskursiv und unübersetzbar ist, keine Definitionen innerhalb seines eigenen Systems zuläßt und das Allgemeine direkt nicht vermitteln kann. Die durch die Sprache übertragenen Bedeutungen werden nacheinander verstanden und dann durch den als Diskurs bezeichneten Vorgang zu einem Ganzen zusammengefaßt: die Bedeutungen aller anderen symbolischen Elemente, die zusammen ein größeres, artikuliertes Symbol bilden, werden nur durch die Bedeutung des Ganzen verstanden, durch ihre Beziehungen innerhalb der ganzheitlichen Struktur. Daß sie überhaupt als Symbole fungieren, liegt daran, daß sie alle zu einer simultanen, integralen Präsentation gehören. Wir wollen diese Art von Semantik "präsentativen Symbolismus" nennen, um seine Wesensverschiedenheit vom diskursiven Symbolismus, d.h. von der eigentlichen "Sprache" zu charakterisieren" (ebda.).

Im sozialpsychologischen Sinne setzt sich insbesondere Lorenzer mit dem Cassirer-Langer'schen Symbolbegriff auseinander. Er folgt durchaus den Langer'schen Überlegungen, arbeitet in sie jedoch sein szenisches Verständnis menschlicher Existenz ein. Nach Lorenzer wirken präsentative Symbole als **"Ganzheiten**, weil sie aus ganzen Situationen, aus **Szenen** hervorgehen und **Entwürfe für szenisch entfaltete Lebenspraxis** sind (...). Die Welt der Gegenstände als **gegenständliche Bedeutungsträger** zeichnet weiterhin aus: Präsentative Symbole entstammen einer Symbolbildung, die lebenspraktische Entwürfe **unter und neben dem verbalen Begreifen** in sinnlich greifbaren Gestalten artikuliert". (Lorenzer 1984: 31)

Jeglicher Gegenstand hat seine eigene Aufgabe der Symbolbildung, wobei es gilt, Nicht-Verbalisierbares auf einen sinnlich zugänglichen Begriff zu bringen. So ist allemal in der Karte des Geographen oder der Zeichnung eines Planers mehr als nur eine bloße abstrahierte Abbildung der Realität enthalten, vielmehr sind es Entwürfe ganzer Situationen: "Die situativ-unmittelbar erlebte Welt wird nicht - wie im diskursiven Denken in "Gegenstände" und sukzessive Prozeßschritte zerlegt, sondern in der sinnlich-reichen "Ganzheit" der Situationserfahrung abgebildet". (ebda.: 31) Jene "präsentative" Abbildung von Situationen in der sinnlichen Unmittelbarkeit ihrer unzerlegten Ganzheit führt an die emotionale "Tiefenschicht" der Persönlichkeit heran (ebda.: 32). Präsentative Symbole sind demnach Ausdruck von grundlegenden Beziehungen gleichwohl wie sie auch auf unsere Beziehungen in ihrer Bedeutung wirken, als solche in unser existentielles Sein greifen. Der Bau einer Mauer als Begrenzung des Grundstücks eines Eigentümers konfrontiert uns mit bestimmten vergesellschafteten Formen von Beziehungsgeschehen ihrer Entstehung. In ihrer Bedeutung wirkt die Mauer auch zukünftig in existentieller Weise, insofern es nicht beliebig ist, jene Mauer zu überwinden und eventuelle Folgen dafür zu übernehmen oder an ihr frustriert und blickbehindert entlangzugehen. Die Mauer bildet also in ihrer Form ein soziales Angebot, in dem ein Lebensentwurf verborgen liegt. Als Sinnangebot kann sie jedoch erst von Menschen nach "der Bildung sinnlich symbolischer Interaktionsformen" (Lorenzer 1984: 162) hergestellt werden. In die Kategorie "Mauer" ist also ein Lebensentwurf eingegangen, der mittels sinnlicher Formen "an lebensgeschichtliche Erfahrungsmuster herangebracht" (ebda.) worden ist und den wir nur über unsere sinnlich-symbolischen Interaktionsformen begreifen können.

In sinnlich-symbolischen Interaktionsformen wird nach Lorenzer die Abbildung von Situationen, d.h. ihre bewußte bis unbewußte Sinnfüllung erreicht, und dies zunächst gleichsam spielerisch, denn die erste Schicht von Subjektivität wird über diese Interaktionsformen erlangt. Jene Interaktionsformen, die sich insbesondere aus der Mutter-Kind-Dyade entwickeln und später ausdifferenzieren, bilden so etwas wie die Grundlage von Identität und Autonomie, d.h. sie bilden den Übergang von noch relativ ungehemmter Triebhaftigkeit zu Bewußtheit. Vermittels der Mutter-Kind-Dyade wird seitens der Mutter als Subjekt der Gesellschaft deren kollektiver Formenschatz vermittelt, wobei es zu einem Wechselspiel zwischen dem Kind und den Gegenständen der Welt kommt, dessen Bedeutung für die Persönlichkeitsbildung des Kindes zunehmen wird (vgl. hierzu auch Jüngst/Meder 1990a).

In den verborgenen Welten des Geographieunterrichtes

Die Vermittlung der symbolischen Formen eines komplexen geschichteten Territoriums, in dem die Ungleichzeitigkeit seiner Vergangenheiten und der Gegenwart vorfindlich ist, wird zum Abenteuer, wenn den beteiligten Subjekten vor Ort eine reflexive Wendung gelingt. Das Erleben in öffentlichen Orten wie der Schule ist immer schon gefährdet, denn die Begegnung erzeugt Ängste und Wünsche und birgt die Gefahr des Sich-Verlierens. Das vorbewußte Wissen, das hierüber existiert, hat zu Entwürfen geführt, die der Neigung zu kollektiver Regression entgegenwirken. D.h. das Problem der Angstreduktion und permanenter Wünsche nach Versorgung wird in aufgeklärter Weise mittels Territorialisierung in der Form szenisch-räumlich verdinglichter Strukturen bewältigt (vgl. hierzu Meder 1988b). In unserer emotionalen Tiefenschicht werden solche verdinglichten Strukturen u.a. als kollektive, mütterlich-getönte Imagines wirksam, indem sie früheste lebensgeschichtliche Erfahrungen aufgreifen. Sie sind szenisch-räumlicher Teil eines sinnfälligen Gefüges, das wir z.B. als platzartige Erweiterungen bzw. Plätze von frühesten Siedlungsformen her kennen, Formen, die noch in der Postmoderne in modifizierter Weise gehandhabt werden. Die symbolische Unterwerfungsmacht herrschaftlicher Formen ist hinlänglich bekannt. Die Geschichte der Stadt ist hierfür beredtes Zeugnis. Der reinen Funktionalität des Territoriums wurde ein Symbolismus legiert, der die Subjekte psychisch fixiert, ihnen jedoch auch Orientierung vermittelt (vgl. Meder 1991 und Jüngst/Meder 1990b). Geometrisierung des Raumes und Zentralperspektive sind denn auch noch immer die Themen, die in der Schule dem Diskurs nicht zugänglich werden dürfen. Gerade aufgrund ihrer Undurchschaubarkeit eignen sich solche kollektiven Arrangements für verdeckte Formen der Manipulation. Deshalb möchte ich in Anlehnung an Bourdieu (1976: 188) hier behaupten, daß die größten ideologischen und ökonomischen Erfolge diejenigen ohne Worte sind, die nichts weiter als komplizenhafte Stille erfordern, weil die Mechanismen zur Reproduktion der bestehenden Ordnung und der endlosen Fortsetzung von Herrschaft verborgen bleiben. Der mögliche dialektische Bezug zum anderen/zur anderen wird von Anfang an unterlaufen mittels des schweigsamen Symbolismus in der territorialen Form. Eine Didaktik des langen Augenblicks setzt deshalb vor Ort an und bezieht alles und jeden im konflexiven Moment der Begegnung in den Diskurs ein.

Es scheint, als wären den biographischen Voraussetzungen der Professionellen jene konstitutiven Elemente immanent, die sie befähigen, einen bestimmten Gegenstand zu unterrichten. Bei den Geographen und Geographinnen dürften dies insbesondere bestimmte sinnlich-symbolische Interaktionsformen sein, die eng mit landschaftlichem Erleben im weitesten Sinne verknüpft sind und die sich durch bestimmte biographische Ereignisse in einer berufsbiographischen Linie verdichteten (vgl. hierzu Meder 1985 und Jüngst/Meder 1989). Diese Sensibilisierung für territoriale Gefüge und Prozesse befähigt in der Regel die Professionellen, in einer vorbewußten Annäherung an die Matrix der sinnlich- und auch diskursiv-symbolischen Interaktionsformen ihrer Schüler und Schülerinnen anzuknüpfen und diesen beizustehen, höhersymbolische Formen zu gewinnen.

Die verfügten Symbolsysteme einer Disziplin können immer nur die von der Scientific community akzeptierten sein. Die Scientific community der Geographen und Geographinnen scheint es hier jedoch besonders schwer zu haben, da es den forschenden und vermittelnden Professionellen offenbar noch immer nicht gelingt, ihre Biographie im Verlauf der Generierung und Vermittlung von Symbolsystemen hinreichend kontrolliert zu halten (vgl. Meder 1985). Im Verlauf dieses Prozesses scheinen Geographen und Geographinnen besonders gefährdet, weil mit einer besonderen Schwierigkeit konfrontiert: Grundlage von Identität und Autonomie bildet ja - wie bereits erwähnt - jene erste Schicht von Subjektivität, die das Kind im frühen Spiel - in der Regel zusammen mit der Mutter - erlangt. Die Gravur solcher Situationen findet in sinnlich-symbolischen Interaktionsformen statt. Sie bilden den Übergang von relativ ungehemmter Triebhaftigkeit zur Bewußtheit. Die Kollektivität des gesellschaftlichen Formenschatzes wird hierbei insofern vermittelt, als das Kind durch seine signifikanten Anderen mit den Gegenständen dieser Welt konfrontiert wird. Diese vergesellschaftenden Formbegegnungen eröffnen "in dieser Unmittelbarkeit - noch vorsprachlich die Reihe jener nachfamilialen Sozialisationsinstitutionen" (Lorenzer 1984: 164), die das Individuum kollektiv binden: es wird in einem ersten Schritt - noch vorsprachlich - konstituiert vermittels präsentativer Symbole. Später erst wird diese Symbolform ergänzt durch diskursive Symbole, wobei die Bedeutungen der sinnlich-symbolischen Interaktionsformen mit Sprachfiguren verknüpft werden, die bestimmte Aspekte der Umwelt zu Bedeutungsträgern machen (vgl. ebda.: 85-95). Beide Prozesse laufen schließlich nebeneinander her und stehen lebenslang in einem spannungsreichen Wechselverhältnis.

Die professionelle Leistung der Geographen und Geographinnen könnte nun darin bestehen, aus ihrem besonders reichen Reservoir an sinnlich-symbolischen aber auch bestimmten diskursiven Interaktionsformen zu schöpfen und formprägend zu wirken im Sinne der Schaffung neuer gegenständlicher Bedeutungsträger bzw. einer entwickelteren Form präsentativer und diskursiver Symbolik. Dies kann geschehen mittels gegenständlicher Bedeutungsträger in der Form von Karten als Abbildungen der Wirklichkeit, aber auch im Entwurf von Landschafts- oder Verkehrskonzepten etc. und deren schließliche Umsetzung in sinnlich-unmittelbare Formen. Szenisch-räumliche Erfahrung kann ferner dargestellt werden in der Form textueller Bedeutungsträger. Auf diese Weise tritt die individuelle Erfahrung hinaus in den "öffentlichen Raum" kollektiver Erfahrung und steht dem Diskurs zur Verfügung: unbewußte Verhaltensmuster werden über die sinnlich-symbolischen Interaktionsformen mit sprachsymbolischen Interaktionsformen verknüpft. "Sie vermitteln den sinnlich-praktischen Weltumgang auf seiner fundamentalen Entfaltungsstufe (...) mit dem System der Sprache" (ebda.: 166). Gelingt diese Vermittlung, dann stehen uns lebenspraktische Modelle zur Verfügung, die die Not des Geworfenseins in die Welt etwas lindern, weil sie die Welt sinnvoll erläutern helfen.

Lorenzer nennt es eine "Achillesferse" (ebda.), daß die Sprache im Verlauf der Spracheinführung mit den symbolischen Interaktionsformen verknüpft werden muß, daß dies nicht immer gelingt, ja daß diese Verknüpfung wieder aufgelöst werden kann. Das einsozialisierte System der Interaktionsformen ist dem Emotionalen, dem Triebhaften näher und bleibt unbewußt. Bewußtsein wird nur erlangt im Prozeß der Verknüpfung der erlebten Szenen mit Sprachfiguren, die in das Sprachsystem integriert sind und die das Verhalten dem bewußten Konsens der Normen unterwerfen (ebda.: 110). Im Konfliktfall kann diese Einheit zerstört werden. Sie zerfällt dann wieder in ihre Bestandteile, nämlich der symbolischen Interaktionsform und den Sprachfiguren, es kommt zur "Desymbolisierung" (ebda.). Triebwünsche werden wieder ins Reiz-Reaktionsschema zurückverwiesen, werden ins Unbewußte verdrängt.

Der Imperativ der real wiederkehrenden Situationen von damals bringt das Individuum jedoch ein weiteres Mal in eine Konfliktsituation. Der verdrängte Wunsch scheint wieder auf. Es wird nun keineswegs befriedigt, sondern muß sich der sozialen Norm der erwachsenen Welt anpassen: die daraus resultierende Kompromißform nennt Freud **Symptom**. Zwar erlangt der Wunsch eine Ersatzbefriedigung als Ergebnis des Arrangements mit der Realität, freilich um den Preis von deren Verzerrung. Nur in dieser Deformierung kann es zu einer Verbindung von symbolischen Interaktionsformen und Sprachfiguren kommen, die als Ersatzsymbole, als "Sprachschablonen" (ebda.: 113) schließlich in den Diskurs eingehen. Die Welt wird nun nicht mehr als Spiegelung wirklicher Erfahrungsaufschichtung dargestellt und interpretiert, sondern nun in ihrer verzerrten Form. Noch problematischer erweist sich eine solche Deformierung, wenn sie Ergebnis der Zerstörung der zerbrechlichen Einheit von sinnlich-symbolischen Interaktionsformen mit Sprachfiguren ist. Gemäß Lorenzer (ebda.: 167) rückt hier die **"Bildungshemmung"** in den Vordergrund, so daß "ganze **Bedeutungsfelder im Erleben**" ausfallen. Die Erlebnisausgrenzungen, die durch deformierte territoriale Prozesse oder gar Destruktionen wie Fehlplanungen oder Umweltschäden bis hin zum Krieg hervorgerufen werden, entsprechen massiven emotionalen Defiziten. Der Wunsch nach einer positiven Welterwartung muß verdrängt werden und bindet sich in der symptomatischen Form der Ersatzbefriedigung an die offiziellen Formenangebote, an Ersatzsymbole, an **Formschablonen**. Ergebnis ist eine Erlebnisverkürzung beim Individuum, ja Gefährdung von dessen Individualität, weil es durch schablonenhafte Formenangebote zur Regression gezwungen und dadurch manipulierbar wird.

Zerbricht in einer Scientific community der Konsens der dialektischen Bezüge zwischen Gruppe und Subjekt, wird das kritische Mitglied exkommuniziert, dann verkommen die Erkenntnisprodukte der Gemeinschaft leicht zu Sprach- und Formschablonen, die schließlich im generativen Wechsel perpetuiert werden durch alle institutionellen Instanzen hindurch mit bedenklichen Auswirkungen für die Zukunft des Territoriums. Nicht nur die Erkenntnisgeschichte der Geographie stellt ein beredtes Zeugnis solcher Ereignisse dar, sie lassen sich auch in den planerisch tätigen Berufen nachweisen (vgl. hierzu Durth 1986, Durth/Gutschow 1988 und Schulz 1989). Die Bruchstellen liegen in den Biographien der forschenden und vermittelnden Subjekte selber verborgen und rühren von deren frühem Bezogen-Sein, jenen Momenten, die als eine Dialektik in den Bezügen zwischen Alt und Jung zu konstituieren gewesen wären. Die Persönlichkeitsdeformationen und Erlebnisverkürzungen, die schließlich durch die Sprach- und Formenschablonen, eben jenen problematischen Produktionen der Disziplin erzeugt werden, bilden dann das äußerliche Korsett als gleichsam geronnene oder vergegenständlichte Geschichte der Disziplin. Ein Entkommen ist dennoch nicht unmöglich, vorausgesetzt ist die radikale kritische Reflexion des Bezogenseins der Forschenden und Lehrenden zu sich selber, zu anderen - hier insbesondere Schülern und Schülerinnen - und zu ihrem Gegenstand (vgl. Meder 1988b).

Neben den speziellen biographischen Voraussetzungen ist es aber auch eine besondere **professionelle Zurichtung**, die die Lehrer und Lehrerinnen zur Bewältigung ihrer Aufgabe befähigt. Es ist also nicht nur der Gegenstand selber, der die Professionellen ergreift, sondern die Formbestimmtheit, mit der die sekundären und tertiären Institutionen sowie das Referendariat die frühen Dispositionen erfassen, ist mindestens ebenso bedeutsam für den Karriereprozeß. D.h. die offiziellen Wissenssysteme, die vermittelt werden, können nicht von der Art und Weise der Vermittlung getrennt werden. Von einer Dialektik der Bezüge sind diese Institutionen noch immer weit entfernt. Zwar gilt es im Verlauf der Passage der Institutionen die Initianten mit Einsamkeitserfahrungen zu konfrontieren, um ihren Individuationsprozeß voranzubringen - dies vor allen Dingen in der Form von Klausuren, Referaten, wissenschaftlichen Arbeiten etc. - die Orientierung an der Praxis und vor allem kollektiven Formen der Problemlösung werden freilich noch immer vernachlässigt. Die Konfrontation mit dem Gegenüber findet allenfalls in mündlichen Prüfungen statt, in denen die ödipale Dynamik nochmals aufgegriffen wird. Ansonsten werden Gruppenprozesse regressiv in Form des Frontalunterrichtes gehandhabt im Sinne einer repressiven Massenpsychologie wie sie von Freud (1921), Reich 1981), Chasseguet-Smirgel (1981) u.a. hinreichend beschrieben worden ist. Gruppenprozesse mit emanzipatorischem Charakter werden kaum in Gang gebracht. Auf den Projektunterricht werden Abgesänge intoniert, weil gruppendynamische Prozesse nicht begriffen worden sind (vgl. Kremer/Ständel 1987). Die massiven Ängste und Wünsche, die starken Regressionsneigungen, archaische Prozesse, die Gruppen ohne Leiterpositionen ergreifen, können nur von selbstgewissen Subjekten ertragen werden. Dieser Lernprozeß ist mühselig und von immensen Frustrationen begleitet (vgl. Mertens 1978, Selvini-Palazzoli et al. 1978 und Imhof 1987). Unter Hinweis auf die Effektivität von hierarchisch gegliederten Gruppen werden immer wieder Scheinlösungen bevorzugt, in denen das Subjekt sich nicht wiederfinden kann: die präsentativ-symbolischen Formen der Kategorie der Macht scheinen noch durch alle modernistischen Entwürfe unübersehbar hindurch. Es sind die stummen Sachzwänge, sei es die Zeitstruktur der Schulen, Raumdefizite etc., die faktisch ja auch bestehen, die aber in der Regel vorgeschoben werden, um die Angst vor dem multiplen Bezogen-Sein zu larvieren. Diese wird unterströmt von Verschmelzungswünschen und -ängsten, vor allem von Ausgrenzungsängsten; eine distanzierte Nähe vermag man nicht zu tarieren. Jegliche Initiative wird hierdurch untergraben, da die hierarchisch gegliederten Organisationsstrukturen der Institutionen selber solche Prozesse behindern.

Zwar wurde an den Hochschulen das Direktoratsprinzip teilweise aufgegeben mit durchweg positiven Erfahrungen, die Gruppendynamik der Selbstverwaltung ist allerdings noch lange nicht begriffen. Im schulischen Bereich werden selbst Phantasien in diese Richtung noch diffamiert: man verbleibt lieber im kindischen Chaos der Gesamtkonferenzen, in denen die Chefs sich als Dompteure konturieren in Szenen, die als Spiegel dessen betrachtet werden können, was in den Klassen- und Kursräumen geschieht. Der Mythos einer "Legitimation durch Verfahren" (Luhmann 1975) wird aufrecht erhalten. Auf diese Weise wird die Entfaltung der sinnlich-symbolischen und diskursiven Interaktionsformen der Professionellen gleichermaßen wie die der Schülerinnen eingeschränkt, behindert und in letzter Konsequenz deformiert (vgl. Mentzos 1977, Parin 1978). Die Zurichtung erfolgt im langzeitlich angelegten Prozeß einer Folge von Initiationsriten, die die gesamte Person ergreifen (vgl. Erdheim 1982) und in der das Zeitbudget und insbesondere die territoriale Struktur Zurichtungsinstrumente von immenser Bedeutung sind. Diese eher allgemeinen schulischen Bedingungen erlangen allerdings für Geographen und

Geographinnen besondere Bedeutung, weil ihr unterrichtlicher Gegenstand u.a. das Territorium oder die territoriale Struktur von Institutionen ist. Als Unterrichtende wäre von ihnen somit eine selbstreflexive Wendung erforderlich, deren aufklärerischer Impetus freilich einen Willen voraussetzt.

Die **territorialen Engramme unserer Schüler/innen** sind uns in der Regel verborgen. Blitzartig scheinen sie im Nachhinein auf, wenn in der unterrichtlichen Begegnung die Zeit für einen Augenblick vergessen werden konnte, wenn für einen Moment eine Rückkehr in die Zeitlosigkeit des Kosmologischen möglich geworden war. Die Vermeidung des "langen Augenblickes" oder die Unmöglichkeit des "Augenblicks" in der unterrichtlichen Begegnung wird als Verzweiflung, als Nicht-erlöst-Werden erlebt, als Sein in einer Raum-Zeitlichkeit, in der zugleich die dunklen territorialen Flecken, die Schwärzungen aller an der Begegnung beteiligten Subjekte zusammenfallen. Gleichwohl bleibt das Ertragenlernen der Not in der Raum-Zeitlichkeit unterrichtliches Ziel. Die Vermeidungshaltung gegenüber diesem Ertragen-Lernen ist je biographisch vorgeprägt und deshalb schon gesellschaftlich gezeichnet. Die verschütteten territorialen Engramme freilegen zu helfen, die allenfalls als zusammengeknüllte Fetzen aufscheinen, erweist sich als schwierig, weil die Archäologie territorialer Engramme nicht nur den Schülern und Schülerinnen ängstigende Erinnerungsarbeit aufbürdet. Die Freilegung einer inneren territorialen Stratigraphie mit der Aussicht auf eine Entität der territorialen Engramme ist ja auch für die Professionellen anstrengend und setzt bei diesen hohe empathische Fähigkeiten voraus.

Diese empathisch-analytische Arbeit, die im Moment und vor Ort das unterrichtliche Geschehen begleitet, ist Voraussetzung für die Verknüpfung der vorgefundenen subjektiven territorialen Engramme mit vergangener und gegenwärtiger szenisch-räumlicher und territorialer Wirklichkeit. Der entscheidende Schritt liegt im Aufgreifen der vorfindlichen sinnlich-symbolischen und diskursiven Interaktionsformen der Schüler und Schülerinnen, d.h. aber, nur wenn ein befriedigender Kontakt gelingt, ist ein unverstellter Blick auf die objektive und verborgene szenisch-räumliche und territoriale Wirklichkeit möglich. Die Art der emotionalen "Tönung" der territorialen Wirklichkeit ist hierdurch maßgeblich bestimmt und damit auch die Zukunft territorialer Wirklichkeit. Planungsartefakte rühren immer auch aus dem unbewußten Zusammenspiel subjektiver und kollektiver Deformationen des Bezogen-seins. Ihre Hintergründe liegen in den familialen Biegungen und Brüchen verborgen, die oft genug in den vergesellschaftenden Institutionen verstärkt werden, so daß eine mögliche Dialektik der sinnlich-symbolischen und diskursiven Interaktionsformen antagonistisch zerfällt und auf hierarchisch organisierte Bezüge regrediert mit den entsprechenden territorialen Folgen auf allen Organisationsebenen: es werden territoriale Formen geschaffen, deren präsentativ-symbolische Wirkung den status quo fixieren. In diesem Sinne wären z.B. die neuen symbolischen Formen des Postmodernismus zu diskutieren, die regressive Elemente enthalten, zu einer repressiven kollektiven Entsublimierung führen (Marcuse), vor allem Spaltungsprozesse im Sinne einer neuen Armut fördern und der Abgrenzung der Oberschichten dienen, die Statusverluste befürchten (vgl. hierzu auch Meder 1991 und Jüngst/Meder 1990b).

Kehren wir zum Anfang dieses Essays zurück. Von Platon ist uns die sokratische Maieutik überliefert, deren Faszination noch immer in einer Heuristik besteht, die den Augenblick der Begegnung in die Reflexion miteinbezieht (vgl. hierzu auch Sloterdijk 1988). Der lange Augenblick der Begegnung aber ist es, der, gerade noch Gegenwart, Geschichte ermöglicht. Im Subjekt schlagen sich solche Augenblicke als bewußte Erfahrung der Welt nieder. In einer "Didaktik des langen Augenblicks" kann gleichzeitig die Geschichtlichkeit dieser Welt aufscheinen, aus der wir mögliche Lebensentwürfe destillieren können. Vorausgesetzt ist Offenheit und auf Vertrauen gegründete Begegnung: Wird dem Subjekt seine Würde belassen, kann es sukzessive Verantwortung für sich selber übernehmen. Der generative Wechsel verkommt dann nicht zur zyklischen Wiederkehr des Immergleichen, sondern wird immer auch schmerzlicher Abschied und Beginn zugleich. Methodische Zugänge eröffnen hierzu ethno-methodologische Ansätze mit selbstreflexivem Charakter (siehe hierzu Leiris 1978, Parin 1978, Erdheim 1982, Devereux 1984, Nadig 1986). Diese Art von Heuristik produziert Daten nicht-positivistischen Charakters (wobei freilich positive Daten unbedingt vermittelt werden müssen, so z.B. Bodenkunde, will man z.B. das Amazonas-Becken als Ökosystem in seiner Störanfälligkeit begreifen). Sie bilden die Grundlage für einen sinnvollen Interpretationsrahmen. Um am Beispiel Amazonas deutlicher zu werden: bisherige Theorieansätze sind offenbar nicht hinreichend, um die Frage nach den Entwicklungsmöglichkeiten in der Region zu beantworten; zwischen kollektiver Psychodynamik und dem Territorium bestehen Bezüge, deren Gesetzmäßigkeiten bisher offenbar ignoriert worden sind (vgl. hierzu Jüngst/Meder 1990a).

Fragen dieser Art können auch für andere Bereiche des Geographieunterrichts gestellt werden. Methodisch sind sie nicht neu, denn der kontrastive Vergleich ist uns aus der Länderkunde bekannt - nur nicht im Sinne einer handlungsorientierten Geographie: Der lebensgeschichtliche Entwurf der Schüler und Schülerinnen gleichwohl wie der ihrer Lehrer und Lehrerinnen, eingebettet in ein komplexes gesellschaftliches Feld - steht also zur Diskussion und zwar dann, wenn über die Betrachtung der scheinbar reinen Funktionalität des Territoriums hinausgehend die Subjektivität und Kollektivität generierende Macht der Semiotik und präsentativen Symbolik angesprochen wird. Wer allerdings des Nachts unterwegs sein will, der muß mit ängstigenden Begegnungen rechnen.

Literatur

BAURIEDL, Th.(1975): Theoretische Probleme der ichpsychologischen Diagnostik, Diss. München.

BLOS,P.(1978): Adoleszenz. Eine psychoanalytische Interpretation, Stuttgart.

BOHLE,R.(1984): Uner-fahrene Orte. Frauen-,Männer- oder beHERRschte Räume?; in: Innere und äußere Landschaften. Zur Symbolbelegung und emotionalen Besetzung von räumlicher Umwelt. Urbs et Regio, Bd.34, Kassel, S.137-204.

BOURDIEU,P.(1976): Entwurf einer Theorie der Praxis, Frankfurt.

CASSIRER,E.(1953): Philosophie der symbolischen Formen, Bd. 1, Darmstadt.

ders.(1960): Was ist der Mensch? Stuttgart.

ders.(1965): Wesen und Wirkungen des Symbolbegriffs, Darmstadt.

CHASSEGUET-SMIRGEL,J. (1981): Das Ichideal. Psychoanalytischer Essay über die "Krankeit der Idealität", Frankfurt.

COOPER,D.(1972): Der Tod der Familie, Reinbek.

DEVEREUX,G.(1984): Angst und Methode in den Verhaltenswissenschaften, Frankfurt.

DURTH,W.(1986): Deutsche Architekten. Biographische Verflechtungen 1900-1970, Braunschweig, Wiesbaden.

DURTH,W. und GUTSCHOW,N.(1988): Träume in Trümmern. Planungen zum Wiederaufbau zerstörter Städte im Westen Deutschlands, 1940-1950, 2.Bd., Braunschweig, Wiesbaden.

ERDHEIM,M.(1982): Die gesellschaftliche Produktion von Unbewußtheit. Eine Einführung in den ethnopsychoanalytischen Prozeß, Frankfurt.

FREUD,S.(1921): Massenpsychologie und Ich-Analyse; in: GW XIII, Frankfurt, S. 71-161.

IMHOF,M.(1987): Durch Sprechen Mauern zerbrechen. Konfliktgruppenarbeit in der Schule, Gießen.

Jüngst,P. und Meder,O.(1989): Über die Verführbarkeit des Forschers; in: Fahlbusch,M., Rössler,M, Siegrist,D., Geographie und Nationalsozialismus, Urbs et Regio, Bd. 51, Kassel, S. 425-469.

JÜNGST,P. und MEDER,O.(1990a): Psychodynamik und Territorium. Zur Konstitution von Unbewußtheit im Verhältnis zum Raum, Bd. 1; Experimente zur szenisch-räumlichen Dynamik von Gruppenprozessen. Territorialität und präsentative Symbolik von Lebens- und Arbeitswelten; in: Urbs et Regio, Bd. 54, Kassel.

dies.(1990b): Die Innenstadt als Identifikationsraum; in: Riedel,U.(Hrsg.): Erlebnisraum Innenstadt. Beiträge zu einem Verkehrs-, Wirtschafts- und Verkehrskonzept für Bremen, Bremen, S. 49-62.

KREMER,A. und STÄUDEL,L. (Hrsg.)(1987): Praktisches Lernen im naturwissenschaftlichen Unterricht. Bedeutung, Möglichkeiten, Grenzen, Marburg.

LANGER,S.K.(1965): Philosophie auf neuem Wege, Frankfurt.

LASCH,C.(1986): Das Zeitalter des Narzißmus, München.

LORENZER,A.(1984): Das Konzil der Buchhalter. Die Zerstörung der Sinnlichkeit. Eine Religionskritik, Frankfurt.

LEIRIS,M.(1978): Das Auge des Ethnographen, Frankfurt.

LUHMANN,N.(1975): Legitimation durch Verfahren, Darmstadt.

MEDER,O.(1985): Die Geographen - Forschungsreisende in eigener Sache. Eine biographieanalytische Untersuchung über Berufsmotivation und Berufsverlauf auf der Basis geschriebener Autobiographien und narrativer Interviews; in: Urbs et Regio, Bd. 36, Kassel.

ders.(1988a): "Wehe Du verläßt mich!" - sozialgeographische Anmerkungen zur Bedeutung des Waldes in den Märchen "Hänsel und Gretel" sowie "Rotkäppchen"; in: Jüngst,P. und Meder,O. (Hrsg.): Raum als Imagination und Realität. Zu seinem latenten und manifesten Sinn im sozialen und ökonomischen Handeln, Urbs et Regio, Bd. 48, Kassel, S. 122-146.

ders.(1988b): Wörter für die stumme Gewalt der Orte suchen! Vorarbeiten für eine Didaktik der Planung; in: Urbs et Regio, Bd. 48, Kassel, S. 177-211.

ders.(1991): Die Stadt - ein trügerisches Versprechen. Beziehungsanalytische Qualitäten städtischer Zentren und konsumistisches Verhalten; in: Effet, Ingenieurwissenschaftlich-ökologisches Kolloquium, Bremen (im Druck).

MENDEL,G.(1972): Die Revolte gegen den Vater. Eine Einführung in die Soziopsychoanalyse, Frankfurt.

MENTZOS,S.(1977): Interpersonale und institutionalisierte Abwehr, Frankfurt.

MERTENS,W.(1978): Erziehung zur Konfliktfähigkeit. Vernachlässigte Dimension der Konfliktforschung, München.

NADIG,M.(1986): Die verborgene Kultur der Frau. Ethnopsychoanalytische Gespräche mit Bäuerinnen in Mexiko, Frankfurt.

PARIN,P.(1978): Der Widerspruch im Subjekt. Ethnopsychoanalytische Studien, Frankfurt.

PLATON: Sämtliche Werke, Bd. 1, Berlin (Übersetzung F. Schleiermacher).

REICH,W.(1981): Massenpsychologie des Faschismus, Frankfurt, Köln, Berlin.

SCHULZ,H.-A.(1989):Versuch einer Historisierung der Geographie des Dritten Reiches am Beispiel des Dritten Reiches, am Beispiel des geographischen Großraumdenkens in: Fahlbusch,M., Rössler,M., Siegrist,D.: Geographie und Nationalsozialismus, Urbs et Regio, Bd. 51, Kassel, S. 3-54.

SALVINI-PALAZZOLI,M. et.al.(1978): Der entzauberte Magier. Zur paradoxen Situation des Schulpsychologen, Stuttgart.

SLOTERDIJK,P.(1988): Zur Welt kommen - Zur Sprache kommen. Frankfurter Vorlesungen, Frankfurt.

VÖLGER,G. und WELCK,K.v. (Hrsg.) (1990): Männer-Bande, Männer-Bünde. Zur Rolle des Mannes im Kulturvergleich, 2 Bde, Köln.

WANGH,M.(1983): Narzißmus in unserer Zeit; in: Psyche, S. 16-40.

ZIEHE,Th.(1975): Pubertät und Narzißmus. Sind Jugendliche entpolitisiert? Frankfurt.

Die ästhetische Perspektive

Gunter Otto

Geographieunterricht aus der Sicht der Ästhetischen Erziehung - oder: Theoreme des Ästhetischen angewendet auf den Geographieunterricht

Nach einer knappen Hinführung zu dem Problem, das ich akzentuieren möchte (I.), frage ich zunächst nach der Kompetenz des Didaktikers der Ästhetischen Erziehung für Aussagen zur Didaktik des Geographieunterrichts (II.). Sodann beschäftigt mich die Problematik der Interpretation vieldeutigen Bildmaterials (III.). Darauf thematisiere ich das Interpretieren aus der entgegengesetzten Richtung, von den Wahrnehmenden und Interpretierenden aus (IV). Schließlich versuche ich, die Aufmerksamkeit auf die Pluralität von Erkenntnisweisen und die Angemessenheit ästhetischen Lernens und Denkens zu lenken (V.).

I.

Um es vorweg zu sagen: Ich bin kein Geographiedidaktiker. Das halte ich für einen Vorteil, weil dadurch meine Chance wächst, den Kategorien der Geographie zu entgehen, wenn darüber nachgedacht werden soll, wie Kinder und Heranwachsende Geographie lernen sollen. Genauer: Wenn etwas über "Menschen, ihre Lebensverhältnisse, ihre Probleme und Konflikte" (Hamburger Lehrplan/Hauptschule 1990, S. 5) gelernt werden soll. Die Bearbeitung dieses Problems - verkürzt: wie etwas darüber **gelernt** werden kann oder soll, was Wissenschaft erforscht oder erklärt, nämlich wie Menschen in bestimmten Räumen leben - ist streng genommen keine Aufgabe der Fachwissenschaft, sondern viel eher eine der Anthropologie, der Lerntheorie, der Erziehungswissenschaft, der Erkenntnistheorie, wie sich zeigen wird auch der Hermeneutik, auf die man nicht, mindestens nicht in erster Linie, die Geographen verweisen kann - sehr wohl aber die Geographiedidaktiker (vgl. Otto 1990).

In dieser einleitenden Erwägung ist eine Erinnerung und eine Hoffnung enthalten. Ich möchte nicht, daß ein Geographiedidaktiker recht behält, der vor einiger Zeit in einer Diskussion über den "Schüler heute" anmerkte: "Ich habe Ihr Problem nicht. Ich unterrichte keine Schüler, sondern Geographie."

II.

Ich argumentiere von meiner Erfahrungsbasis und dem Theoriehintergrund des Didaktikers der Ästhetischen Erziehung her, insbesondere des Kunstunterrichts. Die allgemeinste Formel zur Bezeichnung der Prozesse, die ich auf diesem Felde als notwendig zu begründen, auszugestalten, zu planen und zu fördern versuche, heißt: Bilder machen lernen, Bilder verstehen lernen (Otto/Otto 1987). Eine so einfach formulierte Zielformel für die Begründung eines Unterrichtsfaches der allgemeinbildenden Schule dürfen Sie üblicherweise in der deutschsprachigen Literatur nicht erwarten. Ich habe sie von einem amerikanischen Autor übernommen: to make arts and to unterstand arts (Barkan 1967, S. 7).

Mit welchem Recht beteilige ich mich an einer Diskussion von Geographiedidaktikern? Darauf sind mir - obwohl es anders für mich bequemer geworden wäre - gleich mehrere Antworten eingefallen:

- **Formal**: Wir werden nicht unbegrenzt lange die Kritik an den künstlichen, wenn nicht längst obsolet gewordenen, Fächergrenzen der Schule aufrechterhalten können, wenn die Fachdidaktiker nicht in das Gespräch zwischen den Fachdidaktiken eintreten. Wir erhoffen uns ja auch einiges für den Patienten, wenn sich der Kardiologe mit dem Neurologen unterhält.

- **Historisch**: Beispiele aus der Geschichte des Schulunterrichts und der Allgemeinen Didaktik zeigen, daß eher von den "kleinen" Fächern mit geringem Stundendeputat und eher unterstrukturierten Lehrplänen Reformimpulse für die ganze Schule ausgegangen sind. Die Gründe liegen natürlich aus staatlicher Sicht auf der Hand. Viele Programmstükke der Kunsterziehungsbewegung sind Element reformpädagogischer Programmatik geworden. Die Anerkennung der kindlichen Bildsprache ist ja kein Phänomen, was sich hätte folgenlos auf eine Sprachform isolieren lassen, sondern verstärkte auch die Diskussion z. B. über den Schulaufsatz (Jensen/Lamszus, vgl. bei Lorenzen 1966, S. 85 ff). Ich schließe also nicht aus, daß es auch heute lohnend sein könnte, von der ästhetischen Erziehung ausgehend in den "Raum der Geographiedidaktik" hineinzudenken.

- **Aktuell** - oder wissenschaftstheoretisch: Ein kräftig ausgeprägter Diskussionsstrang, der in den letzten 10 Jahren, etwa zeitlich parallel zu dem wachsenden Zweifel an einem **nur** kognitiven Lernbegriff der Schule, mehr und mehr Aufmerksamkeit gefunden und eine wachsende Zahl von Diskutanten angezogen hat, macht sowohl auf ein insgesamt verengtes Verständnis von Erkenntnis als auch auf die generelle Vernachlässigung ästhetischen Lernens, Denkens, Verstehens aufmerksam (vgl. u.a. Henrich 1989, Kamper/Wulf 1989, Marquardt 1991, Welsch 1989; didaktisch gewendet: Otto 1990). Die Diskussion zielt nicht auf ein Förderungsprogramm für den Kunstunterricht, sondern auf die Neuformulierung, besser wohl Reformulierung des Erkenntnisbegriffs von seinen frühaufklärerischen Wurzeln her. Den Ausgangspunkt bildet die landläufige Unterschätzung von Wahrnehmungstätigkeit als Bedingung des Erkennens. Die Postmoderne hat diesen Diskussionsprozeß kräftig belebt, aber nicht allein ausgelöst oder bestimmt.

III.

Gegenwärtig wird ein eher linguistisch und/oder zeichentheoretisch orientierter Ansatz weitergedacht und durch andere theoretische Zugriffe dynamisiert.
Niemandem macht heute der Satz Schwierigkeiten, Kunstwerke seien **vieldeutig**. Das ist die umgangssprachliche Formulierung der (insbesondere von S. J. Schmidt) sorgfältig entfalteten These von der Polyfunktionalität und Polyvalenz ästhetischer **Objekte**. Und mit diesem Satz im Kopf können wir auch akzeptieren, daß es unterschiedliche, ja gegenläufige Interpretationen z. B. von Caspar David Friedrichs Bild "Gescheiterte Hoffnung" gibt - für die einen eine Endzeit-Vision, für die anderen ein Realgeschehen: ein im Eismeer havariertes Schiff, das "Hoffnung" heißt (vgl. Otto/Otto 1987, S. 70 ff). Oder: Wir ertragen, daß Picassos "Guernica" bis heute immer wieder neu interpretiert wird. Vielleicht entgehen Beuys-Objekte dem Bildersturm vor allem aufgrund des stillschweigenden Konsenses über ihre Vieldeutigkeit. Das Problem hat Umberto Eco abschließend formuliert und zugleich die Aufgabe gestellt: Es gibt nicht **die** richtige Interpretation, aber es gibt falsche.
Hier habe ich kunsthistorisch argumentiert. Daß in der Fachdidaktik der Ästhetischen Erziehung diese Position keineswegs unumstritten ist, zeigte u. a. die Fachmethodik der ehemaligen DDR, die bis in die Mitte der achtziger Jahre hinein anhalten wollte, **die** richtige Interpretation zu sichern. Was richtig war, entschied sich vom Klassenstandpunkt her (vgl. Lehrplan Kunst DDR; Müller 1978).
Schon hier läßt sich eine Rückfrage an die Geographiedidaktik, ja an alle Schulfächer formulieren, in denen Objektbestände oder Informationen visuell vermittelt werden. Sie hätten das Problem konkurrierender Interpretationen nur dann **nicht**, wenn alle "Bilder", die im Unterricht gezeigt werden, **eindeutig** wären.
Ist eine Landkarte eindeutig?
Ist das Foto der sky line von New York eindeutig?
Ist ein Stadtplan von Paris eindeutig?
Sind die Fotos über den Zustand der Städte in den neuen Bundesländern, die wir jetzt in jeder Tageszeitung sehen, eindeutig?
Oder wird das alles erst im Unterricht, **durch** Unterricht eindeutig gemacht? Trotz der ganz unterschiedlichen lebensgeschichtlichen Kontexte der Schüler, auf die Unterricht schon dann trifft, wenn der eine Schüler in den jeweiligen Räumen, in den Städten, an den Stränden, bei den Menschen schon einmal gewesen ist, die andere Schülerin aber nicht und daher keine guten oder schlechten Erinnerungen hat, sich nichts unter den Ortsangaben und Flußläufen "vorstellen" kann. Herbart kannte unser Problem schon:
"Nicht alle sehen alles gleich. Der nämliche Horizont hat diesem Auge viel, und jenem wenig anzubieten. Er zeigt einem das Schöne, einem anderen das Nützliche, einem Dritten ist er eine auswendig gelernte Landkarte. In der gleichen Landschaft sucht der Knabe die bekannten

Thürme, Schlösser, Dörfer und Menschen - und hängt immer an einzelnen Puncten, während der Maler die Parthien gruppirt, und der Geometer die Höhen der Berge vergleicht". (Herbart 1892, S. 79).

IV.

Die zuvor geschilderte Interpretationsproblematik hatte einen Ausgangspunkt: eine bestimmte Objektklasse, die man freilich nur schwer umgrenzen kann - nur Kunst oder jegliche visuelle Darstellung? - hat eine vieldeutige Struktur, die zu unterschiedlichen Interpretationen führen kann. Ich habe mindestens angedeutet, daß die denkbaren Interpretationen außerdem etwas mit der Lebensgeschichte der Interpretierenden zu tun haben.
Aber: Wann interpretieren wir eigentlich nicht? Interpretieren wir nicht auch die Nachrichten der Tagesschau - gerade wenn sie besonders eindeutig daherkommen? Wie lesen wir Texte? Wie nehmen wir im Restaurant den sprachlosen älteren Herrn wahr, der am Nebentisch allein sitzt: mitleidig, skeptisch, neidisch, als bedrohlich? Mir fällt nur eine Situation ein, in der - aber auch nur bedingt - **nicht** interpretiert wird: beim Befolgen von Kommandos auf dem Kasernenhof. Da nehmen unter Druck und per Konvention alle dasselbe wahr. Aber eine Lücke bleibt - für den Haß auf den, der kommandiert. Was muß das für ein Mensch sein, der Lust dabei spürt, mich zu entmündigen? Wo nicht interpretiert werden darf, herrscht Entmündigung. Auch in der Schule.
Die weitere Überlegung geht nun davon aus, daß Vieldeutigkeit nicht, mindestens nicht nur, an die Objektstruktur gebunden ist, sondern Resultat unterschiedlicher Rezeptionsweisen und -bedingungen ist. Die Basis jeglicher Rezeption - ich erweitere vorsichtig - und jeglichen Verstehens ist Wahrnehmung. Auch im Unterricht. Aber was ist Wahrnehmung? Solange ich mit physiologisch argumentierenden Wahrnehmungstheorien operiere, lediglich die Reaktion meines Sinnesapparates auf einen von außen kommenden Reiz. Aber wenn die Lehrerin einen Schüler - wie auch immer - ansieht, geschieht bei beiden mehr, als das physiologische Modell erklären kann. Bei Bergius heißt es, Wahrnehmung sei Verarbeitung von Information (Bergius 1971, S. 61f). Wird, wenn eine Gruppe den Atlas vor sich liegen hat, immer oder nur Information verarbeitet? Welche? Von allen dieselbe? Für den Zusammenhang von wahrnehmen und lernen halte ich das von Graumann im Anschluß an amerikanische Theorien breit entfaltete Wahrnehmungsverständnis für produktiv: Wahrnehmung sei **subjektiv, auf Sprache** verwiesen, **handlungs**bezogen und **sozial** relevant (Graumann 1966; Otto 1976, S. 30).
Auf diesem Wahrnehmungsbegriff ließe sich eine ganze Unterrichtstheorie gründen. Für welche Fächer? Mindestens für diejenigen, die für sich entscheiden, vorentscheiden: Die Inhalte, die wir unsere Schüler **verstehen** lehren wollen, sind wahrnehmbar, oder wir machen üblicherweise im Unterricht unentwegt den Versuch, die Fachinhalte wahrnehmbar zu machen. Vielleicht gilt das für einen Kurs "Grundbegriffe der Statistik" nicht - für den Geographieunterricht scheint es mir zuzutreffen.
Im Anschluß an diese Option für Wahrnehmung will ich nun erkenntnistheoretisch weiterargumentieren. Dabei rekurriere ich nicht auf den Allsatz, Erkenntnis fuße stets auf Wahrnehmung (Prauss 1980, S. 3). Ich schließe mich lediglich an die Diskussion an, in der eine stärker auf Wahrnehmungstätigkeit, stärker auf Subjektivität bezogene Erkenntnisweise **gleichrangig** neben einer eher an objektiver, an Abstrakta und Systemen orientieren steht. Dieses Gegenüber wird unterschiedlich benannt: ästhetisch versus szientifisch, künstlerisch versus wissenschaftlich, phänomenbezogen versus begrifflich, prädikativ versus präsentativ, sinnlich versus verbaldiskursiv. Alle Gegenüberstellungen versuchen die gleiche Polarität zu erfassen.
Erkenntnis kann begrifflich oder ästhetisch organisiert sein. Dem ästhetischen Erkenntnisprozeß entspricht ein pathisch-emotionales Verhältnis, dem begrifflichen ein theoretisches. Beide Prozesse sind einsichtsfähig und geben Aufschluß über Mensch und Welt. Der Streit - auch in unseren Schulen - besteht darin, ob der ästhetische Zugriff dem theoretischen ebenbürtig, ob er ihm überlegen oder ob er nur subjektiv selbstzentriert sei. Zu erhalten ist nun gerade die Flexibilisierung des Erkenntnisbegriffs zwischen ästhetisch und theoretisch, zwischen ästhetischen und theoretischen Anteilen. Das Ästhetische pflegt eine andere Form des menschlichen Denkens. Sie steht zum wissenschaftlichen Denken im Verhältnis der Komplementarität, der produktiven Spannung - nicht im Verhältnis der Kompensation, sondern in dem einer unhintergehbaren Differenz (vgl. Henrich 1989, S. 162) Damit habe ich eine Doppelfigur konstruiert:

- Alles, was wir versuchen "in den Horizont" der Lernenden zu rücken, ist, wird, durch Interpretation verstanden/gelernt (Abschn. III.);

- Erkenntnis ist auf mehreren gleichrangigen Wegen möglich; sinnlich wahrnehmbares Material legt den ästhetischen Erkenntnisweg nahe (Abschn. IV).

(Zwischenbemerkung: Ich überarbeite ein Stück des Textes in einer Bar; zum Schutze des Autors: in der Bar eines Sanatoriums. Auf einer für mich nicht durchschaubaren Konstruktion von Zither und Synthesizer verursacht ein älterer Herr Musik. Eine Zeitlang schon tanzen ein 4- und ein 5jähriges Mädchen, weitgehend mit dem Rhythmus übereinstimmend. Eine freundliche Dame sagt zu dem älteren Kind, dies sei Lambada, es müsse die Arme hochnehmen. "Ach so", sagt das kleine Mädchen - und tanzt nicht mehr. Die Information stört offenbar das Anschmiegen an die Musik. Entmündigung durch Belehrung.)

V.

Ein Blick auf Geschichte und Gegenwart von Schule und Unterricht lehrt, daß wir dem szientifischen Lernen, der Vermittlung von gesichertem Wissen, den Eindeutigkeiten mehr trauen - als den Uneindeutigkeiten, den subjektiven Interpretationen. Ein nicht unbeliebtes Alibi der sogenannten wissenschaftlichen Fächer besteht darin, das ästhetische Lernen, die Subjektivität, die unermeßliche didaktische Chance kontroverser Interpretation und der Verständigungsprozesse darüber an die Kunstfächer zu delegieren. Was soll das nützen? Was soll das noch dazu nützen, wenn man diesen Fächern kontinuierlich die Unterrichtszeit beschneidet? Beispiel Niedersachsen: Der Anteil des Kunstunterrichts am Gymnasium ist von 9,4 % im Jahre 1977/78 über 6,3 % im Jahre 1990 auf 5,6 % nach der neuesten Vorlage des Niedersächsischen Kultusministeriums gesunken (BDK-Mitteilungsblatt/Niedersachsen 1990).
Aber viel wichtiger wäre die Einsicht, daß hier keine Fachproblematik zu behandeln ist, sondern eine Art und Weise des Lernens in der allgemeinbildenden Schule.
Für dieses Lernen der Kinder und Heranwachsenden favorisiere ich: Lernen sollte eher fragen lehren als richtige Antworten vermitteln; Lernen sollte eher Komplexität erhalten als durch "gesicherte "Information ersetzen; Lernen sollte eher zur Kontroverse anstiften statt lehren, an "die" Wissenschaft, "das" Schulbuch zu glauben. Kalkar ist ein aktuelles Beispiel dafür, aber zwei wissenschaftliche Gutachten über die Sinnhaftigkeit des Elbe-Seiten-Kanals tun es auch. Natürlich steckt in allen Sätzen das stärkere Vertrauen in induktives Vorgehen als in deduktive Verfahrensweisen (vgl. Buck 1989).
Unsere Überlegung, die einmal vom Objekt und seiner auf Vieldeutigkeit verweisenden Struktur ausging, sodann auf dem Faktum der andauernden und unvermeidlichen Interpretationsarbeit beharrte, muß nun noch eine Schraubendrehung tiefer geführt werden.
Die Frage zielt auf einen gemeinsamen Bezugspunkt der unterrichtlichen Einzelbeobachtungen. Welche Wirklichkeit bilden Stadtplan und Landkarte, Fotoreportage, Diaserie und Schulbuchabbildung ab? Auch wenn ich hier die Analyse schuldig bleibe, behaupte ich: eine fiktive Welt, eine medienkonforme Welt, eine inszenierte Welt. Wolfgang Welsch nennt das eine ästhetische Wirklichkeit statt einer realen. Wir setzen uns nicht mehr mit der realen Wirklichkeit auseinander, sondern mit der ästhetischen oder der ästhetisch vermittelten. Die Räume, in denen wir leben, sind ästhetisch inszeniert, die Informationen, die wir erhalten, sind ästhetisch arrangiert. Deswegen, so Welsch, weil eben unsere Wirklichkeit ästhetisch ist, sei ästhetisches Denken notwendig. Ich folge Welsch.
Was wissen wir heute, am 23.3.1991, über die Ölteppiche an den Küsten von Kuwait, ja was wissen wir darüber, welche Denkmäler abendländischer Kultur zwischen Euphrat und Tigris zerstört sind? Was wissen wir, wer jetzt im "Raum Bagdad" wie lebt? Wir wissen das, was unter der Randbedingung von anhaltender Zensur, zum Zwecke halber Information aufbereitet, "vermittelt" wird. Wir wünschen uns beileibe nicht, dort dabeigewesen zu sein. Aber wir vermissen die Bilder, die uns Interpretationen der Ereignisse, des Schreckens, des Grauens ermöglicht hätten. Und wir hätten sie höchst unterschiedlich interpretiert - z. B. je nachdem, ob jemand einen Krieg schon real miterlebt hat oder nicht. Ohne solche ästhetisch vermittelten Interpretationen reduziert sich die durchschnittliche Teilnahme wahrscheinlich eher auf die Überlegung, ob das Heizöl nun teurer werden wird oder nicht.
Welsch leitet die generelle Notwendigkeit ästhetischen Denkens daraus ab, daß die Wirklichkeit, in der wir leben, ästhetisch konstituiert sei. Wenn das stimmt, und ich glaube das, stimmen der landläufige Geographieunterricht und seine herkömmlichen didaktischen Legitimationsmuster nicht mehr.

Literatur

Barkan, Manuel et al.: Guidelines for art instruction through television for elementary schools. Bloomington/India: National Center for School and College Television 1967

Bergius, Rudolf: Psychologie des Lernens. Stuttgart: Kohlhammer 1971

Buck, Günther: Lernen und Erfahrung. Darmstadt: Wissenschaftliche Buchgesellschaft 1989

Graumann, Carl-Friedrich: Nicht-sinnliche Bedingungen des Wahrnehmens. In: Metzger, Wolfgang (Hg): Handbuch der Psychologie. 1. Bd., S. 1031 - 1096. Göttingen: Hogrefe 1966

Hamburger Lehrplan Hauptschule/Geographie. Hamburg: Behörde für Schule und Berufsbildung 1990

Henrich, Dieter: Kunstphilosophie und Kunstpraxis. In: Kunstforum, Bd. 100, S. 162 - 179

Herbart, Johann Friedrich: Schriften zur Pädagogik. Hrsg. von G. Hartenstein. Bd. XI, 2. Teil, s. 79 ff. Hamburg/Leipzig: Voss 1892

Kamper, Dietmar/Wulf, Christoph (Hg): Der Schein des Schönen. Göttingen: Steide 1989

Lorenzen, Hermann (Hg): Die Kunsterziehungsbewegung. Bad Heilbrunn: Klinkhardt 1966

Marquardt, Odo: Von der Unvermeidlichkeit des Ästhetischen. In: Kunstforum, Bd. 111, S. 192 - 201

Müller, Annemarie u.a.: Methodik Kunsterziehung. Berlin: Volk und Wissen 1978

Otto, Gunter: Das erneute Interesse der Kunstpädagogik an der Wahrnehmungstheorie. In: KUNST + UNTERRICHT 40/1976, S. 26 - 32

Otto, Gunter/Otto, Maria: Auslegen. Ästhetische Erziehung als Praxis des Auslegens in Bildern und des Auslegens von Bildern. Seelze: Friedrich 1987

Otto, Gunter: Ästhetische Rationalität. In: Kaiser, Hermann J. (Hg): Ästhetik und Erkenntnis. Hamburg: Fachbereich Erziehungswissenschaft 1990, S. 37 - 51

Prauss, Gerhard: Einführung in die Erkenntnistheorie. Darmstadt: Wissenschaftliche Buchgesellschaft 1980

Welsch, Wolfgang: Ästhetisches Denken. Stuttgart: Reclam 1989

Frauke Kruckemeyer

Ästhetische Blicke auf geographische Gegenstände

1. Zum Thema des Beitrags

In meinem Beitrag geht es mir um die Möglichkeit einer ästhetischen Einstellung gegenüber geographischen Gegenständen. Was es heißt, eine ästhetische Einstellung gegenüber geographischen Alltagsgegenständen einzunehmen, will ich exemplarisch an zwei Unterrichtseinheiten im Kunstunterricht illustrieren. Die beiden von mir auserwählten geographischen Alltagsgegenstände waren die städtische Spontanvegetation (oder kurz: das Unkraut in der Stadt) sowie Trampelpfade durchs Gärtnergrün: Zwei Gegenstände, die - wie so viele geographische Gegenstände - doch auf ihre Weise sehr alltäglich sind. Man mag zweifeln, ob das wirklich geographische Gegenstände sind. An sich kommt es darauf hier nicht an, denn alles, was an Grundsätzlichem in meinem Beitrag vorkommt, kann man auch auf geographische Gegenstände übertragen, die jedermann für "echt geographisch" hält. Trotzdem will ich betonen, daß auch die von mir gewählten Gegenstände ganz geographisch sind. Die Stadtvegetation ist Gegenstand der Vegetationsgeographie (auch wenn Geographielehrer lieber den tropischen Regenwald behandeln, weil er im Schulbuch steht), und die städtischen Freiräume und Grünflächen gehören doch wohl ebenso zur Stadtgeographie wie die Baukörper. Und dann erinnere ich an den Indikatorenansatz in der Geographie. Die Stadtvegetation (samt ihren Trampelpfaden) ist u. a. voller Indizien und Spuren für die Flächennutzungen und Pflegeroutinen. Nicht zuletzt aber auch für den sozialen und demographischen Charakter des Quartiers. Das soll genügen.

Ich möchte folgendermaßen vorgehen: Zunächst möchte ich schildern, wie ich persönlich dazu kam, ästhetische Blicke auf Alltagsgegenstände zu werfen. Anschließend muß geklärt werden, was es überhaupt heißen kann, eine ästhetische Einstellung gegenüber Sachen und Dingen einzunehmen. In einem weiteren Absatz möchte ich darauf eingehen, wieso gerade die Geographie - auch als Wissenschaft - schon eine besondere Affinität zum Thema "Alltagsästhetik" aufweist. Der Hauptteil schließlich besteht in einer Art Sach- und Erlebnisbericht der beiden vor mir durchgeführten Unterrichtseinheiten, die zeigen, in welcher Weise geographische Gegenstände für den Kunstunterricht interessant werden können. Abschließend möchte ich Denkanstöße und mögliche Antworten zu der Frage geben, ob die beschriebene Art von "ästhetischer Praxis" und Einstellung nicht auch für den Geographieunterricht sinnvoll sein kann.

2. Eine unalltägliche Situation: Die Idee, als Geograph im Kunstunterricht zu agieren

Ein Geographieprofessor (G. Hard) - inspiriert durch eine originelle Kunstpädagogin (H. Kämpf-Jansen) - fragte zwei seiner Studenten, ob sie es nicht interessant fänden, einmal als Geographen in den Kunstunterricht einzudringen.

Auf Anhieb war mir zwar noch nicht so klar, wie ich es den jeweiligen Schulleitern erklären sollte, was ausgerechnet ich als Geographin im Kunstunterricht zu suchen habe; um so lebhafter konnte ich mir aber vorstellen, wie ich Schüler dazu bringen könnte, unalltägliche bzw. "ästhetisierende Blicke" auf meine beiden geographischen "Forschungsgegenstände" zu werfen.

Vor allem dachte ich in diesem Zusammenhang an didaktische Experimente, die Helga Kämpf-Jansen zu dem kunstpädagogischen Ansatz "Alltagsästhetik" durchgeführt hat. Sie ließ Schüler z. B. "unalltägliche" Blicke auf das Alltagsding "Schuhe" werfen: Zu Beginn der Unterrichtseinheit brachten die Schüler Schuhe mit; neue Schuhe, alte Schuhe (unter denen sie eventuell als Kind gelitten haben), schmutzige und sauber geputzte Schuhe, winzig kleine und mächtig große Schuhe; scheinbar ungebrauchte oder mit Gebrauchsspuren übersäte Schuhe, Lieblingsschuhe und abgelehnte Schuhe ... Über dieses Alltagsding wurde nachgedacht. Die Überlegungen reichten vom Gebrauchswert der Schuhe über die ästhetischen Normen, an die sie gebunden sind, bis hin zum symbolischen Gehalt der Schuhe und zu persönlichen Geschichten, mit denen sie verknüpft werden. Konzeptionell standen im Hintergrund natürlich etwa folgende Fragen: Wie wird aus dem Alltagsding Schuh das Kunstobjekt Schuh - bzw. was heißt es, einen ästhetisierenden Blick auf dieses Alltagsding zu werfen? Was unterscheidet das Alltagsding Schuh vom Kunstobjekt Schuh? Und nicht zuletzt: Wie konstituieren sich Alltagswahrnehmung oder -erfahrung und wie Kunstwahrnehmung?

Die ästhetische Praxis der Schüler sah nun z.B. folgendermaßen aus: Zunächst wurden die Schuhe dadurch "ästhetisiert", daß sie entweder in unalltägliche oder ungewöhnliche Kontexte (nach verschiedenen Techniken vor überdimensional große oder kleine Kulissen oder auch in Phantasielandschaften) montiert wurden - oder daß der symbolische Gehalt oder Geschichten um diesen Gegenstand herum sichtbar gemacht wurden.

Später wurde dann das Motiv "Schuh" auch z.B. in Menschheitsgeschichte und Literatur verfolgt. Auch hier stießen die Schüler auf Inhalte, die in der ästhetischen Praxis visualisiert werden konnten. Kurz, die künstlerische Aufgabe bestand für die Schüler in der Wahrnehmbarmachung, in der Ent-Automatisierung des Blickes auf diese Alltagsdinge. Es fanden also Vorgänge statt, bei denen sich durch die "ästhetische" Darstellung der Objekte das Bewußtsein von diesen Dingen änderte. Wie man sieht, wird das Wort "Ästhetik" wieder in seiner ursprünglichsten Bedeutung ("Wahrnehmung") genommen. Und genau in diesem Sinne möchte ich ästhetische Blicke auf geographische Gegenstände werfen. Vorab sei aber darauf aufmerksam gemacht, wie vieldimensional die "ästhetische Einstellung" gegenüber einem Stück Wirklichkeit sein kann.

3. Wann erscheint uns etwas als ästhetisch attraktiv?

Beim ästhetischen Blick und der ästhetischen Einstellung geht es nicht nur darum, die Gegenstände wieder wirklich wahrnehmbar zu machen. Die ästhetische Einstellung, die man einnehmen kann, hat verschiedene Bedeutungsvarianten, von denen ich einige der wesentlichen kurz beschreiben möchte.

Ästhetisch attraktiv kann ein Stück Wirklichkeit z.B. sein, wenn es uns als Teil einer idealen Lebensform erscheint, die uns sinn- und wertvoller, natürlicher, freier, einfacher, in einem empathischen Sinne vollkommener und glücklicher zu sein scheint als die real und alltäglich vorhandene. Beispielhaft für diese erste Dimension sind etwa die traditionellen Landschaftsgeographen, die Ausschnitte und Teile der Wirklichkeit als landschaftliches Milieu "natürlicher" und "einfacher" Lebensformen beschrieben haben und zwar bis zur Verfälschung der Wirklichkeit. Man kann sie natürlich nicht dafür kritisieren, daß sie ästhetische Präferenzen hatten, sondern höchstens dafür, daß sie sich dessen nicht bewußt waren.

Wir können einem Stück Wirklichkeit gegenüber aber auch eine ästhetische Einstellung einnehmen, wenn es uns wie Kunst erscheint oder uns an Kunst erinnert. In diesem Sinne "schön" sind neben gemalten Landschaften auch etwa Landschaftsgärten und "künstlerische" Parkanlagen, die in dieser Gartenkunsttradition gestaltet sind, oder "reale" Landschaften, die "wie gemalt" erscheinen.

Auch eine rein formale Konfiguration (z.B. von Farben, Formen, Geräuschen ...) kann faszinieren. In dem Falle liegt der ästhetische Reiz sozusagen in einer formalen Botschaft unter Ausklammerung aller ihrer praktischen und inhaltlichen Bedeutungen. Der "ureigenste" Gegenstand der Geographie kann leicht auch in dieser Hinsicht "ästhetisch" genossen werden; die Hingabe an die Geräusche, Gerüche und taktilen Reize einer Landschaft ist ja u.a. auch ein altes lyrisches Motiv.

Als ästhetisch attraktiv kann uns ein Stück Wirklichkeit aber wohl auch erscheinen, wenn es uns einen tiefen Sinn exemplifiziert und uns ein vielbedeutendes Symbol zu sein scheint. Läßt man z.B. zu dem Gegenstand oder dem Begriff "Landschaft" ein Polaritätenprofil ausfüllen (oder auch nur Begriffe oder Adjektive assoziieren), so liegen die symbolischen Akzente zumeist in dem semantischen Umfeld von "Natürlichkeit" und "Freiheit", "Harmonie" und "Ganzheit". In der Tat ist Landschaft seit langem ein Symbol von Natürlichkeit, Spontanität und Freiheit - und von Ganzheit und Harmonie. Gerade auch in der Geographie war die Landschaft das Symbol der Einheit und Ganzheit des Faches. Man kann deshalb die langlebige Liebe der Geographen zur Landschaft eine ästhetische Vorliebe nennen.

Dinge in der Wirklichkeit können aber auch dann und gerade dann "ästhetisch" gesehen und empfunden werden, wenn sie auf eine irritierende bis erschreckende Weise von dem abweichen, was man als "schön", als "Kunst", als "ästhetisch" und "geschmackvoll" anzusprechen bereit ist. Ästhetisch attraktiv sein können gerade auch Dinge, die in ihrer Ästhetik den ästhetischen Konventionen kraß widersprechen: im landschaftlichen Bereich z.B. karge, kahle, tote, verwüstete Landschaften; der ästhetische Reiz von Müll und Müllhalden gar begleitet die ganze moderne Kunst. Ein gutes Beispiel ist auch eine bestimmte Kunst im öffentlichen Raum, in der z.B. Aktions- oder auch "landart"-Künstler mit ihren Inszenierungen oder Skulpturen in ansonsten alltäglichen Situationen jeden Normalbeobachter verunsichern und irritieren. Diese Skulpturen- und Aktionskunst-Projekte provozieren tatsächlich nicht selten die Frage: "Ist das noch Kunst?" Sie sind eben auch genau dadurch Kunst, daß sie keine gefällige Ästhetik präsentieren, unseren ästhetischen Normalerfahrungen nicht entgegenkommen.

4. Die Affinität der Geographie zum kunstpädagogischen Ansatz "Alltagsästhetik"

Auf ihre Weise haben sicher alle Fächer und Wissenschaften ihre Ästhetik bzw. eine ästhetische Substruktur. Im folgenden möchte ich an die "geheime Ästhetik" der Geographie erinnern und auf diese Weise auch zeigen, daß der geographischen Wissenschaft eine besondere Affinität zum künstpädagogischen Ansatz "Alltagsästhetik" eigen ist.

Die Sichtweise der klassischen Geographie war zum einen alltagsweltlich, und zum anderen steckte in ihr eine bestimmte Ästhetik. Um das zu illustrieren, kann man auf drei Komponenten der klassischen Geographie zurückgreifen: das "landschaftliche Auge" des Geographen, den Hang zur Exotik und die Spurensuche.

Die Geographie hatte schon in der "Landschaft" einen Gegenstand, der bereits außer- und vorwissenschaftlich in ästhetischer Einstellung betrachtet wurde. Diese Landschaft, die aus Alltagsdingen bestand, betrachteten die Geographen in einer ganzheitlichen Weise. Und in dieser synthetischen Weise war die "Landschaft" in der Kunst als eine Ganzheit vorgeprägt worden. Inwiefern diese Art ganzheitlicher Wahrnehmung eigentlich nur auf der Ebene der Kunst zu legitimieren ist, braucht man in diesem Rahmen wohl nicht zu diskutieren. Fest steht nur, daß diese "ganzheitliche Landschaft" als zentrale Welt und Wahrnehmungsfigur der Geographen im Laufe von Paradigmenwechseln ihre Gültigkeit, zumindest ihre Selbstverständlichkeit, verloren hat und insofern auch ein Stück überholter Wissenschaft repräsentiert; diese Landschaften spuken allerdings noch als "verlorene Paradiese" (Hard 1988, S. 12, 13) in den Kulissen der geographischen Wissenschaft herum.

Wichtiger noch als das traditionelle "landschaftliche Auge" des Geographen scheinen mir die zwei anderen Komponenten zu sein: die Spurensuche und der exotische Blick der Geographie.

Bei der "geheimen Ästhetik" des Spurenparadigmas muß man sich das klassische geographische Spurenlesen einerseits und die vor allem in den 70er Jahren außerhalb der Geographie "neu belebte" Spurensicherung andererseits vor Augen halten.

Die Geographie bearbeitete ihren Gegenstand (die "Landschaft" bzw. die physisch-materielle und regional gesehene Erdoberfläche) nicht im Sinne der modernen Naturwissenschaften, sondern hermeneutisch-verstehend, nämlich vor allem als "Registrierplatte", "Seismogramm", als "Indiz", "Zeichen" oder "Spur" von Handlungen (oder, allgemeiner, von sozialen Prozessen). Man kann nicht sagen, daß die Geographen sich ihrer Hermeneutik bewußt gewesen wären; dies war eher die Ausnahme. Vor allem wurde bei dieser Hermeneutik (die sich selber natürlich nicht Hermeneutik nannte) eine wesentliche Windung des hermeneutischen Zirkels ausgelassen, die eine Neu- und Wiederbelebung dieses Paradigmas unbedingt einschließen muß: Wenn man diese Spurensuche auf einer höheren Ebene des "hermeneutischen Zirkels" begreift, dann besteht sie nicht nur darin, daß sie Spuren verstehend verfolgt, sondern auch eigene Interpretation, Spurendeutung einbezieht. Dann erfährt der Forscher nicht nur etwas über das Objekt oder die Sache, die er "aufspürt", sondern vor allem auch etwas über sich selbst.

Was am Spurenlesen ist "ästhetische Einstellung"? - Erstens, daß Alltagsdinge gerade auch auf diese Weise - als Spuren - eine neue Bedeutung und Wahrnehmbarkeit erhalten: Der stumpf gewordene Blick wird erneuert und intensiviert. (Das ist auch der Bezug zur Alltagsästhetik der Kunstpädagogen.) Zweitens kann man in der Spurensicherungsliteratur, wie sie Wolfgang Isenberg in seiner Dissertation gesichert hat, leicht erkennen, daß eine "gute" oder "attraktive" Spur immer auch mehrere, wenn nicht alle ästhetischen Attraktivitäten hat, die ich oben genannt habe: Sie erinnert meistens auf irgendeine Weise an ein interessantes, jedenfalls bedeutungsvolles Leben, ist oft schon aus künstlerisch-literarischen Darstellungen bekannt, symbolisiert nicht selten etwas Allgemeines; sie ist oft schon formal attraktiv, und wenn sie gut gewählt ist, dann hat sie auch etwas Irritierendes und Provokantes. Drittens kann man es als eine ästhetische Qualität des Spurenlesens bezeichnen, daß es sich - zumindest idealerweise - auch auf sich selber bezieht; die Spur wird dann kunstgerecht auch die Spur eines Spurenlesens oder eines Spurenlesers gelesen. - Dieses selbstreferenzielle Moment bei der ästhetischen Erfahrung beschreibt Heinz Paetzold 1990 in seinem Buch zur "Ästhetik der neueren Moderne". Er umschreibt die ästhetische Erfahrung als Einheit von Sinneswahrnehmung und ihrer Reflexion in reflexiver Absicht - er sieht und zugleich geht ihm etwas auch über das Sehen selbst auf (Paetzold, H., S. 125).

Nun zurück zum "Hang zur Exotik", ohne die die klassische Geographie nicht gedacht werden kann: Die klassische Geographie bestand nicht zuletzt aus exotischen Landschaften und Lebensformen, und auch in die Schulen wanderte sie vor allem als "Übersee-Erdkunde". Dieser exotisierende geographische Blick versah aber auch Europa mit Exoten, wobei das ferne Europa ergiebiger war als das urbane.

Daß diese Faszination und dieser Blick ästhetisch sind, liegt eigentlich auf der Hand, denn zu den vielen Dimensionen des Ästhetischen gehört - zumindest seit der Moderne - nicht nur das Schöne, sondern auch das Interessante, Pittoreske, Bizarre, das Häßliche, Schreckliche, Provozierende, Grausame, Fremdartige und nicht zuletzt das Exotische. Walter Benjamin beschreibt sogar die "Aura des Kunstwerks" als eine Art von Exotik, nämlich als eine "Erscheinung der Ferne, so nah sie auch sein mag." (Benjamin, W., S. 372 u. 461)

Die alten, offensichtlichen, um nicht zu sagen aufdringlichen Reize dieser "exotisierenden folk science" sind im Laufe der letzten Jahrzehnte verlorengegangen: Aus diesen offensichtlichen Reizen sind u.a. "Verteilungs-, Verknüpfungs- und Ausbreitungsmuster" geworden. Insgesamt sind die exotischen Gegenstände dieser Wissenschaft, zumindest dem Anspruch nach, durch szientifische Konstrukte ersetzt worden (durch Konstrukte, die, ähnlich wie das Zentrale-Orte-Modell oder andere Modelle des spatial approach, unter Umständen gerade im Formalen wieder ihre eigenen ästhetischen Reize entfalteten).

Nun stellt sich die Frage: Sollen wir diese Variante der Geographie und die Exotismen vergessen? Der Vorschlag, der implizit in den beiden nun folgenden Unterrichtseinheiten steckt, lautet etwa so: Man sollte diese alte Geographie nicht einfach vergessen, sondern sie auf eine höhere Ebene bringen. Geographieschüler und Studenten sollten beides lernen: erstens, das szientifisch-konstruktive und eher ernüchternde Denken der neuen Geographie; und zweitens sollten sie aber auch lernen, den alten Blick der exotisierenden Erdkunde aufzusetzen - dies allerdings in sublimierter Form, d.h. mit Bewußtsein davon, daß es der Blick ist, der die Exotik herstellt.

Was passiert, wenn man Schüler den exotisierenden bzw. "ästhetischen Blick" in einer zweiten, verbesserten Auflage auf geographische Gegenstände werfen läßt, sollen nun die beiden Unterrichtseinheiten illustrieren.

Abb. 1:   Städtischer Alltag: ... "und kräftig schießt das Unkraut."

5. Exotisierende Blicke aufs städtische Unkraut

Zu Beginn der Unterrichtseinheit zeige ich einer Oberstufenklasse (Klasse 11) ein Dia, das in der Stadt Osnabrück aufgenommen wurde. Dabei handelt es sich um eine für viele städtische Bewohner alltägliche Szenerie: Eine gärtnerische Pflanzung, die vom konkurrenzkräftigeren Unkraut überwuchert wird (vgl. Abb. 1). Ich habe das Dia aufgenommen, unmittelbar, nachdem das gleiche Motiv in der Lokalpresse erschienen war. Vom Journalisten wurde dieses Bild im

Begleittext als "exotisch" beschreiben. "Exotisch" war hier ungefähr in folgendem Sinne gemeint: In dem sonst so ordentlichen und gepflegten Stadtgrün sieht die spontane Vegetation bzw. das Unkraut einfach ungewöhnlich oder "exotisch" aus. Der Journalist schrieb außerdem, das Grünflächenamt bedauere, daß es zwar "zur Zeit nicht überall ordentlich" aussehen könne, aber seine Pflegekolonnen seien bereits dabei, sich von der Innenstadt her vorzuarbeiten.

Den Schülern verrate ich allerdings nur, daß diese Szenerie als "exotisch" beschrieben worden sei. Sie grübeln eine Weile, was damit genau gemeint sein könnte. Zur Diskussion stehen vier Deutungsvarianten (Schülerkommentare):

1. "Vielleicht ist ja das Unkraut ... oder die Kräuter da exotisch, weil die eventuell aus fernen, fremden Ländern kommen oder so..."

2. "Manchmal handelt es sich bei diesen wilden Pflanzen ja auch um Ackerunkräuter (was tatsächlich der Fall war, F. K.), also um Pflanzen, die man gedanklich mit dem Land oder dem Ländlichen verbindet. Und von daher sind die eben ungewöhnlich für die Stadt, ... also als Umgebung ..."

3. "Vielleicht ist ja auch dieser Zipfel (d.h. der tatsächlich fast unauffindbare und fast verschwundene Bodendecker, Lonicera nitida "yunnanensis", F. K.) fremdländischer Herkunft."

4. "Neh, ich glaub' das liegt an dem Ordnungsfimmel, daß die so einen Wildwuchs als 'exotisch' ansehen."

Bei genaueren Nachforschungen erkennen wir, daß irgendwie an allen Äußerungen etwas dran ist: Was die Herkunft der Pflanzen angeht, waren beide exotisch, sowohl der angepflanzte Felsspaltenwurzler aus China als auch ein Großteil des Unkrautbestandes. Die "richtige" Interpretation des Pressetextes - daß hier die Wahrnehmung von "Exotischem" (im Sinne von Ungewöhnlichem) wohl mit dem "Sauberkeits-" und "Ordnungsfimmel" zusammenhängt, fiel erst zum Schluß. Die richtige Interpretation zu finden, war in diesem Unterrichtszusammenhang allerdings zweitrangig. Wichtig war, daß nun für die Schüler feststand, daß Exotik im Kopfe hergestellt wird und nicht etwas ist, was den Dingen an sich anhaftet.

Um diesen Eindruck zu vertiefen, zeige ich anschließend eine Reihe von Diapaaren. Auf der einen Seite jeweils fremde, ferne Länder und Landschaftsausschnitte (oder auch fremdländische Gegenstände), die für das "alltägliche" Auge "anerkannte" oder "etablierte" Exoten sind; und auf der anderen Seite jeweils ein Dia, das eine relativ "alltägliche" Situation zeigt. Neben einer exotische Szenerie, wie man sie auch in Reiseprospekten oder Schulbüchern findet, steht also immer eine alltägliche städtische Situation, wie sie z.B. Abb. 2 und 3 zeigen.

Während die Schüler diese Diareihe betrachten, kreuzen sie in einem Polaritätenprofil den ihnen passend erscheinenden Wert zwischen "exotisch" und "nicht exotisch" an. Die Einschätzungen von dem, was "exotisch" oder "nicht exotisch" wirkt, ist (wie vermutet) sehr unterschiedlich; das zeigen auch folgende Schülerkommentare:

"Den Kaktus in der Wüstenlandschaft empfinde ich eher als 'exotisch', weil er in einer Wüstenumgebung steht. Der, den sie danach zeigten, wo nur die Stacheln und die Blüten zu sehen waren, empfinde ich eher als 'nicht exotisch', weil man nicht sieht, in welcher Umgebung der aufgenommen wurde. Der könnte genausogut bei mir auf der Fensterbank stehen." - "Ich

Abb. 2,3: "Exotisch" - "Nicht exotisch"? -
Ein "exotischer Palmenstrand" und die exotische Nachtkerze in "unexotischer" Umgebung?

empfinde die Nachtkerze (ein schwefelgelbes Wildkraut, das, wie man auf Abb. 3 sehen kann, in Städten zumeist auf schottrigen Bahnhofsgeländen verwildert, F. K.) als exotisch, auch wenn sie in der Stadt wächst. Ich habe auch gelesen, daß sie aus Nordamerika stammt." - "Auf dem Dia wirkt eher der Mensch mit seinen Schlabberhosen exotisch, aber nicht die Pflanzen." - "Manche Bilder fand ich überhaupt nicht exotisch, weil ich die aus Reiseprospekten kenne."

Am Ende dieses Gespräches halten wir fest, wovon die Wahrnehmung von Exotik abhängen kann:

- von Kontext und Umgebung;

- von Bildkonstellation und Hintergrund;

- vom Kontext im Kopfe (Erfahrungen, Interpretation, Vorwissen);

- von der Blickführung;

- von formal ästhetischen Reizen der Dinge selbst;

- von der Wahl des Ausschnittes, Maßstabs und der Größenverhältnisse.

Kurz: Nach diesem Gespräch verstärkt und bestätigt sich der Eindruck: Exotik wird im Kopf hergestellt.

Die künstlerische Aufgabe in praxi ist den Schülern sofort klar: die Exotisierung und Wahrnehmbarmachung (Ästhetisierung) des Alltagsdings "städtisches Unkraut". Die Schüler greifen dabei auf die eben genannten Kriterien, die Exotik ausmachen können, als Mittel der Exotisierung zurück. Darüber hinaus ziehen sie Bücher heran (z.B. Kochs Flora des Regierungsbezirkes Osnabrück, den Kosmos-Naturführer "Was blüht denn da?" sowie Hegis "Illustrierte Flora von Mitteleuropa" und das "Handwörterbuch des deutschen Aberglaubens"; aber auch Bücher über Heilpflanzen, alternative Kochbücher und Kochrezepte sind oft anregend; und, soweit vorhanden, eine der vielen Werke zur deutschen Volksbotanik, wie z.B. Marzells "... heimische Pflanzenwelt im Volksbrauch und Volksglauben".), aus denen sie die unterschiedlichsten Dinge über die Pflanzen erfahren. Über ihre Herkunft, ihren Nutzen, ihren Gebrauch, Sagen über diese Pflanzen und vor allem auch, wo man sie an welcher Stelle in der Stadt antreffen kann und wofür sie eventuell eine Spur sein können. Auch diese Informationen werden zur Wahrnehmbarmachung des alltäglichen Unkrauts herangezogen. - Hierzu einige Beispiele aus der ästhetischen Praxis:

- Drei Mädchen machen eine Kornblume zunächst dadurch wahrnehmbar, daß sie die Pflanze überdimensional groß in eine exotische (Herkunfts-)Landschaft stellen. Um die Kornblume herum montieren sie Fotos von städtischen Umgebungen, in denen sie heute verwildert. Die städtischen Situationen reichen in diesem Falle vom gestylten Vorgarten über einen Kinderspielplatz bis hin zur Müllhalde. Nach der Selbstkommentierung stellt dieses Bild für die Schülerinnen gleichzeitig einen Appell dar, die Exotik des Unkrauts in diesen "Alltagswelten" zu beachten.

- Ein Schüler hatte sich besonders dafür interessiert, unter welchen Bedingungen bestimmte Unkräuter in der Stadt besonders üppig wachsen. Zwar hatte ich den Schülern etwas über die kuriose Ökologie der Ackerkratzdistel erzählt: Wenn man sie mit Hacke und Herbizid bekämpft, und sie so auch von ihren Konkurrenten befreit, dann reagiert sie durch vegetative Vermehrung, indem sie mittels unterirdischer Sprosse oft riesige Herde bildet. Das fand dann auch Niederschlag in seinem Bild. Er läßt die polykormonbildende Ackerkratzdistel, die bei der gärtnerischen Pflege durch Hacke und Herbizid fast dominierende Bestände bildet, in überdimensionaler Größe - sozusagen als Ackerkratzdistel-Dschungel - eine Stadt verschlingen.

- Manchmal lassen sich Schüler auch von Namen inspirieren, wie z.B. beim "Berufskraut". Eine Schülerin fand zuhause in einem Buch die Berufskräuter als alte Beschrei- und Zauberkräuter beschrieben. Sie zeichnet daraufhin eine Disney-Hexe, der ein Berufskraut aus ihrer kralligen Hand wächst.

Diese Unterrichtseinheit führte ich an drei verschiedenen Gymnasien und einer Gesamtschule durch, ohne daß ich die Grundidee kurs- oder schulspezifisch zu verändern brauchte. In allen Fällen war das Interesse der Schüler an Herkunft, Verbreitung, Ökologie sowie Nutzungs- und Pflegezusammenhängen der städtischen Spontanvegetation sehr groß und reichte bis hin zu Fragen der Freiraumplanung. Sie ließen sich also relativ weit auf die "Sachdimension" ein, während es den Lehrern in dieser Hinsicht leicht zuviel wurde.

Diese inhaltliche Beschränkung des normalen Kunstunterrichts, seine Tendenz, sich aufs Ästhetische im engeren Sinne zu reduzieren, wird gerade vom kunstpädagogischen Ansatz "Alltagsästhetik" her oft kritisiert. In diesem Ansatz geht es ja nicht oder doch nicht nur um die "Schönheit" und "Kunstfähigkeit" (überhaupt um die im engeren Sinne künstlerisch-ästhetischen Reize) der Alltagsgegenstände; es geht eher um einen, von der eigenen Alltagspraxis entlasteten, "multiperspektivischen" Blick und ein vielseitiges, "schwebendes" Interesse, um so die Wahrnehmung des Gegenstandes durch immer neue (biographische, historische, mythisch-magische ..., affirmative und kritische, praktische und praxisferne ...) Kontextualisierungen zu verfremden, zu "exotisieren", zu intensivieren und zu vertiefen. Das von der Herkunft her (vegetations)geographische Thema mit seinen vielfältigen Sachbezügen arbeitete sozusagen von selber in Richtung einer "Alltagsästhetik".

6. Unalltägliche Blicke auf Trampelpfade

Bei dieser Unterrichtseinheit ergaben sich größere (und zugleich intellektuell fruchtbare) Probleme - vor allem zunächst hinsichtlich der Akzeptanz des Gegenstandes "Trampelpfad" im Kunstunterricht. Der Grund liegt wohl darin, daß das Alltagsding "Unkraut" viel leichter und unmittelbarer als ein ästhetischer Gegenstand akzeptiert wird.

Der Beginn dieser Unterrichtseinheit gestaltet sich ähnlich wie der Einstieg in die Vegetation: Schüler und Schülerinnen einer 13. Oberstufenklasse betrachten wieder Dias, auf denen städtische Alltagsszenerien zu sehen sind, wie z.B. Trampelpfade auf den Mittelstreifen einer Straße. Erstaunlich gut werden dabei Details beobachtet und das Alltagsding "Trampelpfad" mit einer akribischen Genauigkeit beschrieben. Thematisiert werden vor allem auch Indizien, an denen man diese "verbotenen Wege" erkennt, und somit vor allem auch Dinge, die die alltägliche Nutzung stören, wie z.B. Dornsträucher (bzw. allgemein die Art der Bepflanzung), Verbotsschilder, Formen von Pflanzbeeten, schienbeinhohe Riegelzäune und andere Aussperrungs- und Verbarrikadierungsmechanismen.

Bei diesem **Thema** gibt es eine gute Gelegenheit, den Schülern zu demonstrieren, wie alltäglich, d.h. unscheinbar, ja unsichtbar ein solcher Trampelpfad ist: Ich zeige den Schülern ein Dia von einem Pfad in einem Efeubeet, der sich direkt auf dem Pausenhof der Schule befindet (Abb. 4). Auf Anhieb erkennen die Schüler nicht einmal, daß dieser Trampelpfad sich in ihrem alltäglichen Aktionsraum befindet. Auch der Lehrer hat kein "Déja-vu-Erlebnis" und weiß nicht, wo diese Aufnahme entstanden ist. Wir einigen uns aber schnell darauf, daß dieser verbotene Pfad, der sich durch einen ehemaligen bäuerlichen Knick windet, durchaus seinen Charme hat. Die Schüler werden sogar unsicher, ob es sich nicht auch um einen künstlich angelegten Pfad handeln könnte. Man muß hier anmerken, daß die Schule von einer weitläufigen Grünanlage eingerahmt wird, die in unverkennbarer Weise landschaftsarchitektonisch-gartenkünstlerisch ambitioniert ist, als sichtbar den Anspruch erhebt, ein Gartenkunstwerk zu sein. In diese Grünanlage wurden auch einige winzige Fragmente der vorausgehenden Agrarlandschaft einbezogen. Um den Genuß des Betrachtens sowie die Zweifel (ob "künstlich angelegt" oder nicht) auf die Spitze zu treiben, lese ich den Schülern einen Text aus Hirschfeld "Theorie der Gartenkunst" (4. Bd. 1782, S. 56) vor. In dieser Textpassage ist beschrieben, in welcher Weise idealtypisch Wege angelegt werden, die sich "elegant durch Lustgebüsche winden" und "das Auge des Spazierenden von Gebüsch zu Gebüsch fortlaufen" lassen und der Spazierende den "folgenden Fortgang des Weges nicht eher bemerkt, als bis er sich darauf befindet." - Diese alte Anweisung, einen Pfad nach den Regeln der Gartenkunst anzulegen, paßt verblüffend gut. Die Schüler vermuten jetzt noch stärker, daß dieser Pfad ein angelegter Bestandteil dieses umrahmten

Abb. 4: Ein Trampelpfad nach allen Regeln der Kunst

Kunstwerkes ist, und manch einer sah in dieser schlängelnden Form des Weges eine symbolische Form der Freiheit (wie es der Grundkonzeption des Englischen Gartens entspricht). Ich kann den Schülern leicht beweisen, daß dieser Pfad "von selber" als "verbotener Weg" entstanden ist (wegen des Sichtschutzes der Bäume ist er sogar ein beliebter Pausenaufenthalt). Die Restfläche des alten bäuerlichen Knicks wurde beim Bau der Schule und der Errichtung ihrer Grünanlagen mit dem Bodendecker "Efeu" bepflanzt und als Grünanlage eingezäunt. Man erkennt deutlich (an der Farbe des Holzes), daß der Riegelzaun an den Eingängen zum Trampelpfad bereits erneuert werden mußte. Nicht der Pfad war also als "Gartenkunstwerk" gedacht, sondern das Efeubeet. - Tatsächlich war dieser Pfad aber nicht nur eine symbolische Form der Freiheit, sondern er war aus einer realen Nutzungsfreiheit, die sich die Schüler genommen haben, entstanden. Gerade diese Vorstellung eines nutzbaren Kunstwerkes oder gar die Vorstellung, daß ein Kunstwerk durch die Nutzung erhalten bleibt, irritiert die Schüler. Für sie ist ein Kunstwerk immer noch ein "umrahmtes" Stück Kunst, das von außen betrachtet und bewundert wird. Und vor allem kommt Kunst für die meisten Schüler immer noch von "können". Um diese traditionelle Kunstvorstellung der Schüler zu ironisieren, zeige ich ihnen Klaus Staecks Darstellung "Die Kunst ist frei" (Abb. 5): Staecks Darstellung ist - mit oder ohne Kunstabsicht - sicher mehrdeutig; es berechtigt jedenfalls zu folgendem Verständnis: Das Stück Käse ist hier nach allen handwerklichen Regeln der Kunst veredelt und vor allem: unter einer Käseglocke unverzehrbar geworden und zur Betrachtung ausgestellt. Genau wie in analoger Weise die Grünplaner bzw. "Grünkünstler" ihre Pflanzungen

Abb. 5: Die Kunst ist "frei"! - Aber zu welchem Preis?

durch Riegelzäune und andere Schikanen vor der Nutzung "schützen". Um zu zeigen, zu welchem (fragwürdigen) Preis die Kunst dann "frei" ist, zeichne ich eine Folie, die ich scherzhaft "Trampelpfad-" oder "Reflexions-Triptychon" nenne (Abb. 6): Links sehen wir eine gärtnerische Pflanzung, die mit einem Zaun abgesperrt ist und durch die ein Trampelpfad läuft. Diese Variante der "grünen Kunstwerke" ist in der Stadt eine Massenerscheinung und wird deshalb kaum wahrgenommen (genau wie das Efeubeet vor der Gesamtschule). In der Mitte sind die Betrachter sozusagen in "interesseloses Wohlgefallen" versunken. Die Schüler erkennen sich selbst wieder: Die Betrachter, das sind sie selber, wie sie den Pfad mit seinem sigmoiden Schwung an den Kriterien der "Theorie der Gartenkunst" messen und schön befinden. Bei dieser eher kunsthistorischen Betrachtung sind nur die beiden Kunstgegenstände vertauscht: Nicht das Pflanzbeet, sondern der Trampelpfad ist mit einem Male das Kunstwerk. Und ganz rechts dann die "paradoxe" Situation: Der Gegenstand des ästhetischen Interesses muß in Gebrauch genommen werden. Dadurch, daß das Kunstwerk - in diesem Falle wieder der Trampelpfad - benutzt, d.h. weiter begangen werden muß, um erhalten zu bleiben (weil er sonst wieder vom "Bodendecker" überwachsen würde), können sich die Betrachter nicht mehr bloß rezeptiv verhalten, sondern müssen zum Mitautor des Kunstwerkes werden.

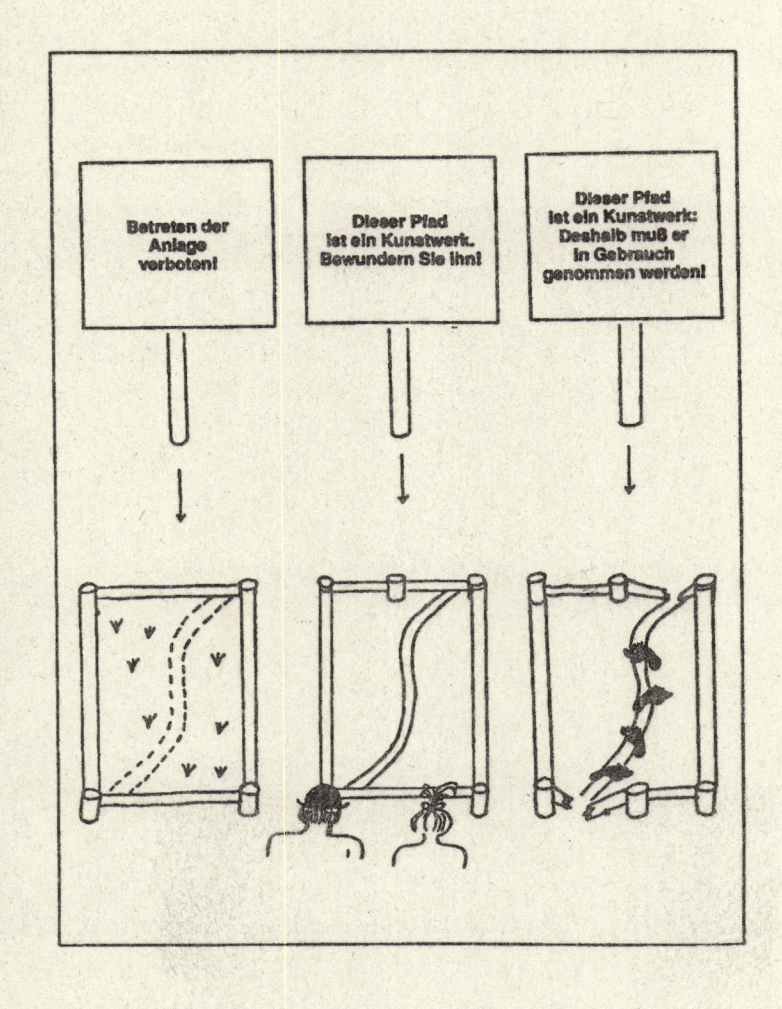

Abb. 6: Trampelpfad-Triptychon

Die ästhetische Aufgabe für den Kunstunterricht war den Schülern auch in dieser Unterrichtseinheit klar: Das "Alltagsding" Trampelpfad sollte zum "Kunstobjekt" gemacht werden. Andererseits blieben den Schülern Zweifel über den Sinn einer solchen Aufgabe. Es war also zu erwarten, daß ein Teil der Schüler sich darauf konzentrieren würde, den Trampelpfad "sichtbarer" zu machen; andererseits war aber auch vorauszusehen, daß einige - nach dem Vorbild des Triptychons - versuchen würden, die Kritik an der Aufgabenstellung und ihre Zweifel, ob es sich um eine sinnvolle ästhetische Praxis handele (also sozusagen eine Reflexion über Kunst), in ihr Kunstwerk hineinzunehmen.

Die erste Strategie trat recht vielgestaltig auf: Eine Schülerin konzipiert z.B. einen "Musikpfad" - sobald der Spaziergänger diesen Pfad betritt, setzt Musik ein, beim Verlassen des Pfades klingt die Musik wieder ab; die Art der Musik soll dabei Aufmerksamkeit und Bewußtheit des jeweiligen Passanten wecken und begleiten. Andere äußern Gedanken in Richtung Aktionskunst und skizzieren z.B. blutige Aktionen (Abb. 7): "Über einen geeigneten Weg wird eine Person gelegt - wenn möglich jemand mit langem Haar. Ab dem Hals wird diejenige mit einer Plastikfolie bedeckt und mit Innereien und Schweineblut belegt. Die Blut- und Innereienspur verläuft sich ca. 1,50 m hinter der Person zu einer Schleimspur. Vorstellung, die Frisur betreffend, habe ich noch nicht." Andere machen ihre Pfade wahrnehmbarer, indem sie phantastisch bevölkern: Melanie will eine Gruppe von Schülern als Fabelwesen verkleiden - sie sollen sich entweder "in Gestalt von vermenschlichten Kleinlebewesen in Biene-Maja-Manier" oder als "Harlekin-Figur" in "tanzender" - oder "schwebender" Weise auf den Pfaden befinden. Die andere Gruppe von Schülern soll "Alltagsverkleidungen" anlegen, d.h. "Businesskleidung und Aktenkoffer". Damit will sie auf den Trampelpfaden zwei "Lebensgefühle" visualisieren: Während die "Businessleute" die Straße entlang "hasten" und "keinen Blick für ihre Umgebung haben", lassen sich die als Fabelwesen verkleideten Schüler auf die "Faszination" und "Ästhetik" der alltäglichen Dinge ein und beschäftigen sich mit ihnen. "Durch diese Gegenüberstellung möchte ich verdeutlichen, daß so ein Trampelpfad, sofern er nicht schon als solcher Kunst ist, zumindest eine Kunst beherbergt." Ein solch aufwendiges Arrangement sei notwendig, wenn man wirklich eine "Erneuerung der Wahrnehmung" herbeiführen wolle.

Abb. 7: Der mörderische Mittelstreifen

Thomas möchte eine Brachparzelle umgestalten und skizziert sein Projekt auf einem Farbfoto dieses Grundstücks, auf dem Pfade durch wildes Grün laufen. Nicht nur, daß die Pfade sichtbarer gemacht werden sollen, er will seiner Skepsis gegenüber solchen "modernen" Kunstprojekten Ausdruck geben: Einerseits stellt er an die Ränder der Wege Verkehrsschilder, um die Passanten auf die "Spuren im wilden Grün" aufmerksam zu machen. Durch eine Hinweistafel (ähnlich wie in dem Trampelpfad-Triptychon) informiert er die Passanten aber auch andererseits, daß es sich um ein Kunstwerk handele. An den Wegenden finden die Fußgänger zudem eine Tafel, auf der sie ankreuzen können: "Kunstwerk? Ja/Nein". Thomas erwartet ein mehr oder weniger eindeutiges "Nein". Ich mache ihn und seine Mitschüler darauf aufmerksam, daß er dabei ist, eine Mischung aus concept und land art zu schaffen - ein betretbares und nutzungsfähiges Kunstwerk, von dem - ganz im Sinne des Triptychons - ein Reflexions-Anstoß ausgeht. Von dieser Thomas-Interpretation ist Thomas so angetan, daß er nun seine Brachparzelle in ein (wie er sagt) "kommunikatives Kunstwerk" verwandeln will: Er will die Passanten in Gespräche über Trampelpfade im allgemeinen und diese Art der Trampelpfadkunst im besonderen verwickeln.

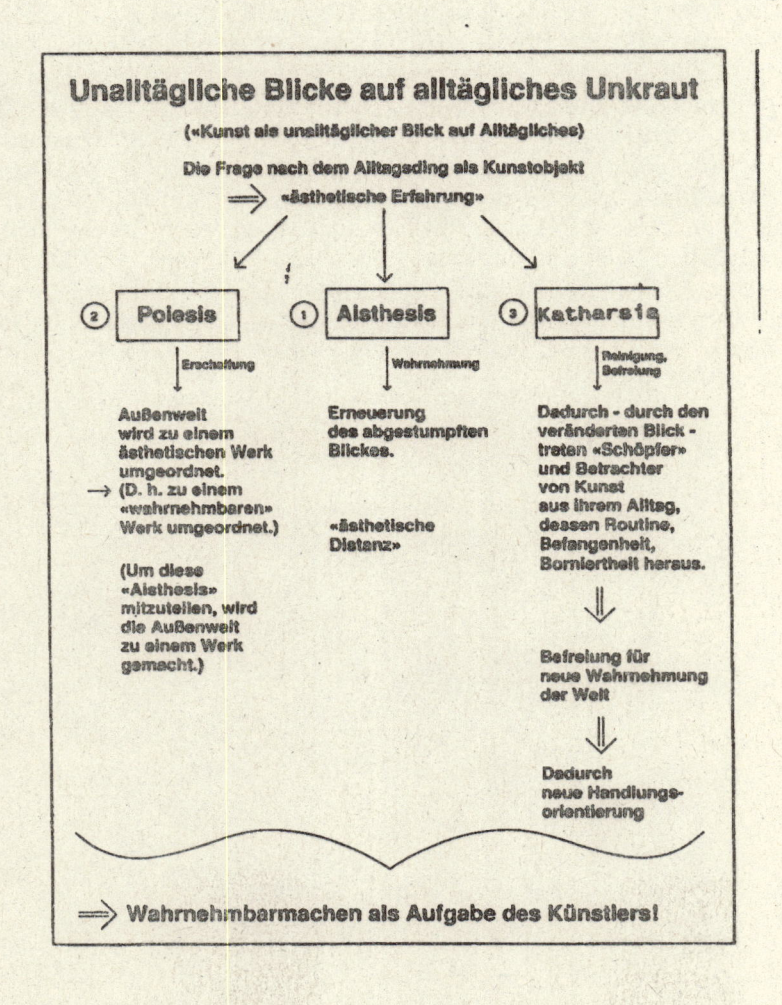

Abb. 8: Worin besteht "ästhetische" Erfahrung?
(Aisthesis - Poiesis - Katharsis)

7. "Ist das noch Geographie?"

Ich habe beschrieben, in welcher Weise geographische Gegenstände auch Gegenstände des Kunstunterichts werden können. Die Beispiele zeigen aber implizit, daß das Prinzip auf den Geographie-Unterricht übertragbar ist. Dies möchte ich durch ein Schema explizieren, das ich auch in der zuletzt beschriebenen Unterrichtseinheit benutzt habe; ich habe es eingesetzt, als die Schüler von sich aus über diese Art "ästhetischer Praxis" (nämlich: Alltagsgegenstände in Kunst zu verwandeln) zu diskutieren begannen. Das Schema (Abb. 8) soll die drei Dimensionen "ästhetische Erfahrung" verdeutlichen (vgl. Jauß 1977): Der Künstler erneuert, intensiviert und verändert durch sein Werk (Poiesis) die Wahrnehmung (Aisthesis) der Wirklichkeit und "befreit" für neue Erfahrungen (Katharsis). Die Schüler fanden, daß diese Begriffe auch ihre eigene Unterrichtserfahrung und "ästhetische Praxis" angemessen reflektieren, und sie benutzen sie dann auch in durchaus angemessener Weise. Dieses Aisthesis-Poiesis-Katharsis-Schema enthält aber auch das Kernstück eines wirklich guten Geographieunterrichts. Nach einer wohl alten Regel sollte wirklich guter Unterricht die Wirkung haben, daß die Welt hinterher anders aussieht als vorher. Das ist sozusagen das ästhetische Moment, das in jedem Unterricht stecken sollte: Die Aisthesis "poietisch" (durch intellektuelle oder reale Umarbeitung der Wirklichkeit) so verändert, daß dadurch auch die alltägliche Wahrnehmungsroutine "katharsisch" beeinflußt werden.

Wie das an einem ganz traditionellen Gegenstand des Geographieunterrichts geschehen kann - am Thema "Heide" oder "Heidelandschaft" - hat Rainer Grothaus (in: Kunst + Unterricht 1988, Heft 124) gezeigt. Er hat sozusagen auch die Probe aufs Exempel geliefert, indem er die gleiche Unterrichtseinheit einmal (im Referendarexamen) im Geographie- und einmal (im Rahmen unseres "Experimentes") im Kunstunterricht durchführte.

Literatur

Benjamin, W.: Schriften, Bd. 1, Frankfurt a.M. 1955

Grothaus, R.: Kopf-Heide und Stadt-Heide. In: Kunst + Unterricht, Heft 124, 1988, S. 36 - 40

Hard, G.: Geographische Zugänge zur Alltagsästhetik. In: Kunst + Unterricht, Heft 124, 1988, S. 9 - 13

Hirschfeld, Chr., C.L.: Theorie der Gartenkunst, Bd. 2, Leipzig 1780

Isenberg, W.: Geographie ohne Geographen. Laienwissenschaftliche Erkundungen, Interpretationen und Analysen der räumlichen Umwelt in Jugendarbeit, Erwachsenenwelt und Tourismus. Osnabrück 1987 (Osnabrücker Studien zur Geographie, Bd. 9)

Jauß, H.R.: Ästhetische Erfahrung und literarische Hermeneutik, München 1977

Kämpf-Jansen, H.: Ein nicht alltäglicher Versuch über das Alltägliche der Dinge, oder: Von der Komplexität ästhetischer Erfahrung. In: Isenberg, W. (Hrsg.): Analyse und Interpretation der Alltagswelt. Osnabrück 1985, S. 221 - 243 (Osnabrücker Studien zur Geographie, Bd. 7)

Paetzold, H.: Ästhetik der neueren Moderne. Sinnlichkeit und Reflexion in der konzeptionellen Kunst der Gegenwart. Stuttgart 1990

Gerhard Hard und Frauke Kruckemeyer

Zobeide oder: Städte als ästhetische Zeichen

1. Der Sinn dieses Textes

Der folgende Aufsatz knüpft an zwei andere dieses Bandes an, an den über "ästhetische Blicke auf geographische Gegenstände" und den über "Zeichenlesen und Spurensichern". Er führt Gedanken dieser Aufsätze weiter und versucht sie zu verallgemeinern. Damit diese Verallgemeinerung möglichst konkret gerät, exemplifizieren wir das Allgemeine an einer "unsichtbaren Stadt" von Italo Calvino, die, wie man sehen wird, einen tiefen stadtgeographischen Gehalt hat.

In dem Aufsatz über "ästhetische Blicke auf geographische Gegenstände" waren die Beispiele (Trampelpfad, Unkraut) für geographische Augen relativ peripher; so peripher, daß in der Diskussion die Frage auftauchen konnte, ob solche Gegenstände überhaupt geographisch und nicht z.B. "eher etwas für den Biologieunterricht" seien. Es ging aber natürlich nicht um die eher unauffälligen Gegenstände, sondern um die Struktur ihrer ästhetischen Wahrnehmung. Im folgenden wird das, worum es eigentlich ging, an einem etablierten geographischen Gegenstand gezeigt, nämlich der Stadt insgesamt. Auch zwei andere Denkmotive, die in Vortrag und Diskussion zu kurz kamen, sollen stärker beleuchtet werden: die Rolle des ästhetischen Blicks und der Selbstreferenz beim Spurenlesen.

In dem Text über "Zeichenlesen und Spurensichern" wurde - an zwei Geschichten des Italo Calvino - demonstriert, daß der Blick des reisenden Geographen typischerweise auf bestimmte Arten des Zeichenlesens und auf bestimmte Arten von Zeichen fixiert bleibt, und zwar auf Kosten des **Spurensicherns** und der **ästhetischen** Semiose. Während die Spurenblindheit des Geographen (gemäß dem Ziel der Argumentation) ausführlich analysiert wurde, blieb seine Blindheit gegenüber den ästhetischen Zeichen fast ohne Kommentar. Das wird im folgenden nachgeholt.

Im übrigen interpretieren wir die Geschichte des Italo Calvino auf eine Weise, daß sie auch selber Gegenstand des Unterrichts werden kann.

2. Die Städte und der Wunsch

Von dort binnen sechs Tagen und sieben Nächten kommt der Mensch nach Zobeide, einer weißen Stadt, dem Monde wohl zugewandt, mit Straßen, die um sich selber kreisen wie an einem Knäuel. Dies erzählt man über ihre Entstehung: Männer verschiedener Nationen hatten einen gleichen Traum, sie sahen eine Frau nachts durch eine unbekannte Stadt laufen, sie sahen sie von hinten mit langem Haar, und sie war nackt. Sie verfolgten sie im Traum. Beim Hin und Her verlor sie ein jeder. Nach dem Traum begaben sie sich auf die Suche nach jener Stadt; sie fanden sie nicht, doch fanden sie einander; und sie beschlossen, eine Stadt wie im Traum zu bauen.

Bei der Anlage der Straßen baute jeder den Verlauf seiner Verfolgung nach; an der Stelle, wo er die Fliehende aus den Augen verloren hatte, setzte er Räume und Mauern anders als im Traum, damit sie ihm nicht mehr davonlaufen könnte.

Dies ward die Stadt Zobeide, in der sie sich niederließen und warteten, daß sich eines Nachts die Szene wiederholen würde. Keiner von Ihnen, weder träumend noch wachend, sah die Frau jemals wieder. Die Straßen der Stadt waren die, auf denen sie tagtäglich zur Arbeit gingen, ohne noch irgendeine Beziehung zu der geträumten Verfolgung, die im übrigen schon lange vergessen war.

Neue Männer kamen aus anderen Ländern, denn sie hatten einen Traum wie jene gehabt, und sie erkannten in der Stadt Zobeide irgend etwas von den Straßen des

Traums wieder und versetzten Laubengänge und Treppen an andere Stellen, damit Ähnlichkeit sei mit dem Weg der verfolgten Frau und damit ihr dort, wo sie verschwunden, kein Fluchtweg mehr bleibe.

Die zuerst Angekommenen begriffen nicht, was diese Leute nach Zobeide zog, in diese häßliche Stadt, in diese Falle.

3. "Diese häßliche Stadt, diese Falle"

Man stelle sich eine Exkursion mit Schülern in ihre eigene Stadt vor. "Die Straßen der Stadt waren die, auf denen die Klasse 10b und auch ihre Lehrer tagtäglich zur Schule gingen, ohne noch irgendeine Beziehung..." Die Schüler sind gelangweilt, sie begreifen nicht, was diesen Lehrer - oder auch, was diese Touristen - in ihre Stadt zieht, "in diese häßliche Stadt, in diese Falle" Möglicherweise begreifen auch der Lehrer und die Touristen es nicht.

Wie kommt solche stumpfe Langweile zustande, und wie könnte sie unterbrochen werden? Die Geschichte Italo Calvinos enthält implizit eine der möglichen Antworten, und wir versuchen, sie zu explizieren.

4. Eintritt in ein symbolisches Universum

Die Beschreibung der Stadt Zobeide gehört zu einer Rahmenerzählung: Marco Polo, der Reisende Geograph, beschreibt dem Mongolenherrscher Kublai Khan die Städte, die er auf seiner Reise gesehen hat. Der Bericht über Zobeide besteht erstens aus einer sehr kurzen Charakteristik der Stadt. Dann berichtet Marco Polo, was "man sich über ihre Entstehung erzählt", und diese Herkunfts- und Entstehungssage macht den weitaus größten Teil des gesamten Berichtes über Zobeide aus.

Hinsichtlich der Stadt erfahren wir - nach der Art aller Reise- und Städtebeschreibungen - etwas über ihren Anblick, über ihre kosmische Lage und über ihre Gestalt: sie ist weiß, "dem Monde wohl zugewandt", und ihre Straßen "kreisen um sich selber wie an einem Knäuel". Kurz, Zobeide ist eine weiße, labyrinthische Stadt des Mondes.

Das sind Mitteilungen mit manifesten und verschlüsselten Bedeutungen; man kann und muß diese Mitteilungen also erstens buchstäblich und zweitens symbolisch verstehen. Auf der Ebene der manifesten Bedeutungen ist Zobeide weiß, hat ein bestimmtes Straßenmuster, und "dem Monde zugewandt" meint vielleicht: wohl beregnet (oder auf andere Weise wohl bewässert) und deshalb fruchtbar (vgl. Eliade 1949/1964, S. 139 ff., Chevalier und Gheerbrant 3. Bd. 1974, S. 156.)

Man hört, wenn man von einer weißen, labyrinthischen Stadt des Mondes namens Zobeide hört, aber auch heute noch vieles andere mit: z.B. auch "orientalisch","traumhaft" und "weiblich", aber auch einen Hauch von nächtlicher Unheimlichkeit, von Ängsten und heimlichen Wünschen.[1] Sollten ein Geographielehrer und/oder seine Schüler es nicht glauben, können sie es an sich selber auf sehr einfache Weise testen, z.B. mit einer Checkliste oder einem Polaritätenprofil. So etwas macht sich in jedem Unterricht gut: Selbsttätigkeit, die zugleich Empirie und Selbstreflexion ist.[2]

Auch als Gegenstände des poetischen Universums haben Mond, Kreise, Labyrinth und weiße Farbe ähnliche Bedeutungen (die ihrerseits ihre mythischen Parallelen und Herkünfte haben): Vor allem sind es - vorab, aber nicht nur der Mond - Symbole des Weiblichen, aber auch des Unbewußten, des Traums und der Verzauberung. Nicht zuletzt handelt es sich um Symbole, die zugleich Psychisches und Kosmisches symbolisieren, zugleich Seele und Welt meinen können, also von ihrer spezifischen Semantik her eine "Ich-nahe" und intime Bedeutung der Welt suggerieren. Ob man diese Bedeutungen (die man in jedem guten Symbol-Lexikon nachlesen kann) beim Lesen des Textes explizit ins Bewußtsein bekommt oder nur aufs Beiläufigste - sozusagen am Rand des Horizonts - zur Kenntnis nimmt: Eine bestimmte Erwartung ist geweckt. Tatsächlich ist die Geschichte, die dann folgt, so etwas wie eine Explikation dieser Symbolik.

5. Spurenlesen als ätiologische Sage

Auf den symbolischen Auftakt folgt also eine Art Stadtgeschichte, die Marco Polo nach Hörensagen berichtet. Nach Form und Inhalt handelt es sich um das, was in der Volkskunde eine "ätiologische Sage" (Erklärungs- oder Ursprungssage) heißt. Sie knüpft an eine offenbar rätselhafte und daher erklärungsbedürftige Physiognomie von Zobeide an. Es handelt sich, nach den Andeutungen des Textes zu schließen, um eine sich wiederholende, sozusagen fallenartige Sackgassenstruktur aus "Räumen" und "Mauern", "Laubengängen" und "Treppen". Die Geschichte bezieht sich also auf eine architektonische Situation, die aus ihrem Funktionssinn allein nicht verständlich ist, auf bauliche Zustände, die nicht ohne weiteres funktional gedeutet werden können. Bei solchen auffälligen und auffällig dysfunktionalen Elementen bleibt erfahrungsgemäß die Möglichkeit, sie als historische Relikte und/oder als ästhetische Zeichen zu lesen.

Die Geschichte, die Marco Polo erzählt, kann man so verstehen, daß diese Stadt - dieses seltsam kreisende Knäuel - als **Spur** gelesen wird. Die architektonische Spur wird Ausgangspunkt einer Geschichte, die diese rätselhafte Architektur und Straßenführung verständlich macht. Anders gesagt: Explanandum ist eine Architektur, und eine Geschichte fungiert als Explanans. Die logische Struktur einer solchen "narrativen Erklärung" braucht hier nicht erläutert zu werden, obwohl die Geschichte Marco Polos gut dazu geeignet wäre.

Nehmen wir zunächst den Erzähler beim Wort: Demnach wurde eine Stadtarchitektur gebaut und umgebaut, um einen (kollektiven und archetypischen) Traum, genauer: Traumfrauen einzufangen: Eine Stadt, gebaut als Frauenfalle.

Man kann auch (modernisiert und verallgemeinernd) sagen: Eine Stadt aus gebauten Wünschen und Ängsten - womit wir wieder bei der Symbolik sind, von der die Ursprungssage präludiert war. Sie glauben es etwa nicht? Dann befinden Sie sich in der Rolle des Kublai Khan in der Rahmenerzählung. Als Marco Polo ihm als Quintessenz seiner Stadterfahrungen sagt: "Städte wie Träume sind aus Wünschen und Ängsten gebaut, auch wenn der Faden ihrer Rede geheim ist", antwortet Kublai Khan mit voller geographischer Nüchternheit: "Ich habe weder Wünsche noch Ängste, und meine Träume sind vom Verstand oder Zufall gefügt." Darauf Marco Polo: "Auch die Städte glauben, ein Werk des Verstands oder des Zufalls zu sein, doch genügen weder der eine noch der andere, damit ihre Mauern stehen bleiben." Damit hat er Recht, jedenfalls gegenüber den Einwänden Kublai Khans oder eines nüchternen Geographen. Im folgenden werden wir erläutern, worin dieses Recht besteht.

So, wie Marco Polo die Geschichte erzählt (nicht als Poesie, sondern als Bericht) werden auf die architektonischen "Spuren" (d.h. auf die sonderbaren Räume und Mauern, Laubengänge und Treppen) keine **ästhetischen** Blicke geworfen. Sie erscheinen nicht als Ergebnisse ästhetischen Handelns, sondern als Ergebnisse funktionalen, auf praktische Ziele gerichteten Handelns. Diejenigen, die nach der Geschichte die Stadt erbauten und veränderten, handelten subjektiv vernünftig; sie verfolgten Ziele, die sie für erreichbar hielten, mit Mitteln, die ihnen angemessen zu sein schienen. Das gilt auch in Anbetracht der Tatsache, daß sie einer magischen Handlungslogik folgten.[3] Auch hier von ästhetischem Handeln (in irgendeinem nachvollziehbaren Sinne) keine Spur. Sie bauten diese sonderbaren Ecken z.B. nicht als eine Evokation idealer Lebensformen, noch wollten sie an vorbildliche Kunst erinnern; noch weniger wollten sie eine reizvolle formale Botschaft vor Augen stellen oder durch interessant-innovative Gestaltung eine ästhetische Norm transzendieren (um nur einige Ziele und Möglichkeiten eines im engeren Sinne ästhetischen Handelns anzudeuten)...

6. Magie wird Poesie

Kurz, für den Marco Polo Italo Calvinos ist diese Geschichte nicht Poesie, sondern ein glaubwürdiger Bericht. Für Italo Calvino und für uns dagegen ist diese Geschichte poetisch, und sie berichtet von Sagenhaftem und Irrationalem: Schon deshalb, weil Menschen beschrieben werden, die Traum und Wirklichkeit kontaminieren und magisch koppeln. Sie leben offenbar in einer Zeit, in der man überzeugt war, daß die Verwirklichung von Träumen magisch-technisch erzwungen werden kann.

Wer den zitierten Text über Zobeide liest, liest einen fiktionalen, poetischen Text, der unter anderm von traummagischen Handlungen handelt. Es scheint, daß nicht zuletzt dieser archaische Zug es ist, der die Geschichte poetisch macht - nicht für den Marco Polo, nicht für den Kublai Khan, nicht für die Bauleute in der Geschichte, aber für uns. Im poetischen Universum von Italo Calvino glaubt man an Träume und Magie, oder doch zumindest an Leute, die daran glauben. Eben das trennt die fiktionale Wirklichkeit des Textes von der wirklichen Wirklichkeit, in der der Poet und seine Leser tatsächlich leben oder zu leben glauben. Was tun wir also, wenn wir den Text heute in angemessener Weise lesen ("angemessen" z.B. im Sinne von: gemäß den Intentionen des Autors und/oder gemäß den Konventionen, die die Lektüre eines solchen Textes regeln)? Eine mögliche Antwort ist sicher die folgende: Wir genießen ironisch - aus einer gewissen Distanz, aber nicht ohne Sympathie - eine Praxis und ein Wissen, ohne an das eine oder das andere noch wirklich zu glauben. Das ist aber eine oft genannte Dimension ästhetischen Handelns und ästhetischer Erfahrung: Ironische Wiederholung und ironischer Genuß widerrufener Botschaften und ausgedienter Praxen (vgl. z.B. Schlaffer 1990, S. 134). Während der Text dergestalt Längstvergessenes und Längstwiderrufenes vergegenwärtigt, ist er aber zugleich auch Bestandteil unserer Gegenwart. Seine Gegenwärtigkeit besteht nicht zuletzt darin, daß Magie als Poesie auftritt.

7. Verzauberungen und Entzauberungen

Die Erbauer Zobeides versuchten, mit magischer Aisthesis und Poiesis ein Wunsch- und Traumbild zu realisieren, d.h., ihre Stadt zu verzaubern. Die Geschichte erzählt dann vom Vergessen und Verlust dieser Faszinationen, von der Abstumpfung, Verbiederung und Veralltäglichung eines einmal faszinierten Blicks. Die Geschichte erzählt aber auch, wie dieser abgestumpfte Blick erneuert und die Stadt wiederverzaubert wurde: indem die abgestumpfte Stadtwirklichkeit wieder im Licht des alten Traums und in magischer Einstellung wahrgenommen wurde.

Magische Aisthesis und Poiesis (magische Wahrnehmung und magisches Handeln) mögen Lernziele für New Age-Anhänger sein; sicherlich sind sie es nicht für Geographen. Hier geht es um eine andere Art der Stadterneuerung, eine andere Art der Entbiederung des Alltagsblicks durch Wiederbelebung des Traumblicks. Kurz, es geht um **ästhetische** Wahrnehmung und **ästhetische** Praxis. Das ist etwas anderes, aber es hat auch viel miteinander zu tun, nicht nur genetisch.[4]

Das Gemeinsame kann man psychologisch so beschreiben: In beiden Fällen (im Fall der Magie wie im Fall der Ästhetik) handelt es sich um assimilierende Umweltzuwendung, vor allem eine Assimilation der Welt an unsere Fantasmen (d.h.: an die Schemata unseres Erlebens) - so daß die Welt eigentümlich ich-nah und auch die Außenwelt sozusagen eine Art Innenwelt wird. Eine schöne Welt, überhaupt eine ästhetisch interessante Welt ist vor allem auch eine Welt, die nicht (nur) gemäß unseren Konzepten, sondern vor allem gemäß unseren Fantasmen geordnet ist (vgl. z.B. Boesch 1983).[5]

In der Geschichte Marco Polos (oder Italo Calvinos) wird also nicht eigentlich eine Stadt beschrieben; eher wird der Stadt eine Imagination - ein "Traum" - eingeschrieben, so daß die beschriebene architektonische Situation bis zu einem gewissen Grade zugleich Subjekt und Objekt ist. Diese Stadtgründungsgeschichte ist eher die Beschreibung einer psychischen Dynamik als die eines stadtgeschichtlichen Ereignisses: als Historiographie lächerlich, aber als Psychographie durchaus ernst zu nehmen. Ähnliches geschieht auf andere Weise in der Poesie: Sie ist z.B. bis heute voll von solchen "psychographischen", ich-nahen Stadtbeschreibungen. Wie der Magier, so arbeiten auch Dichter, Alltagsästhetiker, Abenteurer und Wahnsinnige (nach Shakespeare: the lunatic, the poet, and the lover) daran, die inneren Bilder zu realisieren, also wirklich zu finden; jeder sucht allerdings auf seine Weise und findet das Gesuchte in einem anderen ontologischen Aggregatzustand. Der Reiz der Geschichte von Zobeide liegt nicht zuletzt darin, daß der magische Blick (seine Genese, sein Erlöschen und seine Wiederbelebung) auch als Metapher des ästhetischen Blicks gelesen werden kann.

8. Lernen als glückliche Polemik

Der französische Wissenschaftstheoretiker, Wissenschaftshistoriker, Literaturtheoretiker und Pädagoge Gaston Bachelard hat den größten Teil seines Lebenswerkes der Dynamik dieser "Rêverien", Fantasmen und Imaginationen gewidmet und gezeigt, wie sich diese "inneren Bilder" einerseits in Kunst, andererseits in Wissenschaft verwandeln können. In mißverständlicher Kürze referiert: In gelungener Wissenschaft werden sie auf- und weg-, in gelungener Poesie ausgearbeitet, in beiden Fällen aber ihrer psychischen Zwanghaftigkeit entkleidet.

Hier geht es nur um die wissenschaftsdidaktisch wichtige Sequenz: "On rêve avant de contempler. Avant d'être un spectacle conscient, tout paysage est une expérience onirique. On ne regarde avec une passion esthétique que les paysages qu'on a d'abord vus en rêve" (Bachelard 1942, S. 6).[6] Erst nachdem sie geträumt, bewundert und poetisiert worden sind, werden solche Gegenstände verifiziert und erforscht. Kurz, was man mit Erfolg lernt oder erforscht, das hat man zuvor immer schon geträumt; der wirklich gute Schüler kennt den Gegenstand seiner kognitiven und theoretischen Neugierde immer schon aus Rêverien, imaginären und ästhetischen Begegnungen.

Dies müßte natürlich spezifiziert und unterbaut werden; weil wir aber fürchten, daß skeptische Gemüter (vor allem in ihrer spezifischen Form als nüchterne Geographen) dann erschlaffen und den geographiedidaktischen Faden verlieren könnten, überspringen wir das und schlagen wieder eine Richtung ein, die uns der didaktischen Nutzanwendung näherbringt.

Einen Beleg für das Gesagte bietet unsere eigene Disziplin und zwar gleich im Jahrhundertmaßstab: Die Karriere der Landschaft von einem Traumbild über ein Kunstobjekt und eine ästhetische Wahrnehmung bis zum privilegierten Forschungsgegenstand der Geographie und Unterrichtsgegenstand der Erdkunde (vgl. Hard 1988). Wie die geographiedidaktische Literatur der Zwischenkriegszeit belegt, haben die Geographielehrer den subjektiven und ästhetischen Mehrwert dieses Unterrichts- und Forschungsgegenstandes dann auch kräftig und wahrscheinlich sehr erfolgreich ausgebeutet. Das ist ein legitimes Vorgehen, denn, wie Bachelard sagt: "On ne rêve pas avec des idées enseignées" (1961, S. 161)! Der Schüler träumt nicht den geographischen Begriffen und den Lernzielen der Lehrer entlang. So kann auch heute noch Geographieunterricht z.B. mit der ehrlichen und "naiven" Bewunderung von Landschaften beginnen. Dann aber muß das Wegarbeiten und jene "glückliche Polemik" gegen solche primären Imaginationen und Faszinationen in Gang kommen, die (nach einem Ausdruck Bachelards) die Ästhetik des objektiven Wissens und der Wissenschaft sind und die, ohne den inneren Bildern ihren Eigenwert wegzunehmen, sie doch unweigerlich zersetzen und ersetzen werden. (Für entsprechende Unterrichtsvorschläge zum Thema "Landschaft" vgl. z.B. Filipp 1975, Hard 1982, Hennings und Hölscher 1990).

9. Städte aus Wünschen und Träumen

Kommen wir zu der stadtgeographischen und stadtgeschichtlichen Diskussion zwischen Kublai Khan und Marco Polo zurück: Ist die Stadt "von Verstand und Zufall gefügt" oder "aus Wünschen und Träumen gebaut"? Man kann jede Stadt auch unter dem zweiten Aspekt betrachten. Wie Marco Polo in Zobeide die architektonische Spur eines Wunschtraums fand, so kann man den Schülern auch in jeder deutschen Stadt die Spuren mehrerer städtebaulicher Wunschträume zeigen (es wird leicht sein, in der Städtebauliteratur auch die zugehörigen literarischen Zeugnisse zu finden).

In fast jeder Großstadt erkennt man das Gründerzeitstadtideal wieder, aber auch die gegenläufigen Gartenstadtträume und gebauten Wünsche nach einer "gegliederten, aufgelockerten und durchgrünten Stadt" (die "Stadtlandschaftsträume" der Zwischen- und Nachkriegszeit);

später realisierten sich die Träume von "Urbanität durch Verdichtung" und schließlich die Träume von einer Stadt aus Erlebnisräumen und historischen Inszenierungen. Und wie in Zobeide folgten auf die Realisierungen auch hier die entsprechenden Entzauberungen und Vernüchterungen; all diese Stadtträume wurden sehr bald nach ihrer Realisierung ganz wie Marco Polos Zobeide zu "häßlichen Städten und Fallen", nicht selten sogar zu Alpträumen; einige hatten aber auch schon die Chance einer Wiederverzauberung.

Natürlich hatte das alles auch mit Ideologie, Technik und Ökonomie zu tun; aber das galt auch schon für Zobeide. Außerdem handelt es sich nach Aussage der Literatur von Städtebau und Architekturgeschichte heute nicht mehr um Magie. Aber hatte z.B. die (zwar ideologisch gefärbte, aber doch irgendwie auch ernstgemeinte) Vorstellung, man könne urbanes Leben und die soziale Tugend der Urbanität durch bauliche Verdichtung erzeugen, nicht auch etwas von Magie?

Wenn man dergestalt gelernt hat, in den Städten städtebauliche "Wünsche und Träume" anderer und in diesem Sinne Städte auch als ästhetische Zeichen zu lesen, dann ist es nur noch ein kleiner Schritt, ihr spielerisch auch persönlichere Wünsche und Träume "einzuschreiben" und ästhetische Zeichen nicht nur wiederzuerkennen, sondern auch zu **erzeugen**. Damit sind wir beim Spurenlesen.

10. Zur Ästhetik des Spurenlesens

Die Ergebnisse der bisherigen Kapitel wenden wir nun auf die laienwissenschaftliche und geographiedidaktische Methode des "Spurensicherns" an. Unsere These lautet: Ohne ästhetische Einstellung und Selbstreferenz ist Spurensicherung unfruchtbar, zumindest schöpft sie ihre Möglichkeiten bei weitem nicht aus; aber natürlich enthält Spurensicherung zugleich mehr als das (nämlich ein bestimmtes Forschungsdesign, was aber hier nicht unser Thema ist).

Nichts ist von sich aus eine Spur, aber fast alles kann als eine Spur betrachtet und verfolgt werden. In dieser Hinsicht verhält es sich mit Spuren nicht anders als mit (anderen) Zeichen und mit "ästhetischen Gegenständen".

In praxi wird natürlich nicht alles, sondern nur einiges oder wenig als Spur gelesen. Wie aber erfolgt die Selektion von Spuren und Nicht-Spuren? Das ist nach Art und Kontext des Spurenlesens sicher sehr unterschiedlich. Bei der detektivischen, professionellen und "beauftragten" Spurensicherung besteht das Interesse an der Spur vor allem darin, daß sie Antworten auf definierte Fragen ermöglichen soll; wobei diese Fragen im allgemeinen Fragen eines Auftraggebers sind. Anders beim amateurwissenschftlichen oder auch alltagspädagogischen Spurenlesen. Selbst in der heimatkundlich-regionalhistorischen Spurensicherungsliteratur kann man deutlich erkennen, daß die Spuren durchweg **ästhetische** Qualitäten haben und ihre Auswahl nicht unabhängig von solchen Qualitäten erfolgt ist. Auch ein Detektiv mag unter Umständen ein ästhetisches Interesse an einem "seiner" Indizien empfinden; aber er würde sicher nicht mehr auftragsgemäß handeln, wenn er sich, seinen ästhetischen Präferenzen zuliebe, nicht strikt auf die gerichtsverwertbaren Indizien konzentrieren würde.

Im amateurwissenschaftlichen und kunstpädagogischen Spurensichern gibt es deutliche primäre Präferenzen. D.h. die Spuren sind schon vor dem eigentlichen Spurenlesen interessant. Sie werden oft aufgrund eines subjektiven und/oder ästhetischen Mehrwertes gewählt. In der logischen Struktur unterscheiden sich detektivisches und amateurwissenschaftliches Spurenlesen nicht oder kaum, aber die Auswahl der Spuren folgt anderen Kriterien, und vor allem ist diese Auswahl beim amateurwissenschaftlichen Spurenlesen freier und läßt Raum für die genannten subjektiven und ästhetischen Präferenzen. Auch amateurwissenschaftliches Spurenlesen schließt meist eine ich-nahe Selektion der Spuren ein, stellt beim Spurenlesen Ich-Spuren her und kann so etwas von der "Euphorie assimilierenden Handelns" (Boesch) an sich haben.[7]

Mit den herkömmlichen wissenschaftstheoretischen Termini gesagt: Hinsichtlich des "context of justification" (der sachlichen Prüfung und Prüfbarkeit) gibt es keinen Unterschied zwischen den genannten Typen des Spurenlesens; aber der "context of discovery" (der Entstehungs- und Entdeckungszusammenhang) ist hier und dort oft sehr verschieden. Und unsere These läuft darauf hinaus, daß beim amateurwissenschaftlichen Spurensichern auch der Entstehungszusammenhang zum Thema gemacht werden muß.

Ins Spurenlesen muß also Selbstreferenz einfließen, und zwar in doppeltem Sinn. Selbstreferenz erstens im Sinne der Referenz auf den Spurenleser: Das heißt, die Spur als Spur eines Spurenlesers zu betrachten, als Spur seiner Interessen und biographisch gewachsenen Präferenzen. Dabei geht es gewissermaßen um den autobiographischen, den psychischen (oft auch im weitesten Sinne ästhetischen) Mehrwert der Spur, sozusagen um die Spur als Ich-Spur.

Das schließt im allgemeinen auch Selbstreferenz in einem anderen Sinn ein: Selbstreferenz nicht als Selbstreferenz des Spurenlesens, sondern als Selbstreferenz der Spur selber. Spuren werden im Zug des Spurenlesens, wie wir gesehen haben, oft gerade auch ihres ästhetischen Mehrwerts wegen, als **ästhetische** Zeichen gewählt und geschätzt, und das heißt: als **selbstreferentielle** Zeichen, die nicht nur auf etwas anderes verweisen - sei es auf die Geschichte ihrer Entstehung, sei es auf einen Spurenleser - sondern auch auf sich selber, ihre eigenen Qualitäten und Reize, ihre eigene Materialität und Machart, Sinnlichkeit und Sinnhaftigkeit.[8]

Das ist die allgemeinste Formel für ein ästhetisches Interesse an den Spuren, die man erkundet. Sie mag vielen zu leer sein, und deshalb muß man sie konkretisieren. Dieses ästhetische Interesse oder Gefallen hat, wenn man es konkretisiert, sicher viele Dimensionen. Aber vielleicht kann man doch einige Dimensionen des ästhetischen Interesses als privilegiert, d.h., als ästhetisch im engeren Sinne bezeichnen. Ein im engeren Sinne ästhetisches Interesse an einer Spur haben wir z.B. dann, wenn wir sie deshalb schätzen, weil sie uns schon formal reizvoll erscheint, aber auch dann, wenn sie uns an Kunst erinnert (vor allem an etwas erinnert, was als Kunst geschätzt wird). "Ästhetisch" kann man unser Interesse aber auch dann nennen, wenn wir eine Spur schätzen, weil sie - umgekehrt - anerkannte ästhetische Maßstäbe oder sogar den guten Geschmack auf interessante Weise irritiert bis schockiert. Als ein ästhetisches Interesse kann man es schließlich auch ansehen, wenn uns eine Spur deshalb gefällt, weil sie uns auf eine erfülltere Lebenspraxis verweist (und so z.B. wie eine Art Glücksversprechen oder Wunschtraumerfüllung erscheint). Diese vier Register ästhetischen Interesses kommen (wenngleich mit sehr wechselndem Gewicht) wahrscheinlich immer zugleich ins Spiel, wenn etwas, z.B. eine Spur, schon "um ihrer selbst willen" interessiert und gefällt. So geschätzte Spuren haben eine höhere Chance, Ausgangspunkt einer Spurensicherung zu werden und vor allem eine höhere Chance, das Erkundungsinteresse dauerhaft zu motivieren, und unsere These war, daß auch diese Qualität von Spuren zum Thema gemacht werden muß, nicht nur in der Didaktik, sondern auch in der Praxis des Spurenlesens selber.[9]

An diesem Punkt nähert sich die Spurensicherung dann dem kunstpädagogischen Ansatz "Alltagsästhetik". Dort geht es aber dann nicht mehr nur darum, den subjektiven Reiz von Spuren (oder, allgemeiner, von Alltagsgegenständen) zu verstehen, sondern auch darum, diesen Reiz systematisch zu erhöhen, z.B. dadurch, daß alle Dimensionen oder Register ästhetischen Interesses - nun "ästhetisch" im weitesten Sinne - ins Spiel gebracht werden. Es gibt aber keinen Grund, das Spurenlesen nicht auch in diese Richtung zu erweitern.[10]

11. Praxisprobleme

Der Praktiker beruft sich an dieser Stelle notorisch auf das Desinteresse der Schüler: Vielfach - so heißt es - selektieren sie von sich aus überhaupt keine Spuren. Wenn im Rahmen des Unterrichts überhaupt keine Spuren von besonderem Interesse auftauchen, dann bleibt dem Lehrer in der Tat nichts anderes übrig, als mit klugen Finten von **ihm** ausgewählte Spuren "auszulegen". Das Spurenlesen der Schüler nähert sich so von seiner Motivationslage her einem fremdmotivierten bis zwangsveranstalteten Spurenlesen "im Auftrag". Aber auch dann bleibt die Frage der Selbstreferenz und Spurenästhetik bedeutsam. Der Lehrer muß dann **seine** Selektion als eine persönliche und ästhetische Wahl betrachten; dann hat er wohl auch eine bessere Chance zu antizipieren, ob und inwiefern sein Spureninteresse auch ein mögliches Schülerinteresse sein kann.

Mehr noch: Das vom Lehrer selbst explizierte Lehrerinteresse kann für die Schüler selbst interessant sein (z.B.: "Was um alles in der Welt findet die Tante bloß an Trampelpfaden und Unkrautecken?"). Es ist eine alte Erfahrung, daß kaum etwas anderes das Gegenstandsinteresse der Schüler so sehr zu wecken vermag wie ein glaubwürdiges Interesse auf Seiten des Lehrers.[11] Dieser Übertragungseffekt kann durch die Explikation der Lehrerinteressen sicher noch verstärkt werden, und auf diesem Wege können sich wohl auch die Spureninteressen des Lehrers übertragen. Der Lehrer tritt dann - und das ist sicher eine sehr wünschenswerte Situation - nicht als Vertreter irgendwelcher objektiver Interessen oder irgendeines objektiven Wissens auf, sondern als Subjekt mit einer besonderen, an vielen Stellen lückenhaften und mit Zufälligkeiten durchsetzten, aber umso interessanteren Lern- und Motivationsgeschichte.

Wenden wir das nun auf die Standardform einer Spurensicherung an. Sie besteht normalerweise darin, daß die Schüler, die Studenten oder die Jugendlichen einer Reisegruppe (z.B. in einer kleinen Stadt) ausgeschickt werden, um (sei es einige wenige Stunden, sei es mehrere Tage lang) "Spuren" zu identifizieren und - mit alltäglichen Mitteln - deren soziale und historische Bedeutung zu erforschen (d.h. das, was man durch sie oder von ihnen ausgehend über Gesellschaft und Geschichte der Stadt erfahren kann).

Die einzelnen Spurenleser werden sehr unterschiedliche Spuren identifizieren und sehr unterschiedliche Fäden spinnen, die viele hypothetische, falsche oder sogar phantastische Elemente enthalten mögen. Diese Spurensicherung externer Spurensucher kann dann ergänzt werden durch autochthone Spurenleser am Ort (z.B. Mitglieder der Administration, Heimatkundler und Lokalhistoriker, Lokalredakteure und Honoratioren...).

Der Lehrer oder Dozent wird dann Analysevorschläge für die Selbstanalyse der Spurensucher machen. Eine Minimalanforderung an eine solche Analyse besteht darin, daß jede gefundene Spur im doppelten Sinne als eine Spur betrachtet wird: Erstens als Spur einer sozialen und historischen Wirklichkeit und zweitens als Spur eines Spurenlesers. Nennen wir das erste die Objekt- und das zweite die Subjektseite einer Spur. "Die Subjektseite einer Spur betrachten" heißt dann, daß die Spurenleser die Frage verfolgen, was sie gerade zu diesen Spuren gebracht (und vielleicht von anderen abgelenkt) hat, inwiefern die gefundene Spur auch eine Ich-Spur ist und was an geheimer Ästhetik und Biographie darin steckt. (Für eine schlichte Stadterkundung dieser Art vgl. z.B. Hard 1988a)

Aber auch die Objektseite der Spur - die Deutung der Spur als Indiz eines historischen und sozialen Zusammenhangs - hat ihre subjektive Seite. Die Geschichte, die ein Spurenleser von seiner Spur erzählt, kann ja nicht nur daraufhin geprüft werden, ob und inwieweit sie eine wahre Geschichte ist; man kann - unabhängig davon, ob die Geschichte richtig oder falsch ist - immer auch danach fragen, was für eine Art von Geschichte erzählt wird, d.h., von welcher Erzähl- und Forschungsästhetik sie geleitet ist.

Wie aber geht man mit den autochthonen und offiziellen Spurendeutungen um? Die Antwort kann nur lauten: Genauso. Es ist leicht zu sehen, was das heißt: Auf keinen Fall kann es darum gehen, aus diesen offiziellen Spuren und offiziellen Spurenerklärungen **die** Spuren und **die** Spurenerklärungen zu machen. Es kann sich auf keinen Fall einfach um Richtigstellungen oder um die Präsentation richtiger Lösungen handeln. Das liefe leicht auf eine Entwertung der Schülerarbeit hinaus. Gerade wenn es sich um eine gelungene ("ich-involvierte") Spurensuche gehandelt hat, kann die Spannungskurve bei der autoritativen Verkündung der "offiziellen" Versionen stark abfallen. (Eine Schüleräußerung in dem interessanten Dokumentarfilm über Spurensicherung von Wolfgang Isenberg scheint dies gut zu belegen: die eigene Spurensuche und Erkundung sei viel interessanter gewesen als schließlich zu erfahren, wie es wirklich gewesen sei...) Solche möglichen Entwertungs- und Langeweile-Effekte im Verlauf von Honoratiorenbefragungen können wohl vermieden werden, wenn man die Schüler anregt, auch die offiziellen Versionen auf ihre Objekt- und Subjektseite hin zu befragen, d.h. also, in ihnen nicht definitive Wahrheiten und Rätsellösungen, sondern Ergebnisse spezifischer Interessen und Lernumstände zu sehen, die auf ihre Weise ebenso zufällig sind wie die der Spurensucher von auswärts. Warum sollten die Schüler nicht nachfragen, woher der Bürgermeister das weiß, was er sagt, wann und wo er es erfahren hat und wie sein Interesse für solche Gegenstände entstanden ist?

Das waren im Prinzip die Antworten, die implizit in Italo Calvinos Geschichte steckten und die wir etwas zu explizieren versprochen haben: Nämlich einige Antworten auf die Frage, wie ein stumpfer oder abgestumpfter Blick auf die Stadt belebt oder wiederbelebt werden kann. Die Antworten waren natürlich, was die Theorie angeht, nur ein Umriß und, was die Praxis angeht, nur eine Andeutung.

Anmerkungen

1) Auf der Ebene des poetischen Textes von Italo Calvino sind diese Symbolbedeutungen natürlich Mitteilungen über ein poetisches Universum, für Marco Polo, eine Figur dieses poetischen Universums, sind aber auch diese Symbolgehalte Mitteilungen über die Wirklichkeit, d.h., über die Stadt Zobeide.

2) Eine Checkliste würde aus Adjektiven, Substantiven und Verben bestehen, in der neben anderen, unpassenden auch die vermuteten "subjektiven Bedeutungen" (unheimlich, weiblich, geheime Wünsche usf.) enthalten sind; die Schüler streichen jeweils diejenigen Stichwörter an, die für ihr Gefühl irgendetwas mit dem aufgerufenen Reizwort zu tun haben. (Anstelle einer Befragung der Schüler kann - meist mit besserem Erfolg - eine Befragung Außenstehender durch die Schüler erfolgen.) In einem Polaritätenprofil sind die "Anmutungsqualitäten" zu polaren Wortpaaren zwischen Skalen geordnet, z.B. männlich-weiblich, unheimlich-nüchtern. Das sind allround-Mittel, die subjektive Seite von Unterrichtsgegenständen bewußt zu machen, d.h., die im Unterricht normalerweise alleinherrschende Objekterkundung und Objektivierung mit einer Erkundung der Subjektseite dieser Objekte und Objekterkundungen zu verbinden. Der denkbare Einwand, das berühre Intimitäten, sei "bloß subjektiv" und "unfaßbar", ist völlig verfehlt. Es geht (wie Schülern leicht gezeigt werden kann) im wesentlichen um "subjektive" Bedeutungen, die eine **objektiv** feststellbare **kollektive** Geltung haben. Sie sind also nicht bedenklicher als alle anderen Unterrichtsgegenstände aus dem Bereich des Sozialen.

3) Das heißt, sie handelten aufgrund einer sozusagen übernatürlichen Physik und Technologie, die sich nicht z.B. auf die Gesetzesaussagen der modernen Naturwissenschaften, sondern auf eine Theorie der kosmischen Sympathie stützten - sowie auf die Überzeugung, diese All-Sympathie (zu der auch die Korrespondenzen zwischen Innen- und Außenwelt, Traum und Wirklichkeit gehören) technisch nutzen zu können. Wie die Geschichte zeigt, war diese Magie (wie übrigens fast immer) nicht für alle Handlungen zuständig, sondern vor allem für schwierige und hochvalente Fälle von existentieller Bedeutung.

4) Schon die poetische Metaphorik (vom Dichter als Magier und von der Poesie als einer Verzauberung) hält das bewußt, ebenso unzählige Wortgeschichten (z.B. beim Wort "faszinieren" die Sinnverschiebung vom Verhexen zum Entzücken). Aber auch die zitierte Geschichte enthält einen Hinweis: Die nicht mehr magisch verzauberte Stadt ist zugleich "häßlich" geworden.

5) Ober, wie ein französischer Autor (Raymond Bayer) in seinem "Traité d'esthétique" sehr poetisch formuliert: "La beauté, c'est la projection dans les choses de notre chanson intérieure" (zit. nach Ginestier 1968, S. 148). Die Unterscheidung von Assimilation (assimilierender, projektiver, emphatischer) Umweltzuwendung einerseits, Akkomodation (akkomodierender, konfrontativer, am Handlungserfolg kontrollierter Umweltzuwendung andererseits knüpft an Piaget an.

6) "Bevor man betrachtet, träumt man. Bevor sie ein bewußt wahrgenommenes Schauspiel ist, ist jede Landschaft eine Traumerfahrung. Man betrachtet nur die Landschaften mit großem ästhetischem Interesse, die man zuvor im Traum gesehen hat."

7) Eine solche Assimilation ist, wie wir schon sahen, nie bloße Projektion: Die Ich-Umwelt-Differenz wird verringert, aber sie wird nicht aufgehoben. Deshalb kann die Assimilation zweiseitig werden: An den projizierten Ich-Anteilen (den subjektivierten Umweltbestandteilen) können wieder die Ich-Wahrnehmungen verfeinert werden, zu neuen Subjektivierungen bzw. Projektionen Anlaß geben - usw.. Dem Geographen liegt wieder die Geschichte des Landschaftserlebens als Beispiel nahe: Subjekt und Objekt (oder "Seele" und "Landschaft") haben sich in der

fast dreihundertjährigen Geschichte der modernen ästhetischen Landschaftsanschauung in steter Wechselwirkung verfeinert, differenziert und transformiert. Ähnliche Rückkopplungen findet man (auch aus quasi-experimentellen Situationen) beschrieben bei Jüngst, Hg., 1984, Meder 1985, Jüngst und Meder 1986, 1990.

8) Beim Spurenlesen als Forschungsdesign geht es, grob gesprochen, um die Spur, insofern sie auf eine Geschichte, auf Absichten, Handlungen, Ursachen, soziale und historische Entstehungskontexte verweist; beim erweiterten Spurenlesen auch um die Spur, insofern sie auf einen Spurenleser und seine Geschichte verweist, und in beiden Fällen ist die Spur ein (fremd)**referentielles** Zeichen, das wegen seines Signifikats, aber kaum als Signifikant interessiert.

9) Vielleicht ist es gut, das Mißverständnis auszuschließen, "ästhetisch" (sei es im engeren, sei es im weiteren Sinne) meine "ästhetisch wertvoll". Ästhetisches Interesse muß sich nicht auf etwas richten, was nach irgendeinem Kanon als ästhetisch oder künstlerisch wertvoll gilt. Diese Wertdimension braucht in unserem Zusammenhang nicht zu interessieren, weil es überhaupt nicht um guten Geschmack, Geschmacksbildung oder Kunstansprüche (oder etwas Ähnliches) geht.

10) Um einen Eindruck vom kunstpädagogischen Ansatz "Alltagsästhetik" (und seine fruchtbare Ausweitung des Ästhetik-Begriffs) zu bekommen, sind wohl am besten die Arbeiten von Helga Kämpf-Jansen geeignet (vgl. z.B. Kämpf-Jansen 1985). Dieser "Alltagsästhetische Blick" hat natürlich nichts damit zu tun, "das Schöne" oder auch "ästhetisch Wertvolle" im Alltag zu sehen, er ist nicht einmal auf die beschriebenen vier Register ästhetischen Interesses begrenzt. Man beschreibt ihn vielleicht am besten als "gleitend", vielschichtig, multiperspektivisch und vor allem als **entspezialisiert** (und in diesem Sinne unalltäglich), also als **nicht** (nur) alltagspraktisch, **nicht** (nur) funktional, **nicht** (nur) wissenschaftlich, (nur) ökonomisch, **nicht** (nur) künstlerisch usf. Es geht vor allem darum, viele (sozusagen frei- und gleichschwebende) Gegenstandsinteressen, Kontextualisierungen und Sehweisen zuzulassen, zu wecken und durchzuspielen (vom trivialgenüßlichen und kindlichen bis zum wissenden und kritischen, vom animistischen und warenästhetischen bis zum autobiographischen, historistischen und ironischen Blick), um einen - auch den trivialsten - Gegenstand bedeutungsvoller, ich-näher und wahrnehmungswürdiger werden zu lassen.

11) Diese Praxisregel gilt natürlich - wie alle Faustregeln dieser Art - nur unter gewissen Rahmenbedingungen; sie funktioniert z.B. nicht, wenn die Schüler diesen Lehrer von vornherein und unwiderruflich für einen abgrundtief uninteressanten Menschen halten oder wenn der Lehrer seine Spurensicherung zu auftragsgemäß und zwanghaft betreibt, so daß sich die Nachfrage nach der persönlichen Note in seinem Unterricht ohnehin erübrigt.

Literatur

Bachelard, G.: L'Eau et les Rêves: Essai sur l'imagination de la matière. Paris 1942.

Bachelard, G.: La Formation de l'esprit scientifique: Contribution à une psychanalyse de la connaissance objective. Paris 1938. (Deutsche Ausgabe: Die Bildung des wissenschaftlichen Geistes. Frankfurt a.M. 1978.)

Bachelard, G.: La psychanalyse du feu. Paris 1938. (Deutsch: Psychoanalyse des Feuers. München 1985.)

Bachelard, G.: Poetik des Raumes. Frankfurt/M. 1975. (Originalausgabe: La poétique de l'espace, Paris 1957.)

Boesch, E.E.: Das Magische und das Schöne. Stuttgart und Bad Cannstatt 1983.

Calvino, I.: Die unsichtbaren Städte. München 1985.

Chevalier, J. und Gheerbrant: Dictionnaire des Symboles. Bd. 1-4, Paris 1973/74.

Daemmerich, H.S. und J. (Hrsg.): Themen und Motive in der Literatur. Tübingen 1987.

Eliade, M.: Traité d'histoire des religions. Paris 1949 (Nouvelle Édition; Paris 1964)

Filipp, K.H: Geographie im historisch-politischen Zusammenhang, Neuwied und Berlin. München 1975.

Genestier, P.: Pour connaître la pensée de Bachelard. Paris 1957.

Hard, G.: "Spurenlesen" als Beobachtung von Beobachtung. Die Stadtästhetik hinter einem Erkundungsgang. In: Kunst und Unterricht, Heft 124, 1988a S. 23-30.

Hard, G.: Geographische Zugänge zur Alltagsästhetik. In: Kunst und Unterricht, Heft 124, 1988b, S. 15-17.

Hard, G.: Landschaft. In: L. Jander, W. Schramke, H.-J. Wenzel (Hrsg): Metzler Handbuch für den Geographieunterricht. Stuttgart 1982, S. 160-170.

Hard, G.: Selbstmord und Wetter - Selbstmord und Gesellschaft. Studien zur Problemwahrnehmung in der Wissenschaft und zur Geschichte der Geographie. Stuttgart 1988.

Hennings, W. und Hölscher, G.: Natur, Landschaft und Mensch. Eine Unterrichtseinheit für Geographie und Kunst über die Entstehung und den Wandel des Landschaftsbegriffs (AMBOS-Diskussionspapiere 21). Bielefeld 1990.

Jüngst, P. (Hrsg.) mit Beiträgen von Bohle, R., Kuhl-Greif, M., Meder, O., Schulze-Göbel, H.-J.): Innere und äußere Landschaften. Zur Symbolbelegung und emotionalen Besetzung von räumlicher Umwelt (Urbs et Regio, Kasseler Schriften zur Geographie und Planung, Heft 34). Kassel 1984.

Jüngst, P. u. Meder, O.: Zur Grammatik der Landschaft. Über das Verhältnis von Szene und Raum (Urbs et Regio, Kasseler Schriften zur Geographie und Planung, Heft 42). Kassel 1986.

Jüngst, P. und Meder, O.: Psychodynamik und Territorium. Zur gesellschaftlichen Konstitution von Unbewußtheit im Verhältnis zum Raum (Urbs et Regio, Kasseler Schriften zur Geographie und Planung, Heft 54). Kassel 1990.

Kämpf-Jansen, H.: Ein nicht alltäglicher Versuch über das Alltägliche der Dinge oder: Von der Komplexität ästhetischer Erfahrung. In: W. Isenberg (Hrsg.): Analyse und Interpretation der Alltagswelt (Osnabrücker Studien zur Geographie, Bd. 7). Osnabrück 1985, S. 223-235.

Kämpf-Jansen, H.: "Mein Bär ist so schön kuschelig". Die ästhetischen Gegenstände der Jugendlichen. In: Ehmer, H.K. (Hrsg.): Ästhetische Erziehung und Alltag. Lahn-Gießen 1979, S. 163-178.

Kämpf-Jansen, H.: Objekte und Dinge. In: Kunst und Unterricht, Heft 66, 1981, S. 6-15.

Kruckemeyer, F.: Unalltägliche Blicke auf alltägliches Unkraut. In: Kunst und Unterricht, Heft 124, 1988a, S. 31-35.

Kruckemeyer, F.: Unalltägliche Blicke auf Trampelpfade. In: Kunst und Unterricht, Heft 124, 1988, S. 18-22.

Meder, O.: Die Geographen - Forschungsreisende in eigener Sache (Urbs et Regio, Kasseler Schriften zur Geographie und Planung, Heft 36). Kassel 1985.

Schlaffer, H.: Poesie und Wissen. Die Entstehung des ästhetischen Bewußtseins und der philologischen Erkenntnis. Frankfurt a.M. 1990.

Welterfahrung und Weltaneignung: Akzentuierungen der Geographie und ihrer Didaktik

Gerhard Hard

Zeichenlesen und Spurensichern.
Überlegungen zum Lesen der Welt in Geographie und Geographieunterricht

1. Das Spurenparadigma im Kern der klassischen Geographie

Man kann mit guten Gründen argumentieren, daß ein wesentlicher Teil der klassischen Geographie so etwas wie ein "Spurenlesen an der Erdoberfläche", ein Spurenlesen in "Raum" und "Landschaft" war (Hard 1989). Eine solche Beschreibung trifft etwas Wesentliches von dem, was die Geographen taten, wie auch von dem, was sie ihren eigenen Worten nach zu tun glaubten, und es trifft darüber hinaus einen guten Sinn ihres Tuns und ihrer Selbstinterpretation. Es gibt vermutlich wenig Beschreibungsformeln, die in gleichem Maße eine methodologische Struktur, ein treibendes Motiv und einen guten Grund für ein Kernstück des klassisch-geographischen Forschungsprogramms beschreiben; nicht einmal das alte bedeutungsreiche Fahnenwort "Landschaft" scheint mir in diesen Hinsichten gehaltvoller zu sein. Welche Art von "Spuren" bevorzugt aufgelesen und welche Lesarten (Spurendeutungen) präferiert wurden, das variierte sowohl nach Personen wie nach Schulen, National- und Zeitstilen (und zwar auf eine charakteristische Weise, die in nuce die ganze Geographiegeschichte enthält). Kurz, das Spurenparadigma war zumindest **eine** Konstante in der Geschichte der modernen Geographie.

Zuzeiten bildete das Spurenparadigma sogar eine Dominante, z.B. in allen Forschungs(unter)programmen, die man um das Konzept "Morphogenese der Kulturlandschaft" gruppieren kann (von einer am Landschaftskonzept orientierten historischen Geographie ganz zu schweigen). Die geographischen Reflexionstheorien allerdings orientierten sich in allen Fällen explizit an der "Idee der Landschaft"; nur selten und eher beiläufig werden die geographischen Interpretationen der Landschaft genauer als ein Suchen und Lesen von "landschaftlichen Zeichen" bestimmt und diese landschaftlichen Zeichen dann als landschaftlich "sichtbare Spuren" spezifiziert - nämlich als Spuren der "Lebensformen", des "Geistes", der "religiösen, politischen und sozialen Organisation eines Volkes" (Hassinger 1933, S. 170). Von hierher gesehen kann man dann die Versuche, die landschaftsorientierte Kulturgeographie mittels einer "Theorie des objektivierten Geistes" zu interpretieren, als das Resultat einer Bemühung betrachten, das in der Landschaftsgeographie steckende Zeichen- oder Spurenparadigma mit den Termini und Denkfiguren einer idealistischen Kultur-, Bildungs- und Geistphilosophie zu formulieren, wie sie im deutschen akademischen Milieu der ersten Jahrhunderthälfte sehr lebendig war (vgl. z.B. Schwind 1964).

Das Spurenparadigma war sozusagen eine Konsequenz der eigentümlichen Gegenstandskonstitution der modernen Geographie: Sie richtete sich im 19. Jahrhundert auf einen (zumindest auf den ersten Blick) physisch-materiellen Gegenstand, nämlich die Erdoberfläche und ihre irdisch-dinglich erfüllten Räume, Länder und Landschaften, aber dieser physisch-materielle Gegenstand wurde nicht etwa naturwissenschaftlich bearbeitet, sondern als "Wohnhaus des Menschen", und das heißt: in gewisser Hinsicht "hermeneutisch-verstehend" betrachtet (Eisel 1987).

Die Konsequenzen dieser Gegenstandkonstitution versteht man vielleicht am besten, wenn man die Physische Geographie ins Auge faßt. Die Physische Geographie konnte sich, wollte sie dieser Wohnhaus-Formel treu bleiben, eben nicht am "Superparadigma der modernen Naturwissenschaften" und nur sehr in Grenzen an den modernen Geowissenschaften orientieren; sie mußte vielmehr - um es mit einer paradoxen Formel anzudeuten - zu so etwas wie einer "verstehenden Naturwissenschaft" tendieren, die sich zwar auf die natürliche Welt und auf natürliche Gegenstände richtete, diese aber nicht etwa nur oder vorwiegend naturwissenschaftlich, sondern z.B. eher als **intentionale Gegenstände** beschrieb. Diese "Naturbeschreibung" beschrieb die Naturgegenstände also nach alltagspraktisch erlebbaren Sinneinheiten, vor allem als Bedingungen, Mittel, Ziele und Folgen eines menschlichen Handelns im Rahmen einfacher Lebensformen. Auf eben diese Weise setzte sich die Physische Geographie auch in den Stand, sich auf Themen der Geographie des Menschen und auf die humangeographischen Kapitel der Länderkunde zu beziehen; so war sie aber auch imstande, eine Schul- und Laienversion der Geowissenschaften abzugeben.

In der Humangeographie war es noch offensichtlicher, daß die physisch-materielle Welt, die als Inventar eines "Wohnhauses", verstanden wurde, ein Gegenstand des "Verstehens" sein mußte. Dies hat bekanntlich ein großes Feld von mehr oder weniger metaphorischen Beschreibungen hervorgebracht: Erdoberfläche, Landschaft, Raum als Ausdruck, Spiegel, Registrierplatte, photographische Platte, Seismogramm, Seismograph, Palimpsest, Sediment, Reagens, Materialisierung und Objektivierung, Prozeßfeld, Ausdrucks- und Konkretisierungsebene..., aber auch als ein Ensemble von Artefakten, Indikatoren, Zeichen, Indizien, Spuren... von "geistigen" oder "geschichtlichen Kräften", von menschlichen Handlungen und sozialen Prozessen. Die zuletzt genannten drei Begriffe, die uns heute als sehr fruchtbar erscheinen ("Zeichen", "Indizien", "Spuren") waren allerdings sehr selten.

Vereinfacht gesagt, das Explanandum war ein bestimmter, emisch und molar (etwas verkürzt gesagt: alltagsweltlich und fast alltagssprachlich) beschriebener Ausschnitt aus der physischen Welt (eine Selektion, die oft als "Landschaft" oder "Raum" bezeichnet wurde); das Explanans waren Vorgänge in der sozialen Welt. Das war zumindest der **Kern** der Geographie des Menschen, ihre **wirksamste** Orientierungstheorie. Soziale Phänomene wurden vor allem von "Landschaft" und "Raum" her thematisiert; ohne Raumwirksamkeit kein humangeographischer Gegenstand, ohne physische Spuren keine Sozialgeographie (usw.), kurz und altmeisterlich gesagt: Was aber Geographie blieb, stiftete die Idee der **Landschaft**.

Was ist gemeint, wenn man sagt, daß die geographische Beschreibung der physisch-materiellen Welt eher emisch und molar als etisch und molekular war (und zwar - zumindest tendenziell - nicht nur in der Human-, sondern auch in der Physischen Geographie)? "Emisch" und "etisch" (oder auch: "Emik" und "Etik") sind Kunstwörter, die der Dichotomie Phonemik - Phonetik nachgebildet sind; in unserem Falle (sozusagen beim Gegensatz von Geographemik und Geographetik) ist etisch eine Sehweise, die die Phänomene als materielle Ereignisse studiert, und "emisch" meint, grob gesprochen, eine Sehweise, bei der die Phänomene als Bestandteil von Bedeutungs- oder **Zeichensystemen** (im weitesten Sinne) beschrieben werden, im Grenzfall (wie in der Phonologie) nicht als bedeutungstragende, sondern als bloß sinndistinktive Merkmale. In diesem Sinne konnte es unter den beschriebenen Voraussetzungen nie eine wirklich geographische Etik (keine Geographetik) geben, sondern nur eine geographische Emik oder emische Geographie; Geographie war sozusagen notwendigerweise Geographemik, oder sie zerstörte zumindest tendenziell ihr eigenes Paradigma. Dieses Paradigma - "die Erde als Wohn- und Erziehungshaus des Menschen" oder "der konkrete Mensch in Konflikt und Harmonie mit konkret-ökologischer Natur" - funktioniert nur in einer emisch und molar beschriebenen Welt. Das ist auch der Grund, warum die Geographie als Geographie grundsätzlich nicht zu verwissenschaftlichen ist - zumindest nicht auf ihrer **objektsprachlichen** Ebene.

Mit "molarer (vs. molekularer) Weltbeschreibung" ist üblicherweise gemeint, daß die beschriebenen Phänomene im alltäglichen Lebensvollzug als sinnvolle Einheiten erlebt (und deshalb z.B. in praktische Syllogismen, in Handlungserklärung und Handlungsverstehen eingebaut) werden können. Die vielen innergeographischen Äußerungen über "den geographischen Maßstab", einen geographiespezifischen "mittleren" Betrachtungsmaßstab, über eine geographieeigene ("menschengemäße") Größenordnung usf. kann man wohl als Umschreibungen dieses Beschreibungsstils betrachten, der aber nicht so sehr durch einen formalen Maßstab als durch eine bestimmte (im großen und ganzen alltagsweltlich-alltagssprachliche) Semantik, also inhaltlich bestimmt ist.

Die Defizite dieses Spurenparadigmas sind oft beschrieben worden; selbst die Kritik an der Landschaftsgeographie war über weite Strecken zumindest implizit auch eine Kritik des in Landschaftskonzept und Landschaftsgeographie eingeschlossenen Spurenparadigmas: Landschaften und Räume sind sehr lückenhafte Registrierplatten und sehr verzerrungsreiche Projektionsflächen der sozialen Welt, die vieles unter-, über-, gar nicht, zeitlich verzögert, undeutlich-vieldeutig oder völlig irreführend "abbilden"; die Zusammenhänge zwischen den materiellen Spuren und ihren sozialen Bedeutungen weisen keine Regelhaftigkeiten auf; es gibt direktere Zugänge zur sozialen Welt, und der spezifisch geographische Weg über die physisch-materielle Welt führt vielleicht weithin nur zur Illustration von Dingen, die schon in den Lehrbüchern anderer Sozial- und Geowissenschaften stehen...

Diese und andere Kritiken lassen aber einiges übrig, was in bestimmten Kontexten verteidigungswürdig ist. Das "altgeographische Spurenlesen" in Landschaft und Raum kann man zumindest dann verteidigen, wenn man es als eine **"Laienwissenschaft"** und als eine **Didaktik** auffaßt; Spurenlesen und Spurensicherung in Landschaft und Raum scheinen Konzepte zu sein, die zumindest für eine Theorie der (Geographie)Didaktik und für eine Methodologie des Laienwissens und der "Laienwissenschaften" von Nutzen sind. Die (im wesentlichen außergeographische) "Spurensicherungsliteratur" der letzten Jahrzehnte ist schon für sich allein eine Stütze dieser Vermutung (vgl. Isenberg 1987), ebenso die Rolle, die das Spurenparadigma in einer bestimmten Richtung der Freiraum- und Landschaftsplanung spielt (Zusammenfassung und Diskussion bei Hard 1990; als vegetations- und "landschaftskundliches" Beispiel: Hülbusch 1986; ein "didaktisiertes" Beispiel: Hard 1988). Es läßt sich aber auch auf andere Weise plausibel machen.

2. Geographie als Spuren- oder als Zeichenlesen?

"Spuren" kann man als eine besondere Art von Zeichen auffassen (vgl. z.B. Eco 1977, S. 61, 67). Auch in der geographischen Tradition ist gelegentlich von "Zeichen" die Rede, und in den Versuchen, die Landschaft als "objektivierten Geist" zu verstehen, wird eine Art "Semiotik der Landschaft" (wie es heute heißen würde) mit einiger Systematik expliziert, freilich in einer Sprache, deren Stilgesten und Prämissen schon in der traditionellen geographischen Forschergemeinde auf Befremden stießen. Auch die jüngste Literatur enthält durchaus Versuche, eine "Semiotik der Landschaft" zu entwerfen und auszuführen ("une interprétation sémiologique des paysages"), die sich aber, wie mir scheint, unter anderm auch dadurch blockieren, daß sie alsbald nach Konvergenzen zwischen "der semiotischen und der ökologischen Analyse der Landschaft" suchen (vgl. Berdoulay und Phipps 1985). Auch historisch-geographische Studien zu einer "inconography of landscape" (vgl. z.B. Gosgrove and Daniels 1988) kann man als eine Art von geographischer Semiotik auffassen.

Man muß also wohl auch prüfen, ob eine Zuspitzung auf "Spuren" und "Spurenlesen" vielleicht zu pointiert (oder sogar falsch) ist, zumindest dann, wenn es um eine schul- und laienwissenschaftliche Geographie geht. Vielleicht ist es sinnvoll, die Landschaft nicht oder nicht nur als ein Ensemble von Spuren, sondern (allgemeiner) als ein Ensemble von Zeichen (und folglich Geographie eher und allgemeiner als Zeichenlesen denn als Spurensicherung, eher als eine Semiose denn als eine detektivische Tätigkeit) zu betrachten.

Ob das eine mögliche geographische Welt oder wenigstens ein sinnvolles laien- und schulgeographisches Paradigma ergibt, kann man auf unterschiedliche Weise prüfen. Hier soll das zunächst nicht diskursiv, sondern durch Vorzeigen eines Beispiels geschehen. Es handelt sich um Geschichtchen aus Italo Calvinos "Unsichtbaren Städten".

Die Rolle, die diesen Geschichtchen zugedacht ist, kann man wiederum mit semiotischen Mitteln beschreiben, und das scheint mir an dieser Stelle auch sinnvoll: so können einige einfache semiotische Begriffe eingeführt werden, die dann bei der Interpretation der Geschichten sehr nützlich sind.

Semiotisch gesehen fungiert der Text von Italo Calvino als ostensives Zeichen, und zwar als ostensives Zeichen für das Paradigma "Die (Stadt)Landschaft als ein Ensemble von Zeichen" (oder "Die Stadtlandschaft als ein Konglomerat heterogener Zeichensysteme"). Nach einer berühmten Definition ist etwas dann ein Zeichen, wenn es (natürlich immer nur in gewissen Hinsichten und in Bezug auf jemanden) für etwas anderes steht, was es selber nicht ist. Mittels eines Zeichens nimmt man also nicht unmittelbar, sondern mittelbar (mittels eines Zeichens) Notiz von etwas. Der Zeichenprozeß (die Semiose) besteht darin, daß ein (meist materieller) **Zeichenträger** (ein Signifikant) etwas meint (nämlich ein Signifikat) und sich so (nicht immer, aber zuweilen) auf eine Bezugsrealität (den Referenten) bezieht. Mit "Zeichen" ist zuweilen die Einheit aus Signifikant und Signifikat gemeint, häufiger (wie im folgenden) aber der Signifikant allein. Der Lautkörper oder Signifikant /Landschaft/ bezeichnet so z.B. einen geistigen Gegenstand "Landschaft" (der so das Signifikat von /Landschaft/ ist), und dieser bezieht sich auf eine Realitätlandschaft - falls es das gibt: denn selbstverständlich gibt es Signifikate ohne Referenten.[1]

Zwar steht ein Zeichen prinzipiell für etwas, was es selber nicht ist und wovon man nicht unmittelbar, sondern nur mittelbar (zeichenvermittelt) Notiz nimmt. Ein ostensives Zeichen ist aber der auffällige Sonderfall eines Zeichens, welches in gewissem Sinne und bis zu einem gewissen Grade auch ist, was es bezeichnet (durch welches man also nicht nur mittelbar, sondern in gewisser Hinsicht auch unmittelbar Notiz vom Bezeichneten nehmen kann). Man kann es auch so sehen: Ein Gegenstand wird als Zeichen für eine Klasse von Gegenständen gewählt, denen er selber angehört - oder so: Ein Referent wird semiotisiert (Eco 1977, S. 64).

In unserem Falle wird ein Dichtertext (als ostensives Zeichen) vorgezeigt, der ein Paradigma meint, das er selbst ausführt; so wie man einen Stengel des Unkrauts Conyza canadensis vorzeigen kann, um klarzustellen, was "Conyza canadensis" meint. Das Exemplar, das ich vorzeige, wurde von manchen Semiotikern auch ein "ikonisches Zeichen" genannt, dessen "Ikonizität" darin liegt, daß es, lasch gesagt, dem ähnlich sieht, was es bezeichnen (im Sinne von: referieren) soll.[2] Der Stengel, den ich vorzeige (und der, wenn ich ihn vorzeige, nicht diesen Stengel, sondern die Art Conyza canadensis meint), ist kein **völlig** ikonisches Zeichen. Er hat durchaus einiges an sich, was nicht für alle Exemplare von Conyza canadensis gilt; er mag z.B. ungewöhnlich üppig und blütenreich sein. So ist auch der Text von Italo Calvino z.B. poetischer, als geographische und andere Anwendungsfälle dieses Paradigmas sein könnten. Dem Zeichenprozeß und dem Verstehen braucht das nicht zu schaden, eher im Gegenteil. Auch auf botanischen Exkursionen ist es besser, Conyza canadensis durch ein eindrucksvolles und vitales Exemplar zu signifizieren als durch ein mickriges. Voraussetzung ist nur, daß der Text von Italo Calvino zumindest auch im intendierten Sinne als Zeichen wahrgenommen wird (und z.B. nicht "nur" als Poesie).

Beim Kommentar der Texte wird ein wenig so verfahren, als habe Italo Calvino Umberto Eco und Umberto Eco Italo Calvino gelesen (und der eine sich auf den anderen abgestimmt). Das ist zwar empirisch-historisch keineswegs abwegig, führt aber stellenweise vielleicht zu einer etwas rigiden und reduktiven Lektüre. Vom Zweck der Lektüre her mag es trotzdem gerechtfertigt sein. Denn, um es noch einmal zu sagen, die Lektüre meint ja nicht den Text an sich oder z.B. als Poesie, sondern vor allem den Text als ostensives Zeichen für ein bestimmtes Paradigma, d.h. eine bestimmte Denkstruktur und Art von worldmaking (Goodman 1984).

Das Vorzeigen eines Poeten oder die Demonstration mittels eines poetischen Exemplars kann auch noch in anderer Hinsicht sinnvoll sein. Im Schutz poetischer Lizenzen und im Rahmen "fiktiver Realitäten" (N. Luhmann) werden nicht selten Denkmöglichkeiten erzeugt, zu denen das Schritt-für-Schritt-Denken einer wissenschaftlichen Fortschrittsbewegung (welches unter viel größeren Kontinuitätszwängen steht und viel genauer an sich selber anknüpfen muß als die Innovationsbewegungen der modernen Kunst) auch innerhalb von sehr weiten Zeithorizonten von selber kaum gekommen wäre. Möglicherweise sind diese Vorsprünge methodologisch und praktisch einholbar, möglicherweise liegen sie jenseits aller Erreichbarkeit, aber auch dann können sie nützlich sein. Zumindest steigern solche Texte unser Kontingenzbewußtsein gegenüber der real existierenden Geographie, gegenüber dem, was wir für Geographie halten und was uns in der Geographie als möglich erscheint. Kunst und ästhetische Erfahrung sind ja oft genug als "Kontingenzdarstellungsraffinesse" (oder "Kontingenzbewußtseinerzeugungsraffinesse") charakterisiert worden, und obwohl Kunst und ästhetische Erfahrung sicher nicht nur das sind, so sind sie das doch wenigstens **auch**: Die Kunst als die Kunst, alles als auch anders möglich zu präsentieren und als Vorführung andernorts ausgeschlossener Möglichkeiten.

Überdies haben poetische Texte eine gewisse gefällige Sperrigkeit, eine farbige Opakheit, und sie können deshalb weniger leicht weggelesen werden. Sie setzen der glatten Lektüre (sei es durch inhaltliche, sei es durch formale Verfremdungen) einen Widerstand entgegen, der aber nicht ermüdet, sondern eher reizt. Der Blick wird günstigenfalls sozusagen lustvoll arretiert, stolpert mit Vergnügen über die Verständnisschwierigkeiten, und eben dadurch verweilt er und wird zugleich intensiviert. Oder, in den bekannten Termini: Die - gegenüber der erwarteten Glätte und konventionellen Korrektheit normaler Texte - irregulären Züge tragen dazu bei, Selbstreferenz ("Autoreflexivität") und Ambiguität ("Polyvalenz") herzustellen. Dann steigern sich die Vielsinnigkeit und der Selbstbezug des Textes wechselseitig, und zwar so, daß auch eine "Erkenntnis" herausspringt. (Zur Erkenntnisfunktion der Kunst - auch relativ zur "Wissenschaft" - vgl. Goodman 1973, 1984.)

Den Vorteil, in diesem Fall poetische statt wissenschaftliche Texte zu wählen, bemerkt man vielleicht am besten im Vergleich - etwa, wenn man Italo Calvinos Texte mit den Texten eines Buches wie "The City as a Sign - An Introduction to Urban Semiotics" vergleicht, wo sich die "Semiotik der Stadt" als ein **wissenschaftliches** Programm präsentiert (Gottdiener und Lagopoulos 1986). **Diese** theoretisch-szientisch ambitionierten "unsichtbaren Städte" wirken **im Vergleich** - zwar nicht an jeder Stelle, aber doch über weite Strecken hin - nicht nur ziemlich umständlich und pedantisch, inhaltsarm und redundant, sie scheinen auch vielerorts viel weiter von der Sache selbst entfernt zu sein, und es wäre leicht zu zeigen, daß sie auch in höherem Maße von populären Vorurteilen und Ideologemen durchzogen sind, die nun mittels der Termini und Theoreme der Semiotik "verwissenschaftlicht" werden.

Sicher stellte die Semiotik einmal eine strahlendere Mode dar als heute. Zumal im Bereich Urbanistik und Architektur war die Literatur noch bis weit in die 70er Jahre von Semiotik und semiotischen Jargons geradezu überschwemmt. Damals wurde die Semiotik oft sogar zu einem **Aviso** auf eine neue theoretische Grundlage für zahlreiche, vielleicht alle Wissenschaften (zumindest alle Kultur- und Geisteswissenschaften). Auch dieser Fundamentalismus hat seine Versprechen nicht gehalten, und wie so oft entpuppten sich großspurige Inter- und Transdisziplinaritäten **bloß** als gewagte (bis irreführende) Spiele mit Metaphern. Andererseits hat der semiotische Blick noch immer einige Vorzüge, die man sich nicht entgehen lassen sollte: Der Wissenschaftler kann sich auf diese Weise seine gewohnten Gegenstände nicht nur einfach umformulieren, sondern auch überraschend verfremden und so seinen abgestumpften Blick auf scheinbar altvertrautes Gelände ent-automatisieren. Solche Neubelebungen erstarrter Wahrnehmungsfelder sind für **Lehrer** wohl noch wichtiger als für Wissenschaftler im engeren Sinn. Dabei können bisher übersehene Probleme auftauchen, alte Probleme eine klarere Form erhalten und scheinbare Grund- und Kernprobleme sich in Luft auflösen.

3. Was kann das meinen: "Die Geographiedidaktik neu denken"?

Was verbindet diesen Aufsatz über "Geographie als Zeichen- oder Spurenlesen" mit dem Vorsatz, "die Geographiedidaktik neu zu denken"?

Die Didaktik der Geographie hat etwas mit der Geographie zu tun, aber zugleich ist sie auch (wie in jüngster Zeit vor allem Köck mit Recht betont hat) eine Disziplin von prinzipiell anderer Art als die Geographie. Wie man über das Lernen und Lehren physikalischer Gegenstände nicht in einer physikalischen Sprache sprechen kann, so auch nicht in einer geomorphologischen Sprache über "Geomorphologie im Unterricht". Das gilt für alle Teile der Geographie und für die Geographie insgesamt. Zu Verwechslungen kann es nur kommen, wenn man - z.B. - "Didaktik der Geomorphologie" mit "einfacher Geomorphologie" oder einer "Geomorphologie für Lehrer und/oder Schüler" (oder etwas ähnlichem) verwechselt.[3]

Mehr hat die **Didaktik** eines Faches schon mit der **Metatheorie** eines Faches zu tun. (Das gilt besonders dann, wenn man Metatheorie und Wissenschaftstheorie nicht bloß als eine Forschungslogik i.e.S., d.h. als eine Analyse und Rekonstruktion der Begründungszusammenhänge, sondern auch als eine "Epistemologie" versteht, die die Entstehungs-, Wirkungs- und Verwertungszusammenhänge einschließt und nicht zuletzt auch die disziplinäre Gegenstandskonstruktion und Semantik beschreiben will - sowie den eigentümlichen Wissenstyp, den die betreffende Disziplin repräsentiert.) In einer Didaktik wie in einer Metatheorie der Geomorphologie wird gleichermaßen nicht geomorphologisch, sondern über Geomorphologie gesprochen, und es leuchtet unmittelbar ein, daß man über die Art, wie Geomorphologen Theorien bilden oder wie Geomorphologie unterrichtet werden soll, nicht so sprechen und theoretisieren kann wie z.B. über Berg, Tal und Abtragung, Tropenkarst und Rumpfflächen. Um beim gleichen (aber nicht beliebigen) Beispiel zu bleiben: "Geomorphologisch beobachten" (also das, was in der Geomorphologie geschieht) ist etwas fundamental anderes als "Beobachten, wie Geomorphologen beobachten" (also das, was in einer "Forschungslogik der Geomorphologie" geschehen sollte), und es ist auch etwas fundamental anderes als "beobachten, wie Geomorphologie gelernt (oder unterrichtet) wird" (was - unter anderm - in einer "Didaktik der Geomorphologie" geschehen sollte). Das Beispiel zeigt im übrigen, daß auch ein Didaktiker einer Disziplin natürlich **verstehen muß**, was die Angehörigen der Disziplin reden - und daß z.B. ein Didaktiker der Geomorphologie in diesem Sinne, aber eben nur in diesem Sinne, eben auch ein Geomorphologe sein muß.

In Disziplinen wie der Geographie, die sowohl Züge einer diffusen Disziplin wie einer folk science besitzen, stehen sich Wissenschaftstheorie und Didaktik besonders nahe, nicht zuletzt deshalb, weil die Gegenstandskonstitution und die "Welterzeugung" solcher Disziplinen in hohem Maße alltagsweltlich-alltagssprachlich und "laienwissenschaftlich" (wenn man will: molar und emisch) geblieben sind. Folglich können die angemessenen Sachanalysen und Lerntheorien der Forschungslogiker einerseits, der Didaktiker andererseits in solchen Disziplinen inhaltlich nicht sehr weit auseinanderliegen, so sehr sie sich an der Oberfläche unterscheiden mögen. Das heißt natürlich nicht, daß Forschungslogik/Metatheorie und Didaktik einer solchen diffusen folk science einfachere Aufgaben wären als die Forschungslogik und Didaktik einer kompakteren und esoterischen Disziplin. Ein solcher Schluß vom exoterischen und tendenziell alltagssprachlichen Charakter einer Theorie auf die Einfachheit ihrer Interpretation ist bloß eine semantische Stufenverwechslung: So, wie ja auch aus der Verworrenheit oder Minderwertigkeit eines Textes nicht folgt, daß auch seine Interpretation verworren oder gar minderwertig sein müßte oder sein dürfte.

In Disziplinen, die einen Wissenstyp der beschriebenen Art vertreten, haben auch Theorien, Grundlegungen und Legitimationen der Disziplin fast immer (und zumindest bis zu einem hohen Grade) **zugleich** einen forschungslogisch-epistemologischen **und** einen didaktischen Sinn. Die Selbstdeutungsliteratur der Geographie (das Panorama ihrer Identitäts- und Reflexionstheorien) ist seit mindestens 150 Jahren ein gutes Beispiel. Im Falle der Geographie kommt z.B. hinzu, daß auch die deutsche akademische Geographie von Anfang an (vor allem bei ihrer Etablierung als Universitätswissenschaft nennenswerten Ausmaßes im letzten Drittel des 19. Jahrhunderts) vor allem als eine Schul- und Lehrausbildungswissenschaft programmiert worden ist; das war jedenfalls die kulturpolitische Intention und Funktion, von denen die bemerkenswerte Expansion der Geographie an den deutschen Universitäten im späten 19. Jahrhundert vor allem getragen wurde. Die Fragen, was Geographie sei, was die Gegenstände der Geographie seien und wie Geographie betrieben werden sollte, waren bis zu einem hohen Grade schon immer identisch mit den Fragen, was die Schulgeographie und die Unterrichtsgegenstände der Geographie seien und wie Geographie an der Schule unterrichtet werden sollte. Und was für die Fragen gilt, das gilt auch für die Antworten.

Natürlich durften diese Parallelismen kaum zugestanden, ja, nicht einmal bemerkt werden; deshalb wurden auch die Terminologien immer wieder künstlich dissimiliert (und der Didaktik-Charakter der geographischen Identitäts- und Reflexionstheorien dissimuliert). Es ist aber wohl in jedem Einzelfall leicht, den Schlüssel zu finden, mit dem man eine "Theorie der (richtigen) Geographie" in eine "Theorie des (richtigen) Geographieunterrichts" umformulieren kann (und umgekehrt).

In solchen diffusen und volkswissenschaftlichen Disziplinen ist es auch weit weniger angemessen als anderswo, nach **einer** Grundlegung, **einer** fundamentalen Theorie oder auch nur nach **einem** Einheitsgesichtspunkt zu suchen (weder dann, wenn es um Normierung, noch dann, wenn es um Deskription geht). **Hier** interessiert das vor allem im Hinblick auf die Didaktik der Geographie.

Das gilt (nicht ganz, aber doch ziemlich) unabhängig davon, ob wir die Geographie selber für heterogen und polyparadigmatisch halten - oder ob wir zugestehen, daß zumindest die klassische Geographie im wesentlichen von und nach einem einzigen "Kernparadigma" lebte (jenseits dessen es für die Geographie auch künftig nicht mehr viel zu holen und zu finden gibt). D.h., unsere "Multiperspektivitätsthese" ist unabhängig von der Auffassung darüber, ob die Geographie (und sei es nur die klassische) in irgendeinem Sinne ein Paradigma besitzt oder besaß, ob sie selber mono- oder polyparadigmatisch ist oder war (usw.).[4] Die Warnung vor monistischen Auffassungen und Begründungen bezieht sich vielmehr auf die unausweichlich volks-, schul- oder laienwissenschaftliche Dimension oder Komponente der Geographie.

Die Gegenstände solcher Disziplinen sind - an Hochschule und Schule - weder esoterisch noch stabil zu halten, einfach, weil sie nicht scharf genug von außerdisziplinären und außerwissenschaftlichen Kontexten und Interessen zu trennen sind. Ihre Fragen und Antworten werden deshalb auch nie situations- und subjektneutral genug sein, um einen szientischen, im eigentlichen Sinne wissenschaftlichen Gegenstand zu konstituieren, der dann jenseits der rupture épistémologique (dem szientifischen Bruch mit der Alltagswelt) eine relativ autonome Evolution beginnt. Externe Erkenntnisinteressen und Gesichtspunkte externer Publika reichen so tief in die Gegenstandskonstitutionen der Disziplin hinein, daß man im Innern solcher Disziplinen einfach keine relativ kontextisolierten und zeitstabilen (und eben deshalb eigenläufig-fortschrittfähigen) Forschungsprogramme normalwissenschaftlicher Art aufführen kann - es sei denn unter solchen Gegenstandsverschiebungen, Problem- und Horizontverlusten, daß genau diejenigen Erkenntnisinteressen nicht mehr bedient werden können, von denen die Disziplin lebt. Außerdem landet man dann unweigerlich bei einer schon bestehenden Disziplin außerhalb der Geographie.

Eine solche diffuse Disziplin wie die Geographie sieht sich also immer einem sehr beweglichen Feld von Interessen und rasch wechselnden Wertgesichtspunkten gegenüber. Die Gegenstände selber sind, wie gesagt, durchweg alltagsweltlich, und zwar unausweichlich (jenseits endet die Geographie und fängt immer eine bereits existierende Disziplin an). Sie haben also per se etwas Triviales an sich. Umso wichtiger ist es, daß sich solche Disziplinen nicht in ihre Trivialitäten einsperren. Ihre Gegenstände können sie, wie gesagt, nicht abschütteln, auch nicht durch Verwissenschaftlichung. Sie müssen sich also auf andere Weise enttrivialisieren: Durch eine episodische bis periodische Enttrivialisierung des Blicks.

Man sollte es also auf immer neue Weise versuchen, die Gegenstände solcher Disziplinen durch Verfremdung zu beleben. Vor allem **didaktische** "Theorien" sollten in solchen Fächern keine Versuche sein, "Grund" zu legen, neue oder gar sichere Fundamente zu schaffen, Begründungen oder Legitimationen zu liefern; sie sollten eher Anstöße sein, es auch einmal anders zu sehen und anders zu versuchen. Solche Verfremdungen haben dann nicht nur einen Wert als Enttrivialisierungsstrategien (und Strategien gegen die Verbiederung der geographischen Welt und vor allem des Erdkundeunterrichts), sondern auch im Hinblick darauf, daß hier für unausweichliche und unausweichlich triviale Gegenstände alte Interessen wieder belebt und neue Interessenten gewonnen werden müssen.

In eben diesem Sinne wird hier (Stadt)Geographie als Zeichenlesen und Spurensicherung abgehandelt, aber das beansprucht nicht, eine **Alternative** zu irgendetwas zu sein, z.B. zu einer curriculum-, qualifikations- und lernzieltheoretischen Betrachtung, zu einer "Geographie als politische Bildung", zu einer Wiederentdeckung der ästhetischen Komponenten der Geographie und des geographischen Lernens - oder zu irgend etwas anderem.

Solche Verfremdungen (ein solches Neu-Denken der Geographiedidaktik durch Verfremden geographischer Gegenstände) leben in jedem Fall davon, daß auch andere Perspektiven präsent gehalten werden; sie müssen in gewissem Sinne den Reiz stereoskopischer Blicke bieten. Es mag sich dabei, wenn man die Sache mit Abstand betrachtet, um revitalisierte Traditionalismen oder um wirkliche Innovationen handeln; der Vorschlag mag vom Zeitgeist inspiriert oder gegen den Zeitgeist gerichtet sein (wenngleich ein - relativ zum Zeitgeist - widerborstiger bis "blöder Blick" die Enttrivialisierungsfunktion wohl im allgemeinen besser erfüllt).

Die didaktische Devise, die Blickpunkte zu vervielfältigen und immer mehr als eine Perspektive präsent zu halten (statt tendenziell exklusive Sehweisen mit Allgemeinheitsanspruch zu produzieren), hat eine gewisse oberflächliche Nähe zu einer Tendenz, die man gern als "postmodern" bezeichnet; sie erinnert zumal an das heute von allen Dächern gepfiffene "postmoderne" Programm, die umfassenden, universale Geltung beanspruchendem "Metadiskurse" außer Wert zu setzen (und dann Welt und Gesellschaft lieber als Multiversen - oder gar als Konglomerate aus regionalen Sinnprovinzen zu betrachten).

Substantieller und in unserem (didaktischen) Zusammenhang auch wichtiger ist die Nähe zu einer bestimmten Uminterpretation und Umbildung des Begriffs "Bildung".

Der Bildungsbegriff war (als "Allgemein-" und "allgemeine Menschenbildung") in seinem Kern ein Projekt der Einheit und Ganzheit, der Synthese, Versöhnung und Harmonisierung von

Welt und Person, von Gesellschaft und Individuum. "Bildung" ist schon von Hause aus eine Idee des Widerstandes gegen die Zersplitterung und Differenzierung der modernen Welt: Allheit und Allgemeinheit gegen Vielheit und Zerstreuung; Bildung war so etwas wie die Selbstkonzentration des Ganzen (der Welt) in einem ganzen, d.h. gebildeten Geist. Dies war auch noch die Basis der ideologischen Ausformungen dieser Bildungsidee.

Für Geographen lag es nahe, diese Bildungsidee - mit den entsprechenden Verkürzungen und Trivialisierungen - in die eigene Disziplin und ihren disziplinären Gegenstand zu projizieren. Solche "Bildung" schien schon durch die Art des disziplinären Gegenstandes, seine Einheit, Ganzheit, "Welthaltigkeit" und Totalität gewährleistet zu sein - und natürlich, durch den ganzheitlichen, verbindend-verknüpfenden geographischen Blick. "Geographische Bildung" war in den Augen der Geographen so etwas wie Allgemeine Menschen-Bildung Kat'exochen; sie überwand die Zersplitterung des Wissens, des Menschen und der Welt (und dabei sogar die Kluft zwischen Natur und Kultur) durch den synthetischen geographischen Blick.

Dieser geographische Blick wurde wieder über den Gegenstand der Geographie gerechtfertigt und gewissermaßen ontologisch gesichert: Die Ganzheitlichkeit des Gegenstandes erzwang gewissermaßen den ganzheitlichen Blick, der seinerseits wieder den ganzen Menschen bildete. So war die "Bildung" hier - gegen die eigentliche Intention der modernen Bildungsidee - nicht in der Person, sondern in der Wirklichkeit selber verankert, war weniger eine subjektive Leistung als eine Art "Geschenk des Seins".

Relativ zu dem Problem, welches die moderne Bildungsidee zu lösen versuchte, war die geographische Variante eine Art von erschlichener Versöhnung. Ihre Plausibilität lebte davon, daß die modernen Differenzierungen und Zersplitterungen, gegen die die genuine Bildungsidee sich richtete, in der geographischen Weltperspektive noch gar nicht vollzogen worden waren; der in gewissem Sinne (nämlich relativ zu fast allen modernen Wissenschaften) archaische, undifferenzierte Blick des Geographen bewahrte eine bestimmte Ganzheit des Gegenstandes (und die Geographie vor dem spezialistischem Zerfall). So konnten die Geographen glauben, über etwas hinaus zu sein, wo sie noch gar nicht gewesen waren.

Aber auch ganz unabhängig von dieser besonderen und besonders fragwürdigen geographischen Variante wird zuweilen gesagt, Bildung/Allgemeinbildung könne heute genau das nicht mehr sein: nämlich eine Verteidigung von Integrität, Einheit, Ganzheit und Allgemeinheit gegen die herrschenden Differenzierungen, Partikularisierungen und Spaltungen von Gesellschaft, Welt und Wissen. "Allgemeinbildung" müsse vielmehr - umgekehrt - Widerspruch und Widerstand gegen die "herrschende Allgemeinheit", die herrschenden Universalisierungen, Vereinheitlichungen und Eindeutigkeiten kultivieren, also "Destruktion der herrschenden Allgemeinheit" (Künzli 1986, S. 69) sein. "Allgemeinheit", "Übereinstimmung", "eine gemeinsame Wirklichkeit" mögen einmal ein sinnvoller (Schul)Bildungsauftrag gewesen sein; heute würden sie eher durch die Massenmedien, eine gemeinsame Konsumwelt, allgemeiner: durch die herrschenden Verhältnisse selber hergestellt. In einer solchen Situation müsse eine humane Bildung eher auf ein Zusammenleben-können auch **ohne** Übereinstimmung und **ohne** die **eine**, gemeinsame Wirklichkeit abzielen.

Von hier aus gesehen erscheinen dann auch die herrschenden Lehrpläne (ja fast alle herrschenden Didaktiken und Pädagogiken) als eine einzige Kette fiktiver Versöhnungen, falscher Integrationen und gewaltsamer Vereinheitlichungen von Wissensbeständen, Anforderungen und Zielen, die tatsächlich unaufhebbar heterogen, ja disparat und widerspruchsvoll sind. Demgegenüber bestehe die **heute** sinnvolle "Allgemeinbildung" dann weniger in einer Sicherung von Einheit als in einer Kultivierung simultaner Unvergleichbarkeiten. Das heißt natürlich nicht einfach: abkoppeln, re-partikularisieren, Auflösen bloß fiktiver und erzwungener Zusammenhänge und Ganzheiten (usf). Diese "Allgemeinbildung gegen die herrschenden Allgemeinheiten" gewinnt ihren Wert und Inhalt gerade durch kontinuierliche Auseinandersetzung mit den Geltungsansprüchen und partiellen Richtigkeiten der herrschenden Universalien (Abstraktionen, Theorien, Normen, Lebensformen usf.)[5].

Diese Andeutungen müßte man natürlich ausführen. Es ist aber wohl leicht zu sehen, daß die skizzierten geographiedidaktischen Devisen einer "Ent-Trivialisierung" der geographischen Gegenstände gut zu einer solchen "geographischen Allgemeinbildung gegen die herrschenden Allgemeinheiten" passen.

4. Die Stadt Tamara

Tagelang geht der Mensch zwischen Bäumen und Steinen einher. Selten verweilt das Auge auf einem Ding, nämlich wenn er es als Zeichen für etwas anderes erkannt hat: Eine Spur im Sand deutet auf das Vorbeikommen eines Tigers, eine Pfütze verheißt eine Wasserader, die Hibiskusblüte das Ende des Winters. Alles übrige ist stumm und auswechselbar; Bäume und Steine sind nur, was sie sind.

Schließlich führt die Reise zur Stadt Tamara. Man kommt ins Innere durch Straßen, randvoll mit Ladenschildern, die aus den Mauern herausragen. Nicht Dinge sieht das Auge, sondern Figuren von Dingen, die andere Dinge bedeuten. Die Zange bezeichnet das Haus des Zahnbrechers, der Becher die Taverne, die Hellebarden das Wachkorps, die Handwaage die Gemüseverkäuferin. Statuen und Schilde zeigen Löwen, Delphine, Türme, Sterne: Zeichen dafür, daß etwas - wer weiß, was - zum Zeichen einen Löwen oder Delphin oder Turm oder Stern hat. Andere Signale machen auf etwas aufmerksam. Was an einem Orte verboten ist - mit Karren in die Gasse hineinfahren, hinter dem Kiosk urinieren, von der Brücke aus angeln - oder auch gestattet - Zebras tränken, Bocce spielen, die Leichen der Verwandten verbrennen. Von der Tempeltür aus sieht man die Statuen der Götter, ein jeder mit seinen Attributen versehen: dem Füllhorn, der Sanduhr, der Meduse, wodurch die Gläubige sie erkennen und ihnen die richtigen Gebete zuwenden kann. Trägt ein Gebäude kein Wahrzeichen oder keine Figur, genügen seine Form und seine Lage im Gefüge der Stadt, um die Funktion auszuweisen: der Königspalast, die Münze, die pythagoräische Schule, das Bordell. Auch die Waren, die von den Verkäufern an den Ständen ausgelegt werden, gelten nicht für sich selber, sondern als Zeichen für andere Dinge: Das gestickte Stirnband heißt Eleganz, die vergoldete Sänfte heißt Macht, die Folianten des Averroes heißen Wissen, das Geschmeide fürs Fußgelenk heißt Wollust. Der Blick überfliegt die Straßen wie beschriebene Seiten: Die Stadt sagt alles, was du zu denken hast, läßt dich ihre Rede wiederholen, und während du Tamara zu besuchen glaubst, registrierst du nur die Namen, mit denen sie sich selbst und alle ihre Teile bezeichnet.

Wie die Stadt unter dieser dichten Hülle von Zeichen wirklich ist, was sie enthält oder verbirgt - der Mensch verläßt Tamara, ohne es erfahren zu haben. Draußen dehnt sich das leere Land bis zum Horizont, tut sich der Himmel auf, wo die Wolken laufen. In der Form, die Zufall und Wind den Wolken verleihen, ist der Mensch schon im Begriff, Gestalten zu sehen: ein Segelschiff, eine Hand, einen Elefanten.

Die Geschichte Italo Calvinos besteht aus drei Abschnitten. Der erste und der dritte Abschnitt enthalten lakonische Reflexionen zu einer Philosophie der Zeichen. Im ersten Abschnitt geht es vor allem um die Genese von Zeichen, im dritten und letzten vor allem um das Verhältnis von Zeichen und Wirklichkeit. Wie es sich für poetische Texte gehört, scheinen diese Reflexionen auf den ersten Blick ganz klar zu sein, verwandeln sich aber für den näheren Blick in anregende Vieldeutigkeiten, in denen fast alle Probleme und Rätsel der Semiotik anwesend sind. Der zweite, mittlere und größte Teil der Geschichte handelt von einer der "unsichtbaren Städte" (nämlich von Tamara), und schon in der flüchtigen Lektüre erscheint die Stadt hier als ein Konglomerat aus sehr unterschiedlichen und vollkommen lesbaren Zeichensystemen, mit denen die Stadt "sich selbst und alle ihre Teile" beschreibt. Die Geschichte enthält also in gewissem Sinne einen Grundriß der Semiotik und eine Anwendung auf die "Stadtlandschaft". Zunächst die erste Reflexion.

4.1 Stumme Zeichen und beredte Spuren

"Bäume und Steine" stehen für die Welt der Stadt - die Stadt und ihre Gärten - oder auch für die Welt überhaupt. Daß das Auge des Städters in dieser Welt gemeinhin nicht "verweilt", wurde auch in Perzeptionsstudien immer wieder als "Forschungsergebnis" präsentiert. Man muß diese Ausgangssituation verdeutlichen, weil sie - wie der Text dann zeigt - die Matrix der Semiose (der Zeichenerzeugungssituation) ist.

Die öffentliche Stadt ist für die Städter normalerweise Übergangs- und Durchgangs-, nicht Aufenthaltsort. Fast alle Aktivitäten, die etwas anderes erkennen lassen, sind ephemer - oder aber auffällig und unalltäglich. Die Ziele, Absichten, Projekte, die jedermann meist routiniert verfolgt oder zu verfolgen scheint, lassen die Stadtgestalt und ihre Zeichensysteme in den Hintergrund treten. Das ist der bekannte Weltschrumpfungsprozeß beim instrumentellen Handeln. Solange nichts ernstlich schief geht, ist normalerweise nur Weniges und dieses Wenige nur als Schema wahrnehmungswürdig. Diese Invisibilisierung all dessen, was nicht zum Schrumpfkosmos des Handelnden gehört, wird noch ergänzt durch die ebenso bekannte "wahrnehmungstrübende Funktion von Routinen".

Wer in der Stadt geht oder steht, tut es durchweg im Rahmen solchen Handelns und solcher Routinen. Auch wer herumsteht, sieht es gern, daß man es sieht, daß er kein Eckensteher oder Beobachter ist, sondern zielbewußt wartet - daß also Ort und Gegend, in denen er wartet, weder sein Lebens- und Aufenthaltsraum, noch sein Beobachtungsstand sind, sondern eben ein mehr oder weniger zufälliger Warteraum. Das gilt alles auch für "Hund ausführen" und "Sich-die-Beine-vertreten", und selbst beim Schaufensterbummel ist die Stadt außerhalb der Schaufenster mehr oder weniger unsichtbar, abgesehen vielleicht von einigen Passanten.

Kurz, in der Stadt ist man normalerweise unterwegs und hat etwas vor, und man erwartet, daß eben das erwartet wird. Abweichungen vom "zielbewußten und routinierten Bewegungsverhalten" - d.h., "ziellose Gangarten" im weitesten Sinne - sind selten unverdächtig, noch seltener unauffällig, mögen sie auch gelegentlich zu einem oder gar zu dem "eigentlich städtischen", "urbanen" Verhalten hinaufideologisiert werden. "Die deutsche Umgangssprache hält für Personen, die sich erkennbar ohne festes Ziel in der Öffentlichkeit aufhalten, eine ganze Reihe von Rollenbezeichnungen parat, die alle mehr oder weniger negative Konnotationen führen: Eckensteher, Straßenmädchen, Müßiggänger, Herumtreiber, Penner, Stadtstreicher. Zu diesem Wortfeld gehören Verben wie "lungern", "streunen" und "strolchen", die das Bedeutungswörterbuch des Dudens ausdrücklich durch Beispiele aus dem städtischen Lebensbereich erläutert: "Nachts streunte er durch die Stadt"; "Arbeit hat er keine, dafür strolcht er den ganzen Tag durch die Stadt." (Schmidt-Brümmer und Schulz 1976, S. 16)

Wer sich in der beschriebenen Weise normal verhält, ist natürlich nicht geistesabwesend. Er sieht ständig etwas; aber was und wie? Zur inhaltlichen und räumlichen Zielorientierung muß unterwegs ja ein situationsgerechtes Bewegungsverhalten kommen. Bei raschem Tempo und hoher Verkehrsdichte bedeutet das auch für einen Fußgänger kontinuierlich anfallende Wahrnehmungsverpflichtungen (und wahrnehmungsbindende Anpassungsleistungen), die oft lästig, vielfach wohl auch belastend sind. Er muß, will er nicht schusselig wirken oder Schlimmeres anrichten, z.B. Passanten, Verkehrsregelungen aller Art (Ampeln, räumliche Markierungen usf.) und nicht zuletzt auch die unsäglichen Kleinarchitekturen und anderen Straßenmöbel beachten, die in manchen Straßen überall im Weg herumstehen und die ihrerseits wieder nur schematisch als Bewegungshindernisse wahrgenommen werden, kaum je aber buchstäblich in ihrer intendierten Ästhetik oder tatsächlichen Trostlosigkeit (vgl. z.B. Schmidt-Brümmer und Schulz 1976).

Zu Anfang konstruiert man "seine" Stadt normalerweise als ein Muster von Merkzeichen in einem System von Wegweisern, wo auch das Auffallendste tendenziell zum bloßen Orientierungszeichen schrumpft und den Rest verschattet. Dann wird man sozusagen Navigationsgewohnheiten ausbilden; man braucht dann nicht mehr an jeder Ecke aufgrund einer bewußten Situationswahrnehmung ein situationsgerechtes Verhalten zu erzeugen, sondern kann schließlich auch geistesabwesend und tagträumend zum Ziel kommen. In diesem Fall versinken dann auch die (offiziellen und selbsterzeugten) Orientierungszeichen im Quasi-Unsichtbaren. Solche Gewohnheitsbildungen mit ihren Vereinfachungen und Entlastungen (vor allem der Wahrnehmung) haben dann wieder ihre eigenen Risiken; bewegt er sich dergestalt in einer quasi-unsichtbaren Stadt, kann dem Autofahrer schon eine temporäre Umleitung und Vorfahrtsänderung zum Verhängnis werden.

Kurz: "Tagelang geht der Mensch zwischen Bäumen und Steinen einher. Selten verweilt das Auge auf einem Ding..."

Wann **verweilt** das Auge? Das geschieht, wie der Text sagt, wenn eine Semiose, ein Zeichenerzeugungsprozeß stattfindet, d.h. wenn nicht (oder nicht nur) unmittelbar von den Dingen selbst Notiz genommen wird, sondern mittels der Dinge von etwas anderem Notiz genommen wird, das die Dinge selbst nicht sind, sondern nur bezeichnen oder meinen. Das gilt auch für die Art und Weise, wie das Schülerauge zum Verweilen kommt, und es gilt auch für den "fruchtbaren Moment im Bildungsprozeß" (und überhaupt für das, was beim Lernen im Unterricht geschieht) - wenn man es semiotisch betrachtet. Denn, wie der Text sagt, außerhalb solcher Semiose ist alles nur, was es ist, nämlich "stumm und auswechselbar".

Es ist aber nicht eine Semiose schlechthin, sondern eine besondere Art von Semiose, die die Dinge beredt und unverwechselbar macht. Die Beispiele zeigen es: Wahrnehmbar wird ein Ding nicht einfach, indem es als Zeichen (als Signifikant) fungiert, sondern dadurch, daß es als eine besondere Art von Zeichen fungiert, nämlich als Anzeichen, Spur, Indiz. (Diese Termini benutzen wir zunächst als Synonyme.)

Das Auge "verweilt" ja nicht etwa auf einem Gegenstand, bloß wenn und weil er ein Zeichen ist. Wenn man versteht oder zu verstehen glaubt, sieht man keine Zeichen. Sie sind dann transparent auf das Gemeinte hin und lösen sich für den Blick, der den "gemeinten Sachverhalt" sieht, gleichsam auf. Die Zeichen verschwinden buchstäblich, sobald der "Leser" versteht und die Zeichen durch ihren Sinn ersetzt. In gewissem Sinne erfüllen nur die Zeichen, die so, d.h. "widerstandslos" reagieren, voll und ganz ihre Zeichenfunktion: Sie sind dann nur das, was sie definitionsgemäß sind: Bedeutungsträger. Sie machen dann nichts von sich selber, sondern nur ihren Sinn sichtbar. Ein solches Zeichen im eigentlichen Sinn liegt vor, wenn man versteht, ohne einen Augenblick nach der Bedeutung zu fragen, und das ist auch die Situation, in der die Zeichen selber - zumindest tendenziell - unsichtbar bleiben.

Bisher haben wir uns auf das vollkommen flüssige Lesen von **Zeichen** (z.B. sprachlichen Texten oder Verkehrszeichen) bezogen. Wie steht es mit dem völlig flüssigen Lesen der **Welt**? Das ist eine idealisierte Situation; aber wie z.B. beim Lesen von Texten kommt die Realität auch beim "Lesen der Welt" einer solchen "vollkommen flüssigen Lektüre" oft sehr nahe.

Die Semiose ist automatisiert; die Bedeutung ergibt sich sozusagen automatisch oder fast automatisch. Es handelt sich um einen gewohnheitsmäßigen Vorgang, eine Art von bedingtem Reflex oder von Assoziieren, so sehr, daß der "Leser" sich z.B. kaum darüber im klaren zu sein braucht, daß das Sprachzeichen /Baum/, der geistige Gegenstand "Baum" und der Referent - ein konkreter Baum oder die abstrakte Klasse der Bäume - ganz unterschiedliche Dinge sind.[6]

Die Bäume und Steine sind dann, wie gesagt, völlig transparent auf ihre Bedeutung hin. Sie bedeuten dasselbe, was auch das sprachliche Zeichen /Stein/ bedeutet. Die "geistigen Gegenstände" der Sprache scheinen den physischen Gegenständen in der Wirklichkeit voll zu entsprechen. Steine sind einfach "Steine". /Stein/, "Stein" und Stein, /Baum/, "Baum" und Baum, Signifikant, Signifikat und Referent liegen im arbeitenden Weltmodell (in der spontanen Ontologie) des "Lesers" sozusagen deckungsgleich übereinander, so daß jedes Zeichen umstandslos sagt, was die Sache tatsächlich und nach ihrem Wesen ist.[7]

Der Referent sagt dann nichts anderes als das, was auch der Signifikant sagt; es scheint dann, als ob der Referent (der Bezugsgegenstand) den Signifikanten (das Sprachzeichen) interpretiere, weil der Betrachter vorweg das Signifikat in ihn hineinprojiziert hat. Die Welt ist in dieser Situation, bei dieser Art von Semiose, vollkommen ein-eindeutig kodiert. Einer fixierten Sprache korrespondiert eine fixierte Welt. Die Gegenstände, auf die die Zeichen bezogen werden, werden dann selbst wieder Zeichen, und sie bedeuten dasselbe wie die Zeichen, von denen sie bezeichnet werden. /Stein/ meint dasselbe wie der Stein, nämlich "Stein".

So entsteht ein Zustand fast vollkommener Ikonizität (eine Welt aus ikonischen Zeichen), wo das Zeichen (i.S.v.: Zeichenträger, Signifikant) mit dem Bezeichneten zusammenfällt - zumindest mit einem Exemplar des Bezeichneten. Wenn die Dinge (und zwar nicht nur Artefakte, sondern auch Naturdinge) sich so in Zeichen ihrer selbst verwandeln, kann man auch sagen, daß "die Natur spricht" (oder, anders gesagt, zu einem Buch wird, in dem man nur die Bedeutungsmuster der vertrauten Sprache wiederfindet).

Im allgemeinen ist folgende (durchaus verfeinerungsfähige) Unterscheidung sinnvoll: Jedes Objekt kann studiert werden (1.) als das, was es an sich ist, und (2.) in dem, worin es auf etwas anderes Bezug nimmt, was es selber nicht ist. Es kann also z.B. (1.) als materieller Gegenstand und (2.) als Zeichen betrachtet werden. Für den Baum als materiellen Gegenstand sind normalerweise völlig andere Wissenschaften zuständig als für den Baum als Zeichen, z.B. fürs erste die Biologie, fürs zweite die Semiotik oder eine bestimmte Kulturwissenschaft. In der beschriebenen Situation ist diese Differenzierung aufgehoben, und zwar im Medium der Alltagswelt, die sich ihrerseits im Griff der Alltagssprache befindet. Der "Leser" blickt auf eine Welt, in der es keine Differenz mehr zwischen Sprache und Wirklichkeit gibt.

Das also ist die Situation, auf die Italo Calvinos Text da Bezug nimmt, wo es heißt, daß die Steine und Bäume "stumm und auswechselbar" "nur sind, was sie sind". Das ist auch genau die tote Welt des verbiederten Unterrichts.

Die Steine sind gewissermaßen stumm, weil sie widerstandslos und vollkommen beredt sind. Ihre Realität verschwindet hinter einem konventionellen Sinn: Denn die Steine sind dann nur Signifikanten eines konventionellen Kodes, und der Signifikant /Stein/ sagt nur, was auch schon der Signifikant /Stein/ sagt. "Auswechselbar" sind Stein und Baum dann in mehrfachem Sinn: jeder Stein kann in dem, was er sagt, gegen jeden anderen Stein und gegen /Stein/ ausgewechselt werden; denn (um es noch einmal zu sagen) bei einer solchen Semiose ist jeder Stein ein /Stein/ und bedeutet dasselbe wie /Stein/, nämlich "Stein".

Es handelt sich um eine "Stummheit" aus Leicht- und Selbstverständlichkeit, nicht z.B. um eine "Stummheit" aus Schwer- und Unverständlichkeit; denn diese andere Art von Stummheit würde die Wahrnehmbarkeit nicht aufheben, sondern eher erhöhen. Es handelt sich aber sicher auch nicht um die spezifische "Stummheit" (und Sinnfremdheit) naturwissenschaftlicher Gegenstände.

Der Text verweist durch Beispiele aber auch auf eine bestimmte Art von Semiose, die die Unsichtbarkeit, Stummheit und die Auswechselbarkeit der Dinge beendet und den Blick zum Verweilen bringt. Es handelt sich um eine Spur, eine Pfütze und eine Hibiskusblüte. Soweit sind das konventionelle Kodierungen von Alltagsgegenständen, aber diese primäre Kodierung wird noch einmal kodiert: Die Tigerspur nicht nur als "Tigerspur", sondern auch als "Vorbeikommen eines Tigers", die Pfütze nicht (nur) als "Pfütze", sondern (auch) als "(Verheißung einer) Wasserader", die Hibiskusblüte nicht (nur) als "Hibiskusblüte", sondern (auch) als "(Anzeichen des) Winterende(s)".

Man kann das als eine Art von Konnotationssemiotik betrachten, bei der die Einheiten eines ersten Bedeutungssystems ("Spur", "Pfütze", "Hibiskusblüte") als Signifikanten benutzt und nach einem zweiten Kode - aber nicht ohne Bezug zum primären Kode - neu kodiert werden. In unserem Fall wird ein erster, konventioneller und von besonderen Interessenlagen abgehobener Kode durch einen zweiten Kode ersetzt oder ergänzt, der in spezifischere Situationen und Relevanzsysteme eingefügt ist (in ein ängstliches Interesse an Tigern und in ein hoffnungsvolles Interesse an Wasser und am Frühling). Auch dieses zweite Bedeutungssystem kann hochgradig konventionalisiert sein (die "sekundären Kodierungen" im Text von Italo Calvino könnten geradezu Anwendungen von Sprichwörtern sein). Der sekundäre Kode ist aber doch weniger allgemein, weil in höherem Maße auf spezifische Bedürfnisse, Interessen und Handlungen bezogen, und deshalb wird er auch mit mehr Bewußtsein aktualisiert. Ein Grenzfall solcher kontext- und situationsbezogener Kodes ist der Privatkode oder Idiolekt eines Detektivs.

Solche Signifikationen und Kodierungen entstehen vor allem in Situationen, in denen flüssiges Verhalten, Bewußtsein oder Denken blockiert werden. Die nach einem generellen Kode kodierte Normalwelt verwandelt sich in eine reale oder imaginierte Problemsituation, die von Suchbewegungen nach Problemlösungen überzogen wird, und das heißt auch: von tentativen und prospektiven Über- und Extra-Kodierungen. Primäre Kodes werden so durch sekundäre ergänzt, mit anderen Worten: anwesende Entitäten (z.B. Spuren, Pfützen, Hibiskusblüten) mit abwesenden Entitäten (z.B. Tigern, Wasseradern, Jahreszeiten) korreliert. Solche Semiosen können ziemlich rasch erfolgen, fast so rasch wie primäre Signifikationen - etwa so, wie im Falle medizinischer Symptome, die bereits in Handbüchern kodifiziert sind. Die Semiose kann aber auch viel zögernder sein - bis hin zur Entstehung eines "blöden" Blicks. Im Falle **pragmatischer** Einstellung arbeitet diese "zögernde Semiose", bis die neuen Bedeutungen problemlösungsbezogen konstituiert sind; im Falle **ästhetischer** Einstellung wird der "blöde Blick" suspendiert ("schweben gelassen, in der Schwebe gehalten"), mutiert von einem ängstlich-verständnislosen zu einem funktions- und sinnentlasteten Sehen, erzeugt **ästhetische** Zeichen und das berühmte, mißverständliche "interesselose Wohlgefallen".

4.2 Die Stadt als ein Komplex von Zeichen

Die Stadt Tamara erscheint in ungewöhnlicher Perspektive: Als ein Ensemble von Zeichen statt, wie gewöhnlich, als ein Ensemble von Dingen.

Die Geschichte berichtet von der Stadt Tamara ganz und einzig vom Standpunkt und aus der Perspektive des reisenden Geographen. Sein Standort sind "die Straßen". Es gibt in diesem universe of discourse nur den einen Zeichenleser auf der Straße und seine Zeichen. Der Zeichenleser erscheint im Text auch als "man", "der(!) Mensch" und "der(!) Blick". Es handelt sich um eine Subjekt-Objekt-Welt, in der das Subjekt sich selbst universalisiert, d.h. objektiviert. Auch das mehrfache "du" zeigt, daß der Reisende sich verallgemeinert. Er verallgemeinert seinen Blick und damit auch das, was er sieht.

So erscheint die Stadt aber auch als zweigeteilt in die Zeichen und den Interpreten. (Das ist, im Prinzip, auch die Perspektive des Wahrnehmungsansatzes.) Das scheint normal zu sein, ist aber keineswegs selbstverständlich. Es wäre für Reisende und Geographen, Geographielehrer und Geographieschüler z.B. lehrreicher, die wahrgenommenen Gegenstände **und** die Leute gleichermaßen als Zeichen zu betrachten. Das hätte unter anderm den wesentlichen Vorteil, daß der Beobachter auch sich selber kodieren und interpretieren müßte (nämlich als einen Interpreten von notwendigerweise **besonderer** Art, z.B. als einen Interpreten mit dem Blick des fremden Reisenden). Er könnte dann eher bemerken, daß er nur **ein** Beobachter und nicht **der** Beobachter ist und daß nicht nur er die Stadt, sondern auch die Stadt **ihn** beobachtet und "liest" (z.B. als Fremden und Besucher). Für Ethnologen ist das ein altes Thema, es müßte wohl auch für Stadtgeographen eins sein.

Der Reisende benutzt für seine Erzählung aber das Subjekt-Objekt-Modell, und eben deshalb hält er auch **seine** Semiose tendenziell für **die** Semiose und für identisch mit den Semiosen der Bewohner von Tamara. Der Blick dessen, der Zeichen nur liest (z.B. der des beobachtenden Geographen), ist aber ein anderer als der Blick dessen, der die Zeichen auch nutzt (z.B. dessen, der dort lebt und seinen Geschäften nachgeht), um von den unterschiedlichen Zeichen**produzenten** ganz zu schweigen. Das gilt nicht nur für die Architektur (die "architektonischen Zeichen"); gerade hier ist es uns aber schon lebensweltlich vertraut, wie unterschiedlich schon allein die **Rezeption** sein kann: Architekturen können "taktisch" (bzw. durch Gebrauch) und optisch (bzw. durch Wahrnehmung) rezipiert werden; beide Dimensionen können sich auf die unterschiedlichste Weise kombinieren, und allein die optische Rezeption kann vom beiläufigsten Bemerken bis zur angespanntesten Aufmerksamkeit (oder auch zur funktionsentlasteten Kontemplation) reichen. Die Semiosen vervielfältigen sich noch einmal, wenn wir die zahlreichen Zeichenprozesse auf der Seite der Produzenten (von der Idee über die Entwürfe bis zur Ausführung) in Betracht ziehen.

Kurz, man kann die Zeichen immer nach einem "generativen" und nach einem "interpretativen Kode" lesen, also die Stadt z.B. als "the city as uttered by a sender" und als "the city as read by a receiver" (Greimas 1986), und das macht auf jeder Seite (auf der Seite der "sender-producer" wie auf der Seite der "receiver-reader") eine Vielzahl von Lesarten möglich. Auf der Sender-Produzenten-Seite gibt es z.B. die ziemlich unterschiedlichen Kodes von Architekten, Städtebauer und Stadtplanern, und auf der Ebene der Empfänger-Leser macht es schon einen großen Unterschied, ob sie Funktionen und Bedeutungen **lesen**, sie **nutzen** oder aber **konsumieren** (und die dritte Möglichkeit wäre die Semiose Marco Polos, die des Touristen und noch die des heutigen Stadtgeographen). Dieser Konsum oder auch Genuß von Lesbarkeit und Bedeutung (anstelle des einfachen Lesens und Nutzens) ist, auch wenn es nicht bemerkt wird, immer auch eine Meta-Semiose und ein "Diskurs über Diskurse". Ich kenne keine Stadtgeographie, die das hinreichend reflektiert und in ihre Methodologie aufnimmt.

Gemeinhin bedeutet Stadtbeschreibung oder Stadtgeographie also erstens eine Nivellierung vieler Kodes und zweitens einen "Tiefenkode", der Subjekt und Objekt der Semiose trennt, die Stadt in "Subjekt(e)" und "Umwelt(en)" zerlegt. Wie die Stadtgeographie Marco Polos zeigt, gilt das sogar dann, wenn der Geograph bemerkt hat, daß Stadtgeographien eigentlich Zeichenlektüren sind.

Sollte der Geographieunterricht nicht auch darauf aus sein, diese Defizite normaler Stadtgeographien wenigstens zuweilen sichtbar zu machen? Der Perzeptionsansatz als Unterrichtsprinzip ist vor allem geeignet, den genannten Nivellierungen entgegenzuarbeiten; ohne die "Semiotisierung" dieses Ansatzes wird man aber kaum über den erwähnten Kode von "Subjekt vs. Umwelt" hinauskommen.

Beobachten wir nun die semiotische Stadtgeographie Marco Polos mehr im Detail. Die Stadt besteht aus Zeichen, aber welcher Art sind sie?

Erstens handelt es sich um Zeichen, die man in mißverständlicher Weise "ikonisch" nennt. Die "Figuren" auf den Ladenschildern (Zange, Becher, Hellebarden, Handwaage) sind "Kontiguitätszeichen", die etwas bezeichnen (und dadurch auch interpretieren), indem sie einen Teil von dem abbilden, was sie bezeichnen; sie signifizieren mittels der Abbildung eines Teils des Referenten. Ein Instrument steht für eine Tätigkeit, ein Werkzeug für ein Handwerk (usf.) - und zwar aufgrund faktischer Kontiguität **und** relativ beliebiger sozialer Konvention.[8]

Woher weiß und wie verifiziert er aber, daß sein Kode angemessen ist? Kann eine Zange nicht auch einen Schlosser bedeuten oder ein Handwerk, das sein Kode gar nicht enthält? Oder könnten es nicht z.B. Ikonisierungen von Eigennamen sein, d.h. Verweise auf Personen oder Hausnamen wie Zang, Becher, Spieß und Waage? Ist es nicht umso gewagter, wenn Marco Polo auch die Löwen, Delphine, Türme und Sterne, denen er begegnet, für eine ähnliche Sorte von Zeichen hält, obwohl er diese "Figuren" gar nicht lesen kann?

Als Nächstes begegnen dem Reisenden Zeichen, die Präskriptoren sind (etwas erlauben oder verbieten), und dann wiederum Kontiguitätszeichen, die nun zugleich als Präskriptoren fungieren (d.h. ein bestimmtes Verhalten fordern). Diese Zeichen verweisen aber auf Gegenstände, die einen ganz anderen ontologischen Status haben als Häuser von Zahnbrechern, Tavernen, Soldaten und Gemüseverkäuferinnen: Sie verweisen (wie Marco Polo feststellt) auf Götter, also auf ein Universum, das von ganz anderen Entitäten bevölkert ist als die, mit denen der Geograph es bisher in Tamara zu tun hatte. Hier wird explizit, daß jedes Zeichenlesen wenigstens implizit mindestens zweistufig ist: Erstens geht es darum, auf welches Universum, und dann zweitens, auf welche Gegenstände dieses Universums verwiesen wird. Die Semiose impliziert Entscheidungen über den ontologischen Status des Referenten.

Obwohl er sich in einer ganz fremden Stadt eines ganz anderen Kulturkreises befindet, greift der Geograph offensichtlich auch hier wiederum auf einen mitgebrachten alteuropäischen Kode zurück. Füllhorn, Sanduhr und Meduse gehören zur Ikonographie antiker Götter und Halbgötter; es fragt sich aber, ob das, was er sah, wirklich Bilder von Füllhörnern, Sanduhren und Medusen waren. Der Geograph wagt zwar nicht mehr, die scheinbar bekannten Zeichen mit den bekannten Namen zu kodieren (z.B.: Das Füllhorn bedeutet Pluto, Gäa oder Fortuna, die Sanduhr Chronos, die Meduse Perseus oder auch Pallas Athene; aber schon dann, wenn auch das christliche Universum in Frage kommt, werden diese Zeichen noch viel undeutlicher: Das Füllhorn könnte auch die theologische Tugend der Hoffnung meinen, die Sanduhr die Heiligen Büßer Hieronymus und Magdalena - usw.). Aber woher weiß er dann, daß es überhaupt die bekannten Zeichen sind und daß sie "Füllhorn", "Sanduhr" und "Meduse" bedeuten?

Viertens begegnen dem Reisenden architektonische Zeichen, d.h. Gebäude, die er wie Zeichen lesen kann, selbst wenn sie keine zusätzlichen Zeichen mehr tragen. Er liest, wie er sagt, ihre Bedeutung aus ihrer Form oder aus ihrer "Lage im Gefüge der Stadt". Man kann auch sagen, er betrachte die Architektur als Massenkommunikation, und was sie kommuniziert, sind vor allem Funktionen. Und wiederum setzt der Geograph voraus, daß er mittels des Kodes, über den er verfügt, die materiellen Zeichenträger erstens richtig identifiziert (richtig aus dem Wahrnehmungskontinuum herausschneidet) und zweitens mit den richtigen Bedeutungen korreliert; und drittens setzt er voraus, daß sein Kode ihn nicht hinsichtlich der Referenten täuscht. Das sind mindestens drei Quellen des Irrtums.

Er nimmt also z.B. an, daß er den Signifikanten, den Wahrnehmungs- und Gebäudekomplex //Fürstenpalast// sowohl optisch wie architektonisch richtig aus der übrigen städtischen Bausubstanz herausgelöst hat - was bei einem Palast oft einfach, bei einem Bordell schwieriger sein kann. Schon der Signifikant ist ja nicht einfach materiell gegeben, sondern eine Form, eine Selektion und meist auch das Wiedererkennen eines Typs in einem Exemplar (und insofern auch ein psychisches und kulturelles Phänomen der Wahrnehmung).

Ferner nimmt der Reisende an, daß eine bestimmte Gebäudeform wirklich "Fürstenpalast" bedeutet (und nicht etwa "pythagoräische Schule" oder gar "Bordell"), und schließlich setzt er voraus, daß der Referent (die reale Entsprechung, die wirkliche Funktion) wirklich ein Fürstenpalast und nicht etwa eine Universitätsverwaltung ist.

Diese letzte Quelle des Irrtums kann leicht übersehen werden: Nämlich der Fall, daß man ein Signifikat erfaßt, aber trotzdem die Realität verfehlt hat. Denn bekanntlich gibt es Architekturen und Teile von Architekturen, die zwar eine Funktion denotieren, aber nicht wirklich haben. Man darf an Pfeiler erinnern, die eine tragende Funktion denotieren und auch mitteilen sollen, die aber tatsächlich nichts tragen; noch häufiger kommt es vor, daß inexistente Funktionen konnotiert werden: Jeder kennt Hotels, die "Palast" konnotieren, und es gibt Fabrikhallen, die "Tempel", und Kirchen, die "Fabrikhalle" konnotieren (usf.).[9] In Ipazia, der nächsten Stadt, wird genau ein solches Verhältnis von Signifikation und Referenz sogar die Regel sein.

Eine Kultur (die man bekanntlich als semiotisches Phänomen studieren, ja als eine Semantik definieren kann) steckt weitestgehend in den Konnotationen ihrer verbalen und anderen Sprachen. Man lernt diese Konnotationen aber viel langsamer, umwegreicher und irrtumsgefährdeter als die Denotationen; dabei tragen aber gerade diese konnotativen Überkodierungen entscheidend zur Bedeutung von Texten bei (und wir betrachten hier auch die Stadt als einen Text). Wenn dem so ist, könnte der Fassadenleser Marco Polo sich nicht systematisch täuschen? Ipazia müßte als Warnung dienen: Dort, wo er hinter die Fassaden schaut, sind die Funktionen, die Marco Polo aufgrund seines Kodes identifiziert, nie die tatsächlichen.

Marco Polos Stadtlektüre setzt also auch an dieser Stelle vieles voraus, ohne es zu bemerken; daher seine Sicherheit.

Er bemerkt aber auch nicht, welches seine spezifische Interpretenrolle ist. Er kann nicht bemerken, daß Architekturen nicht nur auf **seine** Weise rezipiert werden, und daß mit der Rezeptionsweise auch der Kode sich ändern kann. Der Reisende rezipiert die Architekturen z.B. optisch, nicht taktisch (durch Wahrnehmung, nicht durch Gebrauch), und er rezipiert mittels bewußt-gespannter Wahrnehmung, nicht durch beiläufiges Bemerken. Die Semiose des Stadtbewohners ist nicht selten gegenläufig: Er interpretiert durch Gebrauch und beiläufiges Bemerken.

Der Geograph liest die Bedeutung der Architekturen aber nicht nur an der Form, sondern auch an der Lage ab. Das ist der Fall eines räumlichen Kodes, einer spatial language, einer "topologischen Semiotik" im engeren und genaueren Sinn des Wortes. Nur in solchen Spezialfällen kann man auch in einem eigentlichen und engen Sinn vom Raum als Zeichen, von der "Bedeutung des Raumes", vom "sozialen Raum", von räumlichen Signifikanten und von einem "reading of the society through space" (Greimas 1986) sprechen.

"Toposensible" (lage- und distanzsensible) Zeichen sind in der Semiotik gut bekannt, d.h. Zeichen, deren Bedeutung sich je nach ihrer syntaktischen Position - oder, allgemeiner, mit ihrer relativen Lage und ihren Raumzeitkoordinaten - verändert oder sogar erst konstituiert. (Ein Tempel muß bei veränderten Raumzeitkoordinaten vielleicht als "Oper", ein Kotten als "Restaurant" dekodiert werden, und bestimmte Architekturen können vielleicht nur aufgrund ihrer relativen Lage als Bahnhöfe oder als öffentliche Bedürfnisanstalten identifiziert werden.)

Die letzte Art von Zeichen, die der Geograph antrifft, sind Konnotatoren: Waren, die etwas konnotieren. Denotationen können in erster Annäherung als unmittelbare Bedeutungen definiert und Konnotationen als Bedeutungen betrachtet werden, die der Signifikant sonst noch ins Bewußtsein ruft - und zwar in konventioneller Weise mittels eines zweiten Kodes. Nach einem alten Satz steckt die Kultur eher in den Konnotationen als in den Denotationen: Aber **welche Kultur ist das in diesem Fall?** Ein gesticktes Stirnband denotiert "Stirnband" und konnotiert "Eleganz" - usf. Wieder benutzt der Reisende offenbar einen (konnotativen) Kode, den er nicht der Kultur entnimmt, deren Waren er betrachtet, sondern der Kultur, der er entstammt. Was in dieser Umgebung höchstens tentative und hypothetische Kodierungen sein könnten, hält er, wie es scheint, für gültige Botschaften.

4.3 Marco Polos semiotische Gewohnheiten: die verarmte Semiose des Reisenden Geographen

Betrachten wir noch einmal die Art der Semiose. Zange, Becher, Hellebarden und Handwaage kodiert der Geograph nach gewohnten Kodes; der Text läßt offen, ob und wie diese Lesarten geprüft wurden, und so bleibt auch offen, ob sie richtig sind. Bei anderen Gegenständen versagen die Kodes, aber Marco Polo identifiziert sie (mit welchem Recht, bleibt offen) trotzdem als Zeichen. Die Löwen, Delphine, Türme, Sterne kann er also nicht als Zeichen für etwas lesen, sondern nur als "Zeichen dafür, daß etwas - wer weiß, was - zum Zeichen einen Löwen oder Delphin oder Turm oder Stern hat". Er wendet sein gewohntes Zeichenverhalten an, und wo das nicht mehr für eine Semiose ausreicht, da reicht es doch wenigstens für eine Meta-Semiose, und die ist so ungeprüft wie seine Semiosen. Wo es ihm nicht mehr gelingt, die Kodierungen zu übertragen, da überträgt er doch wenigstens die gewohnte Identifikation von Zeichen als Zeichen und die gewohnte Taxonomie der Zeichen.

Dieser Rückzug in ein semiotisches Minimalverhalten hat vielleicht einen einfachen Grund: Die mitgebrachten Kodes legen gegenüber diesen Löwen, Delphinen, Türmen und Sternen entweder Lesarten nahe, die offensichtlich unangemessen sind (der Delphin, der sagenhafte Retter der Schiffbrüchigen, kann in Tamara kaum "Christus" bedeuten) - oder aber, die Symbolisierungssysteme, die Marco Polo zur Verfügung hat, sind so kontext- und situationsgebunden, daß sie im neuen oder unbekannten Kontext unanwendbar werden: Der Löwe bedeutet nach den Erfahrungen des europäischen Reisenden am Tor der Kathedralen, in der Heraldik, im alchemistischen Labor und im Rechtssystem je etwas anderes, und selbst an und in den Kathedralen bedeutet er manchmal ewiges Leben und manchmal ewigen Tod, bald die Macht Christi, bald die des Teufels (so wie er in der politischen Symbolik bald die eigene, bald die feindliche Macht bedeutet) - und der Markus-Löwe, der Löwe Venedigs und seines eigenen Namenspatrons kann es für Marco Polo ja wohl auch nicht sein.

In den Blicken, die Marco Polo auf Tamara wirft, stecken also mitgebrachte Kodes und mitgebrachte meta-semiotische Hypothesen. Ob diese Übertragungen sinnvoll oder sinnlos, richtig oder falsch sind, bleibt weitgehend im Dunkeln. Es kann auch im Dunkeln bleiben, denn was macht es schon aus? Die Richtigkeit oder Falschheit seiner Kodierungen hat für den Reisenden kaum praktische Folgen, oft können auch grobe Fehlkodierungen unbemerkt bleiben. Invalidität der Semiose wird - wie noch ausgeprägter beim heutigen Touristen - kaum sanktioniert. Wenn der Reisende "hinter die Fassaden" der Zeichen (oder mußmaßlichen Zeichen) blicken würde, dann wäre die Überraschung vielleicht so groß wie in Ipazia (der nächsten Stadt), wo sich "hinter den Zeichen" nichts von dem befindet, worauf die Zeichen zu verweisen schienen. Dort wird dann drastisch sichtbar, welche Surrealitäten man aufbauen kann, falls man sich auf die mitgebrachten Semiose-Gewohnheiten verläßt.

Es ist wohl nützlich, die willkürlichen Selektionen und blinden Flecken des Reisenden-Geographen-Blicks noch an einigen weiteren Beispielen zu illustrieren.

Erstens nimmt Marco Polo fast nur explizite Zeichen im engeren Sinne wahr, d.h. das, was auch als "dritte Sekundärzeichen-Schicht" bezeichnet wurde. Das städtische Zeichenrepertoire sowie seine Wahrnehmbar- und Unsichtbarkeiten sind schon des öfteren beschrieben worden, die "Information einer Geschäftsstraße" z.B. wie folgt: Die Architektur und die architektonischen Strukturelemente bilden eine "Schicht" von **Primärzeichen**. Diese Primärzeichen bilden zugleich das Substrat für mehrere "Schichten" von **Sekundärzeichen**: das Bauornament i.w.S. (die erste Sekundärzeichen-Schicht); die Flächen und Schilder, die werbende und andere Information tragen (die zweite Sekundärzeichen-Schicht), und schließlich - als dritte Sekundärzeichen-Schicht - die werbliche und nicht-werbliche Information selber (vgl. z.B., auch zum Folgenden, Sieverts 1968 und Schmidt-Brümmer und Schulz 1976).

Die "unsichtbare Stadt" liegt also nicht nur "hinter" den Zeichen (und hinter den Fassaden); auch schon diese Zeichen-Fassaden selbst sind weitestgehend unsichtbar: wahrgenommen werden im wesentlichen nur die "expliziten Zeichen", also im wesentlichen das, was eben als "dritte Sekundärzeichen-Schicht" bezeichnet wurde. Und eben diese Sicht und "Unsichtbarkeit der impliziten Zeichen" (Schmidt-Brümmer und Schulz 1976) vollzieht der Reisende bei der Beobachtung Tamaras nach. Der Reisende sieht die Stadt als eine Menge von Zeichen, aber er sieht im wesentlichen nur die Zeichen, die auch die Stadtbewohner alltäglich beachten: die "expliziten Zeichen". Alles, was die Stadt sonst noch ist, hat sich für den Reisenden hinter diese expliziten Zeichen zurückgezogen.

In dieser Hinsicht ist Marco Polos Blick auf die Stadt Tamara, während er sie besucht, sozusagen eine Wiederholung seines Blicks auf die Stadt Venedig, während er sie bewohnte: Die Blicke des Besuchers sind wie die der Autochthonen stark auf die "expliziten Zeichen" konzentriert. Aber in anderer Hinsicht unterscheiden sich diese Blicke gewaltig: Der Blick der Bewohner ist beiläufig, der des Besuchers gespannt. Nicht nur, daß wir nicht wissen, ob Marco Polo die Zangen, Becher, Hellebarden usf. richtig kodiert hat (ja nicht einmal wissen, ob er überhaupt einen angemessenen Kode gewählt hat); er liest sie in einem völlig anderen psychischen Zustand. Der Stadtbewohner, der diese Zeichen liest oder auch überliest, schöpft dabei auch aus seiner Kenntnis weitgehend unsichtbarer Umstände, die er nicht erst aus Zeichen zu erschließen braucht. In der Stadt des Bewohners sind (wie die Literatur zur "Stadtwahrnehmung" immer wieder gezeigt hat) ungleich mehr Informationen zu einem weitaus geringeren Grad an Bildhaftigkeit verarbeitet. Eben deshalb kann seine Zeichenwahrnehmung sowohl korrekter als auch beiläufiger sein.

Der Reisende Geograph reduziert die Stadt also in gewohnter Weise fast ganz auf "explizite Zeichen", die er dann aber in außer-alltäglicher Weise liest. Es gibt für ihn aber auch keine Zeichen, die spontan und ohne Mitteilungs- oder wenigstens Funktionsabsicht hervorgebracht worden sind, Zeichen, die **nicht** intendiert sind, also nicht etwas sagen wollten, aber doch etwas sagen, und die nicht so sehr etwas bezeichnen als etwas **verraten**: ohne Bewußtsein und Absicht, vielleicht sogar gegen alle bewußte Absicht des Senders. Kurz, dieser Geograph sieht nur Zeichen i.e.S., aber keine Anzeichen, "Spuren", Indizien, Symptome.

Das ist aber noch nicht die ganze Reduktion. Um nur noch einen Punkt zu nennen: Er erwartet und sieht im wesentlichen nur, **eindeutige**, **referentielle** und **funktionale** Zeichen (und zwar auch da, wo er Intention, Bedeutung, Realitätsbezug und Funktion nicht identifizieren kann). Die Stadt besteht für ihn fast nur aus Zeichen, die hergestellt worden sind, um ziemlich eindeutige Funktionen und/oder Bedeutungen zu kommunizieren, und die auf eine physische oder soziale Wirklichkeit in der Alltagswelt verweisen.

Er kann im Rahmen seiner Erwartung also z.B. auch keine Zeichen sehen, die nach Intention, Inhalt, Referenz und Funktion ganz anders sind. Dazu gehören nicht nur die Spuren. Dazu gehören vor allem Zeichen, die nicht oder nicht nur auf andere Dinge verweisen, sondern auch auf sich selber; Zeichen, die, wenn man sie richtig verstehen will, nicht so sehr als Mitteilungen über Stadt und Welt, sondern z.B. auch als Mitteilungen über ihre **eigene** Struktur und Machart gelesen werden müssen und die, wenn man sie auf eine Wirklichkeit außerhalb von ihnen selbst bezieht, durchaus uneindeutig werden. Kurz, der Reisende kann - um bekannte, aber z.T. knifflige Ausdrücke zu gebrauchen - keine polyvalenten und autoreflexiven ("selbstreferentiellen") - und so z.B. keine **ästhetischen** Zeichen erkennen. Es ist aber ganz unwahrscheinlich, daß sie in Tamara fehlen. Wie ist es z.B. mit den "Statuen und Schilden" von Löwen, Delphinen, Türmen, Sternen - sind sie wirklich nur "Zeichen dafür, daß etwas - wer weiß, was - zum Zeichen einen Löwen oder Delphin oder Stern hat"; verweisen sie wirklich nur und auf so einfache Weise auf etwas anderes, sind sie wirklich nur Repräsentanz ohne Präsenz?

Oder wie steht es in dieser Hinsicht mit den "Statuen der Götter"? Verweisen die Götterstatuen genau so auf die Götter, wie die Attribute Füllhorn, Sanduhr und Meduse (zumindest in Marco Polos Zeichendeutung) auf die Götterstatuen verweisen (also auf etwas außerhalb von ihnen)? Marco Polo scheint es nicht auszuschließen, daß die Götterstatuen die Götter nicht nur bezeichnen oder repräsentieren, sondern in gewissem Sinne auch **sind**; seine Formulierungen lassen offen, wen die Gläubigen erkennen: (nur) die Statue des Gottes oder (auch) den Gott. Nehmen wir an, hier seien die Götter nicht nur repräsentiert (also eigentlich absent), sondern auch präsent: Ist da nicht auch **ästhetische Präsenz**? (Lassen wir einmal offen, wie diese "ästhetische Präsenz" dann präziser beschrieben werden könnte.)

Solche und andere Verarmungen der Zeichenwelt vor allem sind es, die die Stadt Tamara zu einer unsichtbaren Stadt (und dem geographischen Reisenden mehr oder weniger alle Städte zu unsichtbaren Städten) machen.

Marco Polo bemerkt es selber, daß er nur die offiziellen Zeichen gelesen hat. Er hat sie (wie wir argwöhnen) vielleicht falsch identifiziert und falsch kodiert, aber man kann seine Lektüre von Tamara dennoch so beschreiben, daß er versucht hat, die offizielle Sprache der Stadt nachzusprechen - worüber er dann, sobald es ihm bewußt wird, sich sozusagen metaphysisch erschreckt. Die Aufmerksamkeit für Anzeichen, Spuren und dergleichen würde (wie wir schon angedeutet haben) eine Gegen-Sprache schaffen, die auf das verweist, was die "offizielle Semiotik" ihm (wie er spürt) verbirgt. Eine solche Semiose auf Anzeichen statt auf Zeichen i.e.S. hin (auch auf "natürliche" statt nur auf "künstliche Zeichen" - um eine verbreitete, aber etwas irreführende Terminologie zu benutzen): Das wäre ein Mittel, die Zeichenfassaden zu durchstoßen. Wir argwöhnen ja ohnehin, daß diese Zeichenfassaden bloß Potemkinsche Dörfer sind, die die Semiose-Gewohnheiten des Reisenden ohne sein Bewußtsein vor ihm aufgebaut haben.

Das Identifizieren von "Spuren" würde eine Umstellung des Blicks bedeuten: Vom bloßen Wiedererkennens, Wiederfinden und **Reproduzieren** zum Erfinden und **Produzieren** von Zeichen; man kann auch sagen: ein Umstellen von einer konventionellen und unüberprüfbaren auf eine persönliche, aber überprüfbare Semiose. Kurz, vom bloßen Entschlüsseln aufs Schließen und Erschließen.

4.4 Der Genius malignus des Reisenden

Die Semiose Marco Polos war reduktiv und von mitgebrachten Semiose-Gewohnheiten gesteuert. Mit seinen unzulänglichen Mitteln hat der Reisende die Stadt aber glatt und flüssig gelesen: kursorische Lektüre eines vordergründig leichtverständlichen Textes. Sein "Blick überflog die Straßen wie beschriebene Seiten", also widerstandslos. Die Lektüre enthielt nur kleine Irritationen, z.B. ein winziges "wer weiß, was"; solche kleinen Irritationen können, wie es scheint, durch meta-semiotische Annahmen aufgefangen werden; aber vielleicht blieb doch etwas hängen. Jedenfalls wird Marco Polo bei dieser leichten Lektüre von einer eigentümlichen philosophischen Krankheit befallen: Die Realität spaltet sich auf in eine leicht lesbare Scheinwelt aus Zeichen und in eine wirkliche Welt, die sich hinter den Zeichen verbirgt.

Marco Polo beschreibt seine ontologische Verunsicherung so: Er fühlt, daß er nur etwas Vorgesprochenes nachspricht und dabei nur etwas "wiederholt", worin schon alles gesagt ist, "was du zu denken hast". Wessen Rede ist es, die er "wiederholt", wer spricht eigentlich, wenn Marco Polo Tamara beschreibt?

In dieser Situation gibt es zwei Denkwege: Einen reflexiven ("transzendentalen") und einen projektiven ("ontologischen"). Die reflexive Antwort - eine hermeneutische Wendung - besteht darin, die eigenen Semiose-Gewohnheiten zu reflektieren. Marco Polo reflektiert statt dessen über "die Wirklichkeit". Was ihm die Wirklichkeit verbirgt, worum sie ihn vielleicht sogar betrügt, ist "die Stadt": "Die Stadt sagt alles, was Du zu denken hast, läßt dich ihre Rede wiederholen"... Die Wirklichkeit verbirgt ihm die Wirklichkeit. Unsere Interpretation läuft indessen darauf hinaus, daß es eher die mitgebrachte Sprache ist, die "alles sagt, was er zu denken hat" und deren Rede er wiederholt, während er doch Tamara zu besuchen glaubt. Auf die Frage, wo das bereiste Tamara liegt, wäre also die beste Antwort wohl die: Tamara liegt in Marco Polos Sprachwelt.

Die zeichenphilosophischen Spekulationen Marco Polos kann man wohl als spezielle Form einer philosophischen Krankheit verstehen, von der sensible Reisende leicht befallen werden. Beim bloßen Lesen dessen, was kaum gelebt wird, schwinden schon bei leichten inneren oder äußeren Irritationen die Wirklichkeitsgewichte der Umstände, bis diese Umstände "nur" noch "Zeichen" und die Zeichen ein wirklichkeitsverbergender Schein zu sein scheinen. Der flüssige Leser und sein überfliegender Blick, die fast ohne lebenspraktische Bezüge zu den Dingen sind, die sie lesen und deuten, fallen in eine pessimistische Ontologie - bei Marco Polo fast bis zu dem Argwohn, Opfer eines Génie malin zu sein.[10]

Der Reisende Geograph ist sensibel genug, seiner Semiose zu mißtrauen, aber statt zu reflektieren, ontologisiert er. Aus einer sehr spezifischen Rolle macht er "den Menschen" und aus seiner sehr spezifischen Situation eine condition humaine. Seine Ontologie ist nicht nur pessimistisch und dualistisch, man kann von einer Art von pansemiotischem Spiritualismus sprechen (worauf sonst könnten seine Überlegungen hinauslaufen?). Alles ist Zeichen, alles wird zum Zeichen, "der Mensch" hat immer nur Zeichen, und deren Verweisungen sind grundsätzlich nicht vertrauenswürdig. So glaubt der Reisende, daß er auch Tamara verläßt, ohne eine wirkliche Erfahrung gemacht zu haben, und da er das tendenziell für unausweichlich hält, erspart er sich, nach spezifischeren, wirklichen Gründen zu fragen, und verbaut sich so den Weg, seine Erfahrungslosigkeit zu korrigieren.

Wie gering er sein Zeichenlesen in Tamara einschätzt, zeigt das Wolkenlesen am Ende der Geschichte. Man darf es wohl so verstehen: Auch die Lektüre Tamaras war ein Wolkenlesen, eine wilde und willkürliche Semiose... So erkennt er die Fragwürdigkeit seiner Semiosen; aber er sieht nicht, wie sehr diese fragwürdigen Semiosen in seiner Reisenden-Geographen-Rolle verankert sind. Eben deshalb sieht er auch die Eigenart seiner Wolken-Semiosen nicht: Ein Zeichenlesen, daß von allen lebenspraktischen Bezügen vor Ort losgelöst ist; **daher** die Willkür und die Nähe zur Fiktion. Segelschiffe und Elefanten verweisen nicht auf den konkreten Lebensraum, sondern auf die ortsentbundene Lebensform des Reisenden. Er würde aber "auch dann in einem Universum von Zeichen leben, wenn er ein von der Welt isolierter Landbewohner wäre. Wenn er am frühen Morgen über die Felder ginge, würde er aus den Wolken, die sich am Horizont abzeichnen, schon vorhersagen können, wie das Wetter werden wird" (Eco 1977, S. 14). Auch am Himmel gäbe es dann kaum einen semantisch unbesetzten Raum für wilde Semiosen, sondern hier wie dort Gelegenheit zu einem Zeichenlesen aufgrund von bewährten und lebenswichtigen Kodes.

4.5 Die wilde Semiose

Es scheint, daß es unter den vielen Symbolsystemen, in denen Wolken eine Rolle spielen, auch eine bestimmte reiseliterarische Wolkensymbolik gibt. Sie taucht auf, wo dem Reisenden die Wirklichkeit sozusagen verschwebt und verdampft: Die Wolken und der Blick in die Wolken beschreiben dann eine Situation, in der der Blick "verschwimmt" und die Wirklichkeit - sei es wunderbar und lustvoll, sei es beängstigend, sei es auf beide Weisen - leicht und wesenlos wird, bis hin zu einer beginnenden Welt- und Selbstauflösung.[11]

In einem Sammelband über "die Materialität der Kommunikation" findet sich ein kurzer Essay über das "Reise-Schreiben", in dem eine Art "Phänomenologie des Zeichenverhaltens auf Reisen" skizziert wird. Wir können sie als eine Probe auf unsere Interpretation der Reisenden-Geographen-Welt lesen.

Erstens: **Projektion**. Der Reisende übertrage seine städtische Wahrnehmungs- und Leseweise expliziter Zeichen (eine typisch "urbane" "Manie, am Boden oder auf der Mauer Zeichen zu entziffern") auf fremde Städte und Länder:

"Der Reisende ist Städter; er verläßt eine Stadt, die er an seinen Sohlen mitschleppt. Er widmet sich mit derselben nervösen Aufmerksamkeit der Entdeckung neuer Landschaften, mit der er sich jeder Ampel nähert...: Er nimmt ein Schild wahr. Diese Leseweise projiziert er auf Meeresküsten, auf ländliche Weite, auf ferne (und immer fernere) Landschaften..." (Grivel 1988, S. 617).

Zweitens: **"Allgemeine Entfunktionalisierung"** (S. 619). Der Reisende "hat den Sinn, das Gespür für die konkreten Dinge verloren"; "ich verstehe nichts mehr als Gebrauchswert, alles bleibt gleichsam zweckentfremdet stehen..., von Funktionen noch nicht oder nicht mehr behelligt". In dieser Atmosphäre sehe alles neu und/oder ganz alt aus, gleichzeitig wie Neubau und Ruine. Auch der Reisende selber scheint entfunktionalisiert: "Ich spiele die Nichterfüllung meiner Rolle"; "keine Bedeutung, kaum eine Absicht"; "tiefe Abwesenheit, in der er sich befindet"...

Drittens: **Landschaftwerden der Welt**. Diese Art von Entwirklichung verwandelt tendenziell alles in Landschaften, d.h. ästhetisch angeschaute Natur. "Der Reisende ist jemand, der ein Gemälde anschaut" (S. 618). Alles wird zu Ansichten: "Ein Land wird für ihn zur Landschaft, ein Wald bedeutet nur mehr den Anblick, den er bietet". Was nicht mehr als Funktion und in Funktion gesehen wird, kann dann in seiner bedeutungsentlasteten Phänomenalität, "in seiner tiefen Bedeutungslosigkeit" erscheinen: "Die Mauer da besteht wirklich aus unendlich vielen Flecken, sie bedeutet weder Trennung noch Einsperren, sie ist im Wortsinne Fleck, Fleck in meinem Auge."(S. 624)

Viertens: **Ontologische Irritation** und Gefühl eines Mangels an Realität:

"Mit der Landschaft - eben weil sie Landschaft ist - entsteht der Mangel; ich ertappe mich dabei, wie ich Fehler begehe, Unbekanntes, Inexistentes schattet sich ab. In gewissem Sinn also ist der Reisende ein Maler; das Bild dessen, was er auf- oder wahrnimmt, setzt sich an die Stelle eines anderen, das er ahnt, aber nicht erfaßt: das "Wirkliche"... Er bemächtigt sich der Oberflächen. Er kämpft durch das Medium mit dem Medium... Für ihn stellt sich folgendes Problem: "Wie kann man das sehen, was durch sichtbare Dinge verborgen wird?" (Noël, B., URSS aller retour, Paris 1980, S. 36). Wie kann man mit der Sprache das sehen, was "unter der Sprache" liegt?" (Grivel 1988, S. 622)

So bringt das Gefühl des Wirklichkeitsverlusts, das Gefühl des "Landschaftwerdens der Welt" (Rilke), auch hier die schon beschriebene kleine "philosophische Krankheit des Reisenden" hervor.

Fünftens: Ein **Gefühl seiner selbst**, seiner Subjektivität. Der Reisende "kann von dieser tiefen Abwesenheit, in der er sich befindet, profitieren, um über dieses Nichts hinaus das zu empfinden, was nicht unbedingt zu empfinden war - sagen wir eine Art Selbst" (S. 618): Ein bekanntes literarisches Motiv. Aber dieses Selbst sei eine sehr labile Sache und gerate leicht in den gleichen Strudel ontologischer Unsicherheitsgefühle.

Sechstens: **Zeichen- und Welterzeugung**. Sobald er sich nicht damit begnügt, "in der Wirklichkeit jene Denkmäler und Landschaften wiederzuerkennen, die im Prospekt verzeichnet sind", dann entsteht bei der Projektion des mitgebrachten Zeichenverhaltens (bei dieser "Manie,...Zeichen zu entziffern") etwas, was am Ort der Lektüre "noch nicht gelesen worden ist": Neue

Zeichen und eine neue Semantik. Die Projektion richte sich ja "auf etwas Neues, dessen richtige, will sagen praktische Wahrnehmung mir versagt bleibt"; dem Reisenden fehle die Sprache "des anderen, des Einheimischen", er wende "deplaziertes Wissen" an ("bestenfalls stottert er im sog. Schulenglisch daher"). Nichts mehr werde wirklich gewußt, aber doch werde laufend etwas identifiziert und "erkannt". "Ich betreibe nichtgegenständliche Malerei. Ich erzeuge Wirklichkeit ohne Wahrheit".

Siebtens: **Wilde Semiosen**. "Das allgemeine Zeichensystem... verschwindet", das Zeichenverhalten werde unsicher und anomal, aber zugleich stachele alles (die fremden Wirklichkeiten wie die Reiseführer) ihn an, eifrig Zeichen zu erzeugen und zu deuten. "Er schaut nur - aber wie kann er ohne Untertitel und Kommentar unterscheiden? Sicher, der Reiseführer überhäuft und peinigt ihn mit Definitionen, aber diese Definitionen ästhetisieren lediglich, was sie einfangen sollen". Alles wird unsicher: Was im Führer steht, scheint nicht dem zu entsprechen, was er vor Augen zu haben glaubt; aber zum Ausgleich glaubt er zu sehen, was er nicht sieht. Sein Zeichenverhalten "geht ins Leere... es hat... weder Wahrheit noch Wahrscheinlichkeit. So erfinde ich Gerüchte..., spontan zwar, aber gleichsam zu Unrecht." Den Entsemantisierungen (dem Auftauchen semantisch un- und unterbesetzter Räume) entsprechen Resemantisierungen. "Im ungebührlichen, unsicheren Zeichenverhalten des Reisenden, der eigentlich gar nicht anwesend ist, entsteht X - das Unbekannte, unbenennbar und doch gewiß". Man müsse bei diesem "Sehen ohne zu wissen" die Unwissenheit nur weit genug treiben, um z.B. unerklärliche und nichtexistierende Städte auftauchen zu sehen:

"Pisa z.B., ein unerklärliches, nicht existierendes Pisa, das für mich reserviert ist, von dem nur ich ein Klischee (ein Negativ) herstellen kann, wenn ich will. Oder vielleicht Babel. Denn Babel taucht unweigerlich, unwiderruflich dann auf, wenn ich die Unwissenheit, die mich kennzeichnet, nur **genügend weit treibe**" (Grivel 1988, S. 620; verdeutlichender Klammerzusatz G.H.)

Die "unsichtbaren Städte" Marco Polos belegen es, Tamara-Pisa ebenso wie Ipazia-Babel.

Diese Städte bestehen in der Tat (wie Grivel formuliert) aus "Zeichen von Zeichen und Zeichen ohne Referenz": "Zeichen ohne Referenz", weil sie sich nicht (oder doch nicht primär) auf Wirkliches beziehen; "Zeichen von Zeichen", weil sie (statt auf autochthone Bedeutungen und Wirklichkeiten) eher auf das Zeichen-Repertoire des Reisenden verweisen.

Achtens: **Aisthesis** als Chance und Zauber. Nachdem die Zusammenhänge zwischen Sprache und Wirklichkeit, zwischen Signifikanten, Signifikaten und Referenten gerissen sind (und tendenziell fast alles wilde Semiose wird), kann der Reisende eben das genießen: daß alle Erscheinung und Bedeutung "nur von ihm abhängt" (S. 620). Der "Rausch" und "Zauber des Reisens" besteht dann eben darin, daß "Welt und Geist zusammenfallen":

"ich bewundere diese Zeichen, die unter meinen Schritten entstehen, ich sammle, fotografiere sie, weil sie einen Augenblick lang nichts bedeuten: ich berausche mich an ihrem Nichts. An der fortschreitenden Aufhebung der Sprache... Unter meinen Schritten taucht das Unbekannte, das Symbol mit unbekanntem Sinn auf. Ich kehre an den Anfang der Welt zurück... An der Bedeutungslosigkeit der Zeichen, die auftauchen und wieder verschwinden, an der Verabschiedung der Sprache und am Aufgeben eines Werkzeugs, daran berauscht sich der Reisende." (ebd.)

Die Zeichensprache, die verschwindet, ist die **gewohnte** Zeichensprache, die flüssiges Lesen gestattet; genauer gesagt, es verschwindet vor allem die referentielle Funktion der Sprache. Was potentiell bleibt, sind z.B. die expressiven und ästhetischen Funktionen der Zeichen. Der im Text beschriebene Genuß der Signifikanten in ihrer Bedeutungslosig- und Vieldeutigkeit, ihrer Bedeutungsentlastung und Bedeutungsoffenheit, ihrer Selbstreferenz und Polyvalenz, das ist ein tendenziell **ästhetisches** Verhalten. Es beruht auf einer Entlastung vom Handeln und Wissen:

"**Das Nichtwissen des Reisenden ist wunderbar**: endlich weniger wissen, endlich vor dem Wissen geschützt sein und vor den Verpflichtungen, die es mit sich bringt; endlich kann ich mich verhalten wie ein Taubstummer, kann mich vom Verstehen und vom Handeln lossagen!" (Grivel 1988, S. 619)

Genau so, erinnern wir uns, entsteht im 18./19. Jahrhundert die "(Idee der) Landschaft" als "ästhetisch angeschaute Natur": Als das wissenschafts-, arbeits-, handlungs-, politik- und ökonomieentlastete Korrelat einer "wirklichen", "gesellschaftlich angeeigneten Natur" (die als solche dann notwendig wissenschafts-, arbeits-, handlungs-, politik- und ökonomiebelastet sein muß). So werden für den Reisenden die fremde Stadt und das fremde Land genau deshalb Landschaften, weil er sich von fast allem und oft bis auf die bloße Aisthesis entlasten kann.

Die in diesem Kapitel beschriebene Situation des Reisenden müßte eigentlich nicht nur im literarischen Reisetagebuch, sondern auch in den Reise- und Exkursionsdisziplinen auffindbar sein. Tatsächlich gibt es in der Ethnologie eine nicht ganz marginale Literatur, wo solche Situationen der Verfremdung und Auflösung der Wirklichkeit, des drohenden Gegenstands- und Selbstverlusts zum Thema werden. In der geographischen Literatur allerdings scheint dergleichen höchstens in Spuren aufzutreten. Das Schweigen der Wissenschaftler ist an sich leicht verständlich: Das alles war für sie kein Teil der Beobachtungs- und Forschungssituation, sondern eher deren privater, nicht-kommunikabler Schatten. Das ist aber sicher nicht alles, und es wäre ein dankbares Thema zu untersuchen, wo und wie dieser "Schatten" jeweils thematisiert oder unsichtbar gemacht wurde.

Die beschriebene Situation des Reisenden - vor allem der gefühlte Wirklichkeitsverlust - ist aber auch ein fruchtbarer Moment, und eben dieser Moment vor allem ist es, was an ihm methodologisch und didaktisch interessiert. Er kann z.B. Ausgangspunkt bewußter ästhetischer Wahrnehmung werden; das bedeutet gewissermaßen "alle Haltetaue schießen zu lassen" (wie es Grivel 1988, S. 620 mit einem Rimbaud-Zitat sagt). Er kann aber auch zum Ausgangspunkt des Spurensicherns werden; dann wirft man neue Haltetaue aus. Marco Polo ist offenbar beidem ausgewichen.

5. Die Stadt Ipazia

Die Städte und die Zeichen

Von allen Sprachwechseln, denen der Reisende in fernen Ländern begegnen muß, gleicht keiner dem, der ihn in der Stadt Ipazia erwartet; denn es betrifft nicht die Worte, sondern die Dinge. Ich kam eines Morgens nach Ipazia, ein Garten mit Magnolien spiegelte sich in blauen Lagunen, ich wandelte zwischen den Sträuchern und war sicher, schöne junge Frauen beim Bade zu entdecken; doch auf dem Grunde des Wassers kniffen Krebse in die Augen von Selbstmörderinnen, die einen Stein um den Hals und das Haar grün von Algen hatten.

Ich fühlte mich hintergangen und wollte vom Sultan Gerechtigkeit erheischen. Ich stieg die Porphyrtreppen des Palastes mit den höchsten Kuppeln hinan, durchschritt sechs Höfe aus Majolika mit Springbrunnen darinnen.

Der Mittelsaal war durch Eisengitter versperrt: Sträflinge mit schwarzen Ketten am Fuß wuchteten Basaltblöcke aus einem Steinbruch, der sich unter der Erde auftat.

Mir blieb nur noch, die Philosophen zu befragen. Ich begab mich in die große Bibliothek, verlor mich zwischen Regalen, die sich unter Pergamentbänden bogen, ging der alphabetischen Reihenfolge vergangener Alphabete nach, durch Korridore, über Treppchen und Brücken hinauf und hinunter. Im abgelegensten Kabinett der Papyri erschienen mir in einer Wolke von Rauch die verblödeten Augen eines Jünglings, der auf einer Matte lag und die Lippen nicht von einer Opiumpfeife ließ.

"Wo ist der Weise?" Der Raucher deutete zum Fenster hinaus. Es war ein Garten mit kindlichen Spielen: Kegeln, Schaukel, Kreisel. Der Philosoph saß auf der Wiese. Er sprach: "Die Zeichen bilden eine Sprache, doch nicht die, die du zu kennen glaubst." Ich begriff, daß ich mich von den Bildern trennen mußte, die mir bis dahin die gesuchten Dinge verkündet hatten; dann erst würde es mir gelingen, die Sprache von Ipazia zu verstehen.

Jetzt brauche ich nur Pferdewiehern und Peitschenknallen zu hören, und schon ergreift mich ein Liebesbangen: In Ipazia mußt du in die Ställe und Reitbahnen hineingehen, um die schönen Frauen zu sehen, die mit nackten Schenkeln und mit Stiefeln an den Waden in den Sattel steigen, und sobald ein junger Fremder in die Nähe kommt, werfen sie ihn auf Heu- oder Sägemehlhaufen und bedrängen ihn mit festen Brustwarzen.

Und wenn mein Geist keine andere Nahrung und Anregung als Musik verlangt, so weiß ich, daß man sie auf den Friedhöfen suchen muß: Die Spieler verstecken sich in den Gräbern; von der einen Grube zur andern respondieren Flötentriller, Harfenakkorde.

Sicherlich kommt auch in Ipazia der Tag, daß ich nur noch den Wunsch haben werde abzureisen. Ich weiß, daß ich nicht zum Hafen hinunter, sondern zur höchsten Felszacke hinauf werde gehen müssen, um zu warten, bis ein Schiff dort daherkommt. Doch wird es je daherkommen? Es gibt keine Sprache ohne Täuschung.

5.1 Wie eine Stadt exotisch wird

In Ipazia hält kein Zeichen, was es verspricht: Alles bedeutet etwas anderes. Magnoliengärten bedeuten die Wassergräber von Selbstmörderinnen, der Sultanspalast signifiziert Steinbrüche, in denen Sklaven arbeiten; Bibliotheken verweisen auf Opiumhöhlen, Kinderspielplätze auf Philosophen, Ställe auf Liebesnester und Friedhöfe auf Musik. Der mitgebrachte Kode wird, wie es scheint, einfach weggefegt, nur, weil der Geograph sich ein wenig hinter die Fassaden und "die Physiognomie der Landschaft" begeben hat.

Der Verdacht liegt nahe, daß der Unterschied von Tamara und Ipazia nicht in der Verschiedenheit der Städte, sondern in der Verschiedenheit der Forschungsmethode liegt. In Tamara hat der Geograph alles nach dem gewohnten Kode abgewickelt; aber funktionierte dieser Kode in Tamara vielleicht nur deshalb, weil die Wirklichkeitsberührung so oberflächlich und flüchtig war, und erwies er sich in Ipazia etwa nur deshalb als trügerisch, weil er hier (zumindest für den ersten Blick) wirklich ernsthaft getestet wurde? Wir wissen nicht, ob Marco Polo nicht in Tamara alles falsch verstanden hat.

Schon dort war ihm der eigene Kode ja nicht ganz geheuer gewesen, aber statt ihn zu testen, zog sich der Geograph in eine Metaphysik zurück, die seinem fragwürdigen methodischen Prinzip ("Wende Deinen Kode an!") eine sozusagen tragische Zwangsläufigkeit verlieh: Ein Schleier der Maya liegt über der Welt und verbirgt sie. Tatsächlich war es der Kode des Geographen, der alles verbarg.

In Ipazia hat sich der Geograph, so scheint es, mutig zur Wirklichkeit vorgearbeitet. Aber einiges weckt Zweifel an den neuen Kodierungen.

Es ist von vornherein sehr unwahrscheinlich, daß so einfache Umkodierungen im Marco Polo-Stil angemessen sind, d.h. Umkodierungen von der Art: Was in Italien Y bedeutete, bedeutet in Ipazia Z. Das mag zuweilen angemessen sein, wenn man im gleichen kulturellen Kontext historische Distanzen überbrückt, also z.B. den "Funktionswandel" (das Auseinandertreten von "Physiognomie" und "Funktion") in der gleichen Stadt betrachtet. Deshalb kann man sich ja vom Ipazia-Modell durchaus anregen lassen, mit Schülern und Studenten in der eigenen Stadt Ipazia zu spielen: In einem Fürstenpalast findet man statt des Fürsten Sachbearbeiterinnen, in einer alten Klosterkirche statt Mönchen, die in einem Gottesdienst beten, Yuppies, die in einer

Vernissage plaudern; hinter einem Portal, das ein Sämann ziert, findet man einen Computerlinguisten und auf einem Bahnhof statt Fahrgästen, die auf einen Zug warten, eine Puszta mit Vegetationskundlern, die die Ungarische Rauke und das Ukrainische Salzkraut suchen - usw. usf.. Das waren alles triviale Osnabrücker Beispiele, und in diesem Sinne ist tatsächlich überall Ipazia. Dergleichen ist aber eher ein didaktisches Spiel für den Erdkundeunterricht am heimatlichen Gegenstand als ein Welterschließungsmodell für erwachsene Geographen.

Marco Polo ist offenbar in eine andere Kultur geraten. "Eine andere Kultur verstehen" heißt vor allem: eine andere Semiotik lernen. Von einer Kultur zur andern, d.h., von einer Semiotik zur andern, wechseln aber nicht einfach die Signifikate, während die Signifikanten gleichbleiben. Der Sternenhimmel ist eine gute Illustration. Die gleichen Sternbilder werden nicht nur anders benannt, es sind schon andere Sternbilder, die benannt werden. Die Himmelsregionen werden sozusagen anders geschnitten, die Sterne zu anderen Verknüpfungsmustern geordnet, und diese anders geschnittenen Regionen und Muster werden obendrein noch anders (nach anderen Mythen) kodiert. Wenden wir das auf Ipazia an, dann steht zu vermuten, daß nicht erst die Signifikate, sondern auch die Signifikanten verändert sind; Ausdrucks- und Inhaltsebene könnten verändert und beide Ebenen sozusagen gegeneinander verschoben sein: Auch dann, wenn (wie beim Sternenhimmel) die physisch-materielle Welt die gleiche geblieben ist. Vielleicht sind Magnoliengärten und blaue Lagunen, Palast und Steinbruch getrennte Zeichen (während der Geograph sie zu **einem** Signifikanten vereint); vielleicht müssen die Bibliothek und das Kabinett des Opiumrauchers getrennt, aber Bibliothek und Philosophengarten als **ein** Zeichen gelesen werden - mit großen Konsequenzen für das Verständnis von Ipazia.[12] Vielleicht ist Ipazia in Wirklichkeit gar nicht so bizarr und exotisch, wie diese Stadt in Marco Polos Erzählung erscheint, und es handelt sich um Exotisierung durch falsche Semiose.

Marco Polo benennt einfach Zeichen um Zeichen neu. Er zieht überhaupt nicht in Betracht, daß er vielleicht schon die Zeichen falsch identifiziert (z.B. als Zeichen identifiziert, was kein Zeichen ist, und nicht als Zeichen identifiziert, was ein Zeichen ist). Wenn er aber auf diese Weise schon die Signifikanten verfehlt, können auch die Bedeutungen nicht stimmen, ganz gleich, wie genau er die Wirklichkeit empirisch erkundet.

Betrachten wir nun die neuen Bedeutungen, die der Geograph mit den alten (vielleicht falschen) Signifikanten verbindet. Er kommt zu eigenartigen neuen Bedeutungen. Einerseits sind sie sehr fremdartig, andererseits haben sie auch etwas von déjà vu-Erlebnissen, so, als wären es alte Bekannte. Sie erinnern ein wenig an die einleuchtende und vertraute Fremdheit surrealer Bilder.

Einerseits widersprechen sie den mitgebrachten Denotationen. Zugleich aber scheint die Deutung auf der Linie bestimmter Konnotationen zu liegen. Konnotieren Teiche nicht auch die "feuchten Gräber" von Ophelien, Sultane nicht auch Grausamkeit und Sklaven, Philosophen nicht auch Kindlichkeit (und Kinder Weisheit)? Ist nicht im "symbolischen Universum" zumindest fast aller europäischen Sprachen Wiehern immer schon mit Geilheit - und Peitschenknallen mit sexueller Grausamkeits- und Unterwerfungslust verbunden? In den "neuen" Deutungen scheint ein Automatismus zu stecken, der aus dem Netz der Konnotationen stammt, in die das Zeichen eingebunden ist. Kurz, die Hypothese liegt nahe, daß Marco Polo in Ipazia nicht eigentlich neu kodiert, sondern mit einem Zweitkode arbeitet, der auf dem alten immer schon aufsitzt.[13]

Diese Höfe von Assoziationen und Anmutungen, die in der Semiotik "Konnotationen" oder "zweites Bedeutungssystem" heißen, sind noch immer lebendig, weil sie in die Alltagssprache eingebaut sind. Sie sind auch der Ort, wo die Alltagsmythen gespeichert, aber auch der Ort, wo die gemeinten Gegenstände "ich-nah", d.h. mit unseren primären Bedürfnissen und Interessen verknüpft werden - wo also die Dinge an sich zu Dingen für uns und z.B. die Städte an sich zu Städten für uns werden. (Und natürlich ist auch die Poesie - gerade auch die Geschichte Italo Calvinos - ein Spiel mit solchen Konnotationen.)

Wenn unsere semantischen Vermutungen zutreffen - und vieles spricht dafür - dann folgt der scheinbare Kodebrecher nicht nur in Tamara, sondern auch in Ipazia einem mitgebrachten Kode, aber nun nicht mehr auf der Ebene konventioneller Denotationen, sondern auf der Ebene mehr oder weniger konventioneller Konnotationen. Marco Polo folgt noch immer seinem heimatlichen Kode, aber nun nicht mehr auf schlichte, sondern auf vertracktere Weise. Seine Deutungen laufen alte und keineswegs nur subjektive konnotative Linien und Netze entlang (und verwandeln, wie ein Semantiker sagen könnte, Konnotationen falsifizierter Denotationen in neue Denotationen).[14] Marco Polos Stadtbeschreibung projiziert eine eingefleischte Semantik. **Deshalb** ist Ipazia so exotisch.

Marco Polos Ipazia präsentiert, so gesehen, geradezu modellhaft, was Said in einem berühmten und umstrittenen Buch 1978 "Western Orientalism" genannt und als eine Projektion, d.h. eine Übertragung und Verfremdung eines "inneren Orients", sozusagen eines "Orients der (westlichen) Seele" interpretiert hat (semantisch formuliert: als eine Projektion semantischer Substrukturen der **eigenen** Sprache). Dieser grausame, despotische, träge, hemmungslose, sinnliche..., aber auch alte und weise Orient sei ein abgespaltener Teil des Westens selber, das Außenbild einer **inneren** Fremde, gewissermaßen das Andere der (westlichen) Vernunft, dem man zugleich mit Abwehr und Verlangen, mit Angst und Faszination begegne. Das mag überzogen sein (und müßte ergänzt werden durch die Zerrbilder des Westens im Orient); es kann uns hier aber doch als Modell dienen: Ipazia als "malerischer Orientalismus" (Günther 1990).

Der Reiz der Geschichte liegt nicht zuletzt darin, daß der Geograph hinter den Fassaden von Ipazia etwas Fremdes auftauchen läßt, das zugleich so etwas wie die gruselige Seite seiner selbst ist, das Monsterkabinett seiner eigenen Obsessionen. Was zunächst wie die zugleich kritische und kreative Lektüre einer fremden Welt aussah, scheint nun doch eher eine Art Trivialroman zu sein, den der Geograph aus dem semantischen Reservoir seiner **eigenen** Sprache gesponnen hat.

Wir können nicht einmal wissen, was der Geograph wirklich gesehen hat. Flunkert er am Leitfaden seiner - von einer konnotativen Semantik inspirierten - Tagträume entlang? Oder haben sie sich nur in seine Wahrnehmungen eingemischt - aber wie sehr? Oder gibt es diesen Orient und diese sadomasochistische Metropole wirklich? Aber was bedeutet dann all das wirklich und in dieser anderen Kultur, was uns in der Semantik des Geographen so eigenartig erscheint (diese nassen Gartengräber, diese Sträflingspaläste, bibliothekarischen Opiumhöhlen, philosophischen Kinderspielplätzen, sexualisierten Reitbahnen und musikalischen Friedhöfe)? Solche Fragen können einen natürlich nicht nur hinsichtlich Marco Polos beschleichen, sondern auch im Hinblick auf den Orient in der Geographie und in den Erdkundebüchern des 20. Jahrhunderts.

5.2 Täuschungen

Wie der Besuch von Tamara, so endet auch der Bericht vom Besuch Ipazias mit einer semiotischen Verunsicherung des Geographen und einer metasemiotischen Reflexion.

Marco Polo hat, wie er glaubt, "die Sprache von Ipazia" gelernt - nach seinem eigenen Eindruck so gut, daß er die Zeicheninterpretation automatisiert und in eine Art bedingten Reflex verwandelt hat: "Jetzt brauche ich nur Pferdewiehern und Peitschenknallen zu hören, und schon ergreift mich ein Liebesbangen..." So glaubt er sich zumindest stellenweise schon in der Lage eines native speaker zu befinden und im Prozeß des going native begriffen zu sein. Das ist ja ein alter Traum des Reisenden Erd- und Völkerkundlers: Einzutauchen, "naturalisiert" zu werden und (z.B.) Orientale unter Orientalen zu sein. Der humanistisch-geographische "insider view" und Anne Buttimers Boot sind die jüngsten Varianten dieses Geographentraums. Worin Marco Polo tatsächlich eintaucht, ist aber, wie wir gesehen haben, nicht so sehr der Orient, sondern eher der Orient der (europäischen) Seele.

Dieser Traum verfolgt insofern ein richtiges Ziel, als "eine Kultur verstehen" tatsächlich vor allem heißt, eine Semantik (oder einen Komplex von Semantiken) zu erlernen. In dieses Lernen schleichen sich aber unkalkulierbare Fehler und Selbsttäuschungen ein, wenn der Besucher nicht einkalkuliert, daß wohl jede besuchte Kultur, die nicht ganz hinterwäldlerisch ist, schon ein Rollenset für Besucher und "Fremde" bereithält, in dem auch das Wissen definiert ist, das ihnen zukommt; bis zu einem gewissen Grade kann der Reisende seine Rollen sicher aushandeln, aber kaum beliebig.[15] Dies ist wohl auch der Hintergrund der letzten Episode in dem zitierten Reisebereicht.

Im eher trügerischen Bewußtsein, "die Sprache von Ipazia zu verstehen", dekodiert er bei der Planung seiner Abreise einen Berg (wohl den Berg von Ipazia) und dessen höchste Felszacke als den "Ort der Abreise". Indem er die Bedeutung des Berges versteht, glaubt er zugleich auch zu wissen, daß er im Fall der Abreise "nicht zum Hafen hinunter, sondern zur höchsten Felszacke hinauf werde gehen müssen".

Das Beispiel illustriert, daß in jedes Zeichen auch schon eine Gebrauchsanweisung eingebaut ist, ein Zeichen bis zu einem gewissen Grade immer auch sagt, was zu tun ist. Deshalb ist es auch ein ganz normales Zeichenverhalten Marco Polos, wenn er dem Signifikanten //höchste Felszacke// nicht nur ein Signifikat, sondern auch einen Interpretanten in Form einer Handlung zuordnet, kurz, mit dem Inhaltsschema noch ein Handlungsschema korreliert.[16] Wie bei jedem Zeichenverhalten ist es natürlich eine andere Frage, ob man den richtigen Kode erwischt hat.

Nach dieser Semiose äußert Marco Polo plötzlich Unsicherheit: "Doch wird das Schiff je daherkommen?" Man fragt sich, wo dieses Mißtrauen herkommt; der Geograph schien sich seines Sprachwissens doch schon sicher zu sein. Vielleicht liegt diese Zeichendeutung (die höchste Felsenzacke als Schiffslandeplatz) doch etwas zu weit von common sense und von gewohnten Kodierungen entfernt. Vielleicht zögert er deshalb, weil praktisch so viel davon abhängt (nämlich, ob er je wieder aus Ipazia herauskommen wird). Was hing schon viel davon ab, ob er Magnoliengartenteiche als Selbstmörderinnengräber, Paläste als Sklavenkerker, Bibliotheken als Brutstätten des Lasters, Reitbahnen als Orte sexueller Perversionen interpretierte? Ein Reisender kann sich in wilden Semiosen durch fremde Städte und Landschaften bewegen (man darf vermuten, daß auch die Berichte "wissenschaftlicher Geographen" voll von wilden Semiosen sind) - wenn der Bahnhof, der Flughafen oder der PKW verschwunden sind, wird es schon ernster.

Aus dem Kode scheint zu folgen, daß etwas der Fall ist, wovon der common sense sagt, daß es so nicht sein kann. Das ist an sich nicht ungewöhnlich und z.B. von ideologischen Kodes wohlbekannt (wo sie gelten, kann es, wie jeder weiß, z.B. leicht geschehen, daß das, was der common sense als Polizeiterror und Unterdrückung wahrnimmt, ohne Zögern mit "Freiheit" und "Demokratie" kodiert wird, und das Umgekehrte hat man auch schon erlebt). Dem Geographen indessen flüstert ein Rest von common sense ein, daß sein Schiff vielleicht nie kommen wird.

Sein Mißtrauen rationalisiert der Geograph mit der Formel, daß "es keine Sprache ohne Täuschung gibt". Das ist eine unklare Wendung. Ist sie buchstäblich oder eher metaphorisch gemeint? Für die Art, wie der Geograph die Welt interpretiert, kommt es sehr darauf an, wer das Subjekt dieser Täuschung ist, **wer** da täuscht. Täuscht ihn die Sprache? Täuscht ihn die fremde Stadt oder Kultur mittels der Sprache? Oder täuscht er, Marco Polo, sich selber in dieser Sprache?

Die ersten beiden Auslegungsmöglichkeiten schreiben "der Sprache", "der Stadt", "der Kultur" etwas zu, was wir normalerweise nur Subjekten buchstäblich, anderen Instanzen aber nur metaphorisch zuschreiben, nämlich eine Intention, und zwar hier die Intention zu täuschen oder zu lügen. Der Kontext spricht dafür, daß Marco Polo (bzw. der Marco Polo, den Italo Calvino beschreibt) tatsächlich an solche phantastische Subjekte des Täuschens und Lügens denkt. In Tamara verdächtigt er "die Stadt", warum nun nicht "die Sprache"?

Eine Sprache, ein Kode, ein Zeichen können aber nicht eigentlich täuschen oder lügen, aber natürlich zum Täuschen und Lügen benutzt werden. Das gilt selbst für "natürliche Zeichen" (oder "Anzeichen"), die auf realen Ursache-Wirkungs-Relationen beruhen: Wenn bestimmte Symptome in medizinischen Handbüchern kodifizierte Zeichen für bestimmte Krankheiten sind, dann kann man diesen Kode zum Täuschen und Lügen benutzen, z.B., um Krankheiten zu simulieren und zu dissimulieren. Und wie man mit und in der Sprache andere täuschen kann, so auch sich selber, z.B. indem man eine Sprache falsch interpretiert. Das ist ein Zentral- und Dauerthema in der Philosophie unseres Jahrhunderts und auch ein Thema für Geographen. Am Beispiel von "Landschaft" habe ich das in extenso gezeigt. Auch wie einer ein fremdes Land liest, hat viel mit dem zu tun, wie er seine eigene und die fremde Sprache versteht oder mißversteht. Nicht nur Landschaftsgeographen, auch reisende Geographen können in sprachinduzierte Selbsttäuschungen verfallen. Marco Polo ist ein warnendes Beispiel.

Wenn Marco Polos Erwartungen enttäuscht werden und das Schiff nie kommen sollte, dann beruht das also kaum darauf, daß eine Sprache oder eine Stadt ihn täuscht oder Täuschungen enthielte. Sein Verlesen der Welt und die Vergeblichkeit seines Handelns müssen andere Gründe haben, und wir vermuten, daß sie das Ergebnis eines Mißverstehens der Sprache und ihrer Kodes sind.

Allgemein gesagt, beruht eine "Irreführung durch Mißverstehen der Sprache" darauf, daß semiotische oder sprachliche Strukturen fälschlicherweise als Widerspiegelungen oder gar als Wiederspiegelungen der Realität (oder gar **einer** Realität und **des** Wesens der Dinge) interpretiert werden, also **sprachliche** (z.B. semantische) Gegenstände und Strukturen in die Gegenstände und Strukturen der physischen oder der sozialen **Wirklichkeit** projiziert werden. So entsteht z.B. der Aberglaube, wo ein Zeichen sei, müsse es auch ein Bezeichnetes geben, oder wo ein Signifikat sei, da sei auch ein Gegenstand.

Es scheint, daß Marco Polo Funktion und Art des Zeichens verkannt und einen "Kategorienfehler" begangen hat. Die Sprache und viele andere Zeichensysteme haben viele Funktionen, nicht nur eine referentielle (d.h. die Funktion, reale, z.B. physisch-materielle oder soziale Gegenstände zu beschreiben sowie auf erfolgreiche Manipulationen mit solchen Gegenständen hinzuweisen). Vielleicht ist diese höchste Felsenzacke in der Sprache von Ipazia kein referentielles, sondern ein ästhetisches Zeichen, also ein Gegenstand, der einen "Hafen" oder "Ort der Abreise" zwar symbolisiert, aber nicht wirklich als ein solcher fungiert, so wie gemalte Leckerbissen zwar "Genuß" symbolisieren mögen, aber nicht wirklich genossen werden können, und so wie ein Landschaftsgarten oder eine "alte bäuerliche Kulturlandschaft" zwar "Mensch-Natur-Harmonie" und "ökologisch heile Welt" symbolisieren, aber deshalb noch lange nicht wirklich eine solche Harmonie und eine solche Welt sein müssen.

Das Zeichensystem einer Kultur und so auch "die Sprache von Ipazia" sind sicher ontologisch vielfältiger und offener, als Marco Polo annimmt. Man kann in **einer** Sprache über Gebrauchs- **und** Kunstgegenstände reden, über materielle **und** geistige Gegenstände, über Gegenstände in Poppers erster, zweiter und dritter Welt, über Menschen **und** Götter.[17] Hat Marco Polo, der in Ipazia gelernt hat, daß die höchste Felsenspitze als "Ort der Abreise" kodifiziert ist, vielleicht verkannt, daß die Bergspitze zwar ein "Ort der Abreise" ist - aber nicht im Sinne der Alltagssprache und in der **Alltags**welt, sondern im Sinne der **religiösen** Sprache und in der religiösen Welt der Ipazianer? Hat er einen ontologischen Index überhört, den ein Ipazianer mithört und der ein universe of discourse oder einen ontologischen Status indiziert, der nicht der eines kommunen Hafens mit wirklichen Schiffen ist?[18] Dann braucht er sich nicht getäuscht zu fühlen: sowenig wie von einer venezianischen Kirche. Oder handelt es sich für ihn auch um Täuschung, wenn er im "Hause Gottes" Gott nicht im gleichen Sinne antrifft wie sich selber oder den Pastor, und wenn im Passionsspiel zwar Jesus stirbt, aber nicht der Schauspieler, der den Jesus spielt?

Wenn Marco Polo beim Stadtberg einen so fundamentalen Kategorienfehler begangen hat, muß man argwöhnen, daß er ähnliche Fehler auch irgendwo bei den Gärten, Palästen, Bibliotheken, Spielplätzen, Reitbahnen und Friedhöfen begangen haben könnte. Die Fehler Marco Polos sind für uns wieder nur Beispiele für die Fehler, die jeder reisende Geograph beim Zeichenlesen in Stadt und Landschaft machen kann.

6. Folgerungen

Die vorangehenden Interpretationen haben wohl hinreichend deutlich gemacht, daß man geographische Weltbeschreibung - von der "Geländebeobachtung" bis zur Auswertung statistischer Daten - als Zeichenlesen, also mit den Mitteln der Semiotik rekonstruieren kann. Damit explizieren wir auch eine klassische Selbstinterpretation der Geographen selber. Die Geschichten boten aber nicht nur eine Übersicht über die unterschiedlichsten Arten geographischen Zeichenlesens, sondern auch eine Enzyklopädie der typischen Lesefehler, die in Geographie und Geographieunterricht unterlaufen können.

Es hat sich wohl auch gezeigt, daß es sich nicht um bloße Re-Etikettierungen von Bekanntem handelte; vielmehr wurde das ganze Feld in manchen Zügen neu organisiert - z. B. differenziert, was bisher nicht unterschieden wurde, und zusammengefaßt, wo man bisher keine Ähnlichkeiten gesehen hat.

Am Anfang haben wir den Blick des Stadtbewohners und den des Besuchers und Geographen verglichen. Dann haben wir - anläßlich der Beschreibung Tamaras - die fraglos-flüssige "Zeichenlektüre" des "reisenden Geographen" analysiert, die ihm die Wirklichkeit zugleich erschloß und verdeckte. Sie bestand in der Anwendung mitgebrachter semiotischer und metasemiotischer Gewohnheiten. In der Beschreibung von Ipazia konnten wir die Erschütterung und bewußte Revision der mitgebrachten Kodierungsgewohnheiten studieren, aber es zeigte sich, daß auch das Umkodieren auf eine fragwürdige "flüssige Lektüre" hinauslaufen kann.

Die Antwort auf unsere Ausgangsfrage ("Geographie als Zeichenlesen oder Spurensichern?") besteht also darin, daß Zeichenlesen zwar vieles von dem beschreibt, was in Geographie und Geographieunterricht ohnehin geschieht, aber nicht ohne weiteres als didaktisches Projekt und Programm taugt.

Für eine "Geographie als Zeichenlesen" gibt es nicht nur die Alternativen Tamara und Ipazia, d.h. Fortsetzung automatisierter Kodierungsgewohnheiten oder scheinbar radikale Umkodierung, Geläufigkeit erster Art oder Geläufigkeit zweiter Art.

Man kann sich im Gegensatz dazu auf Zeichen konzentrieren, die weder ausdrücklich als Zeichen produziert, noch als Mitteilungen intendiert, noch kodifiziert sind, also z.B. auf Zeichen, die nichts sagen sollen, aber etwas verraten können. In einem sehr weiten Sinne kann man auch in diesem Fall von Zeichen sprechen, in üblicher Terminologie: von nichtkodifizierten **Anzeichen** oder **Spuren**.[19]

Es geht also nicht um andere Kodes, sondern um eine andere Art von Semiose: um eine Semiose, die nicht kodifizierte (sozusagen offizielle) Korrelationen reproduziert, sondern neue (sozusagen inoffizielle) Bedeutungen produziert. In diesem Fall wird aus Kodierung Interpretation. Diese "andere Art von Zeichenverhalten" kann neue Signifikanten produzieren, aber auch an Signifikanten ansetzen, die auch schon als intentionale und/oder kodifizierte Zeichen fungieren. Solche Zweitkodierungen oder Zweitinterpretationen, in denen intendierte und kodifizierte Zeichen zusätzlich als nichtintendierte und nichtkodifizierte Anzeichen interpretiert werden, kennen wir immer schon aus unserm "alltagshermeneutischen" Verhalten: z.B. wenn wir ein Lachen, das Heiterkeit bedeutet und als Heiterkeitsbekundung intendiert ist, als kodifiziertes und intendiertes Heiterkeitszeichen, aber auch zugleich als **Anzeichen** einer Verlegenheit verstehen.

Die klassische Geographie (d.h. die Geographie, soweit sie nicht in den letzten Jahrzehnten szientifisch überformt wurde) kann in ihrem rationalen Kern als Spurenlesen betrachtet werden; das gilt nicht nur für ihre Ausprägung als Landschaftsgeographie. Man kann die These wagen, daß der Geographieunterricht nur insofern gute alte Geographie betreibt und fortsetzt, als er Spurenlesen ist.[20] Gerade die Traditionalisten in Geographie und Geographiedidaktik waren in den letzten Jahrzehnten oft weit von dieser Haupttraditionslinie der Geographie entfernt. Es zeigt sich aber, daß es sinnvoll wäre, etwas vom klassisch-geographischen Spurenlesen aufzugreifen und weiterzuentwickeln. Das setzt einerseits voraus, daß die logische Struktur des Spurenlesens - vor allem des forschungslogisch komplexeren **sozial**geographischen Spurenlesens - noch etwas detaillierter und präziser expliziert wird, als es bisher geschehen ist. (Man kann es, sehr verkürzt gesagt, wohl als ein Abduzieren und als eine Verbindung von nomologischen, narrativen und intentionalen Erklärungen auffassen.) Mindestens ebenso wichtig allerdings sind prägnante Beispiele, die dazu anregen, die Welt der Geographie in anregende Spuren zu verwandeln. Beides war aber nicht Thema dieses Aufsatzes.

Unsere Interpretationen zum Zeichenverhalten eines reisenden Geographen haben unter der Hand noch etwas anderes erbracht. Stadtwahrnehmungen wurden als Zeichenverhalten interpretiert. Das kann man verallgemeinern. Ich glaube, daß es sehr nützlich ist, den geographischen Wahrnehmungsansatz mit semiotischen Mitteln erstens zu beschreiben und zweitens zu betreiben. Der Ansatz wird in einem solchen Licht deutlicher als in vielen der herkömmlichen Beschreibungen. Wahrnehmungsgeographie, deren didaktische Bedeutung kaum überschätzt werden kann, erscheint dann als Versuch, Zeichenverhalten und Kodes unterschiedlicher Leute in unterschiedlichen Umwelten zu rekonstruieren. Das liegt umso näher, als Psychologie und Phänomenologie der Wahrnehmung es zulassen, Wahrnehmung (die perzeptive Konstruktion der Welt) als eine spezifische Form von Semiose ("Zeichenerzeugung") und als einen (Grenz)Fall von Signifikation zu betrachten - und entsprechend auch in Perzepten Signifikanten zu sehen. In diesem Sinne waren die Interpretationen zu Italo Calvinos Marco Polo auch Studien zur Wahrnehmungsgeographie und Stadtwahrnehmung am verdichteten literarischen Beispiel.

Anmerkungen

1) Dieses Problem und alle anderen Referenzprobleme kann man nur flüchtig umgehen, indem man z.B. auch "Ideen" und "intentionale Gehalte" als Referenten zuläßt oder als Referenten nicht eine Entität, sondern die Gebrauchsbedingungen des Wortes einsetzt (d.h. die außersprachlichen Bedingungen, die vorliegen müssen, damit man sprachlich korrekt: "Das ist eine Landschaft" sagen kann).

2) Das ist offensichtlich ein besonderer Fall von Zeichen, denn die Wörter bzw. Sprachzeichen /Stuhl/ und /Landschaft/ z.B. sind zwar auch Zeichen, sehen aber ihren Denotaten oder Referenten - nämlich realen Stühlen und Landschaften - überhaupt nicht ähnlich, weder, was die Form, noch, was das Material betrifft. Das gilt für die geschriebene wie für die gesprochene Form der Sprachzeichen: Diese Zeichen sind "rein konventionell". Eine andere Sache ist, daß auch jede Feststellung von "Ähnlichkeit" bestimmte Sprachkonventionen und Sehgewohnheiten voraussetzt.

3) Dergleichen "Aufbereitungen" gehören zur didaktischen Literatur im weitesten Sinne und mögen das (vorsichtig gesagt, mäßige) Ansehen der Didaktiker bei Fachwissenschaftlern mit prägen; denn fast jeder Fachwissenschaftler ist ja nicht nur der Ansicht, solche vereinfachten Versionen könne er selber auch herstellen; er meint gemeinhin sogar, er könne es besser, habe aber eben besseres zu tun. Eine Variante besteht darin, daß Wissenschaftler der Meinung sind, Schulbücher und andere Lern- und Lehrmittel sollten eigentlich gerade von den besten Fachwissenschaftlern hergestellt werden - weil sie dann nicht nur sachgerechter, sondern auch didaktisch besser wären. Richtig daran mag z.B. sein, daß der Fachwissenschaftler besser kontrollieren kann, welche "Vereinfachung" von der Sache her vertretbar ist (oder gar den Kern der Sache trifft) - und wann eine Märchenwelt aufgebaut wird, d.h. eine Welt aus Gegenständen, die dadurch entstehen, daß wissenschaftliche Theorien in bunte Metaphern (sozusagen in Fabelwesen) verwandelt werden, deren Wirklichkeitsgewichte dann oft weder von den Schülern, noch von den Lehrern, noch von den Didaktikern abgeschätzt werden können. (Vgl. zu solchen Fußangeln beim didaktischen Popularisieren Hard 1982.) Oft könnte jemand, der das Gebiet wirklich beherrscht, nicht nur richtiger, sondern auch einfacher und verständlicher schreiben.

4) Ich übergehe hier, daß der Begriff einer polyparadigmatischen Disziplin dem ursprünglichen Paradigma-Begriff Kuhns widerspricht; er scheint aber nach Ausweis der Literatur zur Beschreibung bestimmter Diszplinen durchaus sinnvoll zu sein. Man muß allerdings auch im Auge behalten, daß die Anwendung des Paradigmenbegriffs auf Disziplinen wie die Geographie von Kuhn nicht vorgesehen war. Nach dem ursprünglichen Paradigmen-Konzept wären solche Disziplinen eher als "vorparadigmatisch" anzusehen: Denn von Paradigmen im eigentlichen Sinne kann man in diesem ursprünglichen Verwendungskontext nur bei Wissenschaften sprechen, die den "szientifischen Bruch" schon hinter sich haben. Im Hinblick auf Disziplinen, die, wie die Geographie, einen anderen Wissenstyp vertreten, könnte dann höchstens von "volkswissenschaftlichen Paradigmen" die Rede sein.

5) Sie übt sich also weder im "lokal denken, lokal handeln", noch im "global denken, lokal handeln"; **beides** ist fiktiv, und beim zweiten Slogan handelt es sich wieder nur um eine fiktive Versöhnung und "Vermittlung" alten Stils, die dazu antreibt, die herrschenden Allgemeinheiten noch bis ins letzte Dorf zu tragen.

6) Natürlich kann man in einem bestimmten Sinne sagen, daß der "Leser" auch bei solchen Semiosen geistige Arbeit leistet und geistige Operationen ausführt. In gewissem Sinne vollzieht er auch hier Schlüsse (und zwar abduktiver Art). Er muß ja z.B. zweimal ein Konkretum als token

(Exemplar) eines type (Typs) erkennen: Einen konkreten Gegenstand als einen Fall von Stein und eine konkrete Äußerung als Fall des abstrakten Sprachzeichens /Stein/. Aber über solche Minimalleistungen sehen wir in diesem Zusammenhang hinweg.

7) Um das Folgende so verständlich und präzise zu formulieren, wie es in diesem Zusammenhang notwendig ist, werden Signifikant (Zeichenträger), Signifikat (Bedeutung, Zeicheninhalt) und Referent (Bezugsgegenstand) zuweilen graphisch unterschieden, und zwar nach einem relativ naiven, aber hier ausreichenden Modell. /Stein/ meint den Signifikanten (hier: das Laut- oder Schriftbild); "Stein" meint die Bedeutung, den Begriff oder den "geistigen Gegenstand", Stein die Bezugswirklichkeit. Das Kompositum aus Zeichenträger und zugehörigem Sinn schreiben wir dann in naheliegender Weise "/Stein/". (Wenn es sich nicht um sprachliche, sondern um andere Zeichen handelt, könnte man analog verfahren.) Der semiotisierte Referent (der Referent, der als Signifikant fungiert) wird entsprechend als /Stein/ wiedergegeben. Wenn Gegenstände (z.B. Gebäude wie z.B. ein Palast) als Bedeutungsträger gekennzeichnet werden sollen, wird auch //Palast// geschrieben.

8) Die Konventionalität und Künstlichkeit auch dieser "ikonischen Zeichen" erkennt man leicht daran, daß man mittels Zangen und Bechern mit guten Gründen auch auf ganze andere Dinge verweisen könnte, und daß man Zahnbrecher und Tavernen auch ganz anderes anzeigen könnte (z.B. mittels Zähnen und Trauben). Ohne Rückgriff auf einen Kode wäre jede Interpretation sehr unsicher, ja unmöglich, auch wenn der Eingeweihte den Zusammenhang von Zeichen und Bezeichnetem in solchen Fällen für eindeutig, selbstredend und natürlich, vielleicht sogar für "gar-nicht-anders-möglich" hält.

9) Man muß Bedeutungs- von Wahrheits- oder Existenzfragen trennen. Wer den genannten Pfeiler als "Träger" oder ein Gebäude, in dem sich ein Hotel befindet, als "Palast" versteht, stimmt nicht zu, sondern akzeptiert und versteht einen Kode. Das ist Voraussetzung dafür, daß man überhaupt versteht. Was man akzeptiert, ist (eine Aussage über) die Existenz einer Bedeutung, nicht (eine Aussage über) die Existenz einer realen Funktion. Das Risiko liegt, wie man sieht, in der (sprachpsychologisch erklärbaren) Neigung, beides zugleich zu tun.

10) Der Genius malignus ist bekanntlich eine hypothetische Figur in Descartes' Meditationen: Die äußere Welt könnte Illusion und Vorspiegelung eines mächtigen, dämonischen Betrügers sein. Diese erkenntnisphilosophische Verallgemeinerung unseres Reise-Dämons (für Marco Polo ist die Stadt selber dieser Dämon) stammt seinerseits wohl aus der mystischen Literatur: Im (allerdings selbstprogrammierten) Wirklichkeits-, Welt- und Selbstverlust des Mystikers tauchten notwendigerweise verwandte Probleme auf wie bei beim wirklichkeitsentlasteten Weltverhältnis des Reisenden.

11) Grivel zitiert 1988 (S. 621) eine solche Stelle aus der zeitgenössischen Reiseliteratur. Bekannter ist eine poetologische Variante des Motivs, wie man sie, um nur eine berühmte Stelle zu zitieren, z.B. in Baudelaires Prosagedicht "L'Étranger" (in: Le Spleen de Paris) findet. Die Rolle des reisenden Fremden ist hier mit dem modernen Dichter besetzt, und die Wolkenwelt erscheint als Projektionsfläche einer schöpferischen Subjektivität. (Vgl. zum Motiv des "Wolkenlesens" auch Badt 1960.)

12) Und vielleicht liest der Geograph auch Friedhofsmusik und Musikfriedhof falsch: Vielleicht gehören die beiden Funktions- und Bedeutungselemente gar nicht zusammen, sowenig wie ein Gemüsemarkt und eine Friedensdemonstration semantisch verbunden sind, nur, weil sie - zu verschiedenen Zeiten - auf dem gleichen Platz stattfinden, der übrigens früher einmal ein Kirchhof war (was aber niemand mehr konnotiert).

13) Diese Konnotationen können nicht nur direkt (z.B. in Tests mit Polaritätenprofilen oder "semantischen Differentialen"), sondern auch in guten Wörterbüchern und Symbollexika aller Art erhoben werden. Als Beispiel: "Wiehern" konnotiert seit alters "hitzige Begierde" bei Tier und Mensch; in der Lutherbibel "wiehert ein jeglicher nach seines nächsten Weibe wie die vollen müßigen Hengste"; Herder nennt Wiehern direkt "die Sprache der Liebe", und bei Heine "wiehert" eine Frau "mit dem Auge", während sie zugleich "mit der Kruppe kokettiert"...; "wieherndes

Lachen" ist fast stereotypes literarisches Begleitgeräusch des Erzählens von Zoten (die ihrerseits "wiehernde Zoten" genannt werden können; alles Deutsches Wörterbuch 20, Sp. 1561ff.)... Belege zum konnotativen Hof der meisten anderen Zeichen im Text erübrigen sich, so sehr liegen sie auf der Hand. Aber selbst da, wo die Verbindungen auf den ersten Blick vielleicht willkürlich anmuten (wie bei Friedhof-Musik und Bibliothek-Laster oder Bibliothek-lasterhafte Träume), kann man zeigen, daß sie kulturell etabliert sind.

Natürlich geht von jedem Zeichen ein ganzer "Baum" (Eco) von oft sehr unterschiedlichen, unter Umständen sogar widersprüchlichen Konnotationen aus; dann entscheidet der Kontext, welche dieser Konnotationen jeweils aktualisiert werden. So konnotiert z.B. "Sultan" nicht nur "Sklaven" und "Gefangene", (asiatische) Despotie", "Gewalttätigkeit" und "Grausamkeit", sondern z.B. auch "Harem" und "Muselman", unter Umständen auch "Reichtum" und sogar "höfischen Glanz". (Im Deutschen z.B. können unter anderm Hunde, Hähne, Teufel sowie großspurige und unbeliebte Vorgesetzte "Sultan" heißen.)

14) Man kann auch sagen: Die Stadtbeschreibung Marco Polos scheint zu einem guten Teil eher aus semiotischen als aus faktenbezogenen Urteilen zu bestehen. "Semiotische Urteile" sind solche Urteile, die etwas über Gegenstände aussagen, was ihnen bereits gemäß einem Kode zugeschrieben wird - hier: von einem fremdkulturellen konnotativen Kode.

15) In der Methodologie der ethnologischen Feldforschung spielt dieser Prozeß der Rollennahme und des Rollenaushandelns eine bedeutende Rolle. Wird er erst gar nicht bewußt, hat der Forscher keine Chance, die Perspektive zu kennen und zu kontrollieren, aus der er beschreibt (er hat dann, kurz gesagt, keine Chance, objektiv zu sein).

16) Zur handlungstheoretischen Interpretation der Semiotik vgl. z.B. Trabant 1976.

17) Auch in einem Lexikon der deutschen Sprache sind ja Hase und Einhorn gleichermaßen verzeichnet, und doch wäre es falsch, Einhörner in der gleichen Wirklichkeit und mit den gleichen Mitteln zu jagen wie Hasen. Offenbar gehören sie zu unterschiedlichen universes of discourse, das eine Tier zu den realen, das andere zu den mythischen Tieren, und so kann es z.B. auch nicht wundern, daß Einhörner nicht von (realen) Jägern, sondern nur von (mythischen) Jungfrauen erlegt werden können. Entsprechend werden sie auch in ganz unterschiedlichen Literaturgattungen beschrieben (Hasen z.B. in Handbüchern der Zoologie, Einhörner z.B. in Handbüchern der Mythologie).

18) Für unsere Vermutung spricht schon, daß solche Bergspitzen in vielen Kulturen nicht nur der Ort der höheren Seelenvermögen, der Offenbarungen und der Theophanien sind, sondern auch der Ort, wo "der Seele Flügel wachsen" und wo die Seelen-, Kosmos, Himmels- und Jenseitsreise der Schamanen (und ihrer Verwandten) beginnt. Kurz, ein Ort, wo man abreist.

19) Diese "Anzeichen" (oder "Spuren" im weiteren Sinne) werden, gleich, ob kodifiziert oder nicht, bei Eco 1977, 1987, 1988 nach "Abdrücken" (das sind "Spuren" im engeren Sinne), "Symptomen" und "Indizien" eingeteilt; um auf die Beispiele im interpretierten Text zurückzugreifen: die Spur im Sand, die "das Vorbeikommen eines Tigers", die Hibiskusblüte, die "das Ende des Winters", und die Pfütze, die "eine Wasserader" bedeutet. Das sind allerdings sozusagen "physisch-geographische" Beispiele von (im Vergleich zum sozialgeographischen Spurenlesen) sehr einfacher Struktur.

20) Wenn man den Gegensatz von Spurenlesen und flüssigem Dekodieren hervorheben will, wird man statt von Spurenlesen wohl besser von **Spurensichern** und dergleichen sprechen.

Literatur

Badt, K.: Wolkenbilder und Wolkengedichte der Romantik. Berlin 1960.

Barthes, R.: Elemente der Semiologie. 2. Aufl., Frankfurt a.M. 1981.

Bentele, G. und Bystrina, J.: Semiotik. Stuttgart 1978.

Berdoulay, V. et Phipps, M. (Hg.): Paysage et Système. De l'organisation écologique à l'organisation visuelle. Ottawa 1985.

Berdoulay, V.: Convergences des analyses sémiotique et écologique du paysage. In: Berdoulay V. et Phipps M. (Hg.): Paysage et Système. Ottawa 1985, S. 141-153.

Busse, K.-P. und Riemenschneider, H.: Grundlagen semiotischer Ästhetik. Düsseldorf 1979.

Calvino, Italo: Die unsichtbaren Städte. Roman. München 1985.

Cosgrove, D. und Daniels, St. (Hg.): The Iconography of Landscape. Cambridge 1988.

D'Haenens, A.: Théorie de la Trace. Louvain-la-Neuve 1984.

Eco, U.: Einführung in die Semiotik. München 1972 (6. Aufl., München 1988).

Eco, U.: Zeichen. Einführung in einen Begriff und seine Geschichte. Frankfurt a.M. 1977.

Eco, U.: Semiotik. Entwurf einer Theorie der Zeichen. München 1987.

Eco, U. und Sebeok, A. (Hg.): Der Zirkel oder: Im Zeichen der Drei (Dupin, Holmes, Peirce). München 1985.

Eisel, U.: Die Entwicklung der Anthropogeographie von einer "Raumwissenschaft" zur Gesellschaftswissenschaft. Kassel 1980. (Urbs et Regio 17)

Eisel, U.: Landschaftskunde als "materialistische Theologie". Ein Versuch aktualistischer Geschichtsschreibung der Geographie. In: Bahrenberg, G. u.a. (Hg.). Geographie des Menschen - Dietrich Bartels zum Gedenken. Bremen 1987, S. 89-110.

Goodman, N.: Sprachen der Kunst. Frankfurt a.M. 1973.

Goodman, N.: Weisen der Welterzeugung. Frankfurt a.M. 1984.

Gottdiener, M. und Lagopoulos, A.Ph. (Hg.): The City and the Sign. An Introduction to Urban Semiotics. New York 1986.

Günther, E.: Faszination des Fremden. Der malerische Orientalismus in Deutschland. München und Hamburg 1990.

Hard, G.: "Spurenlesen" als Beobachtung von Beobachtung. Die Stadtästhetik hinter einem Erkundungsgang. In: Kunst + Unterricht, Heft 124, August 1988, S. 23-30.

Hard, G.: Die ökologische Lesbarkeit städtischer Freiräume. In: Geographie heute, 9. Jg., Heft 60, Mai 1988, S. 10-15.

Hard, G.: Geographie als Spurenlesen. Eine Möglichkeit, den Sinn und die Grenzen der Geographie zu formulieren. In: Zeitschrift für Wirtschaftsgeographie 33, 1989, Heft 1/2, S. 2-11.

Hard, G.: Disziplinbegegnung an einer Spur. In: Arbeitsgemeinschaft Freiraum und Vegetation, Kassel (Hg.): Hard-Ware. Texte von Gerhard Hard. Kassel 1990, S. 6-53. (Notizbuch 18 der Kasseler Schule)

Hassinger, H.: Die Geographie des Menschen (Anthropogeographie). In: Klute, F. (Hg.): Handbuch der geographischen Wissenschaft. Allgemeine Geographie, 2. Teil. Potsdam 1933, S. 167-542.

Hülbusch, K.H.: Eine pflanzensoziologische "Spurensicherung" zur Geschichte eines Stücks Landschaft. In: Landschaft und Stadt 18, 1986, S. 60-72.

Isenberg, W.: Geographie ohne Geographen. Laienwissenschaftliche Erkundungen, Interpretationen und Analysen der Alltagswelt. Osnabrück 1987. (Osnabrücker Geogr. Studien, Bd. 9)

Künzli, R.: Die pädgogische Rede vom Allgemeinen. In: Tenorth, H.-E. (Hg.): Allgemeine Bildung. Analysen zu ihrer Wirklichkeit, Versuche über ihre Zukunft. Weinheim und München 1986, S. 56-75.

Markelin, A. und Trieb, T.: Mensch und Stadtgestalt. Stuttgart 1974.

Said, E.W.: Orientalismus. Frankfurt a.M., Berlin 1981. (Zuerst 1978)

Schmidt-Brümmer, H. und Schulz, A.: Stadt & Zeichen. Lesarten der täglichen Umwelt. Köln 1976.

Schwind, M.: Kulturlandschaft als geformter Geist. Darmstadt 1964.

Sieverts, Th.: Information einer Geschäftsstraße. In: Stadtbauwelt 20, 1968.

Sieverts, Th. und Schneider, M.: Zur Theorie der Stadtgestalt. In: Stadtbauwelt 26, 1970.

Sieverts, Th.: Die Stadt als Erlebnisgegenstand. In: Pehnt, W. (Hg.): Die Stadt. Stuttgart 1974, S. 29-44.

Trabant, J.: Elemente der Semiotik. München 1976.

Wellershoff, D.: Literatur und Veränderung. Köln 1969.

Wellershoff, D.: Literatur und Lustprinzip. Köln 1973.

Egbert Daum

Aneignung und Verarbeitung von Realität. Anmerkungen zu einem didaktischen Leitmotiv

Wie die Luft zum Atmen, das Wasser zum Trinken oder das Brot zum Essen gehören Orte, Plätze, Räume zu unserem Lebensalltag. Aber wem erzähle ich das? Dennoch gilt es als so selbstverständlich nicht, welche Beziehungen Kinder und Jugendliche zum Raum entwickeln. Geraten sie in diese Welt wirklich ganz urwüchsig hinein - etwa in der Weise, wie sie an Größe und Gewicht zunehmen? Lange Zeit gab es eine solche Vorstellung. Oder tun sie selbst etwas ganz Entscheidendes hinzu? Welchen Beitrag muß das Individuum erbringen, damit seine Umgebung sich ihm als humane Umwelt erschließt?

Leitmotiv für meine Ausführungen soll das der Sozialisationstheorie entlehnte Konzept der Aneignung von Realität sein, das inzwischen vielfältig in den Erziehungswissenschaften - zum Beispiel auch als Aneignung von Umwelt in weitestem Sinne - diskutiert wird. Nun ist es unter Geographen guter Brauch, alles was einem vor die Flinte kommt, erst einmal unter räumlichen Gesichtspunkten zu beäugen - gehässige Leute sprechen gar von einer deformation professionelle. In vollem Bewußtsein dieses Handikaps reizt es gerade bei meinem Thema, das oft als dünn angesehene Eis der fachlichen Tradition zu beschreiben und zu testen, wie weit es denn nun wirklich trägt. Genauer ausgedrückt: Ich möchte das Konzept der Aneignung von Realität - so gut es eben geht - erst einmal räumlich interpretieren, zumal schon fachfremde Kollegen dies gern ein Stück weit tun.

1. Der Lebensraum als Modellvorstellung

Als Einstieg in das Thema stehen vertraute, anschauliche räumliche Modelle hilfreich zur Seite - alte Hüte, werden Sie sagen, wenn Sie merken, was ich im Schilde führe:

Bis weit in die sechziger Jahre hinein wurden die Beziehungen zwischen Kind und Raum seitens der Heimatkunde und selbst von Soziologen als allmähliche Ausdehnung des Lebensraumes beschrieben, und zwar in Form von "konzentrischen Kreisen". Von der Wohnung ausgehend, erweitere das Kind über das Haus sowie die nähere und fernere Umgebung mit zunehmendem Alter seinen räumlichen Horizont. Das Prinzip "Vom Nahen zum Fernen" bestimmte die räumlichen Inhalte der Heimatkunde wie auch die länderkundliche Abfolge in der Erdkunde: Heimatort - Kreis - Bezirk - Land - Deutschland - Europa - Rest der Welt, wobei oft an Afrika als einen vermeintlich leicht zu begreifenden Kontinent angeknüpft wurde.

Die Begründung für diese Weltsicht lag auf der Hand: Die Fremde sollte ganz allmählich und behutsam an das dem Kind Vertraute angebunden und so auch ein kontinuierlicher Aufbau von Raumvorstellungen gefördert werden - vergleichbar etwa den Auswirkungen eines Steins, den man ins Wasser geworfen hat. Angeblich sprachen auch kindliche Entwicklungsstadien dafür, die man nicht ohne Gefahr für Leib und Leben hätte überspringen dürfen. Nebenbemerkung: Das hierbei wirksame heimatkundliche Prinzip der Anschauung, das unserem Unterricht heute so oft abhanden kommt, war sicherlich eine pädagogische Wohltat.

Und seien wir ehrlich: In der Urwüchsigkeit der "konzentrischen Kreise" steckt ein Stück Faszination sowie die Sehnsucht nach der guten alten Zeit. Wieder nüchtern geworden, müssen wir jedoch erkennen: Dieses Modell behält nur dann Allgemeingültigkeit, wenn seine Voraussetzungen auf einem überschaubaren Niveau gehalten werden, das für die vorindustrielle Zeit gültig und in Rudimenten vielleicht noch für die Nachkriegszeit kennzeichnend war. Zugrunde liegt überdies die Vorstellung von einem einheitlichen Lebensraum, der gewährleistet, daß um jede Wohnung und um jede Siedlung herum alle für das Aufwachsen bedeutsamen Orte und Plätze gleichartig und gleichförmig verteilt sind.

An den allzu sehr vereinfachenden Grundannahmen dieses Lebensraum-Modells wurde zwar schon in den fünfziger Jahren Kritik geübt (vgl. SCHULTZE 1971, S. 10); sie blieb jedoch bis Ende der sechziger Jahre ohne Folgen. Die Illusion einer heilen, wohldosierten Welt für Kinder konnte erst dann entscheidend aufgebrochen werden, als gesellschaftlich-räumliche Veränderungen, nun wirklich nirgendwo mehr zu übersehen waren:

- Im Zuge einer bis dahin nicht gekannten Mobilität durch Vertreibung und Flucht, durch Wohnungswechsel und Fernurlaubsreise und nicht zuletzt aufgrund der vermehrten Inanspruchnahme des Autos im Alltag ging auch im Bewußtsein von Kindern der einheitliche Lebensraum verloren.

- Hinzu kamen mehr und mehr persönliche Begegnungen mit Menschen aus anderen Kulturkreisen, die vormals nur im Zirkus oder in der Exotenschau bestaunt werden konnten. Schule und Nachbarschaft waren hiervon nachhaltig betroffen.

- Und schließlich kamen auch Fernsehen, Illustrierte und vielerlei bunte Hefte in die Kinderstube, die nun tagtäglich von ferneren, seelisch aber oft sehr nahen Welten kündeten - und zwar ohne Rücksicht auf den kontinuierlichen Aufbau eines sorgsam gestaffelten Weltbilds.

Seit Aufgabe des Modells der "konzentrischen Kreise" ist die Aneignung der räumlichen Umwelt durch Kinder in Fachkreisen kaum noch problematisiert worden. Eine neue Raumgliederung kam erst in den siebziger Jahren ins Gespräch, und zwar in Gestalt der Verräumlichung von "Daseinsgrundfunktionen", denen schnell eine hoch einzuschätzende Qualität für Unterrichtszwecke bescheinigt wurden. Die Aufgliederung solcherart Situations- und Tätigkeitsfelder spiegele eine kind-, lebens-, gesellschafts- und zukunftsbezogene Orientierung wider.

In der Kritik dieses Modells wurde insbesondere die heillose Zerrissenheit von Lebenswirklichkeit und Lebenszusammenhängen hervorgehoben (vgl. z.B. DAUM/SCHMIDT-WULFFEN 1980, S. 93). Sicherlich steckt in der starren räumlichen Trennung von Wohnen, Arbeiten, Einkauf und Vergnügen ein Stück der fortschreitenden Spezialisierung und Ausdifferenzierung gesellschaftlicher Systeme und Subsysteme - besonders, wenn sie auf spezifische Standorte förmlich angewiesen sind. Andererseits kann es nur bedenklich stimmen, daß bei allem Fortschritt die Vereinzelung von Menschen in unserer Gesellschaft schon gar nicht mehr wahrgenommen wird und daß die Degradierung auf wenige Rollen und Funktionen sogar ein didaktisches Leitbild abgeben konnte!

Im Klartext: Hier geht es nicht mehr um Formen der An-Eignung von Welt, sondern um die perfekte Ent-Eignung von Lebensäußerungen und Lebensentwürfen.

Denn als Wesen mit Gefühlen und Bedürfnissen ist der Einzelne in diesem Konzept nicht gefragt. Sollte etwa das Spielbedürfnis von Kindern schlicht unter "Erholung" fallen, das Bedürfnis nach Zuwendung und Liebe unter "Sich fortpflanzen"? Zusammengefaßt: Die "Daseinsgrundfunktionen" ermöglichen von sich aus keine Thematisierung von Daseinsproblemen, keine Kontrolle von Interdependenzen, keinerlei Aussage etwa über Chancen und Hemmnisse auf dem Wege zu verbesserten Bedingungen von Wohnung und Arbeit, Freizeit, Verkehr und Bildung. Politisch und didaktisch gibt das Konzept nicht mehr her als einen Überblick über Zugriffspunkte wohlüberlegter Strategien. Das allein ist noch keine Option, geschweige ein Programm oder die Vorwegnahme von Entscheidungen.

Geschenkt - aber weshalb bin ich überhaupt auf dieses Konzept eingegangen? Einmal vermute ich, daß der geographische Schulalltag hier und da doch sehr an diesem Konzept hängt und die fatalen Konsequenzen überhaupt noch nicht in den Blick genommen hat. Den folgenden Grund halte ich allerdings für wesentlicher.

Eine originelle wie erschreckende Interpretation des halt so funktionierenden Daseins sehe ich in dem von Helga Zeiher vorgestellten Modell der verinselten Lebensräume (vgl. ZEIHER 1983). Demnach besteht der überschaubare Aktionsraum von Kindern und Jugendlichen heutzutage aus einzelnen separaten Stücken, die wie Inseln verstreut in einem größer gewordenen Gesamtraum liegen, der als Ganzes unbekannt oder zumindest bedeutungslos ist. Das Aufsuchen der einzelnen Rauminseln vollzieht sich nun nicht wie ehedem in einer bestimmten räumlichen Rangfolge, beispielsweise "vom Nahen zum Fernen", sondern völlig unabhängig von der Lage der Inseln zueinander im Gesamtraum und auch unabhängig von gestaffelten Entfernungen.

Leicht ausmalen kann sich das jeder selbst: Wichtige Bezugspunkte dieses Modells stellen Elternhaus und Schule dar. Dann tut sich eine breite Palette von Freizeit- bzw. außerschulischen Unterrichtsangeboten auf: Flöte, Geige oder Klavier; Reiten, Schwimmen und/oder Ballett; Fußball, Tennis und Computerkurs. Die zeitliche und räumliche Organisation dieser verinselten Aktivitäten erweist sich oft den Managementaufgaben eines Generaldirektors ebenbürtig. Vielfach kann das komplexe Netzwerk von Terminen (gar mehrerer Kinder in einer Familie) nur noch von der Mutter überblickt und koordiniert werden - von einer Frau, die selbstverständlich keinem Beruf nachgeht und die ebenso selbstverständlich für die Kinder taxifährt.

Die einzelnen Inseln selbst bieten den Kindern und Jugendlichen ein buntes Vielerlei von Entfaltungsmöglichkeiten, die vor allem von Kindern karrierebedachter Eltern wahrgenommen werden. Stabile persönliche Beziehungen geraten allerdings leicht ins Hintertreffen. Gefragt ist der eher emotionslose Insider, der sich auf den Kern des je speziellen Interesses problemlos konzentrieren kann. Letztlich sind die einzelnen Inseln austauschbar wie die Menschen, die dort angetroffen werden. Die Beliebigkeit bringt es mit sich, daß trotz der Vielfalt möglicher Aktivitäten ständig auch Vereinzelung, Isolierung und Vereinsamung drohen.

Kritisch weist Helga Zeiher in diesem Zusammenhang auch darauf hin, daß mit der Verinselung der Lebensräume eine gravierende Entsinnlichung von Lebensraumzusammenhängen einhergegangen ist (siehe hierzu ausführlicher auch DAUM 1988). Die Verbindungen zwischen den einzelnen Orten des eigentlichen Interesses werden kaum noch wahrgenommen; oft können sie - wie z.B. bei der Benutzung von U-Bahn, Flugzeug, Telefon und Fernsehen - überhaupt nicht mehr erlebt werden. Man kommt an, ohne sich aufgemacht zu haben und unterwegs gewesen zu sein; man wird transportiert, ohne sich selbst bewegt zu haben (vgl. RUMPF 1990). Sobald dennoch etwas sichtbar wird, isoliert das Glas der Fahrzeuge und Gebäude die übrigen Sinne: Man sieht, ohne zu hören, ohne zu riechen, ohne zu fühlen. Von den Zwischenräumen und zurückgelegten Entfernungen existieren keine konkreten Vorstellungen - wie auch? Sie stellen sich als notwendiges Übel heraus.

Auf den Punkt gebracht: Raum und Zeit sind heute Grundformen der Behinderung. Die Geheimmaxime unserer Epoche formuliert Günter Anders so: "Was immer Dauer erfordert, dauert zu lange. Was immer Zeit beansprucht, beansprucht zu viel Zeit" (ANDERS 1980). Sehnlichster Wunsch sei es geworden, immer schon dort zu sein (wo man sein möchte) und keine Zeit dabei zu verlieren; immer das schon zu haben, wonach gerade der Sinn steht. Wozu noch Geozonen lernen, wenn Kirschen und Erdbeeren mitten im Winter - etwa zu Weihnachten - bei uns verfügbar sind? Zu groß wäre doch das Risiko, die Festtagsfreude durch angewandte Geographie gehörig zu vermiesen. Man gönnt sich ja sonst nichts.

2. Sozialisationstheoretische Hintergründe

Inwieweit ist nun das Modell der verinselten Lebensräume verallgemeinerungsfähig und unter dem Aspekt der Aneignung von Realität diskutierbar?

Ein Blick auf gesamtgesellschaftliche Implikationen zeigt folgendes: Ganz eindeutig baut sich das Modell auf den Bedürfnissen und noch stärker auf den finanziellen Möglichkeiten der Mittel- und Oberschicht auf. Es werden tunlichst viele Gelegenheiten genutzt, um die Nachteile einer Umwelt zu kompensieren, die steriler und anregungsärmer, teils auch gefährlicher geworden ist. Andere Bevölkerungsschichten dagegen leben unter ungünstigeren Bedingungen, die sie oft als unausweichlich empfinden und nicht verändern können. Aufgrund von mangelndem Einkommen und ohnehin immobilen Verhaltensweisen kommt das Modell der verinselten Lebensräume für diese Menschen nicht in Betracht. Kinder und Jugendliche dieser Schichten bringen einen großen Teil ihrer verfügbaren Zeit in Hochhäusern, vor dem Fernseher, auf öden Spielplätzen, in der Nähe von Kiosken und Videotheken und auf gefährlichen Straßen zu. Kein Wunder, daß sich Konfliktfälle zwischen Kindern und Jugendlichen auf der einen und Erwachsenen auf der anderen Seite häufen: Die einen sind lästig, sie beschmutzen Wege und Plätze, zerstören mutwillig die mit Sorgfalt angelegten Rabatten und lärmen unentwegt. Die anderen regen sich maßlos auf. Welche Regungen sonst blieben ihnen auch schon übrig?

Spätestens an dieser Stelle sollte erkennbar geworden sein: Das komplexe, der Sozialisationstheorie entlehnte Konzept der *Aneignung von Realität* ist bis zu einem gewissen Grade ganz gut räumlich interpretierbar. Um jedoch den Disparitäten in der Fähigkeit der Raumerschließung und Raumaneignung auf die Spur zu kommen, müssen schichtenspezifische Differenzierungen hinzutreten. Konstitutiv ist ferner ein *offenes* Verhältnis für die Beziehungen von Kindern und Jugendlichen zum Raum. Zum Beispiel wäre es völlig *einseitig*, diese Beziehungen *einzig* unter dem Blickwinkel zu betrachten, welche Auswirkungen die räumliche Bedingungen auf Verhalten und Bewußtsein von Kindern und Jugendlichen haben. Entschieden wendet sich der Erziehungswissenschaftler Klaus Hurrelmann gegen solche Modellvorstellungen der linearen einfaktoriellen Determination der Persönlichkeitsentwicklung. Statt dessen entwickelt er ein Modell der wechselseitigen Beziehungen zwischen Subjekt und Realität (vgl. HURRELMANN 1989, S. 63).

Um zu betonen, daß Kinder und Jugendliche nicht bloß Opfer ihrer Verhältnisse sind, sondern zugleich auch *handelnde Subjekte*, kann der Begriff der Aneignung dahingehend präzisiert werden, daß er das Umdeuten, Verändern und Umfunktionieren der Umwelt mit einschließt.

Noch mehr von der Komplexität und möglichen Weite des Aneignungsvorganges wird deutlich, wenn Chombart de Lauwe sagt: "Die Aneignung des Raumes ist das Resultat der Möglichkeit, sich im Raum frei bewegen, sich entspannen, ihn besitzen zu können; etwas empfinden, bewundern, träumen, etwas kennenlernen; etwas den eigenen Wünschen, Ansprüchen, Erwartungen und konkreten Vorstellungen gemäßes zu tun und hervorbringen zu können" (CHOMBART DE LAUWE 1977, S. 6). Darin liegen Aufforderung und Programm - genug für die Schule, genug für ein ganzes Leben.

Aber Vorsicht vor Blauäugigkeit: Orte, Plätze, Räume sind nicht bloß eine Art Container zur Selbstverwirklichung von Träumern und Egozentrikern. In den Räumen spiegeln sich nämlich auch soziale Verhältnisse, z.B. die Verfügungsgewalt über Grund und Boden, wider. Daher weist Hurrelmann die unmittelbare soziale und räumliche Umgebung ausdrücklich als Interaktionsebene aus, auf der sich Austauschbeziehungen zwischen Individuum und Gesellschaft abspielen.

Sozialisation ist demnach zu verstehen als produktive Verarbeitung einer äußeren und einer inneren Realität. Kennzeichnend sind Austauschbeziehungen, die als Aneignung und Verarbeitung von äußerer Realität aufgefaßt werden. Dieser Prozeß - und das läßt ihn so wertvoll für Schule und Unterricht erscheinen - verläuft in seinen wesentlichen Dimensionen über soziale Interaktion und Kommunikation mit anderen Menschen. Das heißt: Er wird immer auch gesellschaftlich vermittelt.

Aus methodischer Sicht wäre eine Beobachtungsmatrix denkbar, die auf der einen Seite nach individueller bzw. kollektiver Aneignung und auf der anderen Seite nach materiell-handfester bzw. symbolischer Aneignung differenziert. Je nach Größe könnte maßstäblich von Orten, Plätzen und Räumen die Rede sein; Umwelt würde sowohl räumliche wie soziale Komponenten umfassen.

Nachdem sich aber als schwierig herausstellt, die Sozialisationsrelevanz einer einzelnen Komponente wie die der räumlichen Lebensbedingungen abzuschätzen, scheint äußerste Behutsamkeit geboten, einzelne strukturelle Merkmale von Lebensräumen vorschnell mit wertenden Attributen zu versehen, in denen sich unterschiedliche Sozialisationschancen ausdrücken. Auffällig oft geschieht dies etwa in folgender Weise: Eine städtische Umwelt sei so öde und anregungsarm, daß sie nur negative Folgen für die Persönlichkeitsentwicklung von Kindern und Jugendlichen haben kann. Dagegen kämen einer ländlichen Umgebung wohl nur positive Auswirkungen zu. Folglich flüchtet eine Riesenschar von gewieften Städtern mit Kind und Kegel in die bukolische Idylle des Lebens auf dem Lande. Offenbar schwingen bei diesem Topos nostalgische und kulturpessimistische Einstellungen mit, die den Blick dafür verstellen, mit welcher Realität Kinder und Jugendliche heute tatsächlich zurechtkommen müssen.

3. Orte finden, Plätze erobern!

Wenn Sozialisation nicht als passiv-hinnehmender Vorgang, sondern als aktiv-handelnde Auseinandersetzung mit der Umwelt zu verstehen ist, so müssen Kinder und Jugendliche ausreichend Gelegenheit erhalten, sich Realität selbständig anzueignen, sie mit anderen und für andere zu verarbeiten und sie wohlmöglich auch zu verändern. Leider geht der Trend bekanntlich in eine andere Richtung: Kindheit und Jugend sind heute durch Reduzierung der eigentätigen Umweltaneignung, durch Zunahme der Erfahrung aus zweiter Hand sowie durch wenig spontanes, vielmehr von Erwachsenen kontrolliertes Handeln gekennzeichnet (vgl. ROLFF/ZIMMERMANN 1985).

Gegenbewegungen und Widerstände sind spärlich, jedoch wahrnehmbar. Kinder und Jugendliche weichen fertigen Angeboten, z.B. den herkömmlichen öden Spielplätzen, aus. Wo ein Ausweichen nicht so ohne weiteres möglich erscheint, wird Monofunktionalität oft gewaltsam aufgebrochen, werden so Räume als ein wenig offener deklariert als sie in Wirklichkeit sind, und sei es nur symbolisch durch das Beschmieren von Wänden und Wegen. Wer hierin nur Sachbeschädigung erblicken kann und lauter Ansätze von Kriminalität, selbst wenn einmal eine Scheibe zu Bruch geht, übersieht und überhört die Notschreie der Graffitis auf Betonwänden, von denen selbst strukturelle Gewalt ausgeht.

Eine unwirtlicher gewordene Umwelt fordert Notwehr und ein Stück Selbstbehauptung heraus, ohne daß diese nun geradewegs in Pflasteraufreißen und Hausbesetzungen - wie jetzt wieder in Berlin - münden müssen. Kinder und Jugendliche suchen und finden vielfältige Möglichkeiten für ihren Tatendrang; sie holen sich, was sie brauchen, auch wenn ihre Erfahrungsbereiche geschrumpft sind. Kaum sonst jemand hat dies lebhafter und eindringlicher beschrieben als Colin Ward in seinem Buch über das Kind in der Stadt (vgl. WARD 1978). Mit die eindrucksvollsten Kapitel tragen Überschriften wie "Die Kolonisierung kleiner Flecken", "Anpassung an die aufgezwungene Umwelt" oder "Spiel als Protest und Erkundung".

Zweifellos ist der materielle Raum, in dem Kinder ihre ersten Erfahrungen mit der Welt machen, heutzutage enger und steriler geworden. Die Straßen sind zu gefährlich, Hinterhöfe gibt es kaum noch, und die penible Gestaltung von Beeten, gradlinigen Wegen und Plätzen läßt eine phantasievolle Nutzung kaum zu - soll sie ja auch nicht. Wards Schilderungen zeigen jedoch sehr deutlich, daß die neuen Umweltverhältnisse, die alten Freuden der Kindheit nicht zerstört, sondern die Kinder umgekehrt ihre Späße den neuen Lebensbedingungen angepaßt haben. Als ein Beispiel seien die Aufzüge in den Hochhäusern genannt, die als "Waffe" gegen Erwachsene oder - wie beispielsweise auch die Rolltreppen - als Spielzeug benutzt werden. Welche Fähigkeiten Kinder dabei entwickeln, reale Orte und Plätze sowie einzelne Teile lebhaft umzudeuten und sie in ihre phantastische Welt hineinzunehmen, haben schon Martha und Hans Muchow in ihrer Pionierstudie von 1935 untersucht, und zwar unter dem bezeichnenden Titel "Der Lebensraum des Großstadtkindes" (MUCHOW 1935). Sie sprechen davon, daß Kinder die Räume und Gegenstände "umleben": Mühelos kann ein halbrunder Glascontainer zu einem mächtigen und Macht verleihenden Reitkamel werden.

Auch das mit Risiko und Angst verbundene Erkunden von Orten und Plätzen oder das Unheimliche und Verlockende von offiziell verbotenen Territorien gehört zu den unersetzlichen Erfahrungen, die jedermann genauso braucht, wie er sich beim Gebrauch des Messers unversehens in den Finger schneiden kann. Materieller und sozialer Fortschritt haben es freilich mit sich gebracht, daß nahezu alle Gefährdungen für Kinder und Jugendliche - bis auf den Straßenverkehr - beseitigt worden sind. Nichts darf mehr riskant sein - allein schon aus versicherungstechnischen Gründen. Wenn den lieben Kleinen keine anderen Abenteuer mehr zugemutet werden als die aus dem Fernsehen - und diese in unbedenklichster Weise -, dann liegt in dieserart Vorenthaltung und Abschottung vielleicht eine der Wurzeln der vielbeklagten "Kinderfeindlichkeit" (vgl. HEIGERT 1988).

Ein intensiver Austausch von Kind und Raum bietet sich hingegen wie von selbst in Form der sogenannten Niemandsländer an. Hierbei handelt es sich um den Leerraum zwischen den dichtbebauten Flächen einer Stadt und einem zu groß geschnittenen Planungsanzug, also um

Flächen, die temporär brachliegen und irgendwann einer Nutzung zugeführt werden (vgl. HUBER 1980). Oft sind es Spekulationsobjekte, bei denen das Zuwarten eine höhere Rendite verspricht. Vegetation und Kleintierwelt stellen sich hier spontan ein und können ausgiebig beobachtet werden. Hier finden sich vielerlei herausfordernde Materialien, hier gibt es Wasserpfützen und Versteckmöglichkeiten.

Niemandsländer sind Orte für die Phantasie, für Abenteuer- und Entdeckerlust, für gestalterische Freiheit und unbehinderte Selbstverwirklichung. Lucius Burckhardt schreibt: "Niemandsland, das ist das Land, wo der Schorsch seine selbstgebastelte Rakete zündete und wo die Anne ihren ersten Kuß bekam" (BURCKHARDT in HUBER 1980). Gäbe es keine Niemandsländer, müßte man sie direkt erfinden. Seltsamerweise werden sie nirgendwo geplant oder eingerichtet, sie ergeben sich zufällig und verschwinden auch wieder auf diese Weise.

Aneignung von Räumen ereignet sich auch dort und ist eine Betrachtung im Unterricht wert, wo entgegen den herkömmlichen Verboten der Rasen demonstrativ betreten und genutzt wird, zum Beispiel in Form der Trampelpfade als Wegabkürzungen. Wie Gerhard Hard und andere dargelegt haben, können in den Weg gelegte Schranken und Barrieren die Pfadbildung nicht aufhalten. Mit viel Aufwand an Gift und Geld verteidigen die Stadtgärtner in grotesker Weise ihre gepflegten Flächen gegen "Unkraut" und "Vandalen" - statt der spontanen Vegetation eine Chance und harmlosen Bürgern eine Tummelwiese zu geben (vgl. HARD 1988 und KRUCKEMEYER 1988).

Das Beispiel der Trampelpfade zeigt, wie notwendig auch ein verändertes Verständnis von Grün- bzw. Freiraumplanung ist, das Freiräume nicht länger als Spielwiese für Stadtgärtner ansieht, sondern als offenen Spielraum für Stadtbewohner aller Altersklassen. Auf eine von Bürgern und Bürgergruppen frei genutzte Grünanlage hat die anonyme Macht der räumlichen Bevormundung und Regulierung durch Behörden keinen Zugriff mehr (vgl. HÜLBUSCH 1981, S. 327). Die Besitzergreifung des Rasens muß von unten her beginnen - oder sie wird gar nicht beginnen. Bestes Beispiel hierfür ist der spontane Umgang der Münchner Bevölkerung mit dem Gebiet der Süd-Isar, die zum vorbildlichen Modell eines großstädtischen Benutzerparks geworden ist.

4. Zusammenfassung

Genug der Beispiele, die ich aus Gründen der Anschaulichkeit bewußt aus dem materiellen Raum genommen habe. Aus all diesen Beispielen ließen sich spannende Unterrichtsthemen machen. Ich komme zu einer zusammenfassenden Bewertung, vor allem im Hinblick auf fachdidaktisch bedeutsame Konsequenzen.

1. Indem Kinder und Jugendlich sich Räume aneignen, ist dies ein wesentlicher Teil ihrer Sozialisation, die als Aneignung und Verarbeitung von Realität begriffen wird. Schichtenspezifische Differenzierungen spielen dabei ebenso eine Rolle wie die beobachtbare Tatsache, daß Kinder und Jugendliche nicht untätig in vorfindliche "räumliche Ordnungen" hineinwachsen, sondern sich ihre Lebensräume interpretierend, umdeutend und verändernd aneignen - wenn man sie denn läßt.

2. Es geht nicht um die Frage, ob Kinder und Jugendliche sich Räume "adäquat" oder "optimal" aneignen - etwa im Sinne einer ominösen "Raumverhaltenskompetenz" -, sondern darum, *wie* sie es tun, ob diese Formen ihren Interessen entsprechen und wo sie dabei in Interessenskonflikte mit anderen kommen. Konflikthafte Situationen werden so erklärbar als *Interessenkonflikte um Räume*.

3. Bei der Prüfung des Zusammenhangs von räumlicher Umwelt und Sozialisationschancen darf man nicht in ein lineares Kausalitäts- oder Determinismusdenken verfallen, das in der Regel - und wie schon so häufig in der Geographie - zu einer peinlichen *Überschätzung* der Auswirkung räumlicher Arrangements auf soziale Prozesse führt.

4. Das Konzept der Aneignung von Realität sollte wegen seiner anschaulichen räumlichen Implikationen eine größere Rolle im Geographieunterricht spielen. Statt sich traditionsreiche, teils tote Wissensbestände in extenso aneignen zu müssen, sollten Studenten und Schüler der Geographie mehr Gelegenheiten erhalten, Räume hautnah zu erfahren und sie mit allen Sinnen wahrzunehmen (vgl. DAUM 1988). Sie sollen sich dieser Erfahrungen bewußt werden, sie verarbeiten und anderen vermitteln können.

5. Da die Normen von Effizienz und Beschleunigung schon weit in gegenwärtige Aneignungs- und Lernprozesse hineingewandert sind, muß folgendes stärker zum Bewußtsein gebracht werden: Die Überwindung des flüchtigen Blicks, die Wiederentdeckung der Langsamkeit, die Umwandlung von Annährerungsvernichtung in Annäherunsarbeit, die Abkehr vom "Schlaraffenlernen" - und zwar nicht als "Einstieg" oder "Motivationsphase", sondern als Kennzeichen *allen* ("eigentlichen") Lernens.

6. Das Bedürfnis nach Orientierung im Raum ist anscheinend sehr viel geringer ausgeprägt als das Bedürfnis nach Orientierung in der Zeit. Während die meisten Menschen das Gesetz der vergehenden Zeit als bedrückend empfinden, nehmen offenbar die wenigsten Anstoß an den vorgegeben Raumordnungen. Diesem Fatalismus zu begegnen, sollte in Zukunft eine der wichtigsten Aufgaben des Geographieunterrichts sein.

Und ein Letztes: Wie die das Konzept der Konzentrischen Kreise lebt auch das Konzept der Aneignung von Realität vom Bedürfnis nach Geborgenheit in dieser Welt. Von den vielen, vielen Räumen, die der Mensch - erst recht der Geograph - im Laufe seines Lebens durchmißt, bleiben ihm nur wenige Einzelheiten im Gedächtnis haften. Die allerdings können - wie Georges Perec so plastisch beschreibt - "das Gefühl der Konkretheit der Welt" hervorrufen - das heißt "etwas Klares, etwas, das näher bei uns ist: die Welt, nicht mehr als eine immer wieder neu zurückzulegende Strecke, nicht als ein endloser Lauf, eine unaufhörliche Herausforderung, nicht als der einzige Vorwand für eine trostlose Anhäufung, auch nicht als Illusion einer Eroberung, sondern als die *Wiederbegegnung mit einem Sinn*, die Wahrnehmung einer Handschrift der Erde, einer *Geographie*, von der wir vergessen haben, daß wir ihre Schöpfer sind" (PEREC 1990, S. 97).

Literatur

ANDERS, G. (1980): Die Antiquiertheit des Menschen, Band 2. München.

CHOMBART DE LAUWE, P.-H. (1977): Aneignung, Eigentum, Enteignung. Sozialpsychologie der Raumaneignung und Prozesse gesellschaftlicher Veränderung. In: arch+, Heft 34.

DAUM, E. (1988): Lernen mit allen Sinnen. In: Praxis Geographie, 18, Heft 7/8, S. 18-21.

DAUM, E. u. SCHMIDT-WULFFEN, W.-D. (1980): Erdkunde ohne Zukunft? Paderborn.

HARD, G. (1988): Spurenlesen im Gärtnergrün. In: Kunst + Unterricht, Heft 124, S. 15-17.

HEIGERT, H. (1988): Angst vor dem Abenteuer Leben. In: Süddeutsche Zeitung, 24.12.1988.

HUBER, H. (1980): Niemandsländer. In: Werkbund Material 80/2. Zürich.

HÜLBUSCH, K.H. (1981): Zur Ideologie der öffentlichen Grünplanung. In: ANDRITZKY, M. u. SPITZER, K. (Hrsg.): Grün in der Stadt. Reinbek.

HURRELMANN, K. (1989): Einführung in die Sozialisationstheorie. 2. Aufl. Weinheim.

KRUCKEMEYER, F. (1988): Unalltägliche Blicke auf Trampelpfade. In: Kunst + Unterricht, Heft 124, S. 18-22.

MUCHOW, H. u. M.(1935): Der Lebensraum des Großstadtkindes. Hamburg.

PEREC, G. (1990): Träume von Räumen. Bremen.

ROLFF, H.-G. u. ZIMMERMANN, P. (1985): Kindheit im Wandel. Weinheim.

RUMPF, H. (1990): Spielarten der Kulturaneignung. In: Grundschule, 22, Heft 7/8, S. 63-67.

SCHULTZE, A. (1971): Dreißig Texte zur Didaktik der Geographie. Braunschweig.

WARD, C. (1978): Das Kind in der Stadt. Frankfurt am Main.

ZEIHER, H. (1983): Die vielen Räume der Kinder. In: PREUSS-LAUSITZ, U. u.a.: Kriegskinder, Konsumkinder, Krisenkinder. Weinheim, S. 176-195.

Wolfgang Isenberg

Die Entsicherung des "naiven" Blicks.
Zu einer "kritischen Alltagsgeographie"

Der naive Blick

Die Überlegungen, die im folgenden entfaltet werden, gehen einerseits den Fragen nach: Wie komme ich vom einfachen, spontanen Sehen zu differenzierten Einsichten? Wie verliere ich die Sicherheit, daß das, was ich sehe oder glaube zu sehen, nicht die Wirklichkeit ist, sondern nur die Wirklichkeit, die sich mir erschließt? Andererseits ist die didaktische Nutzungsstrategie dieses Erkenntnisverfahrens zu klären: Wie läßt sich allein oder in einer Gruppe mit Hilfe des "naiven" Blicks die fremde oder die bekannte Alltagswelt aneignen? Dieser Vorgang der (mitunter mühsamen) Aneignung soll hier als Entziffern bezeichnet werden. Das Ergebnis dieses Wahrnehmungsprozesses ist eine spontane Länderkunde oder je nachdem auch eine kritische Alltagsgeographie. Das Konzept des Entzifferns ist für außerschulische Zusammenhänge (Studienreisen, internationale Jugendbegegnungen, politische Jugendbildung) entwickelt worden. Die Reaktionen beteiligter Jugendlicher an den Entzifferungsprogrammen: Warum wird auf diese Weise nicht auch schulischer Unterricht gestaltet? Die Geographiedidaktik reduziert sich aber weitgehend auf Schule und Hochschule und hat die außerschulischen Verfahren zur Erkundung regionaler Lebenswelten bisher kaum zur Kenntnis genommen (vgl. Isenberg 1987). Dabei hat sich die traditionelle Geographie jedoch über das bestimmt, was im Gelände zu beobachten ist. So schlägt Schlüter (1920, S. 148) als Eingrenzung des geographischen Arbeitsfeldes die Konzentration auf das vor, was "durch die Sinne der Raumvorstellung, durch Gesicht und Getast wahrgenommen wird". Passarge (1921, S. 10) empfiehlt dem Reisenden, alles zu beobachten und so zu notieren, als sei noch niemals etwas veröffentlicht worden. "Geographisch sehen und erkennen heißt (...), die Natur im Ganzen (...), Größe und Zusammenhang der Bevölkerung (...) zu beobachten und in ihrem ursächlichen Zusammenhang zu erklären" (Hettner 1895, S. 13). Die Benennung geographischer Traditionen, der Bezug auf geographie-historische Parallelen oder der Versuch, den Ansatz des Entzifferns innergeographisch legitimieren zu wollen, führt nicht weiter. Das Konzept des Entzifferns hat einige wesentliche Vorzüge, die sich an dieser Stelle nicht alle ausführlich belegen lassen. Dazu zählen u. a.: Alltägliche Erfahrungen in der Lebenswelt gelten als Ausgangspunkte des Entzifferns; Teilnehmer bestimmen aufgrund des Prinzips Neugier Inhalte, Lerntempo und Intensität der Erfahrungen, denen sie sich aussetzen wollen; die Selbstorganisation von Lernprozessen und die Realisierung der Projektmethode lassen sich konsequent verfolgen; die Strukturen eines parzellierten Lernens sind weitgehend aufgehoben.

Entziffern, was man sieht

Mit dem Programm des Entzifferns sollen Beteiligte angeregt werden, das zur Sprache zu bringen, was sie selbst bei ihren spontanen, informellen Kontakten in Erfahrung bringen, was ihnen auffällt, was sie interessiert. Das heißt nun nichts anderes, als durch einfaches bewußtes Sehen, visuelle Zeichen aus der räumlichen Umwelt herauszulesen. In den sichtbaren Hinweisen (Wassermühlen, Bergwerke, Steinbrüche, Wildkräuter, Bauruinen, Plakatwände) liegen die Ausgangspunkte für eine Beschäftigung mit dem fremden oder bekannten Alltag. Entscheidend ist dabei nicht das Auffinden möglicher Probleme (die z. B. "Experten" als solche definieren), sondern die von den Beteiligten wahrgenommenen Phänomene. Der Vorgang der Entzifferung bezieht sich zunächst auf die Lokalisierung eines visuellen Zeichens, denn eine Spur wird erst durch einen Wahrnehmungsvorgang zur Spur, indem ich nicht nur ihre materielle Seite betrachte, sondern das Phänomen als Spur von Handlungen. Ein Beispiel: Jugendliche entdecken in einem kleinen Pyrenäenort ein Badehaus (1). Obwohl sie bereits mehrere Tage an dem Haus ständig vorbeigelaufen sind, fällt ihnen eine halbverwitterte Informationstafel erst auf, nachdem sie auf einer Exkursion mit dem Bäderwesen in der Region konfrontiert worden sind. Das Schild wird erst dadurch zu einer Spur, weil ihm eine Bedeutung zugeordnet werden kann. Die Botschaft "Badehaus" läßt sich zunächst nur durch Kombinationen, Erfahrungen an anderen Orten, Erinnerungen und gedankliche Rekonstruktion der Prozesse, in denen sie entstanden ist, erfahren. Woher kommen nun notwendige weitere Informationen? Denkbare Quellen: am Fundort

Befragte (soweit notwendige Sprachkenntnisse vorhanden sind), Literatur, Personen, mit denen man zusammen ist oder erst eine entsprechende Informationssuche nach Beendigung des jeweiligen Programms.

Durch den weitgehenden Verzicht auf inhaltliche Vorgaben und die Festlegung von "Problemschwerpunkten" bei länderkundlichen Explorationen sind die Themen bestimmt durch spontane Interessen der Beteiligten, durch ihr Wahrnehmungsvermögen sowie durch die Lesbarkeit der Umwelt. Diese subjektive, individuelle Art und Weise der Aufarbeitung von Lebenswelten bringt es mit sich, daß die Spuren über sehr unterschiedliche "Problemdichten", Problemtopographien, gesellschaftliche Problembereiche, zeitliche Zusammenhänge oder Maßstabsebenen verfügen. Aussehen können die Problemdichten wie folgt: Graffiti, Plakate, leerstehende Häuser, umgewidmete Ladenlokale, unterschiedliche Gestaltung von Dachziegeln, Ansammlung von Ferienhäusern. Weitere Beispiele: Gedenktafeln, Friedhöfe, Kriegerdenkmäler, Straßen- und Flurnamen, Kulturlandschaft (Nutzung als Grünland oder Ackerland, Größe der Parzellen, Produkte, landwirtschaftliche Geräte, Maschinisierungsgrad).

Die Alltagswelt gerät auf diese Weise zu einer Sammlung von entzifferbaren Zeichen, die in fast detektivischer Art und Weise, intellektuell durchaus anspruchsvoll, laienwissenschaftlich aufgearbeitet wird.

Die Entzifferung des Entzifferns

Spontanes Sehen und die Zuordnung von Bedeutungen sind, wie beschrieben, sehr subjektive Vorgänge, bei denen Alltagswissen, berufs-, geschlechts- oder altersspezifische Wahrnehmungsunterschiede mehr oder weniger markant hervortreten können; denn Alltagsphänomene erhalten eine Sinnstruktur erst durch die Art und Weise, wie wir sie entschlüsseln. Die vermeintliche Anschaulichkeit gesellschaftlicher Vorgänge und Zusammenhänge verleitet allzu schnell zu einer großen Selbstsicherheit. Weil man es mit eigenen Augen gesehen hat, muß es wohl auch zutreffend sein. Das Problem: der Entzifferer nimmt zunächst nur das wahr, was er sieht und geht davon aus, daß das auch die Wirklichkeit ist. Erst eine intensivere Reflexion oder ein Gespräch über die individuellen Bedeutungszuordnungen (vor allem in einer Gruppe) vermag Unterschiede in der Wahrnehmung erkennbar werden zu lassen, die Sicherheit des vermeintlichen Wissens zu entsichern oder Selektivität und Verzerrungen eigener Wahrnehmungen zur Sprache zu bringen. Eine derartige Bearbeitung des Entzifferungsprozesses ist konstitutives Merkmal der Vorgehensweise.

Der Schein trügt

Die visuelle Aneignung der Umwelt über die Entzifferung von Spuren hängt einerseits von der Wahrnehmungskompetenz des Individuums ab. Auf der anderen Seite ist die "objektive Wirklichkeit" jedoch nicht uneingeschränkt lesbar. Denn sie ist dem Subjekt nur so zugänglich, wie sich die Zeichen und Spuren ihm zeigen. Unsere Sinne können bewußt oder unbewußt getäuscht werden. Die physische Welt besteht aus vieldeutigen, oft schon verwischten oder wieder aufgedeckten Überresten menschlicher Handlungen, aus einer Ansammlung von meist unbeabsichtigten Folgen absichtsvollen Handelns, die in neuen Prozessen fortlaufend verändert werden. Zwangsläufig kann es bei der "Ablagerung" von Spuren zu Überlagerungen und Veränderungen kommen, die die Lesbarkeit beeinträchtigen und es verhindern, Spuren in ihrer Entstehung zu verfolgen und ihre Aussagen in und trotz ihrer Mehrschichtigkeit zu entziffern. Als visuelle Phänome sind Spuren immer nur Spitzen von Problemanzeigen. Spuren können in der Regel nicht aus sich heraus erklärt werden. Spuren menschlichen Handelns werden auch verwischt. Dies kann ungeplant erfolgen (z. B. Zuwachsen von Steinbrüchen), aber auch systematisch angelegt sein (z. B. "Entnazifizierung" eines Reichsadlers nach 1945 durch die Herausmeißelung des Hakenkreuzes). Eine andere Variante ist, daß Spuren fingiert werden (Möblierung, Imitation). Renovierte Baudenkmäler stellen vielfach nur noch historische Attrappen dar, die zu einer fiktiven Kultur, einer heilen Ersatzwelt beitragen.

Mit diesen kurzen Ausführungen zur Selektivität individueller Wahrnehmung und zur Lesbarkeit der Umwelt sind einerseits die Grenzen des Konzepts deutlich geworden, andererseits aber auch der intellektuelle Reiz, der in einer reflektierten Praxis der visuellen Aneignung liegen kann. Der folgende Projektplan stellt, notwendigerweise verkürzt, den möglichen Verlauf eines Entzifferungsprojektes vor.

Projektplan "Entziffern"

1. Einführung in das Projekt

Kurze Erläuterung der Konzeption, Absichten, Vorstellung Leitungsteam, organisatorische Rahmenbedingungen (Haus, Mahlzeiten etc.).

2. Wahrnehmungssensibilisierung

Individuelle Übung, Verwendung von unterschiedlichen Anleitungen, um routinisiertes Wahrnehmungsverhalten zu verdeutlichen.

3. Auswertung der Übung

- Teilnehmerinnen und Teilnehmer berichten (unstrukturiert) von ihren Erfahrungen und stellen sich mit ihren Beobachtungsergebnissen gleichzeitig in der Gruppe vor.

- Reflexion: Was hat die Übung ausgelöst (Subjekt)? Was wurde entdeckt (Objekt)? Zeigen sich Unterschiede in der Gruppe? Wer ging wohin? Wie haben sich die Anleitungen ausgewirkt? Was bedeutete es, allein zu gehen?

4. Planung einer systematischeren Spurensuche

- Welche persönlichen Konsequenzen werden gezogen für eine erneute individuelle Spurensuche im Hinblick auf Raum- und Wahrnehmungsverhalten?

- Welches methodische Vorgehen wähle ich, um mehr über den Ort z. B. zu erfahren?

- Versuche, einen systematischeren Zugang zu planen.

- Welche visuellen Phänomene interessieren besonders?

5. Durchführung der Spurensuche

(Es empfiehlt sich, diesen Arbeitsschritt wieder individuell anzubieten.)

6. Auswertung

- Inhalte:

Wer hat wo was entdeckt? Auf welche Entwicklungen, Probleme, Themen, Widersprüche weisen die entdeckten Zeichen? Was interessiert?

- Methoden:

Welche methodischen Erfahrungen wurden gemacht? Ließen sich die Vorhaben umsetzen? Defizite? Vergleiche zur Übung? (Ergebnisse werden visualisiert.)

7. **Festlegung von Arbeitsschwerpunkten, "Forschungs"interessen**

   - Wer hat welche "Spuren"-Interessen, "Forschungsinteressen"? Persönliche Gründe, Hintergründe?

   - Ist eine weitere Suchrunde notwendig?

   - Bildung von Kleingruppen (max. 5 Personen) nach gleichen Forschungsinteressen (Einzelaktivitäten sind auch möglich).

   - Festlegung der Arbeitsstrategien (gemeinsam absprechen).

8. **"Forschungsrunde"/Suchrunde in der Kleingruppe bzw. individuelle Erkundung**

9. **Präsentation der Ergebnisse (Zwischenbericht)**

   (Auf kreative Darstellungsformen achten, Spannungsbogen in der Präsentation beachten, Kommunikation in der Gruppe.)

10. **Auswertung**

    - **Spuren-Themen (Inhalte)**

    Sind neue Spuren hinzugekommen? Auf welche Entwicklungen, Konflikte, Nutzungsinteressen usw. verweisen die Spuren? Was ist bei den Hypothesen Spekulation, was läßt sich wirklich ablesen? Welche Arten von Spuren überwiegen? Fallen gewisse Typen von Spuren auf?

    - **Persönliche Arbeitsweisen**

    Wer hat wo welche Spuren warum wie entdeckt? Zeigen sich Wahrnehmungs- und Beobachtungsunterschiede in der Gruppe (Alter, Geschlecht, Nationalität, Stadt, Land, Beruf z. B.) Haben die Spuren für den Finder eine individuelle Bedeutung? Welche Erinnerungen und gedanklichen Verbindungen lösen sie aus? Haben sich Unterschiede zur ersten Such-Runde ergeben? Macht es immer noch Spaß? Wie lassen sich die Lernerfahrungen dokumentieren?

11. **"Forschungsrunde"/Suchrunde**

    Aufgrund der Erfahrungen mit der bisherigen Suche nach Spuren sollen aus der Fülle der registrierten Zeichen jene ausgewählt werden, die dem persönlichen "Forschungsinteresse", der Neugier, über die jeweiligen Phänomene etwas zu erfahren, am ehesten entsprechen. Je nach Stand der Bearbeitung auch Weiterführung begonnener Erkundungsstrategien. Einigung auf eine Spur? Weitere Suche? Der nächste Schritt besteht aus der Planung und Erforschung einer Spur/mehrerer Spuren: Wer kann etwas dazu sagen? Wo taucht die "Spur" sonst noch (in welcher Verbindung) auf? Wie kommt man zu Hintergrundinformationen? Wie werden Ergebnisse festgehalten? Spuren: beschreiben, messen, gewichten, definieren. Eine neue Zusammensetzung der Gruppe ist möglich, oft auch sinnvoll.

12. **Exkursion/Aktivität der Gesamtgruppe**

    Die Exkursion (o. ä. Aktivität) hat zwei wesentliche Funktionen: Zunächst nimmt sie etwas von dem Arbeitsdruck und stimuliert den Gruppenprozeß. Außerdem ermöglicht sie eine Weitung des Blicks auf die Region. Gesammelte Erkenntnisse relativieren sich, neue Fragestellungen kommen hinzu. Wesentlich ist eine offene Gestaltung des Ablaufs (spontane Stops zum Fotografieren, Besichtigen, Nachsehen, Lesen von Schildern und Hausinschriften, Blumenbestimmen...).

13. Auswertung der Exkursion

Ergeben sich neue Fragestellungen? Ändern sich Hypothesen? In welchem Zusammenhang stehen die visuellen Eindrücke und gesammelten Erkenntnisse zu den bisherigen Erkundungsergebnissen?

14. Das Konzept (Reflexion)

Kommentierung von Methoden und Inhalten des Entzifferns.

Je nach Diskussionsverlauf ergeben sich neue Perspektiven für die Bearbeitung.

15. Weitere Recherchen

16. Zusammenfassung der Ergebnisse

Die Gruppe entscheidet über Art und Weise der Ergebnissicherung. (Wandzeitung, Collage, Reportage, Reisebuch "Streifzüge durch ...")

17. Präsentation der Ergebnisse

(z.B. Ortsbegehung mit Bürgermeister, Gemeinderatsmitglied o. ä.; Exkursion, die von den Teilnehmern gestaltet wird.)

18. Schlußreflexion

- Inhalte

Bewertung der gesammelten Ergebnisse

- Methoden

Was leistet die Methode? Übertragbarkeit? Persönlicher Nutzen? Verbesserungsvorschläge zur Durchführung

Nach dieser Kurzbeschreibung denkbarer Phasen des Projektverlaufes werden resümierend einige Begründungen, Standards und Erträge einer "kritischen" Alltagsgeographie zusammengefaßt.

Grundsätze einer "kritischen" Alltagsgeographie

1. Die Gesamtheit der Lebensverhältnisse in einem städtischen und/oder ländlichen Raum sind Ausgangspunkt der "Forschungstätigkeit" (ohne jedoch die Gesamtheit in ihrer Komplexität erklären zu wollen bzw. zu können).

2. Die Suche nach interessanten visuell zugänglichen Phänomenen erfolgt mit dem "bloßen" Auge. Auf inhaltliche Vorgaben, auf die Festlegung von Problem- und Wahrnehmungsschwerpunkten oder auf fachdisziplinmotivierte inhaltliche Aufteilungen der Beobachtungen wird ausdrücklich verzichtet. Inhalt und Themen sind allein bestimmt durch das Interessenprofil und Wahrnehmungsvermögen der Teilnehmer des Lernprozesses. Eine kritische Alltagsgeographie bedeutet nun, daß weder Themen der "Geographie" in irgendeiner Form vermittelt werden, noch "geographisch" beobachtet wird. Alles das, was Teilnehmer an "interessanten", visuell zugänglichen Phänomenen aus der "Kulturlandschaft" zusammengetragen haben, sind Ausgangspunkte für eine individuelle bzw. gruppenspezifische (subjektive) Aneignung und Interpretation

der Umwelt. Grundlage der Erkundung ist eine Erkenntnistätigkeit, die visuelle Zeichen im gegenwärtigen, vor allem räumlichen Kontext aufnimmt, in die Vergangenheit, in Entstehungs- und Bedingungsgefüge zurückverfolgt. Bei einem derartigen Verständnis von "Geographie" kommt es weniger auf die Summe vermittelter Erkenntnisse oder Ergebnisse an, sondern vielmehr auf die "Forschungsstrategien" der Beteiligten, um von einer naiven, spontanen Weltsicht zu einer bewußteren Explikation der (fremden wie der eigenen) Alltagswelt zu gelangen.

3. (Statisches) Wissen veraltet immer schneller. Daher ist es notwendig, sich auf die Entwicklung von Denkfähigkeiten zu konzentrieren. Zusammenhänge, Synthesen, Analogien, Arbeit im Team sind die entsprechenden Begriffe. Angesichts des vielfach beklagten fortschreitenden Erfahrungsverlustes, und zwar dadurch bedingt, daß Bilder und vermittelte Wirklichkeiten immer mehr zu den eigentlichen Erkenntnisquellen werden, sollte es nicht mehr genügen, nur Kenntnisse zu vermitteln. Notwendig erscheint es, Wissen verstärkt von der unmittelbaren Anschauung in selbstbestimmten "Lernforschungsprozessen" zu erwerben, gleichsam als Gegenprogramm zur zunehmenden Parzellierung, Didaktisierung und Lerninstrumentalisierung der Lernumwelt.

4. Das Konzept favorisiert eine Aktivierung der sinnlichen Erfahrung der Umwelt, wobei optische und akustische Wahrnehmungen jedoch meist überwiegen. Die Wahrnehmung einer Innenstadt mit der Nase und die Versuche von Jugendlichen, eine entsprechende "Duftkarte" zu entwickeln, offenbart zwar das Interesse an neuen Weltzugängen, läßt aber auch schnell Grenzen eines entsprechenden Vorhabens deutlich werden.

5. Die sehr subjektive, individuelle Art der Aufarbeitung lebensweltlicher Räume bringt es mit sich, daß wahrgenommene Phänomene aus unterschiedlichen Problembereichen, Problemdichten, zeitlichen Zusammenhängen oder räumlichen Maßstabsebenen stammen. Diese materiellen Substrate menschlichen Handelns (Spuren) sind motivierende Ausgangspunkte für Lernforschung. Die alleinige Wahrnehmung der Spuren sagt noch nichts über ihre Beziehungen und Bedingungen aus. Daher müssen die Zeichen auf ihre Aussagen, Leitfunktion, räumliche Verteilung, Auftrittshäufigkeit, kausale Verflechtung usw. überprüft werden.

6. Zu den unverzichtbaren Standards einer "kritischen" Alltagsgeographie sollte zählen, daß die alltagsweltlichen Spontanansichten reflektiert und ausgewertet werden:

- auf Inhalte und Themen hin, die aufgegriffen (bzw. nicht aufgegriffen) worden sind;

- auf die Form der Beobachtung, auf die Art und Weise hin, wie die perzeptive Aufnahme erfolgte;

- auf die Lesbarkeit des Landschaftsbildes.

Wichtig ist, daß die Sicherheit des (vermeintlichen) Wissens aufgrund eigener Anschauung entsichert wird, Selektivität und Verzerrungen eigener Wahrnehmungen thematisiert werden.

7. Durch die Kultivierung des Blicks auf den Wegrand, das Eingehen auf die "Touristenperspektive" und eine Betonung spontaner Aktivitäten in kleinen Gruppen erfüllt das Konzept wichtige Bedingungen für ein offenes Lernen. Die Betonung des unparzellierten Blicks (d.h. Situationen, in denen nicht von vorne herein nur Teilinhalte wissenschaftlicher Disziplinen "gesehen" oder vermittelt werden) schafft durch Suchen, Entdecken, Erinnern, Sammeln von Dingen subjektive Topographien. Diese eigenständige und stetige Ausweitung des Erfahrungsradius bringt eine zunehmende Raumsouveränität mit sich. Sie wird deutlich sowohl auf einer inhaltlich-kognitiven als auch auf einer methodischen Ebene. Mit zunehmender Erfahrung, auch schon im Verlauf eines Projekts, werden differenzierte "Blicke" der Beteiligten erkennbar. Sie zeigen sich darin, daß die verschiedenen Ausprägungen eines Phänomens, wie Auftrittshäufigkeiten, räumliche Verteilung, Zusammenhänge mit anderen Erscheinungen, registriert werden. Einzelne Phänomene können auch zu prägenden Wahrnehmungsfiltern werden, deren Variationsmöglichkeiten aufmerksam beobachtet werden.

8. Werden die angewandten "Forschungsstrategien" stets intensiv ausgewertet, so kann ein Ergebnis u.a. eine erfahrungsbezogene Erkundungstechnik sein mit z.B. folgenden Verfahrungsweisen: alleine oder nur in kleinen Gruppen gehen; öffentliche Verkehrsmittel benutzen, zu Fuß gehen; Reklameschilder beobachten (z.B. wie für international bekannte Produkte geworben wird); Nutzung oberer Stockwerke bei Häusern betrachten; nach unbekannten Pflanzen, Bäumen u.ä. Ausschau halten; Friedhöfe, Denkmäler besuchen; Phänomene oder Zeichen fotografieren, messen, in einen Notizbuch beschreiben.

Eine gewisse Routinisierung des Vorgehens erleichtert durchaus den Zugang zu Umwelten. Sie bringt aber auch die Gefahr mit sich, daß durch die Fixierung auf eine bestimmte Strategie der Erschließung eine kreative Aneignung erschwert werden kann.

9. Die Überlegungen zu einer "kritischen" Alltagsgeographie sind noch unter einem weiteren Gesichtspunkt zu betrachten: Diskussionen über die Auswirkungen und Konzepte des Reisens (Stichwort "sanfter Tourismus") haben gezeigt, daß ein neues Kommunikations- und Wahrnehmungsmodell gefragt ist und daß die Betonung eines bildungsorientierten Urlaubs stärker auf die Reflexionen eigenen Handelns und auf neue, weniger investitionsträchtige, umweltbelastende Programme hinführen kann. Die spontane Länderkunde birgt durchaus eine tourismuskritische Attitüde in sich, die einmal darin sichtbar wird, daß sie sich über Wahrnehmungstätigkeit, intensive Reflexion und Erkundungsverfahren mit der bereisten Region auseinandersetzt. Durch ihre kritische Blickrichtung auf gesellschaftliche Zusammenhänge kann sie nicht nur dazu beitragen, Erscheinungen der Alltagswelt, sondern auch die Logik der inszenierten Ferienwelten zu dekodieren. Dadurch kann der Vorgang der Entzifferung auch "zerstören" (zwar Illusionen, Geheimnisse, Routine) und entmythologisieren (der schöne Schein der Fassade oder der Wassermühle zählt nicht mehr).

10. Das Prinzip des Entzifferns setzt voraus: teilnehmerorientierte, selbstbestimmte "Lernsituationen", Entscheidungsspielräume für die Beteiligten, Verfügbarkeit von Zeit, Freiwilligkeit, Reiz der Abwechslung, Freude am Erleben und Entdecken. Im Vordergrund stehen persönliche Aufforderungen und Angebote zu gemeinsamen Aktivitäten in Gruppen, Anregungen zum Nachdenken und zur geistigen Aktivierung, Kommunikation der Beteiligten untereinander und mit ihrer Umwelt. Diese Formen erscheinen zunächst nur als (unverbindliche) Gelegenheit zur Steigerung und Intensivierung von Erlebnissen. Die "Harmlosigkeit" geht spätestens dann verloren, wenn man über die Inhalte redet, die die Spuren bzw. visuellen Phänomene widerspiegeln oder auf die Art und Weise eingeht, wie Beobachtung und Wahrnehmung erfolgen. Durch eine Erörterung der Zusammenhänge, in denen die Spuren entstanden sind, überliefert, verändert oder auch verwischt werden, geraten gesellschaftliche Entwicklungen und Konfliktebenen ins Blickfeld. Aber auch der Beobachter, seine Leistungen und Fehlleistungen kommen zur Sprache.

Anmerkungen

(1) Die ARD berichtete am 15.7.1990 in der Sendung "Regenbogen" mit einem 30minütigen Beitrag unter dem Titel "Seix-Kulturerleben ohne Sprache" über eine Veranstaltung der Thomas-Morus-Akademie in Zusammenarbeit mit dem Deutsch-Französischen Jugendwerk: "Entziffern, was man sieht. Spurensuche in den Pyrenäen".

Literatur

Hard, G. 1988 : "Spurenlesen" in der Geographie. In: Bensberger Protokolle 54, S. 31-62

Hard, G. 1988 : Geographische Zugänge zur Alltagsästhetik. In: Kunst + Unterricht, Heft 124, S. 9-14

Hasse, J. und Schumacher, F. 1990 : Sanfter Tourismus. Über ein konstruktives Verhältnis von Tourismus, Freizeit und Umweltschutz. Bunderhee

Hettner, A. 1895 : Geographische Forschung und Bildung, In: Geographische Zeitschrift, Jg. 1, S. 1-19

Isenberg, W. 1987 : Geographie ohne Geographen. Osnabrücker Studien zur Geographie, Bd. 9, Osnabrück

Isenberg, W. 1991 : Spontane länderkundliche Forschungen auf Studienreisen In: Günter, W. (Hrsg.), Handbuch für Studienreiseleiter, Starnberg

Isenberg, W. 1991 : Wider die Harmlosigkeit der Spur. In: Kunstbegegnung Bensberg, Heft 3, S. 3-5

Passarge, S. 1921 : Die Landschaft. Erkundliches Wanderbuch 1. Leipzig

Schlüter, O. 1920 : Die Erdkunde im Verhältnis zu den Natur- und Geisteswissenschaften In: Geographischer Anzeiger, Jg. 21, S. 145-152, 212-218

Frank Käthler und Ingo Mose

Die Diversifizierung der Rationalität:
Schonung, Ästhetik und Verzicht als Leitbild für eine neue Didaktik der Fremdenverkehrsgeographie

1. Einleitung

Die Diskussion über den Entwurf einer "neuen" Geographiedidaktik ist angesichts der Verschärfung globaler Krisenphänomene von besorgniserregender Aktualität.

Weder die zu Beginn der 70er Jahre angestrebte Auseinandersetzung mit der Erde als Bewährungsraum noch die Inwertsetzung des Raumes als geographiedidaktischer Topos der 80er Jahre, welche die Erde als Planungs- und Verfügungsraum begreift, haben in ihrer Funktion als Leitbild zur Überwindung oder gar Verhinderung des Fortschreitens ökologischer Katastrophen und ökonomischer Disparitäten beitragen können; beide Topoi haben vielmehr - stringenter System- und Wissenschaftslogik folgend - zur Verschärfung der krisenhaften Situation beigetragen.

Diesen Tatbestand als Defizit einzig der Geographiedidaktik zu verorten, würde jedoch einen verkürzten Zugriff auf das Phänomen bedeuten, denn auch andere Fachdidaktiken, wie z.B. die Didaktik der politischen Bildung oder die Geschichtsdidaktik, haben bisher keine gemessen an der Komplexität dieser Krise wirklich schlüssigen Modelle zu deren Analyse und Überwindung geliefert. Die Didaktik in der Aporie?

Die Vielfältigkeit der Krisenphänomene findet ihre negative Entsprechung in der Einseitigkeit des zu ihrer Analyse herangezogenen wissenschaftlichen Kopf- und Handwerkszeuges: So hat sich im Zuge der "neuzeitlichen Rationalität" ein Wissenschaftsparadigma herausgebildet, welches dem Menschen als erkennendes Subjekt die Welt als zu erkennendes Objekt gegenüberstellt (vgl. ENGELMANN 1990, S.13); die in dieser Dichotomie begründete Reduktion von Mensch und Welt als Antipoden bedingt jedoch den Ausschluß von Heterogenität auf beiden Seiten.

Diesen subjektivistisch-reduktionistischen Rationalitätsbegriff, die Außerwertsetzung von Heterogenität also, betrachtet Lyotard als ursächlich für die Fehlentwicklung der Moderne (vgl. ebd., S.15).

Die Annahme, die auf diesem Wege entdeckten "Wahrheiten" besäßen Verbindlichkeit, ist in der Tat grundlegend für den Herrschaftsanspruch des Menschen über die Natur; im Angesicht der Endlichkeit dieser totalitären Herrschaft muß eine Annahme jedoch als falsifiziert gelten, welche das Verhältnis des Menschen zu Natur, Gesellschaft, Technik und zu den Verhältnissen (vgl. HASSE 1991.1, S.3) determiniert und an den Abgrund der Aporie getrieben hat.

Das Wissenschaftsparadigma subjektzentrierter (Forschungs- und Erkenntnis-) Rationalität bedarf der Revision, die Kritik des "modernen" szientifischen Blicks, die Diversifizierung der Rationalität sowie die Flexibilisierung des Erkenntnisbegriffs (vgl. ebd., S.7) müssen zu paradigmatischen Programmpunkten der Zukunft werden.

Damit darf und soll mitnichten einer gefährlichen Unverbindlichkeit das Wort geredet werden. Es wird vielmehr darauf ankommen, ein *selbstreferentielles Paradigma* zu entwerfen, welches die Bedingungen seiner Genese im Blick behält und die kritische Selbstüberprüfung und -fortschreibung zum eigenen zentralen Anliegen macht.

Diese Überlegungen haben nun verschiedene Implikationen im Hinblick auf allgemeine didaktische Kategorien.

Eine wie bisher definierte Lernzielorientierung ist in diesem Sinne zu verstehen als beschleunigte Unterwerfung unter funktionalistische und damit funktionalisierende Imperative.

Da diese jedoch die Krise erst evoziert haben, ist eine Entschleunigung anzustreben, welche Vielfalt zuläßt und deren Blick verweilt, um zu sehen.

Langsamkeit und Diversifizierung dürfen nicht als Gegensatzpaar begriffen werden; Schnelligkeit diversifiziert lediglich auf horizontalem Niveau, und nur Langsamkeit bietet Gelegenheit, Vielfalt auf vertikalem Niveau in die Tiefe zu treiben.

Dem vereinseitigend kognitiv ausgerichteten Bildungsbegriff gilt es mit der Ergänzung durch ästhetische Bildung zu begegnen.

Hasse konstatiert unter Bezugnahme auf Baudrillard, daß die Krise der Zeit eine solche der Wahrnehmung ist; die Wirklichkeit sei "von Schein- und Hyperrealität überholt, überboten, verspielt, schließlich als Satellit unterworfen" worden (HASSE 1990, S.2).

Der so entstandenen scheinhaften Welt ist zunächst nicht zu entkommen. Sie ist allgegenwärtig und durch die Tarnkappe von Geschwindigkeit und Funktionalismus geschützt. Um ihr beizukommen, bedarf es des Sehens des "Übersehens", der Gegnerschaft zu sich selbst (vgl. ebd., S.4f) und zur eigenen Unzulänglichkeit. An dieser Nahtstelle eines Lebens zwischen Realität und Fiktion muß es zu einer zentralen Aufgabe der Didaktik werden, den "naiven Blick" (ISENBERG), den "blöden Blick" (BÖHME), jenen Blick also, der die Kodierung von Welt einfach (noch) übersehen kann, zuzulassen und zu fördern.

Die Langsamkeit dieses Blicks ist letztlich die Geschwindigkeit, die Be-Sinnlichung überhaupt erst ermöglicht und damit die Frageunfähigkeit, die Ergebnis der Unübersichtlichkeit von Über-Lebenszusammenhängen ist, aufbrechen kann. Der Schein als Moment von Fiktion (vgl. HASSE 1991.1, S.3) wird als Schein erst erkennbar, wenn der kindliche Blick Fiktion auf unschuldige Weise dekodiert.

Die ökologische Krise schließlich ist global und in komplexe Zusammenhänge eingebettet. Für die Didaktik bedeutet dies, daß ein ausschließlich auf die jeweilige Fachdisziplin zugeschnittenes Begreifen unmöglich ist. Die Intersubjektivität der Wirkung muß also ihre Entsprechung in der Interdisziplinarität der Analyse finden. Von zentraler Bedeutung ist dabei ein ökologisches Denken der Schwäche, wie es etwa Hasse in Anlehnung an Schönherr und Kamper diskutiert (vgl. HASSE 1991.2, S.3ff). Danach ist das Subjekt der "Obsession maschinisierter Lebensbedingungen ausgesetzt", hinter die ein Zurück nicht mehr möglich ist (ebd., S.3).

Dem weiteren Voranschreiten dieser Entwicklung gilt es durch eine Didaktik entgegenzuwirken, welche sich der Schonung von Natur verschreibt und die unnatürliche Gegnerschaft von Zivilisation und Natur thematisiert, in dem sie die Narben im Körper der Natur im Sinne Kampers in Wunden zurückverwandelt, um sie sprechen zu lassen (ebd., S.7).

Für die Geographiedidaktik bedeutet dies, daß sie sich einem emotionalen, biographiebezogenen und kritisch-rationalen Raumdenken verschreiben muß, das gleichsam in einem Spiralcurriculum unter einem gemeinsamen Dach mit anderen Disziplinen firmieren könnte.

Welche konkreten inhaltlichen Implikationen von einer so verfaßten Geographiedidaktik ausgehen könnten, soll nun exemplarisch am Beispiel des Themenkomplexes Fremdenverkehr verdeutlicht werden; der Entscheidung für die Auswahl dieses Themenkreises liegen im wesentlichen zwei Überlegungen zugrunde.

Die krisenhafte Verschärfung des Massentourismus hat zu vielfältigen ökologischen, ökonomischen, sozialen und kulturellen Problemen geführt. Obgleich deren Struktur hochkomplex ist, besteht die Chance, durch eine bewußte Infragestellung bzw. Modifizierung eigenen Reiseverhaltens überkommene Freizeitformen aufzubrechen, Zerstörungs- und Entfremdungsmechanismen also zu dekodieren und dann zu überwinden.

Voraussetzung für die Erreichbarkeit eines solchen Zieles ist u.a. eine adäquate unterrichtliche Umsetzung der vorgenannten Überlegungen; gerade aber der Themenkomplex Tourismus ist bisher häufig nur unzureichend tief thematisiert worden (vgl. KÄTHLER/MOSE 1990). Erforderlich ist also der Entwurf eines neuen inhaltlichen Leitbildes des Reisens, welches sich an einer didaktischen Maxime zu orientieren hat, die neben anderen gesellschaftlichen Problemzusammenhängen auch die Krisen von Wahrnehmung und Geschwindigkeit in den Fokus nimmt. Wie ein solches Leitbild aussehen könnte, soll im folgenden Versuch angedeutet werden.

2. Krisenbefunde des modernen Massentourismus

Die Entwicklung des modernen Massentourismus wird durch eine Reihe tiefgreifender Problemlagen gekennzeichnet, die sich in den letzten Jahren krisenhaft verschärft haben und dadurch zum Auslöser der heute geführten Diskussion um mögliche Alternativen der Tourismusentwicklung geworden sind. Es handelt sich hierbei um Krisenbefunde, die ganz wesentlich durch gesamtgesellschaftliche Entwicklungstendenzen bestimmt werden. Diese reichen tief in den Bereich des Tourismus - und der Freizeit insgesamt - hinein und werden hier auf jeweils spezifische Weise virulent. Vier Problemlagen sind dabei von besonderem Interesse.

2.1 Entfremdung der Reisenden

Entwicklung und gesellschaftliche Bedeutung des Tourismus werden maßgeblich bestimmt durch die funktionale Verflechtung von System und Lebenswelt und die darin angelegten Probleme auf der Ebene der Freizeit (vgl. HABERMAS 1981, S. 452ff.). Stärker noch als alle anderen Bereiche der Freizeit dient die touristische Reise der physischen Regeneration, vor allem aber der psychischen Abfederung systemisch bedingter Versagungen und Beschränkungen, denen das vergesellschaftete Individuum durch die im Alltag uneingelösten Versprechen von Sinn- und Identitätsfindung einerseits und seine zwanghafte Verschränkung in gesellschaftliche Funktionszusammenhänge andererseits ausgeliefert ist (vgl. HASSE 1988, S. 12ff.).

Gegenüber diesen Erfahrungen der Versagung und Beschränkung verspricht der Tourismus Entschädigung, eine Entschädigung, die jedoch kaum wirkliche Kompensation zu leisten vermag und allenfalls kurzfristig wirksam wird. Einer solchen Leistung des Reisens stehen vor allem zwei Überlegungen entgegen: So muß zunächst offen bleiben, ob die "freie Zeit" des Reisens wirklich mit selbstbestimmter Freizeit gleichzusetzen ist. BAACKE (1980, S. 67) formuliert die These, daß es "eine wirklich 'befreite Freizeit' (...) ullererst zu erringen gilt; sie stellt sich nicht schon ein, wenn Geräte und Angebote da sind sowie genügend 'freie Zeit', über die man disponieren kann". Dies umso mehr, als das Fehlen einer klaren Linie von Vorgaben, wie sie insbesondere für weite Bereiche des Arbeitslebens konstitutiv ist, es notwendig macht, ein selbstbestimmtes Umgehen mit freier Zeit erst noch zu erlernen (vgl. BAACKE 1980, S. 66ff.).

Zugleich stellt die Einbindung des Tourismus in die ökonomische Rationalität des Kapitalverwertungsprozesses ein weiteres Konfliktfeld dar. Fortlaufend werden die im Bereich des Tourismus artikulierten Bedürfnisse und Wünsche durch die Tourismusindustrie in warenförmige Gebrauchswerte transformiert. Dieser Transformationsprozeß hat ein Höchstmaß an Fälschung, ja an immer neuer Pervertierung der originären Interessen des Reisenden zur Folge, die - obgleich erfolgreich ein gegenteiliger Eindruck vermittelt wird - allenfalls partiell mit denen der Tourismusindustrie zusammenfallen (vgl. ENZENSBERGER 1971, S. 196ff.).

In Frage gestellt wird also die Chance der Sinngebung und Selbstbestimmung durch Reisen. Gleichwohl scheint diese im Reisen grundsätzlich angelegt (vgl. KRAMER 1983, S. 101/102). Neben die evasionistischen und kompensatorischen Momente tritt ein unmittelbar sinnstiftendes Potential, das die touristische Reise (auch) als positive Möglichkeit der Begegnung und Auseinandersetzung mit dem "Fremden" interpretieren ließe. Vielfältige Perspektiven der individuellen und inter-subjektiven, ja multikulturellen (Selbst-)Verständigung sind hierin angelegt (vgl. Beitrag MAI in diesem Band). Allerdings laufen auch diese Gefahr, solange uneingelöst zu bleiben, wie der Widerspruch zwischen lebensweltlichen Wünschen, Ansprüchen, Utopien und systemischen Interessen der Integration nicht aufgehoben ist.

2.2 Entfremdung der Bereisten

Erhebliches Konfliktpotential ist da angelegt, wo es im Zuge touristischer Entwicklungen zu verschiedenen soziokulturellen Folgeproblemen in den Zielgebieten des Tourismus kommt. In der Regel werden hierunter solche Probleme verstanden, die sich aus der Konfrontation lebensweltlicher Gegensätze zwischen Reisenden und Bereisten ableiten lassen.

Zum Konflikt wird die Konfrontation von Einheimischen und Touristen da, wo die touristische Erschließung Überfremdungs- und Entfremdungserscheinungen zur Folge hat, die an der kulturellen Identität einer Bevölkerung zehren. Mehrere Aspekte sind hierbei von Relevanz: Schon die bauliche Veränderung eines Ortes kann zu Störungen in der Wahrnehmung durch die Einheimischen führen, denen der eigene "Lebensraum" schrittweise zur nicht mehr "eigenen" Kulisse touristischer Inszenierungen gerinnt. Drastischer sind die möglichen Konsequenzen, die sich aus der Konfrontation mit dem touristischen Lebensstil der Reisenden ergeben. Sie können zur schrittweisen Auflösung der traditionell gewachsenen und eigenständigen Lebensstile der Bereisten und zu tiefgreifenden psychischen Folgeschäden führen (vgl. HASSE 1981).

Die "einfache" Rückführung aller sozialen Folgeprobleme des Tourismus allein auf die temporäre Begegnung von Reisenden und Bereisten greift jedoch zu kurz. Nach HASSE (1988, S. 16ff.) sind darüber hinaus auch die Probleme "unerreichter Angleichungen der Lebenswelt (...) an die sie jeweils real bestimmenden systemischen Strukturen" zu berücksichtigen. Konkret heißt das: Als Problem der Bereisten erweist sich nicht nur die subjektiv erfahrene Begegnung mit den Touristen, ein dem noch vorgeschaltetes Problem bilden vielfach die objektiven Lebensbedingungen der Einheimischen. Nicht selten scheinen die schwierigen ökonomischen Rahmenbedingungen (z.B. in der Landwirtschaft) die Touristifizierung eines Ortes oder einer Region zu erzwingen. Ebenso vorstellbar ist aber auch, daß sich Bevölkerungsgruppen bewußt für die touristische Rolle der "Bereisten" entscheiden, motiviert durch den Wunsch nach einem höheren Lebensstandard, ohne damit allerdings bereits etwaige Konflikte, die daraus resultieren könnten, zu antizipieren.

Nur vor diesem Hintergrund wird verständlich, wie Bewohner ein und desselben Ortes zu völlig unterschiedlichen Beurteilungen in der Wahrnehmung touristischer Folgeprobleme kommen können. Während ein Teil der Einheimischen positive Auswirkungen des Tourismus (Arbeitsplätze, Infrastruktur etc.) akzentuiert, verweisen andere auf negative Folgeerscheinungen (Verschandelung des Ortsbildes, Lärm, Umweltverschmutzung etc.). Hieran wird deutlich, wie Gruppen der einheimischen Bevölkerung sich bewußt/unbewußt mit ihren eigenen Ansprüchen den ökonomischen Zwängen des Tourismus unterordnen und sogar bestimmte Negativeffekte verdrängen, selbst wenn diese objektiv längst nicht mehr zu übersehen sind.

2.3 Ökologische Krise

Der moderne Massentourismus gehört heute zu den Faktoren, die am stärksten zur Zerstörung der natürlichen Umwelt beitragen. Treffend hat KRIPPENDORF (1975) zur Charakterisierung dieses Befundes den Begriff der "Landschaftsfresser" geprägt. Den systemisch angelegten Wachstumsimperativen der kapitalistischen Warenproduktion folgend, drängt die Tourismusindustrie nach fortwährendem Ausbau der bestehenden touristischen Einrichtungen, aber auch der Erschließung immer neuer touristisch nutzbarer Räume, wobei sich die Geschwindigkeit der "Erschließungsspirale" ständig weiter erhöht. Letztendlich bedeutet dies die systematische Selbstzerstörung des Tourismus, der sich mit der zunehmenden Belastung des von ihm beanspruchten Raumes sukzessive seine eigenen Grundlagen entzieht.

Hinsichtlich der konkreten ökologischen Probleme des Tourismus kann zwischen Erschließungs- und Nutzungsfolgen unterschieden werden (vgl. HASSE 1988, S. 15ff.). Unter dem Begriff Erschließung sind dabei alle infra- und suprastrukturellen Einrichtungen zu subsumieren, die mit der touristischen "Inwertsetzung" eines Ortes bzw. einer Region verbunden sind. Als zentrale Größe ist hierbei der immense Flächenverbrauch von Bedeutung: Wachstum der Siedlungsfläche, Ausweitung des Verkehrsnetzes, Anlage von touristischen Einrichtungen wie z.B.

Seilbahnen und Lifte bedingen in vielen Fremdenverkehrsräumen ein rapides Maß an Zersiedelung, in dessen Folge die vormals ländliche Kulturlandschaft sich auflöst und in eine städtische "Vorortslandschaft" verwandelt (vgl. KRIPPENDORF 1975, S. 62ff.).

Als Nutzungsfolgen touristischer Erschließungen sind unter-schiedlichste Belastungen in nahezu allen großen Fremden-verkehrsräumen zu registrieren. In den Alpen ist es vor allem der Pistenskilauf mit einer Kette von Boden- und Vegetationsschäden, der Anlaß zu ernster Besorgnis, vor allem hinsichtlich der Langzeitfolgen solcher Belastungen, gibt. Weitere Umweltprobleme, die sich grundsätzlich in allen Fremdenverkehrsregionen, vor allem auch in den touristischen Hochburgen des Mittelmeerraumes, ergeben, sind u.a. die erhöhten Abgasemissionen sowie Lärm durch das drastisch gestiegene Verkehrsaufkommen, Probleme der Trinkwasserversorgung durch Verschmutzungen des Grundwassers sowie Schwierigkeiten bei der Müllentsorgung. Vielfach vergessen werden die Beeinträchtigungen, die vom Tourismus auf die Lebensbedingungen seltener und/oder geschützter Tiere ausgehen. Gerade in Gebieten, wo räumliche Überschneidungen von Tourismus und Naturschutz gegeben sind, z.B. im Nationalpark "Niedersächsisches Wattenmeer", stellen der Fremdenverkehr und insbesondere die Ausübung bestimmter Sportarten (hier: Surfen, Segeln) einen nicht zu unterschätzenden Belastungsfaktor dar (vgl. ERZ 1985).

2.4 Regionale Disparitäten

Ein häufiges Argument für die positiven Effekte des Tourismus ist dessen möglicher Beitrag zur wirtschaftlichen Entwicklung einer Region. Vor allem in der Diskussion um die Zukunft peripherer strukturschwacher ländlicher Problemgebiete spielt dies immer wieder eine Rolle. Tatsächlich ist nicht von der Hand zu weisen, daß in vielen Regionen des ländlichen Raumes der Tourismus heute eine, wenn nicht die zentrale Einkommensgrundlage der Bevölkerung darstellt, wie dies beispielhaft an der Entwicklung im Alpenraum nachvollziehbar ist. Häufig konnten hier ökonomische Folgeprobleme, die aus dem Bedeutungsverlust der Landwirtschaft und/oder der mangelnden Standortattraktivität für die Ansiedlung gewerblicher Wirtschaftsbetriebe resultieren, durch die Verlagerung auf den Tourismus teilweise ausgeglichen, zumindest aber abgefedert werden.

Ein zentrales Problem stellt in diesem Zusammenhang die Gefahr der einseitigen Abhängigkeit vom Tourismus dar. In vielen Regionen ist die Entwicklung des Fremdenverkehrs so weit fortgeschritten, daß hier mittlerweile von Monostrukturen gesprochen werden kann. Insbesondere auf dem lokalen und regionalen Arbeitsmarkt sind damit weitreichende Folgen verbunden. So muß davon ausgegangen werden, daß im Tourismusgewerbe in aller Regel nicht- oder wenig qualifizierte Arbeitsplätze vorherrschend sind, die meist dienenden Charakter haben, mit überdurchschnittlich hohen Arbeitsbelastungen verbunden und häufig tages-/wochenzeitlich bzw. saisonal begrenzt sind. Vor diesem Hintergrund sprechen ELSASSER und LEIBUNDGUT (1982, S. 230) auch von einer "qualitativen Erosion" des Arbeitsmarktes als möglicher Folge touristischer Monostrukturen. Dadurch, daß qualifizierte nicht-touristische Arbeitskräfte nicht gehalten werden können und abwandern, werden die langfristigen Entwicklungsmöglichkeiten einer Region - auch im touristischen Bereich - systematisch verbaut.

Als weiterer Problembereich ist die ungleiche Verteilung von Einnahmen aus dem Tourismus von Relevanz. Dies gilt u.a. für die Vermietung von Betten in Hotels, Pensionen oder Appartements, die eine der bedeutendsten Einnahmequellen des Tourismus darstellt. Anhand empirischer Erhebungen läßt sich nachweisen, daß ein Großteil der Einkünfte aus Vermietungen vielfach nur auf eine kleine Gruppe von kapitalstarken Großinvestoren (Ferienwohnungen, Appartementhäuser) entfällt, die nicht selten ortsfremd sind. Kleine Privatvermieter erwirtschaften dagegen nur geringe Einkommensanteile. Überdies läßt sich feststellen, daß fast die Hälfte der Vermieter nicht ortsansässig ist. Deutlich belegt dieser Befund den oft erhobenen Vorwurf, touristische Entwicklungen würden massiv "von außen" beeinflußt und aus dem Tourismus erwirtschaftete Gewinne ebenfalls vielfach nach außen abfließen (vgl. HASSE 1988, S. 14/15).

Eine rein ökonomische Betrachtung des Disparitätenproblems greift indes zu kurz. Mit einbezogen werden müssen darüber hinaus grundsätzlich auch die sozialen und kulturellen Strukturen einer Region. Gerade touristische Erschließungsvorhaben sind mit erheblichen Auswirkungen in diesem Bereich verbunden, wobei häufig negative Folgeerscheinungen (z.B. Verkitschung des kulturellen Traditionsbestandes, Auflösung sozialer Netze) überwiegen. Erst eine ganzheitliche Betrachtung entspräche somit einer adäquaten und an den Interessen der einheimischen Bevölkerung orientierten Strategie regionaler Entwicklung.

3. Entwurf eines Leitbildes "Neues Reisen"

Die Analyse der Entstehungsbedingungen des Massentourismus, der Gründe für seine krisenhafte Verschärfung sowie alternativer Konzepte eines "sanften Tourismus", über welche bereits sogar im Deutschen Bundestag debattiert wurde (vgl. DEUTSCHER BUNDESTAG 1990, S.11f), hat verdeutlicht, daß eine Revision der herrschenden touristischen Praxis zwingend erforderlich ist.

Zentraler Ansatzpunkt muß hier der Entwurf und die Umsetzung eines Leitbildes "Neues Reisen" in curriculare und damit unterrichtliche Zusammenhänge werden.

3.1 Grenzen und Gefahren neuer Leitbilder

Mit dieser Forderung ist jedoch gleichzeitig auch die Gefahr angezeigt, ein anachronistisches Leitbild durch eine Alternative abzulösen, welche, bedingt durch die Notwendigkeit curricularer Einbindung und schulische Bewertungszwänge, ebenfalls normativen und insoweit vereinseitigenden Charakter haben könnte. Das Risiko funktionalisierenden Zugreifens auf dieses bereits funktionalistische Leitbild wäre damit jedoch a priori angelegt; ein "anderer" Massentourismus, der sich der Topoi Sanftheit oder Umweltverträglichkeit allein aus Gründen seiner (besseren) ökonomischen Verwertbarkeit verpflichtete, aber keine strukturellen Veränderungen implizierte, könnte zu einer Problemlösung nichts beitragen.

Wenn also im folgenden dennoch ein neues Leitbild skizziert wird, so liegt es in dessen Selbstverständnis, Vielfalt und Andersartigkeit Einheit und Konformität auch um den Preis des Verlustes standardisierter Bewertungsverfahren im Sinne einer multiple-choice-Ideologie entgegen-zusetzen und sich lediglich als Angebot zu begreifen, welches den äußeren Rahmen für eine individuelle Ausgestaltung vorschlägt.

3.2 Chancen der Diversifizierung

Aus der Diversifizierung des Rationalitätsbegriffs (vgl. Einleitung) ergeben sich zumindest vier Forderungen an eine "neue" Fremdenverkehrsdidaktik (nicht nur des Faches Geographie); diese können an dieser Stelle nur knapp zur Darstellung kommen.

Das Zulassen der Diversifizierung des Blicks ist als die basale Forderung einzustufen. Der Blick auf z.B. die Skipiste sieht zunächst lediglich das ihr immanente Potential an sportlichem Vergnügen, vielleicht noch die Naturzerstörung durch Kahlschlag und Planierung; er ist jedoch nicht so "naiv", die Fiktion zu erkennen, die darin besteht, daß die Abfahrtspiste ein Stück Natur darstellen soll, in Wirklichkeit aber das Abbild von Naturzerstörung ist. Ziel des neuen Leitbildes muß es demzufolge sein, den Blick zu entsichern (vgl. Beitrag ISENBERG in diesem Band), mithin die trügerische Sicherheit zu nehmen, Gesehenes sei gleichzeitig Authentisches. Es gilt den Blick zu schärfen für das Simulierte, das Reproduzierte.

Das auf diese Weise neben der Realität Erblickte kann nun zu der notwendigen Diversifizierung der Wahrnehmung und damit zu der Erkenntnis führen, daß das Subjekt sich selbst um die Erfahrung von Authentizität bringt, wenn es die Piste nicht als das sieht, was sie ist: Der Preis für Selbst- und Naturbetrug. Die Wahrnehmung des Gesehenen wird also erweitert um den Aspekt der Selbstwahrnehmung, der in die Frage nach der eigenen Rolle in diesem Simulationsspiel münden könnte; Reflexivität wird also auf das Selbst wie auf die räumliche Umwelt bezogen (vgl. Beitrag MAI in diesem Band).

Insoweit kann auch eine *Diversifizierung der Interpretation* Platz greifen. Erst wenn die erblickte, die wahrgenommene Fiktion nicht nur auf sich selbst, vielmehr auch auf das Selbst zurückgeworfen wird, scheint das Systemlogische im einseitigen Blick und der dementsprechenden Wahrnehmung des Lernenden auf; er kann erkennen, daß er die Erwartung, die an ihn gestellt ist, unhinterfragt erfüllt und sich damit auf eine Weise systemrational verhält, welche die Kontinuität von Zerstörung überhaupt erst ermöglicht.

An unserem Beispiel verdeutlicht heißt dies etwa: Das Nicht-Wahrnehmen der Skipiste als Fiktion von Natur ist das, was dieselbe zum begehrten Freizeitobjekt macht; die Nachfrage nach diesem wiederum ermöglicht das Aufrechterhalten von Fiktion. Dadurch jedoch wird Umwelt ökonomisch inwert- und ökologisch außerwertgesetzt.

Diese Interpretation macht nunmehr die *Diversifizierung des Handelns* möglich, ein Reagieren, welches über bisher diskutierte Ansätze eines modifizierten Reiseverhaltens hinausreicht; dies schließt auch zahlreiche Projekte des "sanften Tourismus" mit ein, die von der Tourismusindustrie ausschließlich ökonomischen Imperativen unterstellt und damit mißbraucht worden sind. Auf dem Wege der Diversifizierung können bisher ungedachte Alternativen zur bisherigen konsumorientierten Reisepraxis je subjektiv gedacht und in der Realisierung als Mensch und Umwelt angemessenere Reise- bzw. Freizeitformen erlebt werden.

So wäre in unserem Beispiel der Benutzung einer Skipiste mit dem Ziel der langen "Rudelabfahrt" eine individuell gestaltete Langlauftour oder Skiwanderung als mögliche Alternative entgegenzusetzen; denkbar wäre aber auch die Gestaltung des Winterurlaubs mit gänzlich anderen Freizeitbetätigungen oder gar der Verzicht auf die Reise zugunsten von Aktivitäten am heimatlichen Wohnort.

Mit der Diversifizierung von Sehen, Wahrnehmen, Interpretieren und Handeln nimmt die Perspektive veränderter Handlungsmaximen Gestalt an: Freizeit- und Reiseverhalten orientieren sich an Kategorien, die hier exemplarisch mit den Begriffen Schonung, Ästhetik und Verzicht besetzt und im folgenden näher ausgeführt werden sollen. Diese Begriffe haben vorerst nur orientierenden Charakter und könnten, dem Grundmuster der Diversifizierung folgend, auch anders ausgestaltet sein, ohne dadurch unreflektierter Willkür anheimzufallen.

3.3 Drei Handlungsfelder der Neuorientierung

3.3.1 Schonung als Widerspruch zum ressourcenzerstörenden Tourismus

Die augenfälligsten und zugleich drängendsten Probleme des Tourismus sind das Ergebnis verschiedener Prozesse der Belastung und Zerstörung: Nach außen hin besonders deutlich wird dies anhand der ökologischen Folgeprobleme mit einer Vielzahl von Einbrüchen und irreparablen Schädigungen der natürlichen Umwelt. Gleichermaßen gilt dies aber auch für die Phänomene sozialer und kultureller Destruktion im Gefolge touristischer Erschließungen.

Der Prozess fortdauernder Schädigung ist systemisch angelegt: Er ist Ausdruck der grundsätzlichen Ambivalenz des technologisch vermittelten Fortschritts, der die permanente Produktion von Risiken mit einschließt (vgl. BECK 1986). Auch wenn dies auf den ersten Blick kaum vorstellbar scheint, haben die Folgeprobleme des Tourismus längst die Ebene des "Banalen" verlassen; sie sind vielfach irreversibel und beinhalten neben den heute bereits eingetretenen Schäden ebenso eine zukünftige Komponente, die als gefährlicher "Risikoverstärker" wirkt (vgl. ebd., S. 43).

Die Logik des herrschenden Rationalitätsbegriffes bringt es mit sich, daß Ansätze zur Lösung der bestehenden Probleme in der Regel auf die "technische Regulierung" dieser Probleme, d.h. die Bekämpfung von Symptomen beschränkt bleiben. Auf diese Weise entsteht eine unauflösbare Sachzwangkette, die auf immer wieder neue "Techniken" angewiesen sein wird, anstatt eine wirkliche Ursachenbeseitigung zu betreiben und die Problemquellen im Prozeß der technischen Rationalisierung und dem ihm zugrundeliegenden Fortschrittsparadigma zu suchen (vgl. ebd., S. 290ff.).

Soll die "Endlosschleife" des technisch konditionierten Fortschrittsbegriffs, wie er in der gegenwärtigen Tourismuspraxis transportiert wird, aufgebrochen werden, so geht das nicht ohne radikalen Widerspruch; Widerspruch gegen eine ressourcenvergeudende und ressourcenzerstörende Praxis, die gleichermaßen ökologische und soziale Destruktionen des Tourismus impliziert. Denkbar wird dies auf der Grundlage einer Haltung, die sich am *Prinzip der Schonung* orientiert.

Gedacht ist dabei an eine mehrfach differenzierte Vorstellung von Schonung: Zuallererst wird dieser Rücksicht auf die natürlichen und soziokulturellen Bedingungen einer Region bedeuten müssen, eine Vorstellung, wie sie insbesondere in der Diskussion um mögliche Konzepte eines "sanften Tourismus" bereits skizziert worden ist. Die umwelt- und sozialverträgliche Gestaltung von Infrastrukturmaßnahmen, Beschränkungen oder sogar der Rückbau solcher Erschließungen sind einige Beispiele hierfür (vgl. MOSE 1988).

Impliziert wird mit der Vorstellung von Schonung auch der Widerspruch zu einem zentralistischen Begriff raumwirtschaftlicher Entwicklung (vgl. HASSE 1990, S. 5). An die Stelle "von oben" verfügter (staatlicher oder privatwirtschaftlicher) Entscheidungen tritt eine den lokalen und regionalen Strukturen "angepaßte" Entwicklung "von unten", die Rücksicht auf die Bedingungen vor Ort nehmen kann.

Vor allem wird Schonung aber schließlich als Alternative zum rein konsumierenden, unreflektierten Gestus des etablierten Freizeitverhaltens zu verstehen sein, in den das zerstörerische Moment des "technischen" Zugriffs auf Natur (als Badestrand, Gebirgsdorf, Skiarena usw.) strukturell mit eingebunden ist. Eine Differenz zwischen dem, was vernichtet wird, und dem, der vernichtet, gibt es heute nicht mehr (vgl. KAMPER 1989, S. 538). Soll diese Erkenntnis nicht um den Preis der Selbstverleugnung gestrichen werden, kann die Schlußfolgerung nur heißen: sein eigener Gegner werden und sich selbst widersprechen (vgl. ebd., S. 539).

Ein solches Sich-Selbst-Widersprechen hätte verschiedene Facetten: Zum einen zielte es auf ein "ökologisches Denken der Schwäche" (SCHÖNHERR 1989), das sich von der szientifischen Fiktion befreit, der Krise (touristischer) Naturzerstörung mit einer andauernden Fortentwicklung von Technik begegnen zu können. Zum anderen führt es zu einem neuen Gestus von Freizeitverhalten, der sich in der Ver-Schonung des Subjekts von den selbst zugefügten Zumutungen touristischer Pflichtleistungen ("Den Großglockner muß man gesehen haben!") begründet. An die Stelle des konsumierenden tritt ein rezeptiv-produktives Verhältnis zur Welt; an die Stelle des schnellen Verlustierens das bedächtige Umgehen mit sich selbst und den Dingen, das die "Entdeckung der Langsamkeit" (NADOLNY 1987) zugleich als Entdeckung neu gewonnener Humanität begreift.

3.3.2 Für eine Ästhetik authentischer Erfahrungen

Die fundamentale Krise der Zeit und der Gesellschaft ist (auch) eine der Wahrnehmung (vgl. Einleitung). Sie ist in der Durch-dringung jeglicher gesellschaftlicher Ebenen allgegenwärtig und bestimmt somit auch das Freizeitverhalten und die Freizeitmärkte, und zwar nicht nur als soziokulturelle Variable, sondern auch als Bedingung und Garant ganzer Freizeitbranchen, die erst unter diesen Vorzeichen neu entstehen konnten. Die Spaß- und Erlebnisbäder, wie sie u.a. an der deutschen Nordseeküste entstanden sind, erhellen beispielhaft die Dimension der touristisch verwertbaren Simulation: Vor der Kulisse des Meeres, das ökologisch kollabiert, wird drinnen immer noch ein "reines" Badevergnügen garantiert (vgl. HASSE 1990, S. 3).

Der Befund ist eindeutig. Zweierlei ist zur Kenntnis zu nehmen: Natur als *das* konstituierende Moment von Tourismus ist im ausgehenden 20. Jahrhundert - in Fortführung der von Walter Benjamin (1936) entwickelten These über das Kunstwerk - technisch reproduzierbar geworden; Natur muß deshalb (neben der ökologisch vorfindbaren) immer auch als technische und simulierte Natur mitgedacht werden (vgl. BÖHME 1990). Dies impliziert zugleich einen tiefgreifenden Verlust von Chancen authentischer sinnlicher Erfahrung in und mit Natur, deren Aura durch die technische Reproduktion zerfällt und vielfach als bloße Simulation erlebbar bleibt. Hiermit lassen sich zu allem Verdruß auch noch gigantische Geschäfte machen (vgl. HASSE 1990, S. 3 u. HASSE 1991.1, S. 5).

Mit der Simulation von Wirklichkeit ist das Entscheidende dieser Wirklichkeit, ihr "wahrer Kern", der sinnlichen Wahrnehmung entzogen; es gerät zur ästhetischen Fassade, zur Anästhetik eines "Schönen", das bloß darauf abzielt, menschliche Wahrnehmung mit den vorzufindenden Zerstörungen - technisch - zu versöhnen (Beispiel: ein "naturnah" gestaltetes Erlebnisbad in einem großstädtischen Zentrum entschädigt für das Sterben der Stadtbäume). Gegen eine solche Vergewaltigung von Natur hilft nur eines: eine *Strategie der gezielten Ästhetisierung*, die - so WELSCH (1989, S. 143/144) - uns für das Nicht-Wahrnehmbare sensibilisiert und die auf die Brüche zwischen den Sinngebilden gerichtet ist, in denen das Übersehene (wieder) sichtbar wird.

Die Sprengkraft einer solchen "Ästhetik des Erhabenen" (WELSCH 1989) ließe sich vielleicht im Bereich von Freizeit und Tourismus besonders gut entfalten: Gerade von der Freizeit, so vermutet auch HASSE (1990, S. 5), ist anzunehmen, daß hier noch am ehesten die experimentellen Freiräume vorzufinden sind, in denen ästhetisches Erleben möglich ist.

Gefragt ist damit auch hier der Widerspruch zum Gestus des bloßen Konsumierens: Gefordert wird stattdessen ein Einlassen auf etwas Anderes, die Bereitschaft zur Begegnung mit dem Fremden - um am Ende schließlich das Fremde in sich selbst zu entdecken! In diesem Sinne geht es um die Diskussion, den Entwurf und "die Bereitstellung anderer als herrschender Erlebnisformen und Erfahrungsfelder", die "nicht standardisieren und nicht das 'Design' eines festen Bildes von Erfahrung in der Umweltgestaltung schon vorwegnehmen" (HASSE 1990, S. 7). Die potentielle Heterogenität solcher authentischen Erfahrungsfelder (in der Freizeit) liegt auf der Hand: sie umfaßt die Bereitschaft, die gewohnte Benutzung des Sessellifts mit einem Fußmarsch auf den avisierten Aussichtsberg zu vertauschen; sie meint Projekte des "Spurenlesens" in fremden Städten, Regionen oder Dörfern (vgl. Beitrag ISENBERG in diesem Band); sie schließt aber auch ganz und gar untouristische Aktivitätsfelder mit ein, wie z.B. das Spielen von Kindern im "Niemandsland", das eine städtische Baulücke zurückgelassen hat (vgl. Beitrag DAUM in diesem Band).

3.3.3 Verzicht als anti-hedonistischer Gestus

Ein Charakteristikum der heutigen Freizeitkultur ist die Auflösung jeglicher Grenzen des "Möglichen" bzw. "Unmöglichen": In Folge eines nie gekannten Wohlstandes ist gerade im Freizeitsektor ein Prozeß der ständigen Diversifizierung und Verfeinerung von Aktivitäts-, Erlebnis- und Konsumangeboten zu beobachten, der an Geschwindigkeit kaum noch zu überbieten ist. Fast alles ist heute schon möglich geworden, fast täglich kommt zu der Fülle an Angeboten jedoch noch ein weiteres hinzu - und fast jeder kann daran - zumindest potentiell - Anteil haben.

Die Überflutung mit Freizeitangeboten korrespondiert eng mit der Ausbildung eines hedonistisch geprägten Freizeitverhaltens. Ein wesentliches Element dieses Typs von Freizeitverhalten ist die "Übersteigerung der Glücks- und Freiheitserwartungen an Freizeit und Urlaub (...) und die Erfüllung dieser Erwartungen zum erheblichen Teil durch den Kauf von Gütern und Dienstleistungen" (ROMEISS-STRACKE 1983, S. 4). Die Dominanz des konsumierenden Gestus ist dabei total: Shopping, Boutiquenbummel, aber auch "gastronomisches Reisen", Club-Aufenthalte und Exklusiv-Sportprogramme sind typische Ausprägungsformen dieser Art des Freizeit- und Reiseverhaltens, die häufig jedoch weniger als wirkliche Aktivitäten, sondern lediglich als Stimulanzien für gesteigerten Lebensgenuß begriffen werden. Vielfach finden sich entsprechende Konsumrituale und Produktsymboliken auch im Alltagsleben wieder (vgl. ebd., S. 4/5).

Ohne Frage ist ein Hauptgrund für die starke Konsumorientierung im Freizeitbereich in der fortgeschrittenen ökonomischen Verwertbarkeit von Freizeiterwartungen und -interessen zu suchen. Es kann deshalb nicht verwundern, daß sich in kaum einem Wirtschaftssektor so starke Expansionsraten finden lassen wie in der Freizeit- und speziell in der Tourismusbranche.

Daneben spielt aber auch noch ein anderer Aspekt eine wichtige Rolle: der Prozeß der umfassenden "Demokratisierung" des Freizeitsektors, d.h. der prinzipiellen Öffnung von Freizeitangeboten für breite Schichten der Bevölkerung, weitgehend (nicht völlig) unabhängig von Einkommen und sozialem Status. Unbestritten ist dies als eine Errungenschaft anzusehen, zugleich impliziert diese jedoch auch tiefgreifende Folgeprobleme, wie sich an der Entwicklung des Freizeitsports exemplarisch aufzeigen läßt (vgl. CACHAY 1990, S. 16). Unter dem Motto "Sport für alle" verfolgt der Deutsche Sportbund seit langem eine Kampagne, um die Bevölkerung zu sportlichen Aktivitäten zu motivieren. Inzwischen beginnen sich die positiven Aspekte dieses Vorhabens - breite Teilhabe an den gesundheitsfördernden und sozialen Leistungen des Sports - in ihr Gegenteil zu verkehren. Nicht nur haben wir es mit einer ungeheuren Massenentwicklung - vergleichbar dem Massentourismus - zu tun, zugleich haben wir auch die Entstehung und Verfestigung einer Erwartungshaltung zu diagnostizieren, die im Sport *alles* für möglich hält und *alles* realisiert sehen will. Genau hierin ist auch eine wesentliche Ursache für den massenhaften Andrang zu den "neuen" Natur- und Abenteuersportarten zu sehen (Trekking, Paragliding, Heli-Skiing, Mountainbiking etc.) - und das eilige, fast flüchtige Weiterhasten von einem Glück verheißenden Angebot zum nächsten.

Der Gestus des schnellen Verlustierens fügt sich gleichermaßen nahtlos ein in das Bild des ressourcengefräßigen Tourismus und des Verlustes von authentischen sinnlichen Erfahrungen (in der Freizeit). Nur ein Ausweg hilft aus dieser Misere: die *Bereitschaft zum Verzicht*. Es gilt, die Freiheit des technisch vermittelten Fortschritts, die Möglichkeit, "alles" zu tun (egal um welchen Preis), umzuschreiben in eine neue, wiederzuerobernde Freiheit, die uns dazu befähigt, etwas nicht zu tun, etwas zu unterlassen (vgl. TREML 1987, S. 64). Verzichten wird damit zu einer wichtigen neuen Handlungskategorie, mit der sich adäquate Antworten finden lassen, die den Weg in eine humane Zukunft weisen.

Ein Handeln im Sinne von Verzichten (oder Nicht-Handeln) hätte dabei im wesentlichen zwei Wirkungsebenen: Zum einen impliziert Verzichten den Aspekt der Schonung jedweder Ressourcen (natürliche, soziale, kulturelle), die solchermaßen nicht genutzt, verbraucht, beschädigt, zerstört werden; dies wäre sozusagen ein auf die "äußere" Umwelt gerichteter Effekt. Ein anderer zielt auf die "innere" Verfassung des (nicht) handelnden Subjekts: Verzicht wird hier zum Ausgangspunkt eines neuen Verständnisses von Erleben, das die quantitative Beschränkung von Aktivitäten als Voraussetzung für eine qualitativ geänderte Form von Erfahrungen begreift; Erfahrungen, die zeitlich länger und zugleich langsamer, damit auch vielfältiger, ganzheitlicher und authentischer sind, weil sie darin begründet sind, sich auf das (wenige) Einzelne wirklich einzulassen und in sich zur Entfaltung kommen zu lassen. Nichts anderes wäre damit realisiert als ein Freizeitgestus, der sich dem "Ganzen" der Dinge öffnete; mithin auch ihrer transzendenten Potentiale, die nach WULF (1989) in der Begegnung zwischen uns und der Natur eine eigentümliche "Eigendynamik der Leere" entfalten, die der "gestaltungs- und inwertsetzungsorientierten Machermentalität (...) instrumenteller Vernunft" (HASSE 1991.2, S. 6) diametral entgegensteht.

4. Ausblick

Worum es geht, liegt klar auf der Hand: Vor dem Hintergrund eines brüchig gewordenen Rationalitäts- und Fortschrittsbegriffs steht auch eine (Geographie-) Didaktik am Scheideweg, die die Krise der Moderne nicht nur mittragen muß, sondern selber *mit verursacht* hat.

Am Beispiel des Problemfeldes Tourismus und der Didaktik der Fremdenverkehrsgeographie wird die Lage besonders deutlich: Die ökologischen, sozialen und kulturellen Deformationen im Gefolge des modernen Massentourismus haben mittlerweile ein Ausmaß erreicht, daß die Notwendigkeit der Formulierung neuer Kriterien der wissenschaftlichen Analyse dieses Konfliktfeldes und seiner Vermittlung in Prozessen der schulischen Bildung und Erziehung nicht länger in Abrede gestellt werden kann.

Mit den vorgestellten Handlungsfeldern Schonung, Ästhetik und Verzicht wurde exemplarisch der Versuch unternommen, drei mögliche Aspekte eines neuen Leitbildes der Didaktik der Fremdenverkehrsgeographie zu skizzieren, die der Dimension des Problemfeldes und seinen vielfältigen Implikationen gerecht zu werden vermöchte. Ausdrücklich soll damit *kein* fertiges Modell vorgelegt werden; die Ausführungen sind vielmehr, das sei nochmals betont, als orientierender Rahmen zu verstehen, der anzeigen soll, in welche Richtung die Diskussion führen könnte.

Die zentrale Frage der didaktischen Neuorientierung, um die es geht, ist Herausforderung und Chance zugleich: Wenn nach wie vor Einverständnis darüber besteht, daß Bildung eine herausragende Rolle bei der Gestaltung gesellschaftlicher Zukunft spielt, ist die Didaktik heute mehr denn je aufgerufen, sich an dieser Aufgabe verantwortlich zu beteiligen. Gefragt ist nach einem Programm, das gegen die im Verfall begriffene Wirklichkeit, die einem obsolet gewordenen Rationalitätsbegriff anheimgefallen ist, die Perspektive einer humanen, d.h. der Versöhnung von Mensch und Natur verpflichteten Zukunft entwirft.

Die umfassende Verwirklichung von Humanität ist und bleibt aber die vornehmliche Aufgabe einer sich kritisch-emanzipatorisch begreifenden Pädagogik und Didaktik. Die Didaktik, auch und gerade die der Geographie, kann sich deshalb der ihr gestellten Anforderung nicht entziehen - es sei denn um den Preis, daß sie früher oder später in den Bruchzonen der Konflikte, mit denen wir uns heute auseinanderzusetzen haben, verschwindet.

Literatur

BAACKE, D. (1980): "Freizeit": Symptom für gestörte Kommuni-kationen. In: HERAUSGEBERGRUPPE "FREIZEIT" (Hrsg.): Freizeit in der Kritik. Alternative Konzepte zur Freizeit und Kulturpolitik. Köln, S. 65-72.

BECK, U. (1986): Risikogesellschaft. Auf dem Weg in eine andere Moderne. Frankfurt am Main.

BÖHME, G. (1989): Ästhetik des Ephemeren. In: DERS.: Für eine ökologische Naturästhetik. Frankfurt am Main, S. 166-189.

BÖHME, G. (1990): Die Natur im Zeitalter ihrer technischen Reproduzierbarkeit. Vortrag an der TU Hamburg-Harburg im Januar 1990.

CACHAY, K. (1990): Probierhandlung Umweltpädagogik. Leitlinien einer sportspezifischen Umwelterziehung. In: Olympische Jugend 35, H. 11, S. 16-17.

DEUTSCHER BUNDESTAG (Hrsg. 1990): Bundestag-Report, H. 4/1990.

ELSASSER, H./LEIBUNDGUT, H. (1982): Touristische Monostrukturen - Probleme im schweizerischen Berggebiet. In: Geographische Rundschau 34, H. 5, S. 228-234.

ENGELMANN, P. (1990): Postmoderne und Dekonstruktion. Zwei Stichwörter zur zeitgenössischen Philosophie. In: DERS. (Hrsg.): Postmoderne und Dekonstruktion. Texte französischer Philosophen der Gegenwart. Stuttgart, S. 5-32.

ENZENSBERGER, H.-M. (1971): Eine Theorie des Tourismus. In: DERS. (Hrsg.): Einzelheiten I. Bewußtseinsindustrie. Frankfurt am Main, S. 179-205.

ERZ, W. (1985): Wieviel Sport verträgt die Natur? In: GEO, H. 7, S. 140-156.

HABERMAS, J. (1981): Theorie des kommunikativen Handelns. Bd. 2. Zur Kritik der funktionalistischen Vernunft. Frankfurt am Main.

HASSE, J. (1981): Fremdenverkehrsentwicklung als Wahrnehmungs-problematik. In: Geographische Rundschau 33, H. 2, S. 69-71.

HASSE, J. (1988): Tourismusbedingte Probleme im Raum. In: Geographie und Schule, H. 53, S. 12-18.

HASSE, J. (1990): Ästhetik, Schonung und 'Sanfter Tourismus'- regionalistische Entwicklungsbegriffe? In: Vonderach, G. (Hrsg. 1990): Ressourcenschonender und regionskundlicher Tourismus, Bamberg, S. 13-20.

HASSE, J. (1991.1): Ästhetische Bildung im Geographieunterricht. Aufklärung oder was? In: Materialien zur Didaktik der Geographie und Wirtschaftskunde. Wien. (im Druck).

HASSE, J. (1991.2): Anmerkungen zur Diskussion um die Geographie der Postmoderne. In: Nachrichten des Arbeitskreises für Regionalforschung. Wien (im Druck).

KAMPER, D. (1989): Die Schonung - Plädoyer für eine Ästhetik der Blöße. In: KAMPER, D./WULF, C. (Hrsg.): Der Schein des Schönen. Göttingen.

KÄTHLER, F./MOSE, I. (1990): Tourismuskritik und sanfter Tourismus - didaktische Anmerkungen zu einem Thema für die Schule. In: Geographie und ihre Didaktik 18, H. 1, S. 2-24.

KRAMER, D. (1983): Der sanfte Tourismus. Umwelt- und sozial-verträglicher Tourismus in den Alpen. Wien.

KRIPPENDORF, J. (1975): Die Landschaftsfresser. Tourismus und Erholungslandschaft - Verderben oder Segen? Bern, Stuttgart.

MOSE, I. (1988): Sanfter Tourismus im Nationalpark Hohe Tauern. Probleme und Perspektiven - am Beispiel des oberen Oberpinzgau (Land Salzburg). Vechta. (= Vechtaer Arbeiten zur Geographie und Regionalwissenschaft, Bd. 6).

NADOLNY, S. (1987): Die Entdeckung der Langsamkeit. München, Zürich.

ROMEISS-STRACKE, F. (1983): Tourismuspolitik im Spiegel zukünftiger Freizeittrends. In: Informationen zur Raumentwicklung, H. 1, S. 1-10.

SCHÖNHERR, H.-M. (1989): Die Technik und die Schwäche. Wien.

TREML, A.K. (1987): Welche Erziehung brauchen wir für einen anderen Fortschritt? In: BECKER, E./RUPPERT, W. (Hrsg.): Ökologische Pädagogik - Pädagogische Ökologie. Umwelterziehung und ökologisches Lernen in pädagogischen Krisenfeldern. Frankfurt am Main, S. 49-71.

WELSCH, W. (1989): Zur Aktualität ästhetischen Denkens. In: Kunstforum, Bd. 100, S. 135-149.

WULF, C. (1989): Mimesis und der Schein des Schönen. In: KAMPER, D./WULF, C. (Hrsg.): Der Schein des Schönen. Göttingen, S. 520-528.

Michael P. Müller und Ernst Schaack

Die Brandung der Nordsee vor Paris
Medienpädagogische Anmerkungen zur Geographiedidaktik

Thema des Projekts: "Kinder in Bolivien". Eine kleine Gruppe sechs- bis zehnjähriger US-amerikanischer Kinder sitzt im Kreis und bestaunt Gerätschaften der Indianer aus dem Hochland Boliviens. Ein Gespräch kommt auf: "Wozu brauchen sie diese Sachen?", "Was essen die?" usw. Die Antworten der Kinder spiegeln eine Mischung wider aus Klischeevorstellungen und erstaunlich präzisen Informationen. Man spricht über die Armut. Plötzlich die Frage: "Was haben die eigentlich für Geld?". Ein Junge antwortet: "Wir haben hier ja Dollars. Die da sind ganz arm, also müssen die ganz kleine Cents haben" (Anmerk. 1).

Für einen Entwicklungspsychologen ist die Antwort dieses Jungen nicht sonderlich überraschend. Interessant und uns mitten hinein führend in das hier zu verhandelnde Thema ist die Mischung in dieser Situation: Einerseits eine Form von kindlichem Egozentrismus, andererseits ein aus Versatzstücken von Klischee und Fakten amalgamierter Informationsstand. Kaum verwunderlich, daß letzterer sich bei näherer Exploration als ein im wesentlichen durch moderne Medien (vorrangig Fernsehen) gespeister erwies. Diese - im wahrsten Sinne des Wortes - hier nur angedeutete Episode weist auf den Sachverhalt hin, daß kindliche Lebenswelt heutzutage in vielen Teilen als Medienwelt zu verstehen ist und jede (Fach-) didaktik sich den daraus ergebenden Fragen stellen muß. Der Medienbegriff ist hier in einem sehr umfassenden Sinne zu verstehen. Gemeint ist damit, daß sich zunehmend vor die originäre die vermittelte Erfahrung schiebt. Statt von der Mutter kommt die Gute-Nacht-Geschichte vom Cassettenrecorder, das schwindelnde Gefühl beim Erklettern eines Baumes ist ersetzt durch hochtechnisierte Maschinen auf den turnusmäßig stattfindenden Jahrmärkten, es ist "Wirklichkeit aus zweiter Hand" (Bauer/Hengst 1980). Damit soll nicht das idyllisch-romantische Bild einer vormals heilen Kinderwelt beschworen werden. Es verweist lediglich auf die Tatsache, daß die Kindheit, die ja selbst in dieser Form ein gesellschaftliches Produkt ist (Aries 1984), immer spezifisch historische Formen des Umgangs mit Welt schon vorfindet, was z.B. auch die Form von Deutungsmustern betrifft. Auch die Pädagogik ist in ihrem Versuch der Vermittlung von Wissen, Bildung usw. hiervon nicht ausgenommen (zum Zusammenhang von Spielzeug, Kindheit und Erziehung s. z.B. Berg 1990). Betritt ein Schüler heutzutage den Klassenraum zur obligatorischen Geographiestunde, so mag er seine Hausaufgaben in diesem Fach über den spannenden Fernsehkrimi mit Diamantenraub in Südafrika vergessen haben.

Schon Harnisch, der Theoretiker der Heimatkunde, hat vor ca. 150 Jahren auf die Veränderung unserer Weltkenntnis durch neue Modi der Welterfahrung (und Medien sind letzlich spezielle Modi von Welterfahrung) aufmerksam gemacht: "Die lebendigen Völkerverbindungen, welche durch Kriege, die seit der Französischen Staatsumwandlung geführt wurden, veranlaßt sind, die Selbständigkeit von Amerika, der zwischen Deutschland und diesem Erdteil sich bildende unmittelbare Verkehr, dies und noch vieles andere, wohin auch besonders die Leichtigkeit zu reisen, durch gute Wege, Posten und Dampfschiffe möglich gemacht, zu rechnen ist, dies alles hebt den Menschen aus seiner Enge heraus, wirft ihn in eine weite Welt." (Harnisch 1827, S.3)

Welterfahrung ist dabei wesenhaft nicht von Raumerfahrung zu trennen. Dieses zeigt sich paradoxerweise gerade dort, wo - wie z.B. bei elektronischen Medien - die Erfahrung von einem aktiven Erschreiten der Welt entbunden ist. Mußte man sich früher schon bemühen, zu den Orten neuer Erfahrung zu kommen (was durch moderne Transporttechniken immer leichter, bequemer und in neuester Zeit auch für den "kleinen Mann" erschwinglich wurde), so zaubert das Fernsehen uns in Bruchteilen von Sekunden eine Reise durch die Kontinente ins Wohnzimmer (so z.B. bei der Tagesschau). Wir haben einige Ausgaben der "Tagesschau" daraufhin analysiert und festgestellt, daß ein Erscheinen von zwanzig verschiedenen Orten (verteilt über die ganze Welt) absolut normal ist. Die Entbindung der Erfahrung vom aktiven Zugang läßt uns dabei im Unklaren, ob Panama nun neben Kenia, Spanien oder Georgien liegt oder weder noch (Eine kleine Hilfestellung bietet uns die z.B. bei den Nachrichten freundlicherweise im Hintergrund eingeblendete Karte). Das Massaker nehme ich optisch wahr, aber welche Differenz besteht zur konkreten Erfahrung bei Anwesenheit am Ort! Die Endlichkeit meiner Erfahrung mit dem Horizont wird aufgehoben; man könnte dieses auch als Horizontverlust bezeichnen.

Schivelbusch hat in seiner "Geschichte der Eisenbahnreise" (Schivelbusch 1989) darauf aufmerksam gemacht, daß beginnend mit der Industrialisierung im 19.Jh. das bewährte Kontinuum von Raum und Zeit zunehmend erosiven Prozessen ausgesetzt war. Ein zentraler Topos des frühen 19. Jahrhunderts im Zusammenhang mit der Eisenbahn war dabei die Vernichtung von Raum und Zeit und damit die "Kondensierung von Geographie", also eine Dialektik von Raumverkleinerung und Raumerweiterung. Heine schreibt aus Paris: "Welche Veränderungen müssen jetzt eintreten in unsrer Anschauungsweise und in unseren Vorstellungen! Sogar die Elementarbegriffe von Zeit und Raum sind schwankend geworden. Durch die Eisenbahnen wird der Raum getötet, und es bleibt uns nur noch die Zeit übrig ... In vierthalb Stunden reist man jetzt nach Orleans, in ebensoviel Stunden nach Rouen. Was wird das erst geben, wenn die Linien nach Belgien und Deutschland ausgeführt und mit den dortigen Bahnen verbunden sein werden! Mir ist, als kämen die Berge und Wälder aller Länder auf Paris angerückt. Ich rieche schon den Duft der deutschen Linden; vor meiner Haustür brandet die Nordsee" (zitiert nach Schivelbusch 1989,S.38 f). Es handelt sich also nicht um eine quantitative Veränderung, sondern um eine qualitative Verschiebung der Wahrnehmung von Welt. Für die qualitative Veränderung aufgrund der Geschwindigkeit der Eisenbahn hat Schivelbusch den Begriff "panoramatischer Blick" (Verlust der Details, Verlust des Vordergrundes usw.) geprägt (Ebenda 4.Kapitel). Zeigt sich hier historisch erstmalig eine neue Welterfahrung durch die spezifische Form der Raumdurchschreitung bzw. des Sich-Durchschreiten-Lassens, so hat keine Entwicklung innerhalb der Moderne so zentral das Fundament des Raum- und Zeiterlebnisses als Totalitätsverhältnis (E. Straus) getroffen wie die ubiquitäre Verbreitung der elektronischen Massenkommunikationsmittel in ihrem ungeheuren Potential der Verdichtung und Verschiebung von Strukturen des Erlebens, so z.B. gerade in der Entbindung des Empfindenden von der Eigenbewegung. Hier zeigt sich auch der fundamentale Unterschied zur neuen Raumerfahrung durch die Eisenbahnfahrt: Während bei letzterer die Überwindung von Entfernungen noch sinnlich wahrnehmbar ist, liegt die Qualität der elektronischen Medien in der Abschaffung dieser Wahrnehmung und der Perfektionierung der Illusion. Zur Verdeutlichung dieses Aspektes brauchen wir uns nur geläufige Postreklame für das Telefon vor Augen zu halten, in der man über tausende von Kilometern mit einem Partner telefoniert, als würde dieser nebenan im Zimmer sitzen. Gerade die Präzision dieser Illusion wird als Qualitätsbeweis gepriesen. Nimmt man hierfür noch die beliebte Mischung aus "Älterer Herr + nettes kleines Kind", so hat man auch noch die historische Kontinuität und damit die Selbstverständlichkeit dieser Technologie scheinbar erreicht. Ganz generell wird also das Raumverhältnis des Menschen verändert. Für Bollnow hebt sich in anthropologischer Dimension der erlebte Raum vom mathematischen Raum in seiner besonderen Ausgezeichnetheit (z.B. bedingt durch den aufrechten Gang des Menschen) ab. So z.B. auch bei der Bestimmung von "Vorne vs. Hinten": "Vorn ist für die Menschen die Richtung, der er sich mit seiner Tätigkeit zuwendet. Man erfährt, was vorn und was hinten ist, also nicht beim beschäftigungslosen Dastehen, sondern erst, wenn man mit irgendeiner Arbeit beschäftigt ist. Aus dieser Tätigkeit erst erhält der umgebende Raum seine Ausrichtung, und in dieser sind dann die Richtungen nach vorn, zur Seite und nach hinten begründet" (Bollnow 1984,S.51). Genau dies gilt für den Fernsehzuschauer so nicht mehr. Er hat zwar indirekt ein ihm durch seine Tätigkeit (das Sehen) erschlossenes Vorne (den Fernseher), kann auch darauf Personen wahrnehmen, für die genau diese Vorne-Hinten Bestimmung zutrifft, er selbst ist aber der tätigen Erfahrung des Geschehens (auf der Mattscheibe) entzogen.

Es zeigt sich noch eine weitere interessante Parallele zwischen den modernen elektronischen Massenmedien und der Geschichte der Eisenbahn: beide stehen symbolisch für den Fortschritt (bzw. für die Kritik daran). Koselleck hat in seiner begriffsgeschichtlichen Analyse darauf aufmerksam gemacht, daß jeder Versuch der Darstellung geschichtlicher Zeit primär auf natürliche (z.B. den biologischen Begriff des Wachsens und Absterbens) und räumliche Hintergrundsbedeutungen zurückgreift, da Zeit als Abstraktum sich praktisch nicht darstellen läßt. Der "Fortschritt" ist dabei im Gegensatz zum "Niedergang" zum spezifisch neuzeitlichen Begriff geworden, "indem er seine naturale Hintergrundsbedeutung des räumlichen Ausschreitens abstreift oder in Vergessenheit gebracht hat" (Koselleck 1980,S.216). Nicht zufällig konstituiert sich der Fortschrittsbegriff parallel zu den radikal neuen Vorstellungen von der Beschaffenheit der Welt im neuzeitlichen Denken. Interessant ist nun, daß sowohl Eisenbahn als auch Fernsehen als Inkarnation des Fortschritts gerade diese Entbindung vom traditionellen Raum-Zeit-Kontinuum (und damit den Verweis auf naturale Hintergrundsbedeutungen) repräsentieren. Auch nicht zufällig manifestiert sich die Fortschrittskritik an diesen beiden technischen Innovationen. H. Hesse schreibt in einer Hauptphase der Kulturkritik: "Dagegen muß ich noch ein Wort über das 'Zeit ist Geld' sagen, weil dies aufs engste mit der Geschichte meiner Reise zusammenhängt. Mein Widerwille gegen jenen Glaubenssatz der modernen Welt und gegen diese moderne Welt selbst, worunter ich die ganze Maschinenkultur verstehe, ist so groß, daß ich es, wo irgend möglich, verschmähe, mich den Gesetzen dieser Welt anzupassen. Während es zum Beispiel heute für eine Errungenschaft gilt, in einem Tage tausend und mehr Kilometer mit der Eisenbahn zurücklegen zu können, halte ich es für menschenunwürdig, länger als höchstens vier bis fünf Stunden in einem fahrenden Eisenbahnwagen auszuhalten ..." (Hesse 1980,S.15 f). Eine Sammlung der geläufigen Topoi zum "Kulturzerfall durch Fernsehen" gibt Maletzke, der nicht zufällig in der Darstellung der "Fernsehzivilisationskritik" auf den Fortschrittsgegenbegriff des "Niedergangs" rekuriert: "Mit unser Gesellschaft geht es bergab. Wir leben in einer Krise wie nie zuvor. Die Kultur verfällt. Schuld ist das Fernsehen" (Maletzke 1988,S.7) (Anmerk.2). Auch nicht zufällig sind Eisenbahn wie Fernsehen ebenso wie der Fortschrittsbegriff durch ein transpersonales Handlungssubjekt charakterisiert. In einer Subjekt-Objekt-Vertauschung erhalten sie die Dignität eines geschichtlichen Agens. Für die Eisenbahn interessant ist folgende Unterschrift unter einem Bild der Eisenbahnstrecke München-Augsburg: "Als die jüngste Zeit in ihrem gewaltsamen Streben nach Entfesselung des Verkehrs die Eisenbahnen begehrte ..." (nach: Ruppert 1983, S.70). Der Fernseher ist heutzutage nicht etwa ein gewöhnlicher Gebrauchsgegenstand (wie z.B. der Toaster), dessen man sich schlicht bedient, sondern ein Subjekt der geschichtlichen Bewegung (was keiner vom Toaster behaupten würde), d.h., daß er aktiv in den Prozeß der Geschichte eingreift (z.B. als Kulturzerstörer). Für den Fortschrittsbegriff hat Koselleck diese begriffliche Umwandlung belegt (a.a.O. S.225). Diese Parallelen zu ziehen ist hier nicht möglich aufgrund irgendwie gearteter ontologischer Bezüge. Es geht eher darum, daß damit für die Moderne charakteristische Erfahrungen thematisiert werden, so z.B., "daß nämlich die überkommenen Erfahrungen in erstaunlicher Geschwindigkeit von neuen überholt werden" (Koselleck 1980, S.215).

Dieser kleine Exkurs sollte auf zwei Aspekte aufmerksam machen: Einerseits hat sich durch den Prozeß der Moderne unsere Raum- und Zeitwahrnehmung erheblich verändert, andererseits steht diese neue Wahrnehmungsform gerade für diesen Prozeß. Diese Dialektik könnte man auch unter Bezug auf die Kategorie "Öffentlichkeit" (s. hierzu z.B. Habermas 1980) oder unter Verweis auf den Prozeß der Naturbeherrschung deutlich machen, was beides übrigens auch im engen Zusammenhang mit Massenmedien steht. Phänomenologisch bzw. existenzialistisch orientierte philosophische Analysen (so z.B. Ströker (1977) und Bollnow (1984)) zum Raum haben trotz tiefsinniger Einsichten diesen Aspekt vernachlässigt.

Genau das gleiche gilt nun auch für moderne elektronische Massenkommunikationsmittel. Auch sie sind diesem dialektischen Prozeß der Moderne unterworfen. Mit viel Engagement vorgetragene Vorschläge zur Abschaffung derselben (z.B. Mander 1979) sind zwar sicherlich von redlichen Intentionen motiviert, verkennen aber vollständig die gesellschaftliche Konstellation.

Massenkommunikationsmittel sind ja gerade durch ihre Nicht-Exklusivität charakterisiert. Der breite Zugang zu den durch sie vermittelten Sinn- und Informationsgehalten läßt sie zu wichtigen Momenten der Konstruktion gesellschaftlichen Wissens werden. Ist dieses geschehen, so kann man nicht dahinter zurückfallen. Als Objektivationen befinden sie sich im gesellschaftlichen Horizont (s. hierzu Berger/Luckmann 1980).

Es ist im Rahmen der sogenannten Medienwirkungsforschung (s. hierzu die Übersichten bei Schenk (1987) und Winterhoff-Spurk (1989)) unter den unterschiedlichsten Paradigmen und Ansätzen zu der Frage geforscht und spekuliert worden, welche Wirkungen denn nun z.B. vom Fernsehen ausgehen. Ohne uns auf die Diskussion hier einzulassen, sei nur auf einen neueren Ansatz von Meyrowitz (1990) hingewiesen, der eine Synthese von Goffmans Situationismus und einer Medium-Theorie McLuhanscher Prägung versucht hat. Bereits Postman hatte - ausgehend von einem anders gelagerten Argumentationsstrang - in seiner sonst eher undifferenzierten Analyse zu Recht darauf aufmerksam gemacht, daß die Grenze zwischen dem Wissen, welches Erwachsenen zugänglich ist und dem der Kinder unter dem Einfluß der Massenmedien zunehmend diffuser wird. Hieraus schloß er auf das "Verschwinden der Kindheit" (Postman 1983).

Meyrowitz versucht nun, Situationen (und deren verhaltenssteuernde Potenz im Sinne Goffmans) als spezifische Zugangsmuster zu Informationen zu verstehen. Das Fernsehen, unabhängig vom je spezifischen Inhalt, stellt nun ein ganz spezielles Zugangsmuster dar und schafft damit eine gänzlich neue Situation. Wir können z.B. behaglich in unserem Fernsehsessel sitzen und dabei ungestört dem intimen Gespräch zweier Personen lauschen, ja sogar eine Person direkt anstarren, was uns in der Realität nicht möglich wäre, es sei denn, wir würden uns grob unhöflich verhalten und uns damit potentiell an den Rand der Dissozialität bringen. Ohne auf die gesamten sozialen Folgen dieser Veränderungen hier eingehen zu können (hochrelevant erscheint uns z.B. die Vermischung von Privatheit und Öffentlichkeit, Kategorien, die gerade erst durch die Moderne entstanden sind), sei nur im Sinne des oben beschriebenen Horizontverlustes darauf hingewiesen, daß z.B. durch die Differenzierung von sozialem und physischem Ort durch die elektronischen Medien es uns heute möglich ist, in unserem Wohnzimmer an allen Intimitäten eines Apartheid-Liebes-Dramas zu partizipieren. Daß diese Erfahrung sich von originärer unterscheidet, ist evident. Die Konsequenz dieses Erfahrungspotentials ist dabei ambivalent. Einerseits besitzen wir über die Medien die Möglichkeit, uns umfassender zu informieren über das Geschehen in der Welt und über fremde Kulturen: es ist Horizonterweiterung im positiven Sinne. Dieses könnte potentiell auch zu einem gesellschaftlichen Machtabbau ("Kritische Öffentlichkeit") beitragen. Nicht zufällig ist ein wichtiges Machtinstrument des Medizinmannes das Wissen über geheime und verbotene Plätze. Andererseits steckt in der perfekten Illusion der elektronischen Medien gerade ihre Gefahr: die gemachte Realität wird zur tatsächlichen Wirklichkeit (oder sogar: die gemachte Realität wird zum Maßstab, an dem alles weitere gemessen wird). Bedenkt man die alte europäische Tradition, ferne Kulturen als positive Gegenentwürfe zu unserer "verdorbenen Zivilisation" zu verstehen, so bietet die perfekte Fernsehillusion eine gute Projektionsfläche (Je nach Couleur kann man hier auch die Negativseite "Primitivität", "unzivilisiert" usw. einsetzen). Gerade die Nicht-Kommunikativität des Fernsehers läßt Widerständiges nicht aufkommen, eigene Betroffenheit läßt sich per "Ein/Aus- Schalter" dosieren. Drastisch formuliert: "den Neger mit der eigenen Tochter" gibt es nicht per Fernseher. Die Veränderung der Kommunikations- und Begegnungsstruktur von Menschen wäre dabei eine eigene Untersuchung wert. Die ganze Problematik der illusionären Medienwelten ist uns gerade an dem traurigen Beispiel des Golfkrieges vorgeführt worden: noch nie in der Geschichte der Menschheit sind Medien so direkt für Kriegsziele instrumentalisiert worden. Einerseits sind sie mißbraucht worden, um uns die Illusion einer omnipotenten Streitmacht zu vermitteln (was für Ängste müssen dahinter stehen?), andererseits ist mit Akribie darüber gewacht worden, daß der Fernsehzuschauer bloß kein Leid, nicht den Tod oder das Sterben sieht. Hier wurde klinisch rein Krieg geführt. Auch hier spiegelt sich das Bild der Moderne in den Medien: als Überwindung der Barbarei (keine animalischen Zweikämpfe mit Blut etc.). Die extrem betriebene Trennung zwischen Tatort und Leidensort (G. Anders) findet ihren Niederschlag beim Fernsehzuschauer, der den Krieg nur noch als technisches Szenarium ohne Tat und ohne Leid erlebt. Erinnert sei hier noch an die diversen Produkte der Softwareindustrie zum Kriegsspiel in Wohn- oder Kinderzimmer, die in Imitation der schon schrecklichen Wirklichkeit das Töten als Präzisions- und Konzentrationsaufgabe präsentieren, uns ganze Heere in Sekunden zermetzeln lassen, um uns dann zu fragen, ob wir wohl noch einmal möchten, so, als sei nichts geschehen. Aber gerade die Akribie der Zensoren im Golfkrieg und ihre Sorge um die öffentliche Meinung verweisen andererseits wieder auf das Aufklärungspotential der Massenmedien.

Noch ein anderer Aspekt: Mit der massenmedialen Entzauberung der Welt einher geht auch ein Prozeß der Nivellierung der Differenz zwischen Eigenem und Fremden. Auch hier sind die Massenmedien keine herausragende Ausnahme, sondern lediglich Indikator der Moderne. Mag auch ein neuer Trend zur Heimat anstehen, so bleibt er doch schwacher nostalgischer Gegenentwurf zur gesellschaftlichen Realität der jetzigen Weltsituation, in der durch die globale Vernetzung der Welt die Differenz und Pluralität von Lebenswelten rückläufig ist. Wir können nicht nur etwas über die Indianer in Brasilien im Fernsehen erfahren, sondern unsere Politik und Ökonomie hängt eng mit deren Lebensbedingungen zusammen und vice versa (z.B. Klimaveränderungen). Mit der massenmedial aufbereiteten Information wird in uns die falsche Vorstellung genährt, andere Kulturen wirklich zu verstehen. In seinem Buch "Traurige Tropen" berichtet C. Levi-Strauss von seinen Brasilienexpeditionen. Selbstkritisch schreibt er: "Doch statt mir eine neue Welt zu eröffnen, gab mir mein abenteuerliches Leben - ein seltsames Paradox - eher die alte zurück, während mir jene andere, der ich nachgestrebt hatte, zwischen den Fingern zerrann. In dem Maße, in dem die Menschen und Landschaften, die zu erobern ich ausgezogen war, die erhoffte Bedeutung verloren, sobald ich sie vor mir sah, traten an die Stelle dieser enttäuschenden, wie auch immer präsenten Bilder andere, die meine Vergangenheit vorrätig hielt ..." (Levi-Strauss 1988, S.370 f). Wenn Levi-Strauss hier von "erobern" spricht, so deutet dieses an, wie leicht für uns "Verstehen" zur besitzen-wollenden distanzlosen Introjektion werden kann. Haben wir "die Wilden" auf unserem Videoband gespeichert, so können wir getrost nach Hause fahren. Der Versuch des Verstehens des Fremden ist nicht ein einfaches distanzloses Sich-Hinein-Versetzen, sondern ein - nicht selten erfolgloser - Vermittlungsakt zwischen Fremd und Eigen. Welche Chance kann man da bei der passiven Einweg-Rezeption per Mattscheibe dem Verstehen geben? Selbst schärfste Kritiker (so weit sie sich dazu herablassen) der Moderne, der "spirituelle Jet-Set" und seine Anhänger, stehen paradoxerweise in dieser Tradition der falschen Verschmelzung. Unter Mißachtung der "Dialektik von Nähe und Distanz als ein methodisches Prinzip anthropologischen Verstehens" tendieren sie dazu, "in einem schrankenlos selektiven Prozeß der Aneignung des Fremden nur eigene Nähe zu thematisieren - sowohl die Distanz zu sich selbst als auch die Nähe des eigenständigen Fremden zu verlieren" (Greverus 1990, S.38 f). Diese Einebnung ist jedoch nicht spirituellen Elite-Aposteln vorbehalten. Dieser Effekt ist z.B. gerade im Zeitalter des Massen- und Ferntourismus (unserer Überzeugung nach ein für die Geographiedidaktik hoch relevantes Phänomen) weltweit zu beobachten und ist längst über das "Sauerkraut" auf den Canarischen Inseln hinausgegangen. Es geht uns dabei nicht um die Kritik, daß das Verstehen des Fremden auf der Folie des Eigenem geschieht. Berger/Luckmann haben unserer Meinung nach überzeugend dargestellt, daß dieses aufgrund unseres lebensweltlichen Deutungssystem "normal" ist (Berger/Luckmann 1980). Die Gefahr der Massenmedien liegt eher in der Einebnung der Differenzen im Schein der Illusion.

Die Wirksamkeit der massenmedial angebotenen Sinn- und Informationsgehalte ist u.a. gerade deshalb so wirkungsvoll, weil mit der zunehmenden Freisetzung von traditionellen Deutungsmustern die irritierende Identitäts- und Orientierungsarbeit der Individuen zwangsläufig zugenommen hat. Auf der Negativseite dieser Bilanz findet sich unter der Orientierungslosigkeit gerade die vermehrte Rückwendung zur Normierung durch angebotene Sinngehalte (wofür die Massenmedien ein schier unerschöpfliches Reservoir abgeben). Hinter dem Vorhang der vermeintlichen Freisetzung von Subjektivität zeigt sich nicht selten eine Dialektik von identitätsdestruierenden Prozessen und normierter Symbolik.

Jeder Umgang mit der Wirklichkeit ist durch die dabei benutzten Medien geprägt. Das wichtigste menschliche hiervon ist die Sprache. Die Fähigkeit, Symbole zu bilden, hat dabei eine ganz besondere Bedeutung (Sprechen kann damit situationsinvariant werden, was z.B. die Grundlage ist für die Entwicklung einer formalisierten Logik). Dieses gilt gerade für die Frage, was für ein Bild der Welt wir uns machen. "Die Geschehens- und Wahrnehmungswelten sind in und durch die Symbolwelten verknüpft und bilden dadurch eine Lebenswelt, in der es eine Kultur der Symbolismen und damit eben den Geist gibt" (Schwemmer 1990, S.18). Egal, wie man individuell die Frage nach dem Verhältnis von Denken und Sprache beantwortet, unser Bild von der uns umgebenden Welt ist wesentlich geprägt durch das uns zur Verfügung stehende Symbolsystem, was auch heißt, daß die immanenten Strukturen dieses Symbolsystems in einem wie auch immer zu definierenden Verhältnis zu unserer Welterkenntnis stehen. Ein Computer, der nur die Zustände 1 und 0 kennt, unterliegt durch diese Form eines Symbolsystems bestimmten Restriktionen. Das gleiche gilt natürlich für den menschlichen Zugang zur Welt durch elektronische Medien. Schwemmer hat in diesem Zusammenhang auf drei Aspekte aufmerksam gemacht, die uns noch relevant erscheinen: Nachträglichkeit, Unmittelbarkeit und Vergegenwärtigbarkeit elektronisch speicherbarer Informationen. Ohne auf alle Dimensionen dieser drei Begriffe eingehen zu können, sei hier nur auf folgendes hingewiesen: Es geht um die Tatsache, daß in der elektronisch aufbereiteten Information der kreative und manchmal mühsame Akt der Symbolschaffung nicht mehr erkennbar ist, der Realisierungsprozeß hinterläßt keine Spur mehr (Nachträglichkeit). Im Gegensatz zum Lesen erfordert das Fernsehen keinen Akt der aktiven Aneignung, wir befinden uns in einem Zustand der Unmittelbarkeit zu den Informationen, was um uns eine Art ständige Informationsgrauzone schafft. Die Sensation wird zur Routine (Einstellungen mit einer längeren Dauer als 10 Sekunden sind daher im Fernsehen äußerst selten). Vergegenwärtigbarkeit heißt, daß elektronische Medien "eine im Prinzip unbegrenzte Ausweitung der Gegenwart und der Gleichzeitigkeit" schaffen (s. hierzu Schwemmer 1990, S.23 ff). All diese veränderten Formen von Zugänglichkeit zur Welt haben einen wesentlichen Einfluß auf unser Bild von derselben. Vergleicht man die Strukturierung unserer Erfahrung durch elektronische Medien mit der durch die Schrift - dieses ist ja ein wesentliches Symbolsystem der Schule -, so finden sich nicht nur Negativposten in der Bilanz. Es ist ja keine neue Erkenntnis, daß Sprache und besonders Schrift nur begrenzte Ausdrucksmittel des Menschen sind. Schon Platon ließ Sokrates in seinem "Mythos von Theuth" Zweifel an der Schrift anmelden: "So hast auch du jetzt, als Vater der Buchstaben, aus Liebe das Gegenteil dessen gesagt, was sie bewirken. Denn diese Erfindung wird den Seelen der Lernenden vielmehr Vergessenheit einflößen aus Vernachlässigung der Erinnerung, weil sie im Vertrauen auf die Schrift sich nur von außen vermittels fremder Zeichen, nicht aber innerlich sich selbst und unmittelbar erinnern werden. Nicht also für die Erinnerung, sondern nur für das Erinnern hast du ein Mittel erfunden, und von der Weisheit bringst du deinen Lehrlingen nur den Schein bei, nicht die Sache selbst. Denn indem sie nun vieles gehört haben ohne Unterricht, werden sie sich auch vielwissend zu sein dünken, obwohl sie größtenteils unwissend sind, und schwer zu behandeln, nachdem sie dünkelweise geworden statt weise" (Platon: Phaidros 274 a). Es handelt sich hier nebenbei um einen interessanten Beleg für die schon immer vorhandene Skepsis gegenüber Medien.

Aus dem bisher Gesagten möchten wir im folgenden einige pädagogische Konsequenzen ziehen, die im wesentlichen ganz allgemein für Erziehungsprozesse in der Schule gelten, hier aber mehr auf Fragen des Geographieunterrichts (bzw. Sachkunde in der Grundschule) durchbuchstabiert werden.

Allgemein müssen wir uns darüber klar sein, daß wir bei einem pädagogischen Umgang mit Medien den generellen Problemen von Erziehung in unserer modernen Gesellschaft nicht entgehen können (s. allgemein Pongratz 1989). Dieses betrifft die breite Palette von Problemen der Sinnfindung und Konstitution autonomer Subjektivität oder gerade deren Unmöglichkeit, der Einebnung der Generationsunterschiede, der Skepsis gegenüber professionellen Sinnvermittlern, des Rückgangs von persönlich verantworteter Erziehung (gerade die Medien füllen diese Lücke aus) bis hin zur generellen Diskussion über das "Ende von Erziehung" (Giesecke) in der sogenannten Postmoderne (s. hierzu Benner/Göstemeyer 1987). Die Medien herauszulösen -

z.B. als Buhmänner des Kulturzerfalls - aus dieser Komplexität ist nicht möglich. Sie sind im Sinne der oben beschriebenen Dialektik Ausdruck und Agens unserer historischen Konstellation, aber nicht Ursache im kausalen Sinne. Gibt man der Pädagogik überhaupt eine Chance, so ist sie gefordert, auf diese Herausforderung zu antworten.

Die gesellschaftliche Realität der elektronischen Medien stellt auch Fragen an die Geographiedidaktik: Das ist einmal die oben beschriebene Auflösung des traditionellen Raum-Zeit-Kontinuums. Konkret: Man kann nicht mehr davon ausgehen, daß den Kindern Bonn näher ist als Mallorca. Wir sind in einem empirischen Forschungsprojekt dieser Frage nachgegangen und fanden genau dieses bestätigt. Leider müssen wir aus Platzgründen auf die Darstellung der Ergebnisse hier verzichten. Das Gefühl für Zeit und Raum hat sich wesentlich verändert. Die Grenze zwischen "Nah" und "Fern" verläuft heute anders als noch vor fünfzig Jahren. Dabei ist sowohl die Quantität als auch die Qualität der Kindern zur Verfügung stehenden Informationen vollständig verwandelt, was im wesentlichen ein Ergebnis der elektronischen Medien ist. Hat man früher aus vermeintlich entwicklungspsychologischen Gründen (nicht nur!) den heimatkundlichen Lehrgang gemäß dem Prinzip der konzentrischen Kreise aufgebaut, so ist dieses nicht mehr möglich - ganz abgesehen von der historischen Belastung dieses Konzepts durch die adäquat nur im Lichte seiner Staatsmetaphysik zu deutende Heimatkunde bei Spranger und der endgültigen Verunglimpfung des Heimatbegriffs in der Zeit des Nationalsozialismus. Das Vorgehen im Sinne eines Parallelprinzips erscheint uns demgegenüber als sinnvoller. Dieses bedeutet, daß man sehr wohl in der konkreten Lebenswelt der Kinder anknüpfen kann, aber nicht dabei verweilt. Bereits die sinnlich erfahrbare Umwelt der Kinder ist hochgradig aufgeladen mit Symbolen der internationalen Vernetzung (japanische Autos, exotische Früchte usw.). Ein methodisches Vorgehen, welches daran anknüpft, repräsentiert bereits gesellschaftliche Realität. Massenmedien sind hierbei natürlich ein wichtiger Ausgangspunkt, da sich in ihren Inhalten die Komplexität der Welt spiegelt und andererseits die Kinder diese täglich rezipieren. Die sinnvolle Auswahl und geschickte Einbindung in den Lernprozeß - also das Herausnehmen aus dem "Grauschleier" der Informationsflut - stellt dabei hohe didaktische Anforderungen. Es geht eben gerade nicht darum, den Videorecorder in das Klassenzimmer zu stellen und das Band "Die Jahreszeiten in den Tropen" ablaufen zu lassen. Die Anbindung des Vorgehens an regionale Besonderheiten kann in einer Welt mit zunehmender Vergesellschaftung und Nivellierung von Differenzen dabei durchaus positiv im Sinne von Nischenbildung sein. Hier mag einer der Gründe liegen, warum das Konzept der Heimatkunde über den Kreis der Ewig-Gestrigen hinaus wieder eine Reihe von Anhängern hat.

Im Sinne von Aufklärung ist dabei immer die Gemachtheit von Medienwelten aufzuweisen. Dieses ist einerseits durch die Analyse von Medienprodukten zu leisten, andererseits durch das eigenständige Herstellen von Medien. Medienproduktion kann dabei durchaus im Dienste der Ermöglichung originärer Erfahrungen stehen und damit gerade der "Erfahrung aus zweiter Hand" entgegenarbeiten. Durch die gewollte Destruktion eines Raum-Zeit-Kontinuums (z.B. in der Herstellung einer Video-Montage) kann man gerade wieder ein Gefühl dafür entwickeln.

Medien können zu einer Pluralität der Zeichensysteme in der Schule beitragen. Unsere Fixierung auf Schrift und Sprache (und damit in der Tendenz auf analytisches Denken) kann eine Erweiterung erfahren z.B. durch die Verwendung von Video (ästhetische Erfahrung). "Alte" und "Neue" Medien können dabei durchaus parallel benutzt werden - unsere Erfahrung zeigt gerade, daß eine Vielfalt der Medien eher die Motivation z.B. für Schreiben fördert.

Bei der Analyse von Medienprodukten ergeben sich zwangsläufig auch ideologiekritische Aspekte (obwohl dieses Wort etwas aus der Mode gekommen ist, halten wir es von der Zielsetzung her für unverzichtbar). Dieses hat stets unter Berücksichtigung der Subjekthaftigkeit der

Lernenden zu geschehen. Wer mit pubertierenden Jugendlichen schon einmal eine Analyse der Zeitschrift "Bravo" versucht hat, weiß, was damit gemeint ist. Durch den produktiven Umgang mit Medien erhalten Kinder auch die Fähigkeit, selbst eine kritische Öffentlichkeit herzustellen.

Massenmedien haben - wie oben dargestellt - einen wesentlichen Einfluß auf unser Bild der "Ferne" und der "Fremdheit". Dieses ist einerseits durch die Art des Zugangs zu Informationen (Einweg-Kommunikation, Realitätsillusion) bedingt und andererseits durch die Informationen selbst. Das Problem des Zugangs zu fremden Kulturen (und dieses sollte unserer Vorstellung nach ein Ziel des Geographieunterrichtes sein) soll hier nicht noch einmal entwickelt werden. Vielmehr erscheint uns der Hinweis wichtig, daß im Sinne einer Thematisierung von "Fremdheit" und "Nähe" ein wichtiger Problemhorizont angesprochen ist. Gerade in einer multikulturellen Gesellschaft wie der Bundesrepublik (wir haben ja sozusagen Geographie vor der Haustür) sollte hier ein zentraler Aufgabenbereich von Erziehung und Unterricht ganz allgemein liegen. Deutlich dürfte auch sein, daß dieses nur fächerübergreifend möglich ist und hier auch neue Lernformen (Meditationen usw.) entwickelt, erprobt und eingesetzt werden müssen.

Für die konkrete Planung von Unterrichtsvorhaben ergibt sich für uns eine Reihe von pädagogischen Postulaten, die im Unterricht der allgemeinbildenden Schulen in höherem Maße zu berücksichtigen sind:

- Medien sind verstärkt in Lehr-Lernprozesse einzubeziehen und zwar als Mittel und Gegenstand des Unterrichts. Es muß in allen Fächern eine inhaltliche Auseinandersetzung mit massenmedialen Angeboten stattfinden, aber die Schülerinnen und Schüler müssen auch den aktiven und kreativen Umgang mit technischen Medien lernen, um z.B. mit Cassettenrecorder, Photoapparat und Videokamera bestimmte Sachverhalte für den Unterricht dokumentieren zu können.

- Der Unterricht muß auf die Interessen und Bedürfnisse der Lernenden eingehen, er sollte handlungsorientiert und möglichst projektbezogen sein. Besondere Erlebnisse und Erfahrungen der Schülerinnen und Schüler (etwa Reiseerlebnisse, Fernsehsendungen etc.) können Ausgangspunkte von Lernprozessen sein, die von maximaler Effizienz sein können, da sie mit einem hohen Grad von Motivation einhergehen. Immer wieder muß man sich dabei vor Augen halten, daß die Schule mehr sein soll als eine "Lernvollzugsanstalt", in der nur abfragbares Wissen produziert bzw. vermittelt wird.

- Das Moment der Interdisziplinarität sollte mehr beachtet werden. Das "Inselwissen" der Kinder (z.B. über biologische oder geographische Sachverhalte, über ökologische und weltpolitische Probleme) kann auf diese Weise sinnvoll "vernetzt" werden und eine weitere Anhäufung isolierten Wissens, das nur kurzfristig reproduzierbar ist, wird vermieden.

Zur Exemplifizierung unserer Ausführungen sollen im folgenden einige Facetten aus einem Unterrichtsvorhaben "Gärtnerei" aufgezeigt werden. Im Sinne des oben beschriebenen und begründeten Parallelprinzips wurde hier an einem Gegenstand (Blumen) angeknüpft, der zwar zur Alltagswelt der Kinder gehört, dem aber im "Strome des Alltagsgeschehens" keine besondere Reflexion zukommt. Diese Unterbrechung von Alltagshandeln (damit hat Staunen auch viel zu tun) erscheint uns als ein wichtiges didaktisches Prinzip. Der Unterricht wurde so angelegt, daß die Schüler in ihm Wesentliches, Prinzipielles und Strukturelles lernen konnten: also Einsichten in und Zugangsweisen zur Wirklichkeit, so z.B. der Einstieg in das Thema ("Welche Bedeutung haben die Blätter für die Blumen?", "Welche Anhaltspunkte gibt es für die

Bestimmung der Herkunft von Pflanzen?"), der später stärker geographische, soziale und politische Aspekt (bei der Rekonstruktion der Herkunft der Pflanzen ergaben sich Einsichten in internationale Zusammenhänge) und die Integration von Medien als Gegenstand und Mittel des Unterrichts ("Wie schaffen Medien bestimmte Wirklichkeiten?", "Wie kann ich meine Ergebnisse dokumentieren?"). Es handelt sich also im Sinne Klafkis um exemplarisches Lernen und kategoriale Bildung (Klafki 1985, S.89 f). Das Vorhaben wurde von den Autoren mit unterschiedlichen Lerngruppen/Halbklassen von Stufe 4 bis 6 durchgeführt. Es war jedoch nicht möglich, mit allen Gruppen alle Teile des Projekts zu realisieren.

Das Projekt knüpft inhaltlich an einem Standardthema des Sachunterrichts der Grundschule an, es ist insofern interdisziplinär, als biologische, geographische, gesellschaftliche, medienpädagogische und schließlich muttersprachliche und ästhetische Aspekte in die Arbeit einbezogen und miteinander verzahnt wurden.

Im folgenden geben wir eine Skizze des Projektverlaufs:

1. Frühlingsblumen im Winter:

Am Anfang des Vorhabens stand ein Gespräch über unterschiedliche Blumen und Blattgewächse, die der Lehrer mit in die Klasse gebracht hatte (Tulpen, Ranunkeln, Ringelblumen, Gerbera, Anthurie, Eukalyptus, Farne, Protea und andere südländische Pflanzen). "Wie heißen die Blumen?", "Wo kommen sie her?", "Wie können Sommerblumen hier im November blühen?". Das waren Fragen, die zunächst im Vordergrund standen. Namen und Herkunft der Blumen und Pflanzen wurden an der Tafel festgehalten, Vermutungen über die Herkunftsländer wurden angestellt. Um Aufschlüsse zu bekommen, untersuchten und verglichen wir die Beschaffenheit verschiedener Pflanzenteile: Die Stengel und Blätter der einheimischen Blumen sind sattgrün, weich und wasserhaltig, viele ausländische Pflanzen haben feste, bräunliche, lederartige Blätter. Die Kinder kamen schnell darauf, daß dieses mit dem Klima zu tun hat. Wir untersuchten die Eukalyptusblätter: Sie sind fest und wachsig, wenn man sie zwischen den Fingern zerreibt, riecht es angenehm nach Eukalyptusöl. Die Floristin hatte gesagt, daß der Eukalyptus aus Spanien kommt, die Protea aus Afrika, die Gerbera aus Israel und die Tulpen und Ranunkeln aus Holland. Aber nicht alle Fragen konnten in dem ersten Unterrichtsgespräch geklärt werden. "Ob der Gärtner in der Nachbarschaft auch Tulpen und Ranunkeln in seinem Gewächshaus hat?", "Woher kommen die Ringelblumen, die Farne und die anderen südländischen Blattpflanzen?", "Wer macht eigentlich die künstlichen Blumen?", die von den "echten" auf den ersten Blick nicht zu unterscheiden sind und von denen der Lehrer eine in den Strauß geschmuggelt hatte. Wir beschlossen, die ungeklärten Fragen bei einem Besuch der Gärtnerei zu klären. Es wurden Gruppen gebildet, die jeweils einen Interviewleitfaden für eine Befragung des Gärtners und seiner Frau erarbeiteten. Anschließend erprobten sie die Interviews mit zwei Cassettenrecordern, die in der Klasse zur Verfügung stehen und mit denen die Kinder umgehen können. Auch eine Videokamera und ein Photoapparat sollten mitgenommen werden, um die Interviewsituation und die Arbeit des Gärtners aufzunehmen. Vier Kinder mit Photo- und Videoerfahrung erhielten Gelegenheit, sich noch einmal mit den Geräten zu beschäftigen. Sie bekamen noch einmal einige Hinweise, die immer wieder gegeben werden müssen: Die Kamera immer absolut ruhig halten, nicht mit dem Zoom herumspielen, so wenig wie möglich hin- und herschwenken, immer mit dem Licht filmen (im Innenraum niemals in Richtung auf die Fenster) etc. Auf einem Monitor konnten die Kinder die Folgen des Kameraumgangs sogleich feststellen ("Da wird mir ganz schwindelig beim Schaukeln mit der Kamera" etc.). Hierbei erleben Kinder sehr direkt den technischen Aspekt der Gemachtheit von Fernsehen. Einige Schüler bemühten sich um die mitgebrachten Blumen, die im warmen Klassenzimmer begannen, die Köpfe hängen zu lassen.

Fragen ergaben sich dabei: "Kann man die Tulpen und Ranunkeln mit den Eukalyptuszweigen und den afrikanischen Blumen zusammenstecken? Wie sieht der Strauß am besten aus?". Ein Betätigungsfeld für Geschmacksbildung tut sich auf.

2. Besuch der Gärtnerei:

Die eingehend vorbereitete Erkundung in der Gärtnerei wurde gleichsam arbeitsteilig durchgeführt. Während drei Mädchen versuchten, im Blumenladen bei der Frau des Gärtners Antwort auf ihre Fragen zu bekommen, inspizierten die anderen Kinder die Gewächshäuser und legten fest, welche Blumen und welche Arbeitsabläufe photographiert und mit der Videokamera aufgenommen werden sollten. Es folgte das Interview mit dem Gärtner: "Wie heißen die Blumen, die Sie hier haben?", "Ziehen Sie die selbst aus Samen?", "Was müssen Sie alles machen, bis die Blumen blühen und wie lange dauert das?", "Warum haben Sie keine Tulpen und Ranunkeln?", "Woher kommen die Sommerblumen, die Ihre Frau im Garten verkauft?". Der Gärtner zeigte den Kindern Papiere und Verpackungsmaterial mit Angaben über die Herkunft verschiedener Blumen und Pflanzen. Sie sammelten alles mit großem Eifer.

Abb.1: Interview mit der Gärtnerin. Dokumentation mit Video- und Cassettenrecorder

3. Auswertung der Erkundung:

Die Auswertung umfaßte eine größere Zahl unterschiedlicher Tätigkeiten: Gespräch über die Erfahrungen in der Gärtnerei, kritische Bestandsaufnahme des Photomaterials im Klassenplenum, Auswertung der Interviews und der Videoaufnahmen in Gruppen, Erstellen von Texten und Zeichnungen für die Sachkundemappe, Zusammenstellen der Verpackungsaufschriften von den ausländischen Pflanzenlieferungen.

Das Plenumsgespräch über die Erkundungserfahrungen geschah anhand der Photos, die Schüler und Lehrer gemacht hatten und die schon nach zwei Tagen als Diapositive zur Verfügung standen. Neben einer mehr inhaltlich orientierten Diskussion (Beschreibung der Bilder, Kommentare zu den gezeigten Situationen etc.) wurde auch ein Gespräch geführt über technische und gestalterische Aspekte der Photographie (später auch der Videoaufnahmen). Dabei ging es den Lehrenden darum, positive Rückmeldung zu geben, die Kinder zu ermutigen, aber auch kritische Anmerkungen zur Geltung kommen zu lassen, z.B.:

- Ungünstige Perspektive: "Von hinten sieht man nicht, was der Gärtner tut ..."

- Bildausschnitt: "Bei zu großem Abstand sieht man keine Einzelheiten", "Bei dem Bild mit den Händen und dem Blumentopf ganz groß sieht man alles am besten ...", "Man muß aufpassen, daß man nicht aus Versehen die Köpfe der Personen abschneidet ..."

- Bildschärfe: "Das ist alles verschwommen. Da waren wir zu nah dran ..."

Abb.2: Die Kinder beobachten und photographieren den Gärtner bei seiner Arbeit

Im Sinne interdisziplinären Arbeitens spielen hier also wesentlich Aufgabenbereiche der Medienpädagogik und des Kunstunterrichts hinein. Die Interviews wurden von den beteiligten Schülerinnen und Schülern abgehört und - soweit die ausführlichen Berichte des Gärtners und seiner Frau für das Thema wichtig waren - niedergeschrieben und z.T. mit Unterstützung des Lehrers zusammengefaßt. Die Resultate wurden - wie weitere Materialien - von anderen Gruppen für die ganze Klasse photokopiert.

Abb.3: Der Gärtner erzählt über seine Arbeit

Abb.4: Schülerzeichnung "Interview mit dem Gärtner"

Besondere Bedeutung hatten bildnerische Darstellungen der Kinder im Kontext der Auswertung. Sie wurden auch mit in die inhaltlichen Gespräche über die Erkundung einbezogen. Die Arbeit mit technischen Medien darf bewährte Formen der Dokumentation, Beschreibung und geistiger Verarbeitung nicht etwa ersetzen, im Gegenteil: Die Pflege der einen Technik fördert die Fähigkeit zum sinnvollen und effektiven Gebrauch der anderen.

Am 18. November haben wir die Gärtnerei Toedt besichtigt. Wir wollten uns angucken und fotografieren, was alles in den großen Glashäusern wächst und was der Gärtner zu arbeiten hat. Zuerst haben wir ein Interview mit Herrn Toedt gemacht. Das haben wir mit einer Videokamera und einem Kassettenrecorder aufgenommen. Herr Toedt hat uns erzählt, wie er seine Topfblumen aus Samen oder Stecklingen zieht. Von Frau Toedt erfuhren wir, wie die Schnittblumen heißen und woher sie sind. Im Winter kommen die meisten Blumen aus Holland, Israel und Afrika.

Abb.5: Schülertext über den Gärtnereibesuch

Die Gespräche in der Gärtnerei hatten ergeben, daß sehr viele Blumen aus dem Ausland kommen. Deutsche Gärtner könnten zwar auch zu Weihnachten Frühlings- und Sommerblumen auf den Markt bringen, aber wir erfuhren, daß z.B. in den Niederlanden der Staat Zuschüsse für die Beheizung der Gewächshäuser gibt und daß die Holländer daher alles viel billiger produzieren können. Die zahlreichen Etiketten, welche die Kinder in ihrer Sammelleidenschaft zusammengetragen hatten, bestätigten uns noch einmal, daß viele Blumen und Pflanzen nicht nur aus unseren Nachbarländern kommen, sondern aus allen Teilen der Welt: Gerbera und Ringelblume aus Israel, Zierfarne und andere Blattgewächse aus Costa Rica, Spanien und den USA, Protea und eine große Anzahl von Trockenblumen aus Afrika, Kunstblumen aus Korea und Taiwan. Aus den Etiketten wurde eine Arbeitsvorlage erstellt, von der jedes Kind eine Photokopie erhielt. Es ging nun darum, gleichsam im Wettstreit gruppenweise die Informationen auf den z.T. fremdsprachlichen Etiketten zu entschlüsseln: "In welcher Sprache ist der Text geschrieben?", "Welche Wörter sind Firmennamen, Orts- oder Länderbezeichnungen oder vielleicht Namen von Blumen?", "Wo liegen die genannten Länder und Städte, aus denen die Blumen kommen?". Für die Suche stand ein großer Weltaltas mit einem umfassenden Register zur Verfügung, in dem die Kinder in Partnerarbeit die Koordinaten der gesuchten Orte nachschlagen konnten.

Abb.6: Arbeitsvorlage zur Bestimmung der Herkunftsländer der Blumen

Mit den Informationen aus der Gärtnerei konnten wir schließlich Zuordnungen vornehmen und zugleich klären, auf welchem Wege die Blumen und Pflanzen uns erreichen:

- Orangefarbene Gerbera aus Israel mit dem Flugzeug

- Salall aus Washington mit Schiff oder Flugzeug

- Ranunkeln und Tulpen aus Holland mit dem LKW

- Zierfarn (Leather Leaf) aus Costa Rica mit dem Flugzeug

- Trockenblumen aus Abidjan (Elfenbeinküste) mit dem Flugzeug.

Abb.7: Die Kinder haben mit Unterstützung des Lehrers die Koordinaten der "Blumenorte" herausgefunden und suchen sie auf der Atlaskarte

Die Namen der Blumen und Pflanzen und der jeweiligen Herkunftsländer wurden an der Tafel festgehalten. Kleine Kärtchen mit den Blumen- und Pflanzennamen wurden angefertigt und auf einer Weltkarte, die in der Klasse hängt, an der richtigen Stelle festgesteckt. Bei dem Gespräch über die verschiedenen Herkunftsländer zeigte sich, daß die Kinder über eine Fülle von Informationen verfügen, die jedoch weitgehend isoliert nebeneinander stehen und nicht miteinander verknüpft werden können: "...Washington? Das hat was mit Bundeskanzler Kohl zu tun!" (Kl.4), "In Spanien ist es ganz warm, da fahren wir immer wieder in den Ferien hin ..." (Kl.6), "Israel, das ist da, wo Jesus gelebt hat und wo sie immer kämpfen ...", "Afrika, da sind die Schwarzen, aber die leben ganz anders als wir ...". Immer wieder kommen Fernseherfahrungen der Kinder ins Gespräch, wobei es offenbar weniger Nachrichtensendungen als Spielfilme sind, die dazu beitragen, völlig falsche Bilder über einzelne Länder und ihre Menschen aufzubauen. Was die Kinder im Gespräch über die fremden Länder am meisten begeisterte, ist Afrika als Land der vielen wilden Tiere, der unberührten Natur, des einfachen Lebens und der abenteuerlichen Safaris.

Aus naheliegenden Gründen erscheint es uns notwendig, solche mediengeprägten Vorstellungen der Kinder zu bearbeiten und dabei auch auf entsprechende Medien zurückzugreifen. Wir wählten hierfür eine vorher montierte 15-Minuten-Fassung mit Ausschnitten des bekannten Kinofilms "Jenseits von Afrika" aus, von dem eine Videoaufzeichnung zur Verfügung stand. Dieser Film zielt weniger auf das fragmentarisch vorhandene Wissen der Kinder, als auf klischeehafte Vorstellungen wie z.B.: Die weißen "Herrenmenschen" in ihren Tropenanzügen und luxuriösen Häusern, die Eingeborenen, die als "Halbwilde" in Lehmhütten wohnen, unendliche Weite mit riesigen Büffelherden ... Hier zeigte sich besonders die weiter oben analysierte Funktion der Medien als Projektionsmöglichkeit für kindliche Phantasien und Wünsche (gilt ebenso für Erwachsene).

Abb.8: Kärtchen mit den Blumennamen werden auf der Weltkarte an den richtigen Stellen festgesteckt.

Der Film eignet sich sehr gut als Gesprächsanlaß, um die Kinder gleichsam dort "abzuholen", wo sie mit ihrem Bewußtsein stehen und um sie darüber hinauszuführen. Die Schülerinnen und Schüler wurden aufgefordert, beim Ansehen des Films auf ganz bestimmte Dinge zu achten, über die anschließend gesprochen werden sollte. Hierzu einige zentrale Fragen:

- Wie wohnen die Europäer und die Eingeborenen?

- Wovon leben sie, was arbeiten sie?

- Wann wurde der Film wohl aufgenommen?

- In welcher Zeit spielt die Filmhandlung und woran erkennt man das (Kleidung, Oldtimerautos)?

- Was für Tiere kommen im Film vor?

- Gibt es Löwenjagden, wie sie gezeigt werden (Safaris), heute noch?

Und weiterführende Fragen:

- Ist das Leben in Afrika heute noch so?

- Welche weiteren Filme über Afrika kennst du noch?

- Wie wird Afrika in anderen Filmen dargestellt?

- Warum wird Afrika offenbar nicht so gezeigt, wie es ist?

Die Verwendung einer gekürzten Fassung gleichsam als Collage sollte verhindern, daß die Kinder allzusehr emotional in das Filmgeschehen verstrickt werden. Dies ist notwendig für eine spätere rationale Auseinandersetzung.

Im folgenden Unterricht, der im Hinblick auf die Fragestellungen teilweise in Partner- und Gruppenarbeit vorbereitet wurde, konnten geographische, soziale, politische und historische Aspekte bearbeitet werden. Auch medienpädagogische Gesichtspunkte spielten dabei eine Rolle. Das Problem der Authentizität medialer Darstellungen beispielsweise wurde mit den Kindern separat an einem Beispiel bearbeitet, das manche Schüler sehr gefesselt hatte: an der spannenden Jagdszene, bei der die Safariteilnehmer von einem Löwenpaar angegriffen werden. Anlaß zu einer "Analyse" der Filmsequenz war die Äußerung eines Schülers, die Safariszene sei vielleicht nicht "in echt" so gewesen, weil das für die Filmleute viel zu gefährlich gewesen wäre. Um aufzuzeigen, wie bei dieser - selbstverständlich generalstabsmäßig geplanten und aufgenommenen - Bilderfolge durch Einsatz filmischer Mittel die Spannung beim Zuschauer künstlich erzeugt und bis zum äußersten getrieben wird, haben wir 30 Einstellungen der Jagdszene mit den Kindern protokolliert und auf ihre Bedeutung im Gesamtzusammenhang hin untersucht. Diese 30 Einstellungen vom Entdecken der Löwen durch die Protagonisten Karen, Denis und ihren afrikanischen Führer bis zum Angriff der Tiere und ihrem Abschuß dauern insgesamt 75 Sekunden. Sie sind z.T. extrem kurz (einige kaum mehr als 1 Sekunde) und sind im Schuß und Gegenschuß montiert. Während der eine Löwe bereits zum Angriff übergeht, sieht man die angespannten Gesichter der drei Jagenden kurz hintereinander, dann die Hände von Dennis, wie sie nach Patronen greifen und das Gewehr laden. Um die Spannung zu halten, werden die Aufnahmen von den angreifenden Löwen in Zeitlupe gezeigt, ebenso das schnelle Anlegen der Gewehre und das Feuern. Schuß und Gegenschuß also bestimmen die Sequenz, niemals sind in diesen 30 Einstellungen Jäger und Gejagte zusammen auf dem Bildschirm zu sehen. Die Aufnahmen könnten völlig unabhängig voneinander entstanden sein, die Filmrealitäten könnten sich zu unterschiedlichen Zeiten, ja selbst an unterschiedlichen Orten ereignet haben. Die Manipulierbarkeit von Filmwirklichkeit konnten wir effektvoll dadurch demonstrieren, daß wir zwei Einstellungen eines aus der Geborgenheit eines Jeeps feuernden Jägers in die Sequenz eingeschnitten haben. Dadurch erhielt die Bilderfolge eine völlig andere Aussage und sie verlor vollkommen ihre ursprüngliche Bedrohlichkeit.

Um offene Fragen klären zu können und eine (im Gegensatz zur filmischen Aussage) authentischere Darstellung zu hören, wurde geplant, einen "Afrikaexperten" einzuladen, einen jungen Mann, der in Afrika gelebt und viele Dias aufgenommen hat. Bei entsprechend sensibler Vorbereitung und Einstimmung der Kinder sind natürlich Kontakte mit originären Bewohnern eindrucksvoll. Er war bereit, den Kindern Bildern zu zeigen und mit ihnen über seine Erfahrungen im modernen Afrika zu sprechen.

Die Möglichkeiten medienpädagogischer Arbeit, wie sie im Kontext jeder Art von Unterricht sinnvoll und notwendig wäre, konnten hier nur angedeutet werden. Die Integration einer handlungsorientierten Medienpädagogik in den Unterricht könnte gerade in der Geographie helfen, das von den Auslandsferien der Kinder mitgebrachte oder durch Massenmedien vermittelte "Inselwissen" mit Alltagserfahrungen zu vernetzen und dabei zugleich einen Beitrag leisten zur Realisierung oft vernachlässigter übergreifender Ziele von Erziehung und Unterricht wie Fähigkeit zu selbstverantwortlichem und kooperativem Handeln, zur selbständigen Informationsbeschaffung und -verarbeitung (um hier nur einige Bereiche zu nennen), kurzum, über den Erwerb und die Reproduktion kognitiven Wissens hinaus in höherem Grade mit anderen Dimensionen des Lernens konfrontiert zu werden und damit mehr Freude an der Schule zu empfinden.

Anmerkungen

1) Das Projekt wurde vom Erstautor mit Kindern aus den US-Bundesstaaten New Hampshire und Massuchusetts durchgeführt.

2) Interessant ist auch die Parallele in der Vorstellung, daß sowohl durch Fernsehen als auch durch Eisenbahnfahren das Gehirn überreizt wird.

Literaturverzeichnis

Aries, Philippe (1984). Die Geschichte der Kindheit (6.Aufl.). München

Bauer, K.W., Hengst, H. (1980). Wirklichkeit aus zweiter Hand. Reinbek bei Hamburg

Benner, D., Göstemeyer, K.-F. (1987). Postmoderne Pädagogik: Analyse oder Affirmation eines gesellschaftlichen Wandels? Zeitschrift für Pädagogik,33,61-82

Berg, Christa (1990). Verändertes Spielzeug - Veränderte Kindheit. Neue Sammlung,30,436-448

Berger, P.L., Luckmann, Th. (1980). Die gesellschaftliche Konstruktion der Wirklichkeit. Eine Theorie der Wissenssoziologie. Frankfurt a.M.

Bollnow, Otto Friedrich (1984). Mensch und Raum (5.Aufl.). Stuttgart, Berlin, Köln, Mainz

Greverus, Ina-Maria (1990). Neues Zeitalter oder verkehrte Welt. Anthropologie als Kritik. Darmstadt

Habermas, Jürgen (1980). Strukturwandel der Öffentlichkeit. Untersuchungen zu einer Kategorie der bürgerlichen Gesellschaft. Darmstadt

Harnisch, W. (1827). Die Weltkunde. Weißenfels

Hesse, Hermann (1980). Die Nürnberger Reise (Original 1927) (5.Aufl.). Frankfurt am Main

Klafki, Wolfgang (1985). Neue Studien zur Bildungstheorie und Didaktik. Beiträge zur kritisch-konstruktiven Didaktik. Weinheim und Basel

Koselleck, Reinhart (1980). 'Fortschritt und 'Niedergang' - Nachtrag zur Geschichte zweier Begriffe. In: Ders./Widmer, P. (Hrsg.). Niedergang. Studien zu einem geschichtlichen Thema. Stuttgart

Levi-Strauss, Claude (1978). Traurige Tropen. Frankfurt a.M.

Maletzke, Gerhard (1988). Kulturverfall durch Fernsehen? Berlin

Mander, Jerry (1979). Schafft das Fernsehen ab! Reinbek bei Hamburg

Meyrowitz, Joshua (1990). Überall und nirgends dabei. Bd.1. Weinheim und Basel

Platon (1983). Phaidros. In: Ders.: Sämtliche Werke Bd. IV. (Nach der Übersetzung von Friedrich Schleiermacher mit der Stephanus Numerierung hrsg. von Otto/Grassi/Plamböck). Hamburg

Pongratz, L.A. (1989). Pädagogik im Prozeß der Moderne. Weinheim

Postman, Neil (1983). Das Verschwinden der Kindheit (3.Aufl.). Frankfurt a.M.

Ruppert, Wolfgang (1983). Die Fabrik. Geschichte von Arbeit und Industrialisierung in Deutschland. München

Schenk, Michael (1987). Medienwirkungsforschung. Tübingen

Schivelbusch, Wolfgang (1989). Geschichte der Eisenbahnreise. Zur Industrialisierung von Raum und Zeit im 19. Jahrhundert. Frankfurt a.M.

Schwemmer, Oswald (1990). Glanz und Elend der Medienkultur. In: Bredow, W.v. (Hrsg.): Medien und Gesellschaft. Stuttgart

Ströker, Elisabeth (1977). Philosophische Untersuchungen zum Raum (2. Aufl.). Frankfurt a.M.

Winterhoff-Spurk, Peter (1989). Medienpsychologie: Themen, Befunde und Perspektiven eines expandierenden Forschungsfeldes. Psychologische Rundschau, 40, 18-31

Autorenverzeichnis

Daum, Dr. Egbert, Akademischer Oberrat im Fachbereich Erziehungswissenschaften I, Universität Hannover

Ernst, Dr. Eugen, Professor für Didaktik der Geographie, Institut für Didaktik der Geographie, Universität Gießen; Leiter des Hessischen Freilichtmuseums in Neu-Anspach

Hard, Dr. Gerhard, Professor für Geographie, Fachbereich Kultur- und Geowissenschaften, Universität Osnabrück

Hasse, Dr. Jürgen, Privatdozent am Institut für Didaktik der Geographie, Geschichte, Politik und des Sachunterrichts, Universität Hamburg; Leiter des Instituts für Umweltforschung, Bunderhee

Isenberg, Dr. Wolfgang, Direktor der Thomas-Morus-Akademie Bensberg, Katholische Akademie im Erzbistum Köln

Käthler, Frank, Lehrbeauftragter im Fachbereich Politikwissenschaft an der Hochschule für öffentliche Verwaltung, Bremen

Kroß, Dr. Eberhard, Professor für Didaktik der Geographie, Geographisches Institut, Ruhr-Universität Bochum

Kruckemeyer, Frauke, Studium der Geographie und Germanistik in Osnabrück und Wien, Doktorandin, z.Z. Graduiertenstipendium und Lehrauftrag an der Universität Osnabrück

Mai, Dr. Ulrich, Professor für Wirtschafts- und Sozialgeographie und Didaktik der Geographie, Fakultät für Theologie, Geographie, Kunst und Musik, Universität Bielefeld

Meder, Dr. Oskar, Dipl. Supervisor, Lehrer an einem Oberstufengymnasium

Mose, Dr. Ingo, wissenschaftlicher Mitarbeiter im Fachgebiet Geographie, Universität Osnabrück, Standort Vechta; Lehrbeauftragter im Studiengang Geographie, Universität Bremen

Müller, Michael P., Dipl.-Psych., wissenschaftlicher Mitarbeiter bei der Bayerischen Entwicklungsstudie II; Dozent für Philosophie und Erziehungswissenschaft an der VHS Hamburg

Otto, Dr.h.c. Gunter, Professor für Erziehungswissenschaft/Ästhetische Erziehung, Institut für Ästhetische Erziehung, Universität Hamburg

Schaack, Ernst, Professor für Erziehungswissenschaft/Medienpädagogik, Fachbereich Erziehungswissenschaft, Universität Hamburg

Vielhaber, Dr. Christian, Dozent für Humangeographie und Fachdidaktik der Geographie, Institut für Geographie, Universität Wien

Veröffentlichungen der Thomas-Morus-Akademie Bensberg (Auswahl)

Bensberger Protokolle

Nr. 55 Jugend als prophetische Kraft? Zur Theorie und Praxis kirchlicher Jugendarbeit
Heinrich Janssen - Ottmar Fuchs - Hermann Steinkamp - Günter Biemer - Hartmut Heidenreich - Frank-Lothar Hossfeld - Werner Tzscheetzsch - Karl-Heinz Sülzenfuß - 2., unveränderte Auflage - Bensberg 1989 (11989; ISBN 3-89198-012-4) [DM 5,-]

Nr. 56 Reisen mit der Schule. Erfahrungen, Barrieren, Konzepte
Wilhelm Wittenbruch - Hans Günther Homfeldt - Michael Güttler - Hans Peter Steimle - Jürgen Haffke - Wolfgang Isenberg, Werner Müller - 2., unveränderte Auflage - Bensberg 1990 (11988) (ISBN 3-89198-013-2) [DM 10,-]

Nr. 57 Wegweiser in die Fremde? Reiseführer, Reiseratgeber, Reisezeitschriften
Bensberg 1990 (ISBN 3-898198-014-0) [DM 10,-]

Nr. 59 Subventionierte Unvernunft? Agrarpolitik und Überschußproduktion der EG - Auswirkungen bei uns und in der Dritten Welt
Folkhard Isermeyer - Reimar von Alvensleben - Paul Ahrens - Georg Gallus - Kurt Gerhardt - Josef Jacobi - Jan Oostergetelo - Joy Plathottathil - Max Zurek - Jakob Aigner - Bensberg 1989 (ISBN 3-89198-018-3) [DM 10,-]

Nr. 60 Der Umgang mit der Natur. Orientierungspunkte einer ökologischen Ethik
Philipp Schmitz - Hans Mohr - Peter Starlinger - Gunther Nogge - Einhard Bezzel - Wilfried Stichmann - Bensberg 1989 (ISBN 3-89198-019-1) [DM 10,-]

Nr. 62 Geschichtsvereine. Entwicklungslinien und Perspektiven lokaler und regionaler Geschichtsarbeit
Klaus Pabst - Ute Bertrang - Karl Heinz Schneider - Hugo Stehkämper - Wilfried Busemann - Jürgen Reulecke - Bernd Hey - Bensberg 1989 (ISBN 3-89198-026-4) [DM 10,-]

Nr. 63 Kein Ende der Gewalt und Ungerechtigkeit in Guatemala?
Severo Martinez Pelaez - Vitalino Similox Salazar - Carmelita Santos - Eliazar Lopez Hernardez - Gabriela Sierck - Bensberg 1991 (ISBN 3-89198-027-2) [DM 10,-]

Nr. 65 Lernen auf Reisen? Reisepädagogik als neue Aufgabe für Reiseveranstalter, Erziehungswissenschaft und Tourismuspolitik
Wolfgang Günter - Wolfgang Nahrstedt - Gisela Wegener-Spöhring - Ursula Krätz - Bernd Hey - Tobias Jacobs, Harald Neifeind, Erhart Schröter - Gerd Busse - Bernd Schmalgemeier - Wolfgang Thevis - Sabine de Haen - Johannes Fromme, Beate Kahlen - Volker Lenhart - Wolfgang Reichling - Bensberg 1991 (ISBN 3-89198-033-7) [DM 10,-]

Nr. 66 Das Ende der grünen Hölle? Hintergründe und Folgen der Vernichtung des tropischen Regenwaldes
Günter Mertins - Ernst Josef Fittkau - Hermann M. Görgen - Dieter Oberndörfer - Hermann-Josef Dolzer - Bensberg 1991 (ISBN 3-89198-034-5) [DM 10,-]

Nr. 67 Debatten um die lokale Zeitgeschichte. Methoden, Träger, Themen, Formen
Hans-Ulrich Thamer - Bernd Hey - Kurt Düwell - Georg Mölich - Heinz A. Pankalla - Katrin Keller - Eberhard Baier/Alfred G. Frei - Johann Paul - Bensberg 1990 (ISBN 3-89198-035-3) [DM 10,-]

Bensberger Manuskripte

Nr. 29   2. Lernbörse Reisen
Bensberg 1986 [DM 7,-]

Nr. 37   Kulturgeschichte der Reiseleitung
Wolfgang Günter - Bensberg 1989 (ISBN 3-89198-021-3) [DM 4,-]

Nr. 39   Schulreisen. Ein Instrument der Schulentwicklung?
Franz Michael Konrad - Bensberg 1990 (ISBN 3-89198-029-9) [DM 4,-]

Nr. 41   6. und 7. Lernbörse Reisen
Bensberg 1991 (ISBN 3-89198-036-1) [DM 10,-]

Kunstbegegnung Bensberg

Heft 3   Spuren - Fotografien von Hans G. Hermsen
Wolfgang Isenberg - Reinhold Mißelbeck - Gottfried Weber - Frank Günter Zehnder - Bensberg 1991 (ISBN 3-89198-037-X) [DM 5,-]

Die Veröffentlichen können direkt bestellt werden bei der Thomas-Morus-Akademie Bensberg, Overather Str. 51-53, 5060 Bergisch Gladbach 1. Die angegebenen Preise sind Nettopreise, zu denen noch die Versandkosten hinzukommen. Telefonische Auskunft unter Tel.-Nr. 0 22 04/40 84 72.

Veröffentlichungen
des Fachgebiets Geographie der Universität Osnabrück

OSG Osnabrücker Studien zur Geographie (ISSN 0344 - 7820)

Bd. 1 **Studien zur Didaktik der Geographie in Schule und Hochschule**, hrsg. v. Hans-Claus Poeschel und Diether Stonjek, 284 S., 3 Tab., 1 Abb., 1978, ISBN 3-922043-00-3, DM 16,-

Bd. 2 **Zur Situation der deutschen Geographie zehn Jahre nach Kiel**, hrsg. v. Peter Sedlacek, 104 S., 1979, ISBN 3-922043-01-1, DM 10,-

Bd. 3 Hans-Dietrich Schultz: **Die Stadt als erlebte Umwelt**. Planung, Durchführung und Analyse einer Unterrichtsreihe im Fach Erdkunde in einer 10. Klasse eines Gymnasiums. Ein unterrichtsbezogener Beitrag zu einer verhaltensorientierten Geographie, 300 S., 37 Tab., 74 Abb., 3 Fotos, 1981, ISBN 3-922043-03-8, DM 16,-

Bd. 4 Gerhard Hard: **Problemwahrnehmung in der Stadt**. Studien zum Thema Umweltwahrnehmung, 240 S., 9 Tab., 28 Abb., 1981, ISBN 3-922043-04-6, DM 14,-

Bd. 5 **Stichworte und Essays zur Didaktik der Geographie**, hrsg. v. Lothar Jander, Wolfgang Schramke und Hans-Joachim Wenzel, 223 S., 3 Abb., 1982, ISBN 3-922043-05-4, DM 15,-

Bd. 6 Johannes Heinen: **Studentischer Einzugsbereich und Motive der Standortwahl** der Studienanfänger an der Universität Osnabrück, 198 S., 9 Karten, 30 Tab., 1982, ISBN 3-922043-06-2, DM 12,-

Bd. 7 **Analyse und Interpretation der Alltagswelt**. Lebensweltforschung und ihre Bedeutung für die Geographie, hrsg. v. Wolfgang Isenberg, 250 S., 1985, ISBN 3-922043-07-0, DM 15,-

Bd. 8 Hans-Wilhelm Hentze: **Verdrängung durch Aufwertung**. Zur Problematik und Anwendung bewohnerorientierter Erhaltenssatzungen am Beispiel Düsseldorf, ca. 196 S., 21 Abb., 9 Tab., 1985, ISBN 3-922043-08-9, DM 18,-

Bd. 9 Wolfgang Isenberg: **Geographie ohne Geographen**. Laienwissenschaftliche Erkundungen, Interpretationen und Analysen der räumlichen Umwelt in Jugendarbeit, Erwachsenenwelt und Tourismus, 313 S., 17 Abb., 30 Dok., 26 Tab., 1987, ISBN 3-922043-09-7, DM 38,-

Bd. 10 Hans-Dietrich Schultz: **Die Geographie als Bildungsfach im Kaiserreich** - zugleich ein Beitrag zu ihrem Kampf um die preußische höhere Schule von 1870 bis 1914 nebst dessen Vorgeschichte und teilweiser Berücksichtigung anderer deutscher Staaten, 580 S., 51 Abb., 1989, ISBN 3-922043-10, DM 59,-

Mengenrabatt: ab 10 Exemplare 20%, ab 25 Exemplare 30%, zuzügl. Versandkosten

Die Bände können bezogen werden über die Anschrift: Universität Osnabrück, Fachgebiet Geographie, Dr. Diether Stonjek, Postfach 4469, 4500 Osnabrück

OSG - Materialien (ISSN 0935-6533)
Materialien zur Schriftenreihe "Osnabrücker Studien zur Geographie (OSG)"

Nr. 1 Jürgen Deiters u.a.: **Besucherstruktur und Einzugsbereiche städtischer Schwimmhallenbäder**. Befragungsergebnisse für das Niedersachsenbad und das Pottgrabenbad in Osnabrück. 1984, 53 S., DM 6,-

Nr. 2 Jürgen Deiters, Martin Meyer, Hans-Jürgen Seimetz: **Verkehrsverhalten im ländlichen Raum** - Begleituntersuchung zum Modellversuch "Integration der Schülerbeförderung in den ÖPNV", Landkreis Bernkastel-Wittlich/Rheinland-Pfalz. 1984, 138 S., DM 15,-

Nr. 3 Hans-Joachim Wenzel: **Die Universität Osnabrück als Typ einer peripheren Neugründung**. Entwicklung des Einzugsbereichs und studentische Entscheidungsbedingungen bei dere Studienortwahl. *vergriffen*

Nr. 4 Jürgen Deiters, Martin Meyer, Hans-Jürgen Seimetz: **Mobilität und Fahrgastverhalten im städtischen Nahverkehr**. Begleituntersuchung zur Umstellung des Fahrplantaktes im Stadtlinienverkehr von Osnabrück. 1984, 210 S., DM 21,-

Nr. 5 **Zur Methodologie und Methodik der Regionalforschung**. - Beiträge zum Deutsch-Niederländischen Symposium zur Theorie und quantitativen Methodik in der Geographie (Osnabrück März 1984), *vergriffen*

Nr. 6 Hans-Joachim Wenzel: **Student auf dem Lande**. Zur Problematik des Universitätsstandortes Vechta aus der Sicht der studentischen Nachfrage, *vergriffen*

Nr. 7 Gerhard Hard, Jürgen Pirner: **Stadtvegetation und Freiraumplanung am Beispiel der Osnabrücker Kinderspielplätze**. 1985, 88 S.

Nr. 8 Dieter Stilz, Ulrich Weyl: **A Model of an Ecology-oriented Agricultural Development Programme** and its Transformation into a Coordinated Attak on Rural Poverty. - Exemplified in Gutu District Masvingo Province/Zimbabwe. 1986, 66 S., DM 7,-

Nr. 9 **Ländliche Entwicklung in der Dritten Welt**. Erkundungen (Landwirtschaft, Schulen) im Gutu District, Masvingo Province/Zimbabwe, im Rahmen einer geographischen Exkursion. - Ein studentischer Erfahrungsbericht, zusammengestellt von Hans-Joachim Wenzel. 1986, 51 S., DM 6,-

Nr. 10 Martin Meyer, Jürgen Deiters: **Fahrgastpotential im städtischen Umland**. Untersuchung zur Einbeziehung von Stadtrandgemeinden in den Osnabrücker Stadtlinienverkehr *vergriffen*

Nr. 11 Martin Meyer, Jürgen Deiters: **Das Umweltabo als Mittel zur Attraktivitätssteigerung im städtischen Nahverkehr**. Untersuchung zur Inanspruchnahme der übertragbaren Umweltkarte in Osnabrück. 1986, 70 S., DM 8,-

Nr. 12 Hans-Claus Poeschel: **Das Thema "Wasser" im Bereich des Lernstandortes "Noller Schlucht"**. 1987, 55 S., DM 5,-

Nr. 13 Hans-Joachim Wenzel u.a.: **Agrarstrukturen und ihre Problemwahrnehmung bei Landwirten**. 1988, 68 S., 3 Abb. im Anhang, 3 Abb. im Text, DM 8,-

Nr. 15 Jürgen Deiters, Martin Meyer: **Endogenes Potential und regional angepaßte Entwicklungsstrategien**. 1988, 19 S., 15 Abb., DM 4,-

Nr. 16 Hans-Joachim Wenzel (Hrsg.): **Ländliche Entwicklungspolitik in Zimbabwe am Beispiel des Coordinated Agricultural an Rural Development (CARD) Projektes** - Ein studentischer Erkundungsbericht. 1989, 118 S., 25 Abb., DM 12,-

Nr. 17 Manfred Rolfes, Hans-Joachim Wenzel: **Zur Regionalentwicklung von Hochschulausbildung und Akademischem Arbeitsmarkt** sowie das Beispiel des westlichen Niedersachsens. 1990, 37 S., 12 Abb., DM 5,-

Nr 18 Jürgen Deiters: **ÖPNV-Gutachten für den Landkreis Osnabrück**. Grundlagen und Vorschläge zur bedarfsgerechten Neuordnung des öffentlichen Personennahverkehrs (ÖPNV) unter besonderer Berücksichtigung der Integration der Schülerbeförderung und der Verbesserung der Stadt-Umland-Bedienung. 1991, 291 S., 64 Abb., DM 28,-

Die Hefte können bezogen werden über die Anschrift: Universität Osnabrück, Fachgebiet Geographie, Dr. Diether Stonjek, Postfach 4469, 4500 Osnabrück